Novelle

zum

Preußischen Allgemeinen Berggesetze

vom 24. Juni 1892.

Mit dem den Bergbau betreffenden Gewerberechte und mit Kommentar.

Zugleich Nachtrag

zum

Berggesetz-Kommentar von 1888.

Von

Dr. jur. H. Brassert,

Berghauptmann a. D. und Wirklicher Geheimer Oberbergrath zu Bonn.

Bonn,

bei Adolph Marcus.

1894.

Vorwort.

In dem kurzen fünfjährigen Zeitraume seit dem Erscheinen des Kommentars zum Allgemeinen Berggesetze vom 24. Juni 1865 (Bonn, bei Adolph Marcus. 1888) hat die sozial-politische Gesetzgebung im deutschen Reiche und insbesondere in Preußen so wichtige, auch den Bergbau ergreifende Veränderungen erlitten, daß es unerläßlich erscheint, diese neueste Rechtsentwickelung bis zur Gegenwart in dem Kommentar zu verfolgen, wenn die Benutzbarkeit desselben nicht herabgemindert werden soll. Das vorliegende Buch will als fortführender und ergänzender Nachtrag zu dem Kommentar dienen. Es wünscht aber auch gleichzeitig den Charakter einer selbstständigen, abgeschlossenen Arbeit zu bewahren und als solche für Studium und Praxis verwerthbar zu sein. Dieses doppelte Ziel ist für die Art der Behandlung des reichhaltigen Stoffes bestimmend gewesen.

Das vorwärts drängende Bemühen der Reichs- und Landesgesetzgebung, den Arbeiterschutz zu verstärken und die Arbeiterwohlfahrt zu erhöhen, ist in dem letzten halben Jahrzehnt hauptsächlich zum Ausdruck gelangt: in der Novelle zur Reichs-Gewerbeordnung vom 1. Juni 1891 und in den mit derselben eng zusammenhängenden Novellen zum preußischen Berggesetze vom 24. Juni 1892 und zum braunschweigischen Berggesetze vom 10. Juni 1893, ferner in dem Reichsgesetze, betreffend die Gewerbegerichte, vom 29. Juli 1890, endlich in dem tief eingreifenden Invaliditäts- und Altersversicherungsgesetze vom 22. Juni 1889 und in der Novelle zum Krankenversicherungsgesetze vom 10. April 1892.

Durch die Gewerbeordnungsnovelle, das sog. Arbeiterschutzgesetz, ist der Bergbau mit seinen Arbeitgebern und Arbeitern in erweitertem Umfange, jedoch nicht in erschöpfender Weise unter die gewerberechtlichen Vorschriften des Reiches gestellt; der Landesgesetzgebung ist vielmehr in wichtigen Punkten überlassen geblieben, ergänzende Bestimmungen zu treffen. In Preußen ist dies durch die Berggesetznovelle vom 24. Juni 1892 geschehen, und Braunschweig hat denselben Weg eingeschlagen. Der Schwerpunkt dieser landesgesetzlichen Reform liegt namentlich für den preußischen Bergbau darin, daß die Verhältnisse der Bergleute und der Betriebsbeamten in Bezug auf den Arbeitsvertrag neu und umfassend geregelt und die seitherigen Bestimmungen des dritten Abschnitts im dritten Titel des Berggesetzes außer Anwendung gesetzt sind.

Als zusammenhängendes Ganze bilden demnach die auf den Bergbau ausgedehnten Bestimmungen der Gewerbeordnung in ihrer neuesten Fassung und die Berggesetznovelle die Grundlage des heutigen Arbeiterschutzrechts für den preußischen Bergbau. Zu einer übersichtlichen Gesammtdarstellung dieses Rechtszustandes bedarf es daher neben einer in's Einzelne gehenden Bearbeitung der Berggesetznovelle auch der Berücksichtigung der Gewerbeordnung innerhalb der den Bereich des Bergbaues umgebenden Grenzen. Dementsprechend ist versucht worden, das hierher Gehörige aus dem sehr umfangreichen Stoffe des Gewerberechts auszusondern und mit den berggesetzlichen Bestimmungen innerlich zu verbinden.

Ein wichtiges Glied in der Kette der sozial-politischen Reformen bildet die Einführung von Gewerbegerichten zur Entscheidung gewerblicher Streitigkeiten aus dem Arbeitsverhältnisse. Diese neue, in die Gerichtsverfassung und das Prozeßrecht eingreifende Einrichtung bedarf hier umsomehr der Berücksichtigung, als der Gesetzgeber besondere Berg-Gewerbegerichte für den Bergbau vorgesehen hat.

Auf dem Gebiete der Arbeiterversicherung sind bezüglich des Bergbaues hauptsächlich die Einwirkungen in's Auge zu fassen, welche die Novelle zum Krankenversicherungsgesetze und schon vorher das Invaliditäts- und Altersversicherungsgesetz auf das berggesetzliche Knappschaftswesen ausgeübt hat.

Gegenüber der tief gehenden Umgestaltung der Bergarbeiterverhältnisse hat das Bergrecht im engeren Sinne grundsätzliche Aenderungen nicht erfahren, wohl aber an seinem weiteren inneren Ausbau mit Hülfe der Wissenschaft und Praxis gewonnen. Im Uebrigen ist das bergrechtliche Gebiet dadurch noch enger begrenzt worden, daß die neueste Steuergesetzgebung in Preußen die auf Grund bergrechtlicher Vorschriften an den Staat zu entrichtenden Bergwerksabgaben aufgehoben und statt dessen die Heranziehung des Bergbaues zu der Gemeinde-Gewerbesteuer ausgesprochen hat.

Es läßt sich nicht leugnen, daß die in den letzten Jahrzehnten erfreulich fortgeschrittene Ausbildung eines einheitlichen deutschen Bergrechts durch die neueren Vorgänge in der sozial-politischen Reichs- und Landesgesetzgebung zur Zeit nicht unerheblich gestört und erschwert ist. Andererseits ist aber die Annahme wohl berechtigt, daß der weitere Entwickelungsgang dieser Gesetzgebung mit Nothwendigkeit dazu führen wird, die dem eigentlichen Bergrechte nicht angehörenden Gegenstände gänzlich aus demselben auszuscheiden und der allgemeinen Gesetzgebung, sei es des Reiches oder der Einzelstaaten, zuzuweisen, und daß hiermit der Weg zu einem Reichs-Berggesetze geebnet wird, dessen Abfassung ein nationales Bedürfniß ist und nach Vollendung des Civilgesetzbuches auch keinen ernsten Schwierigkeiten mehr begegnen kann. —

Auf den obigen allgemeinen Gesichtspunkten beruht die Eintheilung des Buches in vier Hauptabtheilungen.

In der ersten, der Berggesetznovelle gewidmeten Abtheilung ist der Wortlaut des Gesetzes nebst Ausführungsverordnung ebenso, wie in dem Kommentar der Wortlaut des Allgemeinen Berggesetzes, wiederum ohne Unterbrechung durch erläuternde Anmerkungen vorausgeschickt und sodann der die Erläuterungen enthaltende Abschnitt angefügt, indem diese äußere Trennung vielseitig eine günstige Beurtheilung gefunden hat. In den übrigen Abtheilungen sind die einzelnen gesetzlichen Bestimmungen mit dem begleitenden Texte verbunden, jedoch durch andere Schrift ausgezeichnet worden.

Die in der vierten Abtheilung nach den Paragraphen des Allgemeinen Berggesetzes geordneten Erläuterungen und Zusätze bringen nicht nur zahlreiche, erst durch die neuere Praxis und Rechtsprechung festgestellte bergrechtliche Grundsätze, sondern auch die nicht minderwerthige Bestätigung und Befestigung schon früher angenommener Rechtsgrundsätze. Von hervorragender Bedeutung sind hierbei die bergrechtlichen Entscheidungen des Reichsgerichts.

Den Berggesetzen, welche bis zum Jahre 1876 in zehn anderen Bundesstaaten in engem Anschluß an das preußische Berggesetz erlassen waren (Kommentar S. VII), sind seitdem in gleicher Weise hinzugekommen: das Berggesetz für das Großherzogthum Baden vom 22. Juni 1890 (Zeitschrift für Bergrecht Bd. 31 S. 483) und das Berggesetz für das Großherzoglich Oldenburgische Fürstenthum Birkenfeld vom 18. März 1891 (Zeitschrift Bd. 33 S. 48). Außerdem ist am 10. Juni 1893 eine Novelle zu dem braunschweigischen Berggesetze ergangen, welche mit der preußischen Novelle großentheils wörtlich übereinstimmt (Zeitschrift Bd. 34 S. 428).

Eine französische Uebersetzung der Berggesetznovelle vom 24. Juni 1892 nebst Einleitung von J. Jchon, Ingénieur en chef des mines, enthalten die Annales des mines, Partie administrative, 9. Serie Bd. III S. 553, Paris 1893.

Dezember 1893.

Inhaltsverzeichniß.

Abkürzungen.

A. L. R. — Allgemeines Landrecht für die preußischen Staaten.
Arndt, Bergg. — Allgemeines Berggesetz ꝛc. Leipzig 1892.
B. G., Bergg. — Allgemeines Berggesetz für die preußischen Staaten.
B. G. Novelle — Novelle zum Allgemeinen Berggesetze vom 24. Juni 1892.
C. P. O. — Civilprozeßordnung.
Daubenspeck — Bergrechtliche Entscheidungen des Reichsgerichts — 1879 bis 1892 —. Berlin 1893.
Engels, Bergg. — Allgemeines Berggesetz ꝛc., Berlin 1892.
Entsch. in Civils. — Entscheidungen des Reichsgerichts in Civilsachen.
Entsch. in Straff. — " " " " Straffachen.
Fürst — 5. Auflage des Klostermann'schen Kommentars zum Allgemeinen Berggesetze. (Klostermann-Fürst.) Lieferung 1. Berlin 1893.
G. S. — Gesetzsammlung für die preußischen Staaten.
G. O. — Reichs-Gewerbeordnung.
G. O. Novelle — Novelle zur Reichs-Gewerbeordnung vom 1. Juni 1891.
Klostermann-Fürst — 5. Auflage des Klostermann'schen Kommentars.
Komm. — Kommentar zum Allgemeinen Berggesetze von Brassert. Bonn 1888.
Komm.-Ber. — Bericht der Kommission des Abgeordnetenhauses über die Berggesetznovelle.
Komm.-Ber. — Bericht der Kommission des Reichstags über die Gewerbeordnungsnovelle.
K. V. Gesetz — Krankenversicherungsgesetz.
Oberb. — Oberbergamt.
Reger — Sammlung der Entscheidungen der Gerichte und Verwaltungsbehörden auf dem Gebiete des Verwaltungs- und Polizeistrafrechts.
R. G. Bl. — Reichs-Gesetzblatt.
Rekursbesch. — ministerieller Rekursbescheid; Rekursbescheid des Ministers für Handel und Gewerbe.
St. G. B. — Strafgesetzbuch.
U. V. Gesetz — Unfallversicherungsgesetz.
Wilhelmi und Fürst — Das Reichsgesetz, betreffend die Gewerbegerichte, vom 29. Juli 1890. Berlin 1891.
Z. — Zeitschrift für Bergrecht. Band 1 bis 35. Bonn.

Berichtigungen.

Seite 37 Zeile 5 v. u. „sein" statt „sei".
Seite 206 Zeile 21 v. o. „Vertrieb" statt „Betrieb".

Erste Abtheilung.

Die Novelle zum Allgemeinen Berggesetze vom 24. Juni 1892.

Nebst Ausführungsanweisung und Erläuterungen.

I.

Gesetz, betreffend die Abänderung einzelner Bestimmungen des Allgemeinen Berggesetzes vom 24. Juni 1865. Vom 24. Juni 1892.

Wir Wilhelm, von Gottes Gnaden König von Preußen ꝛc. verordnen unter Zustimmung der beiden Häuser des Landtages der Monarchie in Abänderung des Allgemeinen Berggesetzes vom 24. Juni 1865 (Gesetz-Sammlung S. 705 ff.) für das gesammte Staatsgebiet, was folgt:

A. Betreffend die Verhältnisse der Bergleute und der Betriebsbeamten.

Artikel I.

Der dritte Abschnitt des dritten Titels im Allgemeinen Berggesetze vom 24. Juni 1865 erhält folgende Fassung[1]):

Dritter Abschnitt.

Von den Bergleuten und den Betriebsbeamten.

§ 80. Das Vertragsverhältniß zwischen den Bergwerksbesitzern I. und den Bergleuten wird nach den allgemeinen gesetzlichen Bestimmungen beurtheilt, soweit nicht nachstehend etwas Anderes bestimmt ist.

1) Die in den Anmerkungen enthaltenen Verweisungen auf die Reichs-Gewerbeordnung in der Fassung des Gesetzes vom 1. Juni 1891 waren in den Entwürfen dem Texte beigefügt, sind aber selbstverständlich nicht in den amtlichen Abdruck des Gesetzes übergegangen. Da indeß die Vergleichung mit der Gewerbeordnung durch diese Verweisungen wesentlich erleichtert wird, so sind dieselben hier wieder mit aufgenommen.

Die römischen Zahlen, mit welchen die einzelnen Absätze der Paragraphen am Rande bezeichnet sind, dienen dazu, die Benutzung der unten folgenden Erläuterungen und auch anderer Kommentare zu erleichtern.

II. Den Bergwerksbesitzern ist untersagt, für den Fall der rechtswidrigen Auflösung des Arbeitsverhältnisses durch den Bergmann die Verwirkung des rückständigen Lohnes über den Betrag des durchschnittlichen Wochenlohnes hinaus auszubedingen[1]).

I. § 80a. Für jedes Bergwerk und die mit demselben verbundenen, unter der Aufsicht der Bergbehörden stehenden Anlagen ist innerhalb vier Wochen nach Inkrafttreten dieses Gesetzes oder nach der Eröffnung des Betriebes eine Arbeitsordnung von dem Bergwerksbesitzer oder dessen Stellvertreter zu erlassen. Für die einzelnen Abtheilungen des Betriebes, für einzelne der vorbezeichneten Anlagen oder für die einzelnen Gruppen der Arbeiter können besondere Arbeitsordnungen erlassen werden. Der Erlaß erfolgt durch Aushang (§ 80g Absatz 2)[2]).

II. Die Arbeitsordnung muß den Namen des Bergwerks oder die Bezeichnung der besonderen Betriebsanlage sowie den Zeitpunkt, mit welchem sie in Wirksamkeit treten soll, angeben und von dem Bergwerksbesitzer oder dessen Stellvertreter unter Angabe des Datums unterzeichnet sein[3]).

III. Abänderungen ihres Inhalts können nur durch den Erlaß von Nachträgen oder in der Weise erfolgen, daß an Stelle der bestehenden eine neue Arbeitsordnung erlassen wird[4]).

IV. Die Arbeitsordnungen und Nachträge zu denselben treten frühestens zwei Wochen nach ihrem Erlaß in Geltung[5]).

V. Die Bergbehörde kann den Bergwerksbesitzer auf Antrag von dem Erlaß einer Arbeitsordnung oder von der Aufnahme einzelner der im § 80b bezeichneten Bestimmungen entbinden, wenn der Betrieb nur von geringem Umfange oder seiner Natur nach von kurzer Dauer ist.

§ 80b. Die Arbeitsordnung muß Bestimmungen enthalten[6]):

1. über Anfang und Ende der regelmäßigen täglichen Arbeitszeit, über die Zahl und Dauer der für die erwachsenen Arbeiter etwa vorgesehenen Pausen und darüber, unter welchen Voraussetzungen und in welchem Maße, abgesehen von Fällen der Beseitigung von Gefahren und der Ausführung von Notharbeiten, die Arbeiter verpflichtet sind, die Arbeit über die ordentliche Dauer der Arbeitszeit hinaus fortzusetzen oder besondere Nebenschichten zu verfahren, bei Arbeiten unter Tage über die Regelung der Ein- und Ausfahrt und über die Ueberwachung der Anwesenheit der Arbeiter in der Grube;
2. über die zur Festsetzung des Schichtlohnes und zum Abschlusse sowie zur Abnahme des Gedinges ermächtigten Personen, über den

1) G. O. § 134 Abs. 2. 2) G. O. § 134a Abs. 1. 3) G. O. § 134a Abs. 2. 4) G. O. § 134a Abs. 3. 5) G. O. § 134a Abs. 4. 6) G. O. § 134b Abs. 1.

Zeitpunkt, bis zu welchem nach Uebernahme der Arbeit gegen Gedingelohn das Gedinge abgeschlossen sein muß, über die Beurkundung des abgeschlossenen Gedinges und die Bekanntmachung an die Betheiligten, über die Voraussetzungen, unter welchen der Bergwerksbesitzer oder der Arbeiter eine Veränderung oder Aufhebung des Gedinges zu verlangen berechtigt ist, sowie über die Art der Bemessung des Lohnes für den Fall, daß eine Vereinbarung über das Gedinge nicht zu Stande kommt;

3. über Zeit und Art der Abrechnung und Lohnzahlung, über die Fälle, in denen wegen ungenügender oder vorschriftswidriger Arbeit Abzüge gemacht werden dürfen, über die Vertreter des Bergwerksbesitzers, welchen die Befugniß zur Anordnung von Abzügen wegen ungenügender oder vorschriftswidriger Arbeit zusteht, sowie über den Beschwerdeweg gegen solche Anordnungen;
4. sofern es nicht bei den gesetzlichen Bestimmungen (§§ 81, 82, 83) bewenden soll, über die Frist der zulässigen Aufkündigung, sowie über die Gründe, aus welchen die Entlassung und der Austritt aus der Arbeit ohne Aufkündigung erfolgen darf;
5. sofern Strafen vorgesehen werden, über die Art und Höhe derselben, über die Art ihrer Festsetzung, über die hierzu bevollmächtigten Vertreter des Bergwerksbesitzers und den Beschwerdeweg gegen diese Festsetzung, sowie, wenn die Strafen in Geld bestehen, über deren Einziehung und über den Zweck, für welchen sie verwendet werden sollen;
6. sofern die Verwirkung von Lohnbeträgen nach Maßgabe der Bestimmung des § 80 Absatz 2 durch Arbeitsordnung oder Arbeitsvertrag ausbedungen wird, über die Verwendung der verwirkten Beträge;
7. über die etwaige Verabfolgung und Berechnung der Betriebsmaterialien und Werkzeuge.

§ 80 c. Ist im Falle der Fortsetzung der Arbeit vor demselben Arbeitsort das Gedinge nicht bis zu dem nach § 80b Nr. 2 in der Arbeitsordnung zu bestimmenden Zeitpunkte abgeschlossen, so ist der Arbeiter berechtigt, die Feststellung seines Lohnes nach Maßgabe des in der vorausgegangenen Lohnperiode für dieselbe Arbeitsstelle gültig gewesenen Gedinges zu verlangen. I.

Werden auf Grund der Arbeitsordnung Fördergefäße wegen ungenügender oder vorschriftswidriger Beladung ganz oder theilweise nicht angerechnet, so ist den betheiligten Arbeitern Gelegenheit zu geben, hiervon nach Beendigung der Schicht Kenntniß zu nehmen. Der Bergwerksbesitzer ist verpflichtet, zu gestatten, daß die Arbeiter auf ihre Kosten durch einen von ihnen oder, wenn ein ständiger Arbeiterausschuß besteht, von diesem aus ihrer Mitte gewählten Vertrauensmann das II.

Verfahren bei Feststellung solcher Abzüge insoweit überwachen lassen, als dadurch eine Störung der Förderung nicht eintritt. Genügend und vorschriftsmäßig beladene Fördergefäße zur Strafe in Abzug zu bringen, ist unzulässig.

I. § 80d. Strafbestimmungen, welche das Ehrgefühl oder die guten Sitten verletzen, dürfen in die Arbeitsordnung nicht aufgenommen werden. Geldstrafen dürfen in jedem einzelnen Falle die Hälfte des für die vorhergegangene Lohnperiode ermittelten durchschnittlichen Tagesarbeitsverdienstes derjenigen Arbeiterklasse nicht übersteigen, zu welcher der Arbeiter gehört; jedoch können Thätlichkeiten gegen Mitarbeiter, erhebliche Verstöße gegen die guten Sitten, sowie gegen die zur Aufrechterhaltung der Ordnung des Betriebes, zur Sicherung gegen Betriebsgefahren oder zur Durchführung der Bestimmungen dieses Gesetzes und der Reichs-Gewerbeordnung erlassenen Vorschriften mit Geldstrafen bis zum vollen Betrage dieses durchschnittlichen Tagesarbeitsverdienstes belegt werden. Das Recht des Bergwerksbesitzers, Schadensersatz zu fordern, wird durch diese Bestimmung nicht berührt[1]).

II. Alle Strafgelder, sowie alle wegen ungenügender oder vorschriftswidriger Beladung der Fördergefäße den Arbeitern in Abzug gebrachten Lohnbeträge müssen der Knappschaftskasse oder einer zu Gunsten der Arbeiter des Bergwerks bestehenden Unterstützungskasse überwiesen werden[2]).

III. Dem Bergwerksbesitzer bleibt überlassen, neben den im § 80b bezeichneten noch weitere, die Ordnung des Betriebes und das Verhalten der Arbeiter im Betriebe betreffende Bestimmungen in die Arbeitsordnung aufzunehmen. Mit Zustimmung eines ständigen Arbeiterausschusses können in die Arbeitsordnung Vorschriften über das Verhalten der Arbeiter bei Benutzung der zu ihrem Besten getroffenen, auf dem Bergwerke bestehenden Einrichtungen, sowie Vorschriften über das Verhalten der minderjährigen Arbeiter außerhalb des Betriebes aufgenommen werden[3]).

I. § 80e. Der Inhalt der Arbeitsordnung ist, soweit er den Gesetzen nicht zuwiderläuft, für die Arbeitgeber und Arbeiter rechtsverbindlich[4]).

II. Andere als die in der Arbeitsordnung oder in den §§ 82 und 83 vorgesehenen Gründe der Entlassung und des Austritts aus der Arbeit dürfen im Arbeitsvertrage nicht vereinbart werden. Andere als die in der Arbeitsordnung vorgesehenen Strafen dürfen über den Arbeiter nicht verhängt werden. Die Strafen müssen ohne Verzug festgesetzt und dem Arbeiter zur Kenntniß gebracht werden.

---

1) G. O. § 134b Abs. 2. 2) G. O. § 134b Abs. 2. 3) G. O. § 134b Abs. 3. 4) G. O. § 134c.

Die verhängten Geldstrafen sind in ein Verzeichniß einzutragen, III.
welches den Namen des Bestraften, den Tag der Bestrafung, sowie den Grund und die Höhe der Strafe ergeben und auf Erfordern dem Revierbeamten jederzeit zur Einsicht vorgelegt werden muß.

§ 80f. Vor dem Erlaß der Arbeitsordnung oder eines Nachtrages I.
zu derselben ist den auf dem Bergwerk, in der betreffenden Betriebsanlage oder in den betreffenden Abtheilungen des Betriebes beschäftigten großjährigen Arbeitern Gelegenheit zu geben, sich über den Inhalt der Arbeitsordnung zu äußern. Auf Bergwerken, für welche ein ständiger Arbeiterausschuß besteht, wird dieser Vorschrift durch Anhörung des Ausschusses über den Inhalt der Arbeitsordnung genügt[1]).

Als ständige Arbeiterausschüsse im Sinne der vorstehenden Be- II.
stimmung und der §§ 80c Absatz 2 und 80d Absatz 3 gelten nur[2]):

1. die Vorstände der für die Arbeiter eines Bergwerks bestehenden Krankenkassen oder anderer für die Arbeiter des Bergwerks bestehender Kasseneinrichtungen, deren Mitglieder in ihrer Mehrheit von den Arbeitern aus ihrer Mitte zu wählen sind, sofern sie als ständige Arbeiterausschüsse bestellt werden;
2. die Knappschaftsältesten von Knappschaftsvereinen, welche nur die Betriebe eines Bergwerksbesitzers umfassen, sofern sie aus der Mitte der Arbeiter gewählt sind und als ständige Arbeiterausschüsse bestellt werden;
3. die bereits vor dem 1. Januar 1892 errichteten ständigen Arbeiterausschüsse, deren Mitglieder in ihrer Mehrzahl von den Arbeitern aus ihrer Mitte gewählt werden;
4. solche Vertretungen, deren Mitglieder in ihrer Mehrzahl von den volljährigen Arbeitern des Bergwerks, der betreffenden Betriebsabtheilung oder der mit dem Bergwerke verbundenen Betriebsanlagen aus ihrer Mitte in unmittelbarer und geheimer Wahl gewählt werden. Die Wahl der Vertreter kann auch nach Arbeiterklassen oder nach besonderen Abtheilungen des Betriebes erfolgen.

§ 80g. Die Arbeitsordnung, sowie jeder Nachtrag zu derselben I.
ist unter Mittheilung der seitens der Arbeiter geäußerten Bedenken, soweit die Aeußerungen schriftlich oder zu Protokoll erfolgt sind, binnen drei Tagen nach dem Erlaß in zwei Ausfertigungen unter Beifügung der Erklärung, daß und in welcher Weise der Vorschrift des § 80f Absatz 1 genügt ist, der Bergbehörde einzureichen[3]).

Die Arbeitsordnung ist an geeigneter, allen betheiligten Arbeitern II.
zugänglicher Stelle auszuhängen. Der Aushang muß stets in lesbarem Zustande erhalten werden. Die Arbeitsordnung ist jedem Arbeiter bei seinem Eintritt in die Beschäftigung zu behändigen.

---

1) G. O. § 134d. 2) G. O. § 134h. 3) G. O. § 134e.

I. § 80h. Arbeitsordnungen und Nachträge zu denselben, welche nicht vorschriftsmäßig erlassen sind, oder deren Inhalt den gesetzlichen Bestimmungen zuwiderläuft, sind auf Anordnung der Bergbehörde durch gesetzmäßige Arbeitsordnungen zu ersetzen, oder den gesetzlichen Vorschriften entsprechend abzuändern[1]).

II. Gegen diese Anordnungen findet der Rekurs nach näherer Bestimmung der §§ 191 bis 193 statt.

§ 80i. Arbeitsordnungen, welche vor dem Inkrafttreten dieses Gesetzes erlassen worden sind, unterliegen den Bestimmungen der §§ 80a bis e, 80g Absatz 2, 80h und sind binnen vier Wochen der Bergbehörde in zwei Ausfertigungen einzureichen. Auf spätere Abänderungen dieser Arbeitsordnungen und auf die seit dem 1. April 1892 erstmalig erlassenen Arbeitsordnungen finden die §§ 80f und 80g Absatz 1 Anwendung[2]).

I. § 80k. Erfolgt die Lohnberechnung auf Grund abgeschlossener Gedinge, so ist der Bergwerksbesitzer zur Beobachtung nachstehender Vorschriften verpflichtet:

1. Wird die Leistung aus Zahl und Rauminhalt der Fördergefäße ermittelt, so muß dieser am Fördergefäße selbst dauernd und deutlich ersichtlich gemacht werden, sofern nicht Fördergefäße von gleichem Rauminhalt benutzt werden und letzterer vor dem Beginn des Gebrauches bekannt gemacht wird.
2. Wird die Leistung aus dem Gewichtsinhalt der Fördergefäße ermittelt, so muß das Leergewicht jedes einzelnen derselben vor dem Beginn des Gebrauches und später in jedem Betriebsjahre mindestens einmal von Neuem festgestellt und am Fördergefäße selbst dauernd und deutlich ersichtlich gemacht werden.

II. Der Bergwerksbesitzer ist verpflichtet, die Einrichtungen zu treffen und die Hülfskräfte zu stellen, welche die Bergbehörde zur Ueberwachung der Ausführung vorstehender Bestimmungen erforderlich erachtet.

III. Für Waschabgänge, Halden- und sonstige beim Absatz der Produkte gegen die Fördermenge sich ergebende Verluste dürfen dem Arbeiter Abzüge von der Arbeitsleistung oder dem Lohne nicht gemacht werden. Ausnahmen hiervon bedürfen der Genehmigung der Bergbehörde.

I. § 81. Das Vertragsverhältniß kann, wenn nicht ein Anderes verabredet ist, durch eine jedem Theile freistehende, vierzehn Tage vorher zu erklärende Aufkündigung gelöst werden.

II. Werden andere Aufkündigungsfristen vereinbart, so müssen sie für beide Theile gleich sein. Vereinbarungen, welche dieser Bestimmung zuwiderlaufen, sind nichtig[3]).

---

1) G. O. § 134f. 2) G. O. § 134g. 3) G. O. § 122.

§ 82. Vor Ablauf der vertragsmäßigen Arbeitszeit und ohne I.
Aufkündigung können Bergleute entlassen werden[1]):

1. wenn sie bei Abschluß des Arbeitsvertrages den Arbeitgeber durch Vorzeigung falscher oder verfälschter Abkehrscheine, Zeugnisse oder Arbeitsbücher hintergangen oder ihn über das Bestehen eines anderen, sie gleichzeitig verpflichtenden Arbeitsverhältnisses in einen Irrthum versetzt haben;
2. wenn sie eines Diebstahls, einer Entwendung, einer Unterschlagung, eines Betruges oder eines lüderlichen Lebenswandels sich schuldig machen;
3. wenn sie die Arbeit unbefugt verlassen haben oder sonst den nach dem Arbeitsvertrage ihnen obliegenden Verpflichtungen nachzukommen beharrlich verweigern;
4. wenn sie eine sicherheitspolizeiliche Vorschrift bei der Bergarbeit übertreten oder sich groben Ungehorsams gegen die den Betrieb betreffenden Anordnungen des Bergwerksbesitzers, dessen Stellvertreter oder der ihnen vorgesetzten Beamten schuldig machen;
5. wenn sie sich Thätlichkeiten oder grobe Beleidigungen gegen den Bergwerksbesitzer, dessen Stellvertreter oder die ihnen vorgesetzten Beamten oder gegen die Familienangehörigen derselben zu Schulden kommen lassen;
6. wenn sie einer vorsätzlichen und rechtswidrigen Sachbeschädigung zum Nachtheil des Bergwerksbesitzers, dessen Stellvertreters, der ihnen vorgesetzten Beamten oder eines Mitarbeiters sich schuldig machen;
7. wenn sie die Vertreter des Bergwerksbesitzers, die ihnen vorgesetzten Beamten, die Mitarbeiter oder die Familienangehörigen dieser Personen zu Handlungen verleiten oder zu verleiten versuchen, welche wider die Gesetze oder die guten Sitten verstoßen;
8. wenn sie zur Fortsetzung der Arbeit unfähig oder mit einer abschreckenden Krankheit behaftet sind.

In den unter Nr. 1 bis 7 gedachten Fällen ist die Entlassung II.
nicht mehr zulässig, wenn die zu Grunde liegenden Thatsachen dem Bergwerksbesitzer oder dessen Stellvertreter länger als eine Woche bekannt sind.

Inwiefern in den unter Nr. 8 gedachten Fällen dem Entlassenen III.
ein Anspruch auf Entschädigung zustehe, ist nach dem Inhalte des Vertrages und nach den allgemeinen gesetzlichen Vorschriften zu beurtheilen.

§ 83. Vor Ablauf der vertragsmäßigen Arbeitszeit und ohne I.
vorhergegangene Aufkündigung können Bergleute die Arbeit verlassen[2]):

1. wenn sie zur Fortsetzung der Arbeit unfähig werden;

---

1) G. O. § 123. 2) G. O. § 124.

2. wenn der Bergwerksbesitzer, dessen Stellvertreter oder die ihnen vorgesetzten Beamten sich Thätlichkeiten oder grobe Beleidigungen gegen die Bergleute oder gegen ihre Familienangehörigen zu Schulden kommen lassen;
3. wenn der Bergwerksbesitzer, dessen Stellvertreter oder Beamte oder Familienangehörige derselben die Bergleute oder deren Familienangehörige zu Handlungen verleiten oder zu verleiten versuchen, oder mit den Familienangehörigen der Bergleute Handlungen begehen, welche wider die Gesetze oder die guten Sitten laufen;
4. wenn der Bergwerksbesitzer den Bergleuten den schuldigen Lohn nicht in der bedungenen Weise auszahlt, bei Gedingelohn nicht für ihre ausreichende Beschäftigung sorgt, oder wenn er sich widerrechtlicher Uebervortheilungen gegen sie schuldig macht.

II. In den unter Nr. 2 gedachten Fällen ist der Austritt aus der Arbeit nicht mehr zulässig, wenn die zu Grunde liegenden Thatsachen dem Arbeiter länger als eine Woche bekannt sind.

§ 83a. Außer den in den §§ 82 und 83 bezeichneten Fällen kann jeder der beiden Theile aus wichtigen Gründen vor Ablauf der vertragsmäßigen Zeit und ohne Innehaltung der Kündigungsfrist die Aufhebung des Arbeitsverhältnisses verlangen, wenn dasselbe mindestens auf vier Wochen oder wenn eine längere als vierzehntägige Kündigungsfrist vereinbart ist[1]).

I. § 84. Der Bergwerksbesitzer oder dessen Stellvertreter ist verpflichtet, dem abkehrenden großjährigen Bergmanne ein Zeugniß über die Art und Dauer seiner Beschäftigung und auf Verlangen auch ein Zeugniß über seine Führung und seine Leistungen auszustellen. Die Unterschrift dieser Zeugnisse hat die Ortspolizeibehörde kosten- und stempelfrei zu beglaubigen.

II. Wird die Ausstellung des Zeugnisses verweigert, so fertigt die Ortspolizeibehörde dasselbe auf Kosten des Verpflichteten aus.

III. Werden dem abkehrenden Bergmanne in dem Zeugnisse Beschuldigungen zur Last gelegt, welche seine fernere Beschäftigung hindern würden, so kann er auf Untersuchung bei der Ortspolizeibehörde antragen, welche, wenn die Beschuldigung unbegründet befunden wird, unter dem Zeugnisse den Befund ihrer Untersuchung zu vermerken hat.

IV. Den Arbeitgebern ist untersagt, die Zeugnisse mit Merkmalen zu versehen, welche den Zweck haben, den Arbeiter in einer aus dem Wortlaut des Zeugnisses nicht ersichtlichen Weise zu kennzeichnen[2]).

§ 85. Bergwerksbesitzer oder deren Stellvertreter dürfen großjährige Arbeiter, von denen ihnen bekannt ist, daß sie schon früher beim Bergbau beschäftigt waren, nicht eher zur Bergarbeit annehmen, bis

---

1) G. O. § 124a. 2) G. O. § 113 Abs. 3.

ihnen von denselben das Zeugniß des Bergwerksbesitzers oder Stellvertreters, bei dem sie zuletzt in Arbeit gestanden, beziehungsweise das Zeugniß der Ortspolizeibehörde (§ 84) vorgelegt ist.

§ 85a. Minderjährige Arbeiter können beim Abgange ein Zeug- I.
niß über die Art und Dauer ihrer Beschäftigung fordern, dessen Unterschrift die Ortspolizeibehörde kosten- und stempelfrei zu beglaubigen hat.

Dieses Zeugniß ist auf Verlangen der Arbeiter auch auf ihre II.
Führung und ihre Leistungen auszudehnen.

Auf die Ausstellung dieses Zeugnisses finden die Absätze 2, 3 und III.
4 des § 84 entsprechende Anwendung.

Der Vater oder Vormund des Minderjährigen kann die Aus- IV.
stellung des Zeugnisses fordern, auch verlangen, daß dasselbe nicht an den Minderjährigen, sondern an ihn ausgehändigt werde. Mit Genehmigung der Gemeindebehörde des Arbeitsortes kann auch gegen den Willen des Vaters oder Vormundes die Aushändigung unmittelbar an den Arbeiter erfolgen[1]).

§ 85b. Minderjährige Personen dürfen auf den den Bestimmungen dieses Gesetzes unterworfenen Anlagen als Arbeiter nur beschäftigt werden, wenn sie mit einem Arbeitsbuche versehen sind. Bei der Annahme solcher Arbeiter hat der Bergwerksbesitzer das Arbeitsbuch einzufordern. Er ist verpflichtet, dasselbe zu verwahren, auf amtliches Verlangen vorzulegen und nach rechtmäßiger Lösung des Arbeitsverhältnisses wieder auszuhändigen. Die Aushändigung erfolgt an den Vater oder Vormund, sofern diese es verlangen, oder der Arbeiter das sechszehnte Lebensjahr noch nicht vollendet hat, anderenfalls an den Arbeiter selbst. Mit Genehmigung der Gemeindebehörde des im § 85c bezeichneten Ortes kann die Aushändigung des Arbeitsbuches auch an die Mutter oder einen sonstigen Angehörigen oder unmittelbar an den Arbeiter erfolgen[2]).

§ 85c. Das Arbeitsbuch wird dem Arbeiter durch die Polizeibehörde desjenigen Ortes, an welchem er zuletzt seinen dauernden Aufenthalt gehabt hat, wenn aber ein solcher innerhalb des Staatsgebietes nicht stattgefunden hat, von der Polizeibehörde des von ihm zuerst erwählten Arbeitsortes kosten- und stempelfrei ausgestellt. Die Ausstellung erfolgt auf Antrag oder mit Zustimmung des Vaters oder Vormundes; ist die Erklärung des Vaters nicht zu beschaffen, oder verweigert der Vater die Zustimmung ohne genügenden Grund und zum Nachtheile des Arbeiters, so kann die Gemeindebehörde die Zustimmung desselben ergänzen. Vor der Ausstellung ist nachzuweisen, daß der Arbeiter zum Besuche der Volksschule nicht mehr verpflichtet ist, und glaubhaft zu machen, daß bisher ein Arbeitsbuch für ihn noch nicht ausgestellt war[3]).

---

1) G. O. § 113 Abs. 4. 2) G. O. § 107. 3) G. O. § 108.

I. § 85d. Wenn das Arbeitsbuch vollständig ausgefüllt oder nicht mehr brauchbar, oder wenn es verloren gegangen oder vernichtet ist, so wird an Stelle desselben ein neues Arbeitsbuch ausgestellt. Die Ausstellung erfolgt durch die Polizeibehörde desjenigen Ortes, an welchem der Inhaber des Arbeitsbuches zuletzt seinen dauernden Aufenthalt gehabt hat. Das ausgefüllte oder nicht mehr brauchbare Arbeitsbuch ist durch einen amtlichen Vermerk zu schließen [1]).

II. Wird das neue Arbeitsbuch an Stelle eines nicht mehr brauchbaren, eines verloren gegangenen oder vernichteten Arbeitsbuches ausgestellt, so ist dies darin zu vermerken. Für die Ausstellung kann in diesem Falle eine Gebühr bis zu fünfzig Pfennig erhoben werden.

I. § 85e. Das Arbeitsbuch (§ 85b) muß den Namen des Arbeiters, Ort, Jahr und Tag seiner Geburt, Namen und letzten Wohnort seines Vaters oder Vormundes und die Unterschrift des Arbeiters enthalten. Die Ausstellung erfolgt unter dem Siegel und der Unterschrift der Behörde. Letztere hat über die von ihr ausgestellten Arbeitsbücher ein Verzeichniß zu führen [2]).

II. Die Einrichtung der Arbeitsbücher wird durch den Minister für Handel und Gewerbe bestimmt.

I. § 85f. Bei dem Eintritt des Arbeiters in das Arbeitsverhältniß hat der Bergwerksbesitzer an der dafür bestimmten Stelle des Arbeitsbuches die Zeit des Eintritts und die Art der Beschäftigung, am Ende des Arbeitsverhältnisses die Zeit des Austritts und, wenn die Beschäftigung Aenderungen erfahren hat, die Art der letzten Beschäftigung des Arbeiters einzutragen.

II. Die Eintragungen sind mit Tinte zu bewirken und von dem Bergwerksbesitzer oder dem dazu bevollmächtigten Betriebsleiter zu unterzeichnen.

III. Die Eintragungen dürfen nicht mit einem Merkmal versehen sein, welches den Inhaber des Arbeitsbuches günstig oder nachtheilig zu kennzeichnen bezweckt.

IV. Die Eintragung eines Urtheils über die Führung oder die Leistungen des Arbeiters und sonstige durch dieses Gesetz nicht vorgesehene Eintragungen oder Vermerke in oder an dem Arbeitsbuche sind unzulässig [3]).

§ 85g. Ist das Arbeitsbuch bei dem Bergwerksbesitzer unbrauchbar geworden, verloren gegangen oder vernichtet oder sind von dem Bergwerksbesitzer unzulässige Merkmale, Eintragungen oder Vermerke in oder an dem Arbeitsbuche gemacht, oder wird von dem Bergwerksbesitzer ohne rechtmäßigen Grund die Aushändigung des Arbeitsbuches verweigert, so kann die Ausstellung eines neuen Arbeitsbuches auf Kosten des Bergwerksbesitzers beansprucht werden. Ein Bergwerksbesitzer, welcher das Arbeitsbuch seiner gesetzlichen Verpflichtung zuwider nicht recht-

---

1) G. O. § 109. 2) G. O. § 110. 3) G. O. § 111.

zeitig ausgehändigt oder die vorschriftsmäßigen Eintragungen zu machen unterlassen oder unzulässige Merkmale, Eintragungen oder Vermerke gemacht hat, ist dem Arbeiter entschädigungspflichtig. Der Anspruch auf Entschädigung erlischt, wenn er nicht innerhalb vier Wochen nach seiner Entstehung im Wege der Klage oder Einrede geltend gemacht ist[1]).

§ 85 h. Auf Antrag des Minderjährigen, seines Vaters oder Vormundes hat die Ortspolizeibehörde die Eintragung in das Arbeitsbuch kosten- und stempelfrei zu beglaubigen[2]).

§ 86. Bergwerksbesitzer, welche einen Bergmann verleiten, vor I. rechtmäßiger Beendigung des Arbeitsverhältnisses die Arbeit zu verlassen, sind dem früheren Arbeitgeber für den entstandenen Schaden als Selbstschuldner mit verhaftet. In gleicher Weise haftet der Bergwerksbesitzer, welcher einen Bergmann annimmt, von dem er weiß, daß derselbe einem anderen Arbeitgeber zur Arbeit noch verpflichtet ist[3]).

In dem im vorstehenden Absatze bezeichneten Umfange ist auch der- II. jenige Bergwerksbesitzer mit verhaftet, welcher einen Bergmann, von dem er weiß, daß derselbe einem anderen Arbeitgeber zur Arbeit noch verpflichtet ist, während der Dauer dieser Verpflichtung in der Beschäftigung behält, sofern nicht seit der unrechtmäßigen Lösung des Arbeitsverhältnisses bereits vierzehn Tage verflossen sind.

§ 87. Die Bergwerksbesitzer sind verpflichtet, ihren Arbeitern I. unter achtzehn Jahren, welche eine von der Gemeindebehörde oder vom Staate als Fortbildungsschule anerkannte Unterrichtsanstalt besuchen, hierzu die erforderlichenfalls von der Bergbehörde festzusetzende Zeit zu gewähren. Am Sonntage darf der Unterricht nur stattfinden, wenn die Unterrichtsstunden so gelegt werden, daß die Schüler nicht gehindert werden, den Hauptgottesdienst oder einen mit Genehmigung der kirchlichen Behörden für sie eingerichteten besonderen Gottesdienst ihrer Konfession zu besuchen. Ausnahmen von dieser Bestimmung kann der Minister für Handel und Gewerbe für bestehende Fortbildungsschulen, zu deren Besuch keine Verpflichtung besteht, bis zum 1. Oktober 1894 gestatten.

Als Fortbildungsschulen im Sinne dieser Bestimmungen gelten II. auch Anstalten, in welchen Unterricht in weiblichen Hand- und Hausarbeiten ertheilt wird.

Durch statutarische Bestimmung einer Gemeinde oder eines weiteren III. Kommunalverbandes, welche nach Maßgabe des § 142 der Gewerbeordnung erlassen wird, kann mit Zustimmung des Oberbergamts für männliche Arbeiter unter achtzehn Jahren die Verpflichtung zum Besuche einer Fortbildungsschule begründet werden. Auf demselben Wege können die zur Durchführung dieser Verpflichtung erforderlichen Bestimmungen

---

1) G. O. § 112. 2) G. O. § 114. 3) G. O. § 125.

getroffen werden. Insbesondere können durch statutarische Bestimmung die zur Sicherung eines regelmäßigen Schulbesuches den Schulpflichtigen sowie deren Eltern, Vormündern und Arbeitgebern obliegenden Verpflichtungen bestimmt und diejenigen Vorschriften erlassen werden, durch welche die Ordnung in der Fortbildungsschule und ein gebührliches Verhalten der Schüler gesichert wird. Von der durch statutarische Bestimmung begründeten Verpflichtung zum Besuch einer Fortbildungsschule sind diejenigen befreit, welche eine andere Fortbildungs- oder Fachschule (Steigerschule, Bergvorschule, Bergschule) besuchen, sofern der Unterricht dieser Schule von dem Oberbergamt als ausreichender Ersatz des durch statutarische Bestimmung geregelten Fortbildungsschulunterrichts anerkannt wird [1]).

I. § 88. Das Dienstverhältniß der von den Bergwerksbesitzern gegen feste Bezüge zur Leitung und Beaufsichtigung des Betriebes nach Maßgabe der §§ 73 und 74 angenommenen oder dauernd mit höheren technischen Dienstleistungen betrauten Personen (Maschinen- und Bautechniker, Chemiker, Zeichner und dergleichen) kann, wenn nicht etwas Anderes verabredet ist, von jedem Theile mit Ablauf jedes Kalendervierteljahres nach sechs Wochen vorher erklärter Aufkündigung aufgehoben werden [2]).

II. Jeder der beiden Theile kann vor Ablauf der vertragsmäßigen Zeit und ohne Innehaltung einer Kündigungsfrist die Aufhebung des Dienstverhältnisses verlangen, wenn ein wichtiger, nach den Umständen des Falles die Aufhebung rechtfertigender Grund vorliegt [3]).

I. § 89. Gegenüber den im § 88 bezeichneten Personen kann die Aufhebung des Dienstverhältnisses insbesondere verlangt werden [4]):

1. wenn sie beim Abschluß des Dienstvertrages den Bergwerksbesitzer durch Vorbringen falscher oder verfälschter Zeugnisse hintergangen oder ihn über das Bestehen eines anderen, sie gleichzeitig verpflichtenden Dienstverhältnisses in einen Irrthum versetzt haben;
2. wenn sie im Dienste untreu sind oder das Vertrauen mißbrauchen;
3. wenn sie ihren Dienst unbefugt verlassen oder den nach dem Dienstvertrage ihnen obliegenden Verpflichtungen nachzukommen beharrlich verweigern;
4. wenn sie eine sicherheitspolizeiliche Vorschrift bei der Leitung oder Beaufsichtigung der Bergarbeit übertreten, oder wenn ihnen durch die Bergbehörde die Befähigung zum Aufsichtsbeamten aberkannt ist;
5. wenn sie durch anhaltende Krankheit oder durch eine längere Freiheitsstrafe oder Abwesenheit an der Verrichtung ihrer Dienste verhindert werden;
6. wenn sie sich Thätlichkeiten oder Ehrverletzungen gegen den Bergwerksbesitzer oder seine Vertreter zu Schulden kommen lassen;
7. wenn sie sich einem unsittlichen Lebenswandel ergeben.

---

1) G. O. § 120. 2) G. O. § 133a. 3) G. O. § 133b. 4) G. O. § 133c.

In dem Falle zu 5 bleibt der Anspruch auf die vertragsmäßigen II.
Leistungen des Bergwerksbesitzers für die Dauer von sechs Wochen in Kraft, wenn die Verrichtung der Dienste durch unverschuldetes Unglück verhindert worden ist. Jedoch mindern sich die Ansprüche in diesem Falle um denjenigen Betrag, welcher dem Berechtigten aus einer auf Grund gesetzlicher Verpflichtung bestehenden Kranken- oder Unfallversicherung oder aus einer Knappschaftskasse zukommt.

§ 90. Die im § 88 bezeichneten Personen können die Aufhebung des Dienstverhältnisses insbesondere verlangen[1]):

1. wenn der Bergwerksbesitzer oder seine Stellvertreter sich Thätlichkeiten oder Ehrverletzungen gegen sie zu Schulden kommen lassen;
2. wenn der Bergwerksbesitzer die vertragsmäßigen Leistungen nicht gewährt;
3. wenn der Bergwerksbesitzer oder dessen Stellvertreter Anordnungen ergehen läßt, welche gegen den Betriebsplan oder gegen sicherheitspolizeiliche Vorschriften verstoßen, oder wenn er die Mittel zur Ausführung der von der Bergbehörde getroffenen polizeilichen Anordnungen verweigert.

§ 91. Unter den im § 86 aufgestellten Voraussetzungen tritt die daselbst bestimmte Haftung des Bergwerksbesitzers auch für den Fall ein, wenn die im § 88 bezeichneten Personen zur Aufgabe des Dienstverhältnisses verleitet, in Dienst genommen oder im Dienst behalten werden[2]).

§ 92. Die wegen Uebertretungen der §§ 84 Absatz 4, 85 und 85 f Absatz 3 festgesetzten Geldstrafen fließen zu der Knappschaftskasse, welcher das betreffende Werk angehört.

§ 93. Auf jedem Bergwerke ist über die daselbst beschäftigten I.
Arbeiter eine Liste zu führen, welche die Vor- und Zunamen, das Geburtsjahr, den Wohnort, den Tag des Dienstantritts und der Entlassung sowie das Datum des letzten Arbeitszeugnisses enthält.

Die Liste muß der Bergbehörde auf Verlangen vorgelegt werden. II.

B. Betreffend die Befugnisse der Bergbehörden.

Artikel II.

An Stelle des § 77 im Allgemeinen Berggesetze tritt folgende Bestimmung:

„Dieselben sind verpflichtet, die Bergbeamten, welche im Dienste das Bergwerk befahren, zu begleiten und denselben auf Erfordern Auskunft über den Betrieb, über die Ausführung der Arbeitsordnung und über alle sonstigen, der Aufsicht der Bergbehörde unterliegenden Gegenstände zu ertheilen."

---

1) G. O. § 133d. 2) G. O. § 133e.

Artikel III.

Der zweite Absatz des § 189 erhält folgende Fassung:

„Sie handhaben insbesondere die Bergpolizei nach Vorschrift des Gesetzes. In Beziehung auf die ihrer Aufsicht unterworfenen Anlagen und Betriebe stehen ihnen, insbesondere bei der Ueberwachung der Ausführung dieses Gesetzes, die Befugnisse und Obliegenheiten der im § 139 b der Reichs-Gewerbeordnung bezeichneten Aufsichtsbeamten zu."

Artikel IV.

In § 196 wird hinter den Worten:

„die Sicherheit des Lebens und der Gesundheit der Arbeiter", folgender Absatz eingeschaltet:

„die Aufrechterhaltung der guten Sitten und des Anstandes durch die Einrichtung des Betriebes" [1]).

Artikel V.

Der Absatz 1 des § 197 erhält folgenden Zusatz:

„Für solche Betriebe, in welchen durch übermäßige Dauer der täglichen Arbeitszeit die Gesundheit der Arbeiter gefährdet wird, können die Oberbergämter Dauer, Beginn und Ende der täglichen Arbeitszeit und der zu gewährenden Pausen vorschreiben und die zur Durchführung dieser Vorschriften erforderlichen Anordnungen erlassen" [2]).

Artikel VI.

I. 1. Der § 192 erhält folgenden Absatz 2:

„Widersprechen Verfügungen oder Beschlüsse des Revierbeamten oder des Oberbergamts den von der zuständigen Berufsgenossenschaft erlassenen Vorschriften zur Verhütung von Unfällen, so ist zur Einlegung des Rekurses binnen der vorstehend bezeichneten Frist auch der Vorstand der Berufsgenossenschaft oder Berufsgenossenschaftssektion befugt" [3]).

II. 2. Der § 197 erhält folgenden Absatz 3:

„Vor dem Erlaß von Polizeiverordnungen, welche sich auf die Sicherheit des Lebens und der Gesundheit der Arbeiter und auf die Aufrechterhaltung der guten Sitten und des Anstandes im Betriebe beziehen, ist dem Vorstande der betheiligten Berufsgenossenschaft oder Berufsgenossenschaftssektion Gelegenheit zu einer gutachtlichen Aeußerung zu geben. Auf diese finden die Bestimmungen des § 79

---

1) G. O. § 120 b Abs. 1. 2) G. O. § 120 e Abs. 3. 3) G. O. § 120 d Abs. 4.

Absatz 1 des Unfallversicherungsgesetzes vom 6. Juli 1884 (Reichs-Gesetzblatt S. 69) Anwendung"[1]).

C. Straf- und Schlußbestimmungen.

Artikel VII.

Der dritte Abschnitt des neunten Titels im Allgemeinen Berggesetze vom 24. Juni 1865 erhält folgende Fassung:

Dritter Abschnitt.

Strafbestimmungen.

§ 207. Uebertretungen der Vorschriften in den §§ 4, 10, 66, I.
67, 69, 71, 72, 73, 74, 77, 93, 163, 200, 201, 203, 204, 205 werden mit Geldstrafe bis zu einhundertfünfzig Mark und im Unvermögensfalle mit Haft bestraft.

In den Fällen der §§ 67 und 69, sowie 73 und 74 tritt diese II.
Strafe auch dann ein, wenn auf Grund der §§ 70 und 75 der Betrieb von der Bergbehörde eingestellt wird.

§ 207 a. Mit Geldstrafe bis zu zweitausend Mark und im Unvermögensfalle mit Gefängniß bis zu sechs Monaten werden Bergwerksbesitzer bestraft, welche den §§ 84 Absatz 4 und 85 f Absatz 3 zuwiderhandeln[2]).

§ 207 b. Mit Geldstrafe bis zu dreihundert Mark und im Unvermögensfalle mit Haft wird bestraft, wer ein Bergwerk betreibt, für welches eine Arbeitsordnung (§ 80 a) nicht besteht, oder wer der endgültigen Anordnung der Behörde wegen Ersetzung oder Abänderung der Arbeitsordnung (§ 80 h) nicht nachkommt[3]).

§ 207 c. Mit Geldstrafe bis zu einhundertfünfzig Mark und im Unvermögensfalle mit Haft bis zu vier Wochen wird bestraft:

1. wer der Bestimmung des § 80 e Absatz 2 zuwider gegen Arbeiter Strafen verhängt, welche in der Arbeitsordnung nicht vorgesehen sind oder den gesetzlich zulässigen Betrag übersteigen, oder wer Strafgelder, Lohnabzüge oder die im § 80 b Ziffer 6 bezeichneten Beträge in einer dem Gesetze oder der Arbeitsordnung widersprechenden Weise verwendet[4]);
2. wer es unterläßt, den durch die §§ 80 c Absatz 2, 80 g Absatz 1, 80 i und 80 k für ihn begründeten Verpflichtungen nachzukommen[5]).

---

1) G. O. § 120e Abs. 2. 2) G. O. § 146 Abs. 1 Nr. 3. 3) G. O. § 147 Abs. 1 Nr. 5. 4) G. O. § 148 Abs. 1 Nr. 11. 5) G. O. § 148 Abs. 1 Nr. 12.

§ 207 d. Mit Geldstrafe bis zu dreißig Mark und im Unvermögensfalle mit Haft bis zu acht Tagen wird bestraft, wer es unterläßt, der durch § 80 g Absatz 2 für ihn begründeten Verpflichtung nachzukommen[1]).

§ 207 e. Mit Geldstrafe bis zu zwanzig Mark und im Unvermögensfalle mit Haft bis zu drei Tagen für jeden Fall der Verletzung des Gesetzes wird bestraft[2]):

1. wer den Bestimmungen der §§ 85 und 85 b bis 85 g zuwider einen Arbeiter in Beschäftigung nimmt oder behält;
2. wer außer dem im § 207 a vorgesehenen Falle den Bestimmungen dieses Gesetzes in Ansehung der Arbeitsbücher zuwiderhandelt;
3. wer vorsätzlich ein auf seinen Namen ausgestelltes Arbeitsbuch unbrauchbar macht oder vernichtet;
4. wer den Bestimmungen des § 87 Absatz 1 oder einer auf Grund des § 87 Absatz 3 erlassenen statutarischen Bestimmung zuwiderhandelt;
5. wer es unterläßt, den durch § 80 e Absatz 3 für ihn begründeten Verpflichtungen nachzukommen.

I. § 208. Zuwiderhandlungen gegen die von den Bergbehörden bereits erlassenen, sowie die von den Oberbergämtern auf Grund des § 197 noch zu erlassenden Bergpolizeiverordnungen werden mit Geldstrafe bis zu dreihundert Mark und im Unvermögensfalle mit Haft bestraft[3]).

II. Dieselbe Strafe findet bei Zuwiderhandlungen gegen die auf Grund der §§ 198 und 199 getroffenen polizeilichen Anordnungen Anwendung.

I. § 209. Ueber die Zuwiderhandlungen gegen die vorstehenden Vorschriften (§ 207, §§ 207 a bis 207 e, § 208) sind von den Revierbeamten Protokolle aufzunehmen.

II. Die Protokolle werden der Staatsanwaltschaft zur Verfolgung übergeben.

III. Die Entscheidung steht den ordentlichen Gerichten zu. Dieselben haben hierbei nicht die Nothwendigkeit oder Zweckmäßigkeit, sondern nur die gesetzliche Gültigkeit der von den Bergbehörden erlassenen polizeilichen Vorschriften zu prüfen.

§ 209 a. Die Strafverfolgung der in den §§ 207 b und 208 mit Strafe bedrohten Handlungen verjährt innerhalb drei Monaten, von dem Tage an gerechnet, an welchem sie begangen sind.

Artikel VIII.

I. Dieses Gesetz tritt am 1. Januar 1893 in Kraft. Mit der Ausführung desselben wird der Minister für Handel und Gewerbe beauftragt.

II. Die Oberbergämter sind ermächtigt, den Bergwerksbesitzern auf Antrag angemessene Fristen, längstens bis zum 1. Juli 1893, behufs

1) G. O. § 149 Abs. 1 Nr. 7. 2) G. O. § 150 Abs. 1. 3) G. O. § 147 Nr. 4.

Herstellung der zur Durchführung des § 80k Absatz 1 erforderlichen Einrichtungen zu gewähren.

Urkundlich unter Unserer Höchsteigenhändigen Unterschrift und beigedruckten Königlichen Insiegel.

Gegeben Neues Palais, den 24. Juni 1892.

Wilhelm.

(L. S.)

Gr. zu Eulenburg. v. Bötticher. Herrfurth. v. Schelling. Frhr. v. Berlepsch. Miquel. v. Kaltenborn. v. Heyden. Thielen. Bosse.

II.

Anweisung zur Ausführung der Berggesetznovelle. Vom 27. Dezember 1892.

Zur Ausführung des Gesetzes vom 24. Juni 1892 (Gesetz-Samml. S. 131 ff.) wird Folgendes bestimmt:

A. Arbeitsbücher und Arbeitszeugnisse.

(§§ 84 bis 85h des Allgemeinen Berggesetzes.)

I. Eines Arbeitsbuches bedürfen die aus der Volksschule (d. h. der gewöhnlichen Werktagsschule, mit Ausnahme der Fortbildungs- und ähnlichen Schulen) entlassenen minderjährigen Arbeiter der unter Aufsicht der Bergbehörden stehenden Bergwerke, Salinen und Aufbereitungsanstalten ohne Unterschied des Geschlechts. Hiernach sind Personen unter 21 Jahren von der Führung eines Arbeitsbuches entbunden, sofern sie nach den geltenden civilrechtlichen Bestimmungen großjährig oder für großjährig erklärt sind.

Der Verpflichtung zur Führung eines Arbeitsbuches unterliegen auch solche minderjährige Arbeiter, welche vor dem 1. Januar 1893 in Beschäftigung getreten sind.

Zur Führung eines Arbeitsbuches sind nicht verpflichtet

1. Personen, welche im Gesindeverhältnisse stehen;

2. die mit gewöhnlichen, auch außerhalb der oben bezeichneten Betriebe vorkommenden Arbeiten beschäftigten Tagelöhner und Handarbeiter.

II. Personen, welche nach der Auffassung der Behörde vermöge der Art ihrer Beschäftigung eines Arbeitsbuches nicht bedürfen, ist die Ausstellung eines solchen, wenn sie von ihnen beantragt wird, nicht zu verweigern.

III. Die Arbeitsbücher werden von den Ortspolizeibehörden ausgestellt. Für ihre Einrichtung finden die bei A VI der Ausführungs-Anweisung vom 26. Februar 1892 zum Reichsgesetz vom 1. Juni 1891, betreffend Abänderung der Gewerbeordnung (Ministerialblatt für die gesammte innere Verwaltung, Jahrgang 1892, S. 89) getroffenen Bestimmungen entsprechende Anwendung. In Zukunft haben die Ortspolizeibehörden für die minderjährigen Arbeiter der der Aufsicht der Bergbehörden unterstellten Betriebe solche Formulare zu Arbeitsbüchern vorräthig zu halten, in denen auf Seite 2 statt des § 109 der Gewerbeordnung der § 85d des Allgemeinen Berggesetzes angezogen ist, ferner auf Seite 3 bis 5 die Bestimmungen des Allgemeinen Berggesetzes über die Arbeitsbücher (§§ 85b bis 85h, 207a, 207e Ziffer 1 bis 3) abgedruckt sind, und auf Seite 6 ff. die Anmerkungszeichen im Text, sowie die Anmerkungen unter dem Text fortfallen.

Die hiernach erfolgte Ausstellung von Arbeitsbüchern ist gleichfalls in das von der Ortspolizeibehörde gemäß A VII der Ausführungs-Anweisung vom 26. Februar 1892 zu führende Verzeichniß einzutragen.

IV. Die Ortspolizeibehörde hat Arbeitsbücher nur für solche Arbeiter auszustellen, welche im Bezirk entweder ihren letzten dauernden Aufenthalt gehabt oder, falls ein solcher innerhalb des Staatsgebiets nicht stattgefunden hat, ihren ersten Arbeitsort gewählt haben (§ 85c). Die Ausstellung eines Arbeitsbuches darf überdies nur erfolgen, wenn glaubhaft gemacht wird,

daß für den Arbeiter bis dahin ein Arbeitsbuch noch nicht ausgestellt,

oder daß das für ihn ausgestellte Arbeitsbuch vollständig ausgefüllt oder nicht mehr brauchbar oder verloren gegangen oder vernichtet ist,

oder daß von dem Arbeitgeber unzulässige Merkmale, Eintragungen oder Vermerke in oder an dem Arbeitsbuche gemacht sind,

oder daß von dem Arbeitgeber ohne rechtmäßigen Grund die Aushändigung des Arbeitsbuches verweigert wird (§§ 85c, 85d, 85g).

V. Wird der Antrag auf Ausstellung eines Arbeitsbuches nicht von dem Vater oder Vormunde gestellt, so hat die Ortspolizeibehörde den Nachweis zu fordern, daß der Vater oder Vormund dem Antrage zustimmt, oder in den Fällen, wo die Erklärung des Vaters nicht beschafft werden kann, oder wo der Vater ohne genügenden Grund und zum Nachtheil des Arbeiters die Zustimmung verweigert, daß die Gemeindebehörde desjenigen Ortes, wo der Arbeiter seinen letzten dauernden Aufenthalt gehabt oder wo, in Ermangelung eines solchen innerhalb des Staatsgebiets, der Arbeiter seinen ersten Arbeitsort gewählt hat, die Zustimmung des Vaters ergänzt hat (§ 85c).

Daß die Erklärung des Vaters nicht zu beschaffen sei, wird in der Regel nur anzunehmen sein, wenn der letztere körperlich oder geistig unfähig ist, eine Erklärung abzugeben, oder wenn sein Aufenthalt unbekannt oder derart ist, daß ein mündlicher oder schriftlicher Verkehr mit ihm nicht möglich ist. Eine Ergänzung der Zustimmung des **Vormundes** ist im Gesetze nicht vorgesehen und demnach auch nicht auszusprechen. Die Ergänzung der Zustimmung des Vaters ist, wo sie gesetzlich begründet erscheint, schriftlich auszusprechen und mit Unterschrift und Siegel zu versehen.

Der Nachweis der Zustimmung des Vaters oder Vormundes ist durch Beibringung einer mündlichen oder schriftlichen Erklärung des Vaters oder Vormundes, der Nachweis der Ergänzung der Zustimmung des Vaters ist durch eine schriftliche Bescheinigung der vorbezeichneten Gemeindebehörde zu erbringen.

VI. Die Feststellung des Endes der Schulpflicht des Arbeiters und des Jahres, Tages und Ortes seiner Geburt sowie die Ausstellung des Arbeitsbuches erfolgt nach den Bestimmungen bei **A X, XI** und XII der Ausführungs-Anweisung vom 26. Februar 1892.

VII. 1. Wird die Ausstellung eines **neuen** Arbeitsbuches an Stelle eines früheren bei der Ortspolizeibehörde beantragt, so hat diese festzustellen, von welcher Behörde und in welchem Jahre das letztere ausgestellt war, sowie, ob dasselbe vollständig ausgefüllt oder unbrauchbar geworden oder verloren gegangen oder vernichtet ist. Das Ergebniß dieser Feststellung ist in das Arbeitsbuch Seite 2 unten und in das Verzeichniß der Arbeitsbücher Spalte 7 einzutragen (§ 85d Absatz 2).

2. Ist das frühere Arbeitsbuch vollständig ausgefüllt oder unbrauchbar geworden, so ist es auf der letzten Seite durch amtlichen Vermerk zu schließen (§ 85d Absatz 1).

3. Die Ausstellung des neuen Arbeitsbuches ist der Behörde, welche das frühere Arbeitsbuch ausgestellt hat, unter Angabe des Jahres der Ausstellung anzuzeigen und von dieser in ihrem Verzeichnisse der Arbeitsbücher unter der Rubrik „Bemerkungen" zu vermerken. Die Ausstellung eines **neuen** Arbeitsbuches kann auch dann nicht verweigert werden, wenn das frühere Arbeitsbuch von dem Inhaber **absichtlich** unbrauchbar gemacht oder vernichtet ist. In diesem Falle ist aber wegen Herbeiführung der Bestrafung des Arbeiters nach § 207e Nr. 3 des Allgemeinen Berggesetzes dem zuständigen Revierbeamten Mittheilung zu machen.

Ingleichen ist wegen Herbeiführung der Bestrafung des Arbeitgebers oder seines bevollmächtigten Betriebsleiters nach § 207a und 207e Nr. 2 a. a. O. eine solche Mittheilung zu machen, sofern unzulässige Eintragungen oder Vermerke in das Arbeitsbuch gemacht worden sind oder ohne rechtmäßigen Grund seine Aushändigung verweigert wird.

4. Bei der Vornahme der Eintragungen in die Arbeitsbücher durch

die hierzu bevollmächtigten Betriebsleiter (§ 85f Absatz 2) ist darauf zu achten, daß die letzteren ihre Unterschrift mit einem das Vollmachtsverhältniß ausdrückenden Zusatze zu versehen haben.

VIII. Die Ausstellung der Arbeitsbücher muß kosten- und stempelfrei erfolgen. Nur für die Ausstellung eines neuen Arbeitsbuches an Stelle eines unbrauchbar gewordenen, verloren gegangenen oder vernichteten kann eine Gebühr bis zum Betrage von 50 Pfennig erhoben werden (§ 85d Absatz 2). Ist die Ausstellung eines neuen Arbeitsbuches durch Verschulden des Arbeitgebers nothwendig geworden, so ist diese Gebühr von dem Arbeitgeber einzuziehen (§ 85g).

IX. Die Aushändigung des Arbeitsbuches hat bei Arbeitern unter 16 Jahren an den Vater oder Vormund zu erfolgen. Bei Arbeitern über 16 Jahre hat dies dann zu geschehen, wenn der Vater oder der Vormund es ausdrücklich verlangt. Mit Genehmigung der Gemeindebehörde des im § 85c bezeichneten Ortes kann die Aushändigung auch an die Mutter oder einen sonstigen Angehörigen oder unmittelbar an den Arbeiter erfolgen (§ 85b).

Diese Genehmigung ist insbesondere in solchen Fällen zu ertheilen, wo die Aushändigung des Arbeitsbuches an den Vater oder Vormund wegen dessen Abwesenheit oder Erkrankung schwer zu bewirken ist oder wegen mangelnder geistiger oder sittlicher Qualifikation des Vaters zum Nachtheil des minderjährigen Arbeiters gereichen würde. Zur Aushändigung des Arbeitsbuches an „sonstige Angehörige" des Arbeiters ist die Genehmigung nur zu ertheilen, wenn der Aushändigung an die Mutter Gründe der vorbezeichneten Art oder andere triftige Gründe entgegenstehen, und endlich an den Arbeiter selbst nur dann, wenn dies auch bezüglich der sonstigen Angehörigen desselben der Fall ist. Unter „Angehörigen" sind solche Verwandte oder Hausgenossen des minderjährigen Arbeiters zu verstehen, welche an Stelle der Aeltern oder in Vertretung des Vormundes thatsächlich die Pflege und Fürsorge für denselben ausüben.

X. Ein Zeugniß über Art und Dauer der Beschäftigung sowie über Führung und Leistungen (§ 85a) kann sowohl der minderjährige Arbeiter selbst als sein Vater oder Vormund fordern. Die Aushändigung des Arbeitszeugnisses erfolgt an den Arbeiter, auch an denjenigen, der das 16. Lebensjahr noch nicht vollendet hat, unmittelbar, falls nicht der Vater oder Vormund verlangt hat, daß die Aushändigung an ihn geschehe. Die Gemeindebehörde darf die Genehmigung zur unmittelbaren Aushändigung des Zeugnisses an den Arbeiter gegen den Willen des Vaters oder Vormundes nur dann ertheilen, wenn die Aushändigung an letzteren wegen mangelnder geistiger oder sittlicher Qualifikation des Vaters oder aus anderen Gründen zum offenbaren Nachtheil des minderjährigen Arbeiters gereichen würde.

XI. Der Verpflichtung des Bergwerksbesitzers zur Ausstellung des von der Ortspolizeibehörde kosten- und stempelfrei zu beglaubigenden Zeugnisses über die Art und Dauer der Beschäftigung großjähriger Arbeiter (§ 84 Absatz 1) ist nicht genügt, wenn dieses Zeugniß ohne dahin gehenden Antrag des Arbeiters Bemerkungen über seine Führung und seine Leistungen enthält. In diesem Falle erfolgt die Ausstellung des verweigerten Zeugnisses über die Art und Dauer der Beschäftigung durch die Ortspolizeibehörde auf Kosten des Verpflichteten (§ 84 Abs. 2).

Bei der nach § 84 Absatz 3 auf Antrag erfolgenden Untersuchung über Beschuldigungen, welche in Zeugnissen über Führung und Leistungen enthalten sind, hat die Ortspolizeibehörde regelmäßig den zuständigen Revierbeamten um seine Mitwirkung zu ersuchen. Die Kosten der Untersuchung hat, wenn die Beschuldigungen unbegründet befunden werden, der Bergwerksbesitzer oder dessen Stellvertreter, anderenfalls der Antragsteller zu tragen.

B. Arbeitsordnungen.

(§§ 80a bis 80k des Allgemeinen Berggesetzes).

I. Die Verpflichtung zum Erlaß einer Arbeitsordnung besteht für jeden den Bestimmungen des Allgemeinen Berggesetzes unterliegenden Betrieb (§ 80a Absatz 1). Darüber, ob die im § 80a Absatz 5 bezeichneten Voraussetzungen für die Entbindung von dem Erlaß einer Arbeitsordnung oder von der Aufnahme einzelner der im § 80b bezeichneten Bestimmungen vorliegen, ist, sobald dahin gehende Anträge gestellt werden, die Entscheidung des Königlichen Oberbergamts einzuholen.

II. Die Arbeitsordnung sowie jeder Nachtrag zu derselben ist in zwei Ausfertigungen dem zuständigen Revierbeamten einzureichen.

Letzterer hat die eine Ausfertigung dem Königlichen Oberbergamte vorzulegen.

III. Der Revierbeamte hat nach Eingang der Arbeitsordnungen und der dazu erlassenen Nachträge zu prüfen, ob diese vorschriftsmäßig erlassen sind und ob ihr Inhalt den gesetzlichen Bestimmungen zuwiderläuft (§ 80h). Diese Prüfung ist so rasch vorzunehmen, wie es ohne Beeinträchtigung ihrer Gründlichkeit möglich ist. Da bei der großen Anzahl von Arbeitsordnungen, die innerhalb der ersten vier Wochen nach dem 1. Januar 1893 eingehen werden, die sofortige Prüfung aller Arbeitsordnungen nicht ausführbar sein wird, so sind zunächst diejenigen zu prüfen, gegen deren Inhalt die Arbeiter nach § 80f Bedenken geäußert oder später Beschwerde erhoben haben.

Bei jeder Arbeitsordnung und jedem Nachtrag ist insbesondere zu prüfen,

a) ob die Vorschrift des § 80f über die Anhörung der großjährigen Arbeiter oder eines Arbeiterausschusses, soweit diese Vorschrift Anwendung findet, beachtet ist, und sofern nur die Anhörung eines ständigen Arbeiterausschusses stattgefunden hat, ob dieser den Vorschriften des § 80f Absatz 2 entspricht;

b) ob die Arbeitsordnung die im § 80b bei Ziffer 1 bis 5 erforderten Bestimmungen enthält;

c) ob die etwa vorgesehenen Aufkündigungsfristen für beide Theile gleich bemessen sind (§ 81 Absatz 2);

d) ob die Bestimmungen für großjährige Arbeiter sich auf deren Verhalten im Betriebe beschränken (§ 80d Absatz 3);

e) ob die Strafbestimmungen das Ehrgefühl oder die guten Sitten verletzen, ob die Geldstrafen die gesetzlich zulässige Höhe nicht übersteigen, und ob Bestimmungen über die Verwendung der Strafgelder, der wegen ungenügender oder vorschriftswidriger Beladung der Fördergefäße den Arbeitern in Abzug gebrachten, sowie der nach § 80 Absatz 2 verwirkten Lohnbeträge getroffen worden sind.

IV. Da die Prüfung nicht an eine bestimmte Frist gebunden ist und der Revierbeamte zu jeder Zeit, wenn er einen Mangel in der Arbeitsordnung entdeckt, die Beseitigung desselben anordnen kann, so empfiehlt es sich, namentlich in der ersten Zeit, mit Vorsicht vorzugehen und, soweit nicht Beschwerden von Arbeitern vorliegen, zunächst nur wegen zweifelloser Lücken und Gesetzwidrigkeiten die Ersetzung oder Abänderung anzuordnen. In dieser Anordnung kann — namentlich, wenn die Arbeitsordnung noch andere rechtlich zweifelhafte Bestimmungen enthält — ausdrücklich darauf hingewiesen werden, daß die Anordnung weiterer Abänderungen vorbehalten bleibe.

V. Gegen die Anordnungen des Revierbeamten findet der Rekurs nach näherer Bestimmung der §§ 191 bis 193 des Allgemeinen Berggesetzes statt.

VI. Auf Arbeitsordnungen, welche vor dem 1. April 1892 erstmalig erlassen sind, finden die Vorschriften der §§ 80f und 80g Absatz 1 über die Anhörung der Arbeiter keine Anwendung. Dies gilt für die vor dem 1. April 1892 erlassenen Arbeitsordnungen auch dann, wenn sie nach diesem Zeitpunkt, aber vor dem 1. Januar 1893 abgeändert oder vollständig revidirt und umgestaltet worden sind. Dagegen finden die §§ 80f und 80g Absatz 1 Anwendung auf alle nach dem 1. April 1892 erstmalig erlassenen Arbeitsordnungen und auf alle Nachträge, durch welche nach dem 1. Januar 1893 früher erlassene Arbeitsordnungen abgeändert werden.

Aus der Vorschrift des § 80a Absatz 1: „Der Erlaß erfolgt durch Aushang" ist nicht zu folgern, daß ältere Arbeitsordnungen, deren Aushang nicht stattgefunden hat, nicht als erlassen gelten; sie müssen vielmehr von dem Zeitpunkt an als erlassen angesehen werden, wo sie in anderer Form, z. B. durch Behändigung, allen Arbeitern zugänglich geworden sind. Dagegen müssen vom 1. Januar 1893 an nach § 80g Absatz 2 alle Arbeitsordnungen an geeigneter, allen Arbeitern zugänglicher Stelle ausgehängt sein.

C. Aufsicht über die Ausführung der Bestimmungen über die Arbeitsbücher[1]).

(§ 189 Absatz 2 des Allgemeinen Berggesetzes.)

Da die §§ 107 bis 114 der Gewerbeordnung für die Besitzer und Arbeiter von Bergwerken, Salinen und Aufbereitungsanstalten keine Geltung haben, so sind in der Bekanntmachung vom 15. März 1892 (Ministerialblatt für die gesammte innere Verwaltung, Jahrgang 1892, S. 116, I 1) für die unter Aufsicht der Bergbehörden stehenden Betriebe diejenigen Bestimmungen bei G der Ausführungs-Anweisung vom 26. Februar 1892 für nicht anwendbar erklärt worden, welche Anweisungen zur Ausführung der vorbezeichneten Paragraphen der Gewerbeordnung betreffen (G II Absatz 1, Absatz 2 Ziffer 1a, Absatz 2 Ziffer 1 letzter Satz, Absatz 2 Ziffer 2, VIII Absatz 1 Satz 2, V letzter Satz, soweit sich diese Vorschrift auf die getrennte Eintragung der Arbeiterinnen nach der Altersgrenze von 21 Jahren bezieht). Aus demselben Grunde sind für die Formulare B und J zur Ausführungs-Anweisung vom 26. Februar 1892, sowie für die Anlage E zu derselben (Auszug aus den Bestimmungen der Gewerbeordnung über die Beschäftigung jugendlicher Arbeiter) Abänderungen angeordnet worden (I, 2 und 3 der Bekanntmachung vom 15. März 1892). Nachdem durch das Gesetz vom 24. Juni 1892, entsprechend den §§ 107 bis 114 der Gewerbeordnung, die Verpflichtung zur Führung eines Arbeitsbuches für minderjährige Arbeiter in den dem Allgemeinen Berggesetze unterliegenden Betrieben eingeführt worden ist, kommen die vorbezeichneten Einschränkungen und Aenderungen des Abschnitts G der Ausführungs-Anweisung vom 26. Februar 1892 und ihrer Anlagen in Fortfall. Die Aufsicht über die Ausführung der Bestimmungen, betreffend die Arbeitsbücher (§§ 85b bis 85h des Allgemeinen Berggesetzes) steht, soweit nicht die Thätigkeit bei der Ausstellung, Wiederausstellung und Aushändigung der Arbeitsbücher der Ortspolizei- und der Gemeindebehörde ausdrücklich im Gesetze übertragen ist, den Revierbeamten zu, welchen in Beziehung auf die ihrer Aufsicht unterworfenen Anlagen und Betriebe insbesondere bei Ueberwachung der Ausführung des Allgemeinen Berggesetzes die Befugnisse und Obliegenheiten der im § 139b der Gewerbeordnung bezeichneten Aufsichtsbeamten übertragen sind (§ 189 Absatz 2).

---

1) Ueber die Tragweite der hier getroffenen Bestimmungen spricht sich der erläuternde Min.-Erlaß v. 6. Febr. 1893, Z. Bd. 34 S. 420, aus.

Der der Ausführungs-Anweisung vom 26. Februar 1892 als Anlage E beigefügte Auszug erhält für die der Aufsicht der Bergbehörden unterstellten Anlagen und Betriebe folgende Ueberschrift:

„Auszug aus den Bestimmungen der Gewerbeordnung und des Allgemeinen Berggesetzes über die Beschäftigung jugendlicher Arbeiter."

Schließlich ist Nr. III dieses Auszuges für die der Aufsicht der Bergbehörden unterstellten Anlagen und Betriebe folgendermaßen zu fassen:

„III. Minderjährige dürfen nur beschäftigt werden, wenn sie mit einem durch die Polizeibehörde ihres letzten dauernden Aufenthaltsortes oder ihres ersten Arbeitsortes ausgestellten Arbeitsbuche versehen sind, welches von dem Arbeitgeber einzufordern, zu verwahren und auf amtliches Verlangen jeder Zeit vorzulegen ist. (Allgemeines Berggesetz §§ 85b und 85c.)"

Berlin, den 27. Dezember 1892.

Der Minister für Handel und Gewerbe.
Freiherr von Berlepsch.

III.

Erläuterungen zur Berggesetznovelle.

Das Allg. Berggesetz v. 24. Juni 1865 paßte seiner Zeit die Vorschriften über die Rechtsverhältnisse der Bergleute im dritten Abschnitte des dritten Titels (§§ 80 bis 93) dem preußischen Gewerberechte an, in welchem die damals herrschenden Anschauungen über die rechtliche Stellung der gewerblichen Arbeiter Ausdruck gefunden hatten. Allein schon bald änderte sich diese Rechtslage dadurch, daß die Gewerbegesetzgebung auf den Norddeutschen Bund und sodann auf das Reich überging. Die gegen das sog. Trucksystem gerichteten Vorschriften des Berggesetzes über die Lohnzahlung (§§ 86 bis 91) traten bereits in Folge der — im Wesentlichen dieselben Bestimmungen enthaltenden — Gewerbeordnung vom 21. Juni 1869 formell außer Kraft. Außerdem wurden andere, den Arbeiterschutz bezweckende Bestimmungen dieser Gewerbeordnung und der sie fortbildenden Novellen vom 17. Juli 1878 und 1. Juli 1883, wie namentlich die wichtigen Anordnungen über die Beschäftigung jugendlicher Arbeiter, ausdrücklich auch auf den Bergbau, „die Besitzer und Arbeiter von Bergwerken, Salinen, Aufbereitungsanstalten und unterirdisch betriebenen Brüchen und Gruben", für anwendbar erklärt Vergl. Kommentar S. 242, 247 ff.

Neuerdings ist der Kreis dieser den Bergbau mit umfassenden Bestimmungen der Gewerbeordnung durch die Novelle v. 1. Juni 1891, das sog. Arbeiterschutzgesetz (R. G. Bl. S. 261) noch wesentlich erweitert worden. Vergl. auch Hense, „Die heutige Gewerbeordnung und der Bergbau", Z. Bd. 32 S. 329.

Der hier nur in Betracht kommende berggesetzlich geregelte Bergbau (Bergwerke, Aufbereitungsanstalten, Salinen und linksrheinische Steinbrüche) unterliegt hiernach gegenwärtig den reichsgesetzlichen Bestimmungen über: die Sonntagsruhe (§§ 105a bis 105h), die Lohnzahlung (§§ 115 bis 119a), die Beschäftigung von jugendlichen Arbeitern und von Arbeiterinnen (135a bis 139a), die gewerbliche Aufsicht (§ 139b), das Verbot der Beschäftigung von Arbeiterinnen unter Tage (§ 154a Abs. 2); das Koalitionsrecht (§§ 152, 153), einschließlich der Strafbestimmungen. Dagegen hat die Reichsgesetzgebung auch jetzt noch Abstand davon genommen, ihrerseits den Arbeiterschutz in weiterem Umfange auf den Bergbau auszudehnen. Es ist diese Beschränkung zu Gunsten der landesgesetzlichen Regelung mit Rücksicht auf die Eigenthümlichkeit des bergbaulichen Betriebes für zweckmäßig erachtet, aber damit leider auch die in gutem Zuge befindliche einheitliche Gestaltung der Rechtszustände des deutschen Bergbaues gestört und erschwert worden. Ausgeschlossen blieben namentlich die wichtigen Bestimmungen über die obligatorische Arbeitsordnung, die Arbeitszeugnisse, das Arbeitsbuch, die Fortbildungsschulen, die Rechtsverhältnisse der Betriebsbeamten.

Die baldige Beseitigung dieses unbefriedigenden, dem Geiste und den Zielen der Reichsgesetzgebung widerstreitenden Rechtszustandes fiel an erster Stelle Preußen als dem größten deutschen Bergbaustaate zu. Die Thronrede, mit welcher der Landtag am 14. Januar 1892 eröffnet wurde, kündigte deßhalb auch bereits eine entsprechende Gesetzesvorlage an, und die Novelle zum Allg. Berggesetze v. 24. Juni 1892 hat sodann auch Abhülfe geschaffen.

Die Nothwendigkeit, den reichsrechtlich gewährten Arbeiterschutz unverkürzt auch den bei dem Bergbau beschäftigten Arbeitern zu Gute kommen zu lassen, wurde in der allgemeinen Begründung der Regierungsvorlage zu diesem Gesetze dargethan (vergl. Z. Bd. 33 S. 340 ff.) und auch im Landtage allseitig anerkannt. Nur über die Art und den Umfang der in das Berggesetz aufzunehmenden Arbeiterschutzbestimmungen gingen die Meinungen in vielen Punkten erheblich auseinander. Bei den Berathungen in der Kommission des Abgeordnetenhauses und in diesem selbst bekämpften sich zwei Strömungen, von welchen die eine mit Rücksicht auf die Eigenart des Bergbaues und seiner Arbeiterverhältnisse einen über den Rahmen der Reichsgesetzgebung wesentlich hinausgehenden Arbeiterschutz erstrebte, während die andere es für angezeigt und ausreichend erachtete, daß der Einklang mit den Reichsgesetzen thunlichst gewahrt und daß nur da nachgeholfen werde, wo die thatsächlichen Verhältnisse des Bergbaues dies erfordern. In Folge dessen fanden über manche Fragen von großer sozialer, technischer und wirthschaftlicher Tragweite eingehende Berathungen statt, als deren Endergebniß großentheils der vermittelnde Standpunkt der Regierung zur Geltung gelangte.

Die parlamentarischen Verhandlungen sind geschlossen; das aus denselben hervorgegangene Schutzgesetz für die mehreren hunderttausend Arbeiter des preußischen Bergbaues bildet seit dem 1. Januar 1893 den neuen Rechtsboden. Es ist daher nunmehr für Alle, die es angeht, Pflicht und Aufgabe, denselben unbefangen und mit dem festen Willen zu betreten, die neu geschaffenen Einrichtungen in zweckmäßiger Weise zur Durchführung zu bringen. Nicht allein das Rechtsverhältniß zwischen den Bergbautreibenden und den Bergarbeitern, auch die Zuständigkeit der zur Ueberwachung des Gesetzes berufenen Bergbehörden hat eine weittragende Umgestaltung erfahren. Es darf der Hoffnung Raum gegeben werden, daß das neue Recht mit dazu beitragen wird, die sozialen und wirthschaftlichen Zustände in der Bergarbeiterbevölkerung, wenn auch nicht raschen Schrittes, so doch nachhaltig weiter emporzubringen und damit den schwierigen Aufgaben der Gegenwart nach Möglichkeit gerecht zu werden. Soll aber eine wahrhaft befriedigende Wirkung nach allen Seiten erreicht werden, so muß ein Jeder Hand anlegen. Ein Dreifaches ist unerläßlich: daß die Bergleute selbst die neue Rechtsordnung ohne Mißtrauen und vorgefaßte Meinung, mit richtigem Verständnisse für das Zulässige und Erreichbare annehmen, daß die Bergbautreibenden und ihre Vertreter den erhöhten Anforderungen, welche das Gesetz an sie stellt, verständnißvoll und wohlwollend nachkommen, daß die Beamten der Bergverwaltung die vermittelnde Thätigkeit, welche das Gesetz auf dem Gebiete des Arbeiterschutzes von ihnen verlangt, mit voller Unparteilichkeit und Würdigung der sehr verschiedenartig gestalteten Verhältnisse umsichtig ausüben.

Ueber die Entstehungsgeschichte der Berggesetznovelle vom 24. Juni 1892 ist hier kurz zu bemerken, daß, nachdem die reichsrechtliche Grundlage durch das Arbeiterschutzgesetz vom 1. Juni 1891 geschaffen war, der Entwurf des Gesetzes nebst Begründung zufolge Allerhöchster Ermächtigung v. 16. März 1892 dem Landtage zur verfassungsmäßigen Beschlußnahme vorgelegt wurde und zunächst im Hause der Abgeordneten zur Berathung gelangte. (Nr. 99 der Drucks. des Hauses d. Abg. 17. Legislaturp. IV. Session 1892.) Dort wurde nach der ersten Berathung am 24. März die Regierungsvorlage einer Kommission von 21 Mitgliedern, der vierzehnten, überwiesen. (Verhandl. d. Hauses d. Abg. S. 1143 bis 1159.) Dieselbe erstattete ihren ausführlichen Bericht am 28. April (Nr. 146 der Drucks.), worauf sodann die zweite und dritte Berathung im Plenum in den Sitzungen vom 3., 4., 5., 12. und 13.

Mai stattfand. Das Endergebniß war, daß die im Ganzen nicht zahlreichen Abänderungsvorschläge der Kommission theils angenommen, theils unter Wiederherstellung der Regierungsvorlage abgelehnt wurden und der Gesetzentwurf die jetzige Fassung erhielt. (Verhandl. des Hauses der Abg. erste Lesung S. 1143 bis 1159; zweite Lesung S. 1477 bis 1552; dritte Lesung S. 1683 bis 1736.) Letzerer wurde hierauf in der Sitzung des Herrenhauses v. 30. Mai auf die mündliche Berichterstattung und Befürwortung der Kommission für Handel und Gewerbe en bloc angenommen. (Verhandl. d. Herrenh. S. 256 bis 261 u. Nr. 88 der Drucks.) Nachdem das Gesetz am 24. Juni die Königliche Genehmigung erhalten hatte, erfolgte die Verkündigung in Nr. 19 der Gesetz-Sammlung v. 1892 S. 131 ff.[1]).

Der Geltungsbereich der Novelle reicht soweit, wie die Geltung des Allg. Berggesetzes selbst. Demgemäß findet die Novelle uneingeschränkte Anwendung auch auf den Stein- und Braunkohlenbergbau in dem sächsischen Mandatsbezirke; denn nach § 9 des hier maßgebenden Gesetzes v. 22. Febr. 1869 (Komm. S. 542) war dieser Bergbau bisher sämmt-

1) Mit Bezug auf die künftige weitere Entwickelung des Bergrechts ist es bemerkenswerth, daß in Verbindung mit den Berathungen der Berggesetznovelle im Landtage folgende Resolutionen beschlossen wurden:

Zunächst nahm das Haus der Abgeordneten in der Sitzung v. 5. Mai 1892 auf den Antrag seiner Kommission eine Resolution an, welche der Staatsregierung zur Erwägung gab, durch Erlaß eines Gesetzes gewisse Bestimmungen des Allg. Berggesetzes, namentlich diejenigen über die Bergleute, die Bergbehörden und die Bergpolizei, auf den Eisenerzbergbau im Herzogthum Schlesien, auf den Salzbergbau im vormaligen Königreich Hannover und nöthigenfalls auch auf sonstige unterirdisch betriebene Brüche auszudehnen. (Komm.-Bericht S. 33 Nr. 2, S. 50; Verhandl. d. Hauses d. Abg. S. 1552.)

Eine zweite, von dem Abgeordneten Hitze und Genossen beantragte Resolution beschloß dasselbe Haus in seiner Sitzung v. 13. Mai. Sie enthielt das Ersuchen an die Staatsregierung um baldthunlichste Vorlegung eines Gesetzentwurfes, durch welchen die Bestimmungen des von den Knappschaftsvereinen handelnden Titels VII des Berggesetzes nach der Richtung hin abgeändert werden sollten, daß 1. die Knappschaftsältesten und die von diesen zu wählenden Vorstandsmitglieder aus der Mitte der Arbeiter und Berginvaliden in geheimer Wahl gewählt werden; 2. gegen die Entscheidung des Vorstandes, betreffend die Invalidisirung, ein Rekurs an ein (näher bezeichnetes) Schiedsgericht zugelassen wird; 3. den Mitgliedern die bereits erworbenen Ansprüche für den Fall des Ausscheidens aus ihrer Beschäftigung gegen Zahlung einer Rekognitionsgebühr erhalten bleiben. (Drucksachen Nr. 174 B; Verhandl. des Hauses d. Abg. S. 1725 bis 1736.)

Dagegen nahm das Herrenhaus in der Sitzung vom 31. Mai in entgegengesetzter Richtung eine Resolution an, in welcher die Staatsregierung ersucht wurde, den auf Abänderung wesentlicher gesetzlicher Bestimmungen über die Knappschaftsvereine gerichteten Bestrebungen ihre Unterstützung zu versagen. (Verhandl. d. Herrenh. S. 261 bis 270.)

lichen durch die Novelle abgeänderten und ergänzten Bestimmungen des Berggesetzes unterworfen und unterliegt somit nunmehr den an deren Stelle getretenen Bestimmungen der Novelle, ohne daß dies ausdrücklich bestimmt zu werden brauchte. — Die Geltung der Novelle erstreckt sich ferner auf den Braunkohlenbergbau in denjenigen Theilen der Provinzen Westpreußen und Pommern, auf welche der § 210 Abs. 2 B. G. sich bezieht (Komm. S. 536, 537), jedoch mit Ausschluß des Art. II der Novelle, weil der durch diesen Artikel ersetzte § 77 nicht zu denjenigen Bestimmungen des Berggesetzes gehört, welche auf jenen Braunkohlenbergbau ausgedehnt worden sind. Dagegen werden die Art. III und VI Abs. 1 der Novelle ebenso wie die übrigen Bestimmungen des achten, von den Bergbehörden handelnden Titels des Berggesetzes unbedenklich auf den vorerwähnten Braunkohlenbergbau anzuwenden sein, obschon dieser Titel nicht ausdrücklich im § 210 angezogen ist. Vergl. Komm. S. 538. — Endlich findet die Novelle auf den im § 214 B. G. behandelten linksrheinischen Steinbruchsbetrieb, indeß nur insoweit Anwendung, als hierbei der neunte Titel des Berggesetzes (von der Bergpolizei) in seiner jetzigen Fassung in Frage kommt, und zwar mit Ausnahme der Strafbestimmungen, welche sich auf diejenigen Bestimmungen des Berggesetzes und der Novelle beziehen, von denen jener Steinbruchsbetrieb überhaupt nicht betroffen wird. — Sonstige unterirdisch betriebene Brüche sowie die im § 211 B. G. bezeichneten Eisenerzgewinnungen kommen bei der Novelle zur Zeit nicht in Betracht.

Was den Inhalt des Gesetzes betrifft, so behandelt dasselbe in drei Abschnitten: A. die Verhältnisse der Bergleute und der Betriebsbeamten, B. die Befugnisse der Bergbehörden, C. die Straf- und Schlußbestimmungen. Der erste Abschnitt umfaßt nur den Art. I, durch dessen Bestimmungen (§§ 80 bis 93) der dritte Abschnitt des dritten Titels des Berggesetzes vollständig ersetzt ist. In den den zweiten Abschnitt bildenden Art. II bis VI sind die §§ 77, 189, 192, 196 u. 197 B. G. theils abgeändert, theils ergänzt. Der dritte Abschnitt enthält im Art. VII die erweiterten und theilweise verschärften Strafbestimmungen, welche an die Stelle des dritten Abschnitts des neunten Titels getreten sind, und im Art. VIII den Einführungstermin, die Beauftragung des Ressortministers mit der Ausführung des Gesetzes und eine Uebergangsbestimmung zu § 80k Absatz 1.

Die Ausführungsanweisung vom 27. Dez. 1892 (oben S. 17) beschäftigt sich mit denjenigen Gegenständen des Gesetzes, welche einer näheren Regelung zunächst bedurften, nämlich A. mit den Arbeitsbüchern und Arbeitszeugnissen, B. mit den Arbeitsordnungen und C. mit der Aufsicht über die Ausführung der die Arbeitsbücher betreffenden Bestimmungen.

A. Verhältnisse der Bergleute und der Betriebsbeamten.

Zu Artikel I.

Der Art. I der Novelle hat den seitherigen dritten Abschnitt im dritten Titel des Berggesetzes: „Von den Bergleuten" gänzlich aufgehoben und durch die §§ 80 bis 93 in ihrer jetzigen Fassung ersetzt. Hierbei ist daran zu erinnern, daß die die Baarzahlung der Löhne (das Truckverbot) 2c. betreffenden §§ 86 bis 91 bereits durch die deutsche Gewerbeordnung v. 21. Juni 1869 formell aufgehoben waren und dieser Gegenstand gegenwärtig durch die §§ 115 bis 119b der Gewerbeordnung in der Fassung der Novelle vom 1. Juni 1891 geregelt ist, s. Zweite Abtheilung. Die Ergänzung der Ueberschrift des dritten Abschnitts durch die Worte „und den Betriebsbeamten" beruht darauf, daß die Dienststellung dieser Beamten in den neuen §§ 88 bis 91 besonders geregelt ist.

Im Uebrigen hat die Novelle darin nichts geändert, daß dieser dritte Abschnitt zunächst auf die bei dem Bergbau und seinen Aufbereitungsanstalten und sonstigen Zubehörungen beschäftigten Arbeiter Anwendung findet und hauptsächlich auf die eigentlichen Bergleute berechnet ist. Außerdem werden aber zu den „Bergleuten" im Sinne des jetzigen dritten Abschnitts auch die Salinenarbeiter gerechnet. (Vergl. Klostermann-Fürst S. 195 Anm. 4.) Das Berggesetz selbst hat zwar die Salinen und deren Arbeiter seinen Vorschriften nur insoweit unterworfen, als dies in den §§ 135, 165, 168 u. 196 ausdrücklich ausgesprochen ist, und zu diesen Vorschriften gehören diejenigen des dritten Abschnitts über die Arbeiterverhältnisse nicht; auch lagen (abgesehen von den zu den „Aufbereitungsanstalten" im Sinne des § 58 B. G. gerechneten Gradirvorrichtungen und deren Arbeitern) hinreichende rechtliche Anhaltspunkte für eine sinngemäße Anwendung des früheren dritten Abschnitts auf die — von den Bergleuten völlig getrennte — Berufsklasse der Salinenarbeiter nicht vor. (Komm. S. 198, 219, 236.) In der Novelle sind zwar die Salinenarbeiter ebenfalls nicht namhaft gemacht, wohl aber faßt die Ausf.-Anw. v. 27. Dez. 1892 (vgl. Abschn. A Nr. I, oben S. 17) den gesetzlichen Ausdruck „Bergleute" in dem weiteren Sinne auf, in welchem darunter auch die Salinenarbeiter zu verstehen sind. Wenn demzufolge die Neuregelung der Arbeiterverhältnisse im dritten Abschnitte auch die unter Aufsicht der Bergbehörden stehenden Salinen angeht, so sind hierbei hauptsächlich Zweckmäßigkeitsgründe als maßgebend anzusehen. Denn da die reichsgesetzlichen Vorschriften über die obligatorische Arbeitsordnung (§§ 134 ff. G. O.) auf die Salinen keine Anwendung finden (§ 154a das.), so würden letztere, wenn auf sie auch die §§ 80a u. ff. der Novelle außer Anwendung blieben, gegenüber dem Großgewerbe wie dem Bergbau in die — jedenfalls nicht beabsichtigte — ausnahmsweise Lage gerathen, von der Verpflichtung zum Erlaß einer Arbeitsordnung gänzlich befreit zu sein.

Die Salzwerke im vormaligen Königreich Hannover werden übrigens von der Novelle nicht betroffen. (Vergl. Einf.-Verordn. v. 8. Mai 1867 Art. II, Komm. S. 625, 628.)

Zu § 80.

1. Der § 80 ist an die Stelle des bisherigen § 80 B. G. in der Weise getreten, daß Absatz 1 („Das Vertragsverhältniß zwischen den Bergwerksbesitzern und den Bergleuten wird nach den allgemeinen gesetzlichen Vorschriften beurtheilt, soweit nicht nachstehend etwas Anderes bestimmt ist.") unverändert geblieben und nur statt „Vorschriften" der Ausdruck „Bestimmungen" gewählt ist, daß dagegen der bisherige Absatz 2 („Erlassen die Bergwerksbesitzer Arbeitsordnungen für ihre Werke, so müssen dieselben gleichzeitig mit der Bekanntmachung auf dem Werke zur Kenntniß der Bergbehörde gebracht werden.") in Wegfall gekommen ist, indem die auf dem Grundsatze der obligatorischen Arbeitsordnung beruhenden §§ 80a bis 80k an seine Stelle getreten sind, daß endlich als neuer Absatz 2 des 80 die dem § 134 Absatz 2 Satz 1 G. O. entsprechende Bestimmung aufgenommen ist. Die letzteren Bestimmungen weichen jedoch insofern von einander ab, als die G. O. nur denjenigen Unternehmern von Fabriken, „in welchen in der Regel mindestens zwanzig Arbeiter beschäftigt werden", untersagt, für den Fall der rechtswidrigen Auflösung des Arbeitsverhältnisses durch den Arbeiter die Verwirkung des rückständigen Lohnes über den Betrag des durchschnittlichen Wochenlohnes hinaus auszubedingen, wogegen das B. G. den Bergwerksbesitzern allgemein untersagt, dies auszubedingen, und zwar deßhalb, weil im § 80a der Zwang zum Erlaß einer Arbeitsordnung, abgesehen von gewissen Ausnahmefällen, ohne Rücksicht auf die Arbeiterzahl vorgesehen ist.

2. Nach wie vor steht gemäß § 80 Abs. 1 der Grundsatz an der Spitze, daß für die Beurtheilung des Vertragsverhältnisses zwischen den Bergwerksbesitzern und den Bergleuten das allgemeine Vertragsrecht maßgebend ist, soweit nicht anderweitige bergrechtliche Bestimmungen getroffen sind. Es gelten demnach auch hier die Grundsätze des in den verschiedenen Landestheilen bestehenden Civilrechts über den Arbeitsvertrag (Vertrag über Handlungen, Allg. Landrecht Th. I Tit. 11 §§ 869 ff., Dienstmiethe, Code civil Art. 1779 ff., locatio conductio operarum, gem. Recht), und zwar in Bezug auf Inhalt wie auf Form des Vertrages. Namentlich ist hiernach zu beurtheilen, ob ein solcher Arbeitsvertrag oder eine Werksverdingung (locatio conductio operis) vorliegt und welche rechtliche Wirkungen in dem einen und dem an-

deren Falle eintreten. Dabei ist zu beachten, daß nicht bloß das gewöhnliche Gedinge, sondern auch das Generalgedinge unter den ersteren Begriff fällt. Vergl. Komm. S. 236; Hense, Das Gedinge, Z. Bd. 31 S. 370; Klostermann-Fürst S. 196 Anm. 5 und S. 210 Anm. 10.

Zu den „allgemeinen gesetzlichen Bestimmungen" des § 80 Abs. 1 gehören ferner das Reichsgesetz, betr. die Beschlagnahme des Arbeits- oder Dienstlohnes, v. 21. Juni 1869 nebst § 749 Nr. 1 der Civilprozeßordnung (Komm. S. 238, 239), sowie die auf das Bergwesen ausgedehnten Bestimmungen der Gewerbeordnung, s. Zweite Abtheilung.

3. Nach den Motiven (S. 23) beruht die Bestimmung des § 80 Abs. 2 auf der für das allgemeine gewerbliche Gebiet in der Reichstagskommission geltend gemachten, für den Bergbau gleichfalls zutreffenden Erwägung, „daß mangels einer gesetzlichen Vorschrift über die Zulässigkeit oder Unzulässigkeit der Verabredung von Lohnverwirkungen in beliebiger Höhe eine Beschränkung der dieserhalb immerhin möglichen Schritte des Arbeitgebers schon zu dem Zwecke rathsam sei, um der Meinung der Arbeiter, daß eine ungerechtfertigte Bereicherung des Arbeitgebers eintreten könne, den Boden zu nehmen." Auch steht der neue Absatz 2 des § 80 mit dem im § 119a G. O. enthaltenen, gemäß § 154a G. O. auch für den Bergbau geltenden Grundsatze im Zusammenhang, wonach Lohneinbehaltungen, welche zur Sicherung des Ersatzes eines aus der widerrechtlichen Auflösung des Arbeitsverhältnisses erwachsenden Schadens ausbedungen werden, im Gesammtbetrage „den Betrag eines durchschnittlichen Wochenlohnes nicht übersteigen dürfen."

4. Weder im § 80 Abs. 2 noch in dem entsprechenden § 134 Abs. 2 G. O. ist gesagt, nach welchen Grundsätzen der „durchschnittliche Wochenlohn", dessen Betrag bei Verwirkung des rückständigen Lohnes nicht überschritten werden darf, zu berechnen ist. Man muß annehmen, daß der Gesetzgeber dem Bergwerksbesitzer hat überlassen wollen, im Arbeitsvertrage auch hierüber eine Bestimmung zu treffen, wenn er die Verwirkung des rückständigen Lohnes ausbedingt. Der richtige Platz hierfür ist die Arbeitsordnung, welche sich gemäß § 80b Nr. 6 ohnehin über die Verwendung der verwirkten Beträge aussprechen muß. Es finden sich denn auch solche Bestimmungen in den Arbeitsordnungen. Nach derjenigen für die Saarbrücker Staatsbergwerke (§ 56) hat der Arbeiter für den Fall der rechtswidrigen Auflösung des Arbeitsverhältnisses „höchstens für sechs Arbeitstage einen Schadensersatz zu zahlen, welcher für den Arbeitstag dem für die Beiträge zur Krankenkasse maßgebenden durchschnittlichen Tagelohne gleichkommt." Die westfälische Normal-Arbeitsordnung (§ 6) verpflichtet in dem gleichen Falle den Arbeiter, „höchstens für sechs Arbeitstage einen Schadensersatz zu zahlen, welcher für den Arbeitstag nach dem durchschnittlichen

Arbeitsverdienste der vorhergegangenen Lohnperiode zu berechnen ist." Vergl. Z. Bd. 34 S. 37, 38. Uebrigens gehen diese Arbeitsordnungen a. a. O. in Bezug auf die Beschränkung des Schadenersatzes zu Gunsten der Arbeiter noch weiter, als das Verbot des § 80 Abs. 2.

5. Die Lohnverwirkung des § 80 Abs. 2 ist eine Konventionalstrafe; sie verfällt auch dann, wenn ein Schaden durch die rechtswidrige Auflösung des Arbeitsverhältnisses nicht entstanden ist, und schließt den civilrechtlichen Schadensersatzanspruch für wirklich erwachsenen Schaden an sich nicht aus, es sei denn, daß die Arbeitsordnung hierüber etwas Anderes bestimmt, wie z. B. § 6 der westfälischen, Z. Bd. 34 S. 38.

Ueberhaupt steht, unbeschadet des Verbots im § 80 Abs. 2, gesetzlich nichts entgegen, über Art und Höhe des bei Vertragsbruch zu leistenden Schadensersatzes in der Arbeitsordnung jede nach Civilrecht zulässige Bestimmung zu treffen. Min.-Bescheid v. 19. Juli 1893, Z. Bd. 34 Heft 4. Durch die Arbeitsordnung (vergl. § 5 der westfälischen) kann deßhalb auch rechtsgültig bestimmt werden, daß der Arbeitgeber bei vertragswidriger Entlassung des Arbeiters „höchstens für sechs Arbeitstage" Schadensersatz zu leisten hat.

6. Die Entscheidung von Streitigkeiten aus § 80 Abs. 2 gehört vor die ordentlichen Gerichte und, wo Gewerbegerichte für den Bergbau bestehen, vor diese. Gesetz v. 29. Juli 1890 § 3 Nr. 2 (s. Dritte Abtheilung). Mit Strafe sind Zuwiderhandlung gegen den § 80 Abs. 2 nicht bedroht. Uebrigens kann durch die Arbeitsordnung bestimmt werden, daß der in Folge Vertragsbruches verwirkte Lohn ohne vorgängiges gerichtliches Verfahren einbehalten wird. Min.-Bescheid v. 14. Juli 1893, Z. Bd. 34 Heft 4.

7. Ueber die Verwendung der verwirkten Lohnrückstände s. Bemerk. 6 zu § 80b.

8. Von der „Verwirkung des rückständigen Lohnes" zu unterscheiden sind die „Lohneinbehaltungen", über welche der § 119a Abs. 1 G. O. auch für den Bergbau (§ 154a das.) maßgebende Bestimmungen trifft, s. Zweite Abtheilung.

Zu § 80a.

1. Durch den § 80a ist die obligatorische Arbeitsordnung an die Stelle der seitherigen fakultativen gesetzt und zwar nach dem Vorgange der G. O., deren § 134a mit den durch die Verhältnisse des Bergbaues angezeigten Abänderungen in die Absätze 1 bis 4 des § 80a übergegangen ist, während Absatz 5 des letzteren eine neue Bestimmung enthält. Nachdem die Frage der Arbeitsordnung gelegentlich der Bergarbeiterausstände im Jahre 1889 in den Vordergrund getreten und sodann die Reichsgesetzgebung auf dem allgemeinen gewerblichen Gebiete mit der Einführung obligatorischer Arbeitsordnungen vorgegangen war,

erwuchs der Landesgesetzgebung hieraus die Aufgabe, mit einer gleichen Einrichtung für den Bergbau vorzugehen. Vergl. Motive S. 18, Z. Bd. 33 S. 341, ferner die amtliche Denkschrift über die Arbeiter- und Betriebsverhältnisse in den Steinkohlenbezirken, Berlin 1890; auch Hense, „Die obligatorische Arbeitsordnung und der Bergbau.“ Z. Bd. 32 S. 240.

2. Wie nach Abs. 1 für jedes bei dem Inkrafttreten des Gesetzes (1. Januar 1893) bereits betriebene Bergwerk eine Arbeitsordnung zu erlassen war, so muß dies fernerhin auch für jedes in Betrieb kommende Bergwerk geschehen. Die hierfür bestimmte vierwöchentliche Frist beginnt mit der Eröffnung des Betriebes. „Fortan soll für das Vertragsverhältniß zwischen den Bergwerksbesitzern und den Bergleuten in erster Linie der Inhalt der Arbeitsordnungen maßgebend sein und das bürgerliche Recht nur ergänzungsweise in Betracht kommen. Die Festlegung der wichtigsten Punkte des Arbeitsverhältnisses in Schrift oder Druck soll zugleich bewirken, daß die Unklarheiten über gegenseitige Rechte und Verbindlichkeiten mehr und mehr schwinden und der Anlaß zu Streitigkeiten thunlichst beseitigt wird.“ Motive S. 23.

3. Dadurch, daß der Erlaß einer Arbeitsordnung im Absatz 1 auch für alle mit Bergwerken „verbundenen, unter der Aufsicht der Bergbehörden stehenden Anlagen“ besonders vorgeschrieben ist, wird dem Zweifel begegnet, ob eine für die Bergwerke allein gegebene Vorschrift alle diese Anlagen, welche zum Theil auch ohne unmittelbaren Zusammenhang mit Bergwerken betrieben werden können, mit umfassen werde. Als solche Anlagen kommen hauptsächlich in Betracht: Kohlenwäschen, Koksanstalten, Naßpreßanlagen, Briketfabriken, Schwälereien, Erzaufbereitungsanstalten, Gradirwerke, Grubeneisenbahnen, Werkstätten und Schmieden. Vergl. Komm. S. 195 bis 198. Auch die von besonderen Unternehmern zur Aufbereitung von Halden betriebener oder eingestellter Bergwerke errichteten Betriebe gehören hierher.

Die Fassung des Gesetzes (Abs. 1 Satz 2) läßt es zu, je nach den thatsächlichen Umständen des Falles dieselbe Arbeitsordnung für das Bergwerk und die zugehörigen Nebenanlagen oder je eine für das erstere und für diese Anlagen oder auch mehrere Arbeitsordnungen für einzelne Betriebsabtheilungen oder Arbeitergruppen zu erlassen. Motive S. 23, 24.

4. Durch die im Abs. 1 gebrauchte Ausdrucksweise „Für jedes Bergwerk“ wird es nicht als ausgeschlossen anzusehen sein, daß der Besitzer mehrerer — gemäß § 80 Abs. 2 mit Namen einzeln aufzuführender — Bergwerke eine gemeinschaftliche Arbeitsordnung für dieselben erläßt. Dies kann sich namentlich empfehlen, wenn solche Bergwerke einen zusammenliegenden Komplex bilden, innerhalb dessen die Arbeiter je nach Bedarf bald hier, bald dort beschäftigt werden. Die Praxis hat in

dieser Weise aus Zweckmäßigkeitsgründen wiederholt verfahren. S. übrigens Klostermann-Fürst S. 201, wo auch für solche Fälle befürwortet ist, eine gleichlautende Arbeitsordnung formell für jedes einzelne Werk zu erlassen.

5. Die gesetzliche Form für den Erlaß der Arbeitsordnung ist allgemein der „Aushang" und zwar nach der näheren Vorschrift im § 80g Abs. 2 der Aushang „an geeigneter, allen betheiligten Arbeitern zugänglicher Stelle." Wegen der älteren Arbeitsordnungen vergl. unten Bem. 4 zu § 80g u. Bem. 3 zu § 80i.

6. Verpflichtet zum Erlaß der Arbeitsordnung ist nicht etwa nur der Bergwerkseigenthümer, sondern der „Bergwerksbesitzer", also nach dem konsequent durchgeführten Sprachgebrauche des Berggesetzes jeder Betreiber des Bergwerks für eigene Rechnung. Vergl. Komm. S. 217, 354, 394, 466.

Wer als „Stellvertreter" des Bergwerksbesitzers zum Erlaß und zur Unterzeichnung (Abs. 2) der Arbeitsordnung befugt ist, unterliegt der Prüfung von Fall zu Fall nach den allgemeinen Rechtsregeln. Bei Gewerkschaften wird in der Regel der Repräsentant oder Grubenvorstand der hierzu berufene Stellvertreter sein.

Im Abs. 2 ist die entsprechende Bestimmung der G. O. (§ 134a Abs. 2) durch den für den Bergbau nothwendigen Zusatz erweitert, daß die Arbeitsordnung auch „den Namen des Bergwerks oder die Bezeichnung der besonderen Betriebsanlage" enthalten muß.

7. Wer ein Bergwerk betreibt, für welches eine Arbeitsordnung (§ 80a) nicht besteht, macht sich nach § 207b strafbar.

8. Die mit § 134a Abs. 3 G. O. übereinstimmende Vorschrift des Abs. 3 hat den Zweck, „Unklarheiten und Mißverständnisse, welche durch einzelne Abänderungen oder Ergänzungen (der erlassenen Arbeitsordnung) entstehen könnten, zu vermeiden." Die Arbeitsordnung bleibt so lange in Kraft, bis sie durch eine neue ersetzt oder durch einen Nachtrag abgeändert ist. Motive S. 24.

9. Der Bestimmung im Abs. 4 (G. O. § 134a Abs. 4) liegt die Absicht zu Grunde, „jedem Arbeiter, welcher mit den veränderten Bedingungen einer neuen Arbeitsordnung oder eines Nachtrages nicht einverstanden ist, die Möglichkeit zu gewähren, von dem Arbeitsvertrage mit dem Zeitpunkte, an welchem die veränderten Bedingungen eintreten sollen, nach Ablauf der gesetzlichen Kündigungsfrist (§ 81 Abs. 1) zurückzutreten." Motive S. 24.

10. Die G. O. (§ 134a Abs. 1) verpflichtet zum Erlaß einer Arbeitsordnung nur diejenigen Fabriken, in welchen „in der Regel mindestens zwanzig Arbeiter beschäftigt werden." Von dieser Einschränkung ist im § 80a Abs. 1 abgesehen, weil für bergbauliche Betriebe die Verhältnisse insoweit abweichen, „als auch bei einer die Zahl 20 nicht er-

reichenden Arbeitermenge im Hinblick auf die Betriebsgefahren nicht minder wie auf die Eigenart des bergmännischen Arbeitsverhältnisses der Erlaß einer Arbeitsordnung regelmäßig erforderlich erscheinen muß." Motive S. 24.

Dagegen ist im Abs. 5 eine von anderen Bedingungen abhängige Ausnahme zugelassen, nämlich der Bergbehörde die Befugniß beigelegt, auf Antrag nach ihrem Ermessen von dem Erlaß einer Arbeitsordnung zu entbinden, wenn der Betrieb nur „von geringem Umfang oder seiner Natur nach von kurzer Dauer" ist, und unter denselben Voraussetzungen kann auch von der Aufnahme einzelner der im § 80b bezeichneten Bestimmungen in die Arbeitsordnung entbunden werden. Durch Zulassung solcher Ausnahmen soll den Fällen Rechnung getragen werden, in welchen das Arbeitsverhältniß sich so einfach gestaltet, daß die Gelegenheit zu verschiedenartiger Auslegung der gegenseitigen Rechte und Pflichten des Bergwerksbesitzers und des Arbeiters entfällt und deßhalb das Fehlen einer Arbeitsordnung nicht als Mangel empfunden werden kann, z. B. bei Versuchsarbeiten in verliehenem Felde und meistens bei den Anfangsarbeiten zur Inbetriebsetzung von Bergwerken. Motive S. 24, vergl. auch Komm.-Ber. S. 5.

Zuständig zur Entscheidung über Anträge, welche auf Grund des Abs. 5 gestellt werden, ist nach § 189 Abs. 1 B. G. der Revierbeamte. Die Ausf.-Anw. v. 27. Dez. 1892 (oben S. 21) verpflichtet denselben jedoch, vorher die Entscheidung des Oberbergamts darüber einzuholen, ob die im Abs. 5 bezeichneten Voraussetzungen vorliegen. Durch eine solche oberbergamtliche Vorentscheidung wird allerdings das Verfahren nach einheitlichen Grundsätzen innerhalb eines Oberbergamtsbezirkes mehr gesichert, andererseits aber dem Bergwerksbesitzer sachlich eine Instanz entzogen.

Zu § 80b.

1. Schon unter der Herrschaft des Gesetzes, betr. die Aufsicht der Bergbehörden über den Bergbau rc., v. 21. Mai 1861 und sodann des Allg. Berggesetzes sollte die (fakultative) Arbeitsordnung eigentlich die vertragsmäßige Grundlage für die gesammten gegenseitigen Beziehungen des Bergwerksbesitzers und des Bergarbeiters bilden. Komm. S. 237. Die administrative Praxis hielt jedoch diese richtige Auffassung nicht fest, sondern ging davon aus, daß in die Arbeitsordnung „nur die das öffentliche Interesse berührenden Bestimmungen gehören, durch welche die Erfüllung des Arbeitsvertrages gewahrt wird." Die Folge davon war, daß die — aus freier Entschließung der Bergwerksbesitzer vielfach erlassenen — Arbeitsordnungen meistentheils eine Reihe wichtiger, das Arbeitsverhältniß regelnder Festsetzungen nicht enthielten, und daß hieraus eine große Rechtsunsicherheit mit ihren Nachtheilen her-

vorging. Demgegenüber ist nunmehr in Uebereinstimmung mit der Reichsgesetzgebung (§ 134b G. O.) der Grundsatz zur Anerkennung gelangt, daß die Arbeitsordnung die zwischen Arbeitgeber und Arbeitnehmer vertragsmäßig bestehenden Beziehungen möglichst vollständig umfassen soll. (Vergl. auch Bem. 9 zu § 80d S. 47). Es ist darauf Bedacht genommen, „daß die Arbeitsordnungen beim Bergbau eine deutliche, Mißverständnisse nach Möglichkeit ausschließende und die Einzelnheiten des Arbeitsvertrages klar legende Fassung erhalten, daß dadurch den beiden in Betracht kommenden Interessentengruppen der Umfang ihrer gegenseitigen Berechtigungen und Verpflichtungen in nicht abzuweisender Form vor Augen geführt wird, und daß Bergwerksbesitzer und Bergmann die Arbeitsordnung als Grundlage des Arbeitsverhältnisses betrachten lernen." Motive S. 20, Z. Bd. 33 S. 345. Zugleich konnte darauf hingewiesen werden (Motive S. 25), daß, auf solche Erwägungen gestützt, auch die Berggesetzgebung in Oesterreich und Sachsen bedacht gewesen ist, die Verhältnisse der Bergarbeiter durch obligatorische Arbeitsordnungen und deren gesetzlich verlangten Inhalt möglichst zu regeln. Vergl. allg. österr. B. G. v. 23. Mai 1854 § 200 nebst Vollzugsvorschr. v. 25. Sept. 1854 § 102; Haberer u. Zechner, Handbuch des österr. Bergrechts S. 354. Königl. sächs. allg. B. G. v. 16. Juni 1868 § 78 u. Ausf.-Verordn. v. 2. Dez. 1868 § 86, Novelle v. 2. April 1884 § 89; Wahle, Das allg. Bergg. für Sachsen S. 364.

2. Der § 80b verpflichtet demgemäß den Bergwerksbesitzer, über die unter sieben Nummern aufgeführten Gegenstände bestimmte Festsetzungen in der Arbeitsordnung zu treffen. Die Vorschriften des entsprechenden § 134b G. O. sind hier im Hinblick auf die Eigenart des Bergbaues in manchen Punkten auf Grund sehr eingehender Erörterungen erweitert worden.

Der größere Theil der in dem § 80b bezeichneten Gegenstände betrifft übrigens nur den eigentlichen Bergbaubetrieb unter Tage. Selbstverständlich brauchen deßhalb Arbeitsordnungen für Betriebsabtheilungen über Tage und für die mit Bergwerken verbundenen Nebenanlagen keine Bestimmungen über derartige Gegenstände zu enthalten. Motive S. 28.

In welcher Art und Weise die inzwischen gemäß §§ 80a u. 80i erlassenen Arbeitsordnungen den Vorschriften des § 80b unter Berücksichtigung der örtlichen Verhältnisse nachgekommen sind, wird u. a. durch den Inhalt der Arbeitsordnungen für die Saarbrücker Staatsbergwerke und der Normal-Arbeitsordnung für den niederrheinisch-westfälischen Steinkohlenbergbau veranschaulicht. Z. Bd. 34 S. 20 u. 37.

3. Nr. 1. „Anfang und Ende der regelmäßigen täglichen Arbeitszeit" sind durch die Arbeitsordnung in einer Zweifel und Streitigkeiten ausschließenden Weise festzusetzen. Bei dieser Gelegenheit muß

zugleich zum festen Ausdruck kommen, was unter „Arbeitszeit" für den Betrieb unter Tage zu verstehen ist. Aus den Berathungen des Abgeordnetenhauses liegen hierüber zwei verschiedene Meinungen vor. In der Kommission (Bericht S. 7) einigte man sich dahin, daß unter der regelmäßigen täglichen Arbeitszeit „nicht die am Arbeitsorte verbrachte, sondern die Zeit verstanden werden müsse, welche der Arbeiter unter Tage von Beendigung der Einfahrt bis zum Wiederbeginn der Ausfahrt verbringe, also einschließlich der Zeit, welche der Weg vom Schachte zum Arbeitsorte und von diesem zum Schachte in Anspruch nehme." Von anderer Seite (stenogr. Ber. des Hauses der Abg. S. 1540) wurde dagegen unter Arbeitszeit, im Gegensatze zur Schichtdauer, nur derjenige Zeitraum verstanden, welchen der Arbeiter (Häuer) vor Ort, nachdem er dort angelangt ist, bis zu dem Momente verbringt, in welchem er seinen Arbeitsort wieder verläßt. Die Auffassung der Kommission entspricht aber der Praxis und verdient umsomehr den Vorzug, als es bei den zahllosen Verschiedenheiten der Verhältnisse unter Tage gar nicht möglich ist, in einem größeren Bergwerke die Arbeitszeit vor Ort genau zu bestimmen. Vergl. Klostermann-Fürst S. 206 Anm. 2. Anderer Ansicht Engels, Bergg. S. 59 und Arndt, Bergg. S. 36.

Der Antrag mehrerer Kommissionsmitglieder auf gesetzliche Einführung des achtstündigen Normalarbeitstages wurde ebenso wie s. Z. bei Berathung der Novelle zur Gewerbeordnung abgelehnt. Komm.-Ber. S. 12 ff.

4. Wo für die erwachsenen Arbeiter „etwa" Pausen vorgesehen sind, wie dies bei einzelnen Betriebsarten herkömmlich ist, hat die Arbeitsordnung „die Zahl und Dauer" dieser Pausen festzusetzen. Eine Verpflichtung zur Einführung solcher Pausen für Erwachsene entsteht aus dieser Vorschrift selbstverständlich nicht. Motive S. 25, Klostermann-Fürst S. 206.

Die auf den §§ 136 ff. und 154a G. O. und den Ausführungsvorschriften beruhenden Bestimmungen über die Pausen für die jugendlichen Arbeiter (vergl. u. a. die Bestimmungen des Bundesraths v. 17. März 1892 zu § 139a G. O., unten Zweite Abtheilung Nr. III) bedürfen der Aufnahme in die Arbeitsordnung nicht. Motive S. 25. Dasselbe wird aber in Betreff der nach § 137 Abs. 3 den „Arbeiterinnen" zu gewährenden mindestens einstündigen Mittagspause nicht gelten, vielmehr wird diese gesetzliche Bestimmung, der Fassung des § 80b Nr. 1 entsprechend, in die Arbeitsordnung der erwachsene Arbeiterinnen beschäftigenden Werke mit aufzunehmen sei. Klostermann-Fürst S. 207.

5. Bei dem Bergwerksbetriebe besteht anerkanntermaßen die Nothwendigkeit, in gewissen Fällen (z. B. wenn wegen Betriebsstörungen, Waggonmangels ꝛc. die behufs Erfüllung der Verpflichtungen des Bergwerksbesitzers erforderlichen Kohlenmenge in der regelmäßigen Arbeits-

zeit nicht gefördert werden konnte, oder wenn außerordentliche Umstände eine zeitweilige Erhöhung der Förderung bedingen,) eine Verlängerung des Tagewerks durch Ueber- oder Nebenschichten eintreten zu lassen. Diesen zwingenden Umständen trägt das Gesetz Rechnung, verlangt aber mit Rücksicht auf das zu dem Verfahren von Ueber- und Nebenschichten erforderliche Einverständniß der Arbeiter, daß die näheren Umstände einer Verlängerung der ordentlichen Arbeitsdauer in der Arbeitsordnung nach jeder durch die Eigenart des einzelnen Bergwerks gebotenen Richtung hin bestimmt werden. Dies gilt als der einzige sachgemäße Ausweg. Da übrigens die Begriffe „Ueberschichten", „Nebenschichten", „Beischichten" nicht überall den gleichen Sinn haben, so ist die Verlängerung des regelmäßigen Tagewerks (Ueberschichten) und die Einlegung besonderer Arbeitsstunden (Nebenschichten) im Gesetze getrennt erwähnt. Die Arbeitsordnung hat sich darüber auszusprechen, „in welchem Maße" die Arbeiter zum Verfahren von Ueber- und Nebenschichten verpflichtet sind. Es handelt sich bei dieser Festsetzung aber nur um die Fälle, in welchen durch Ausdehnung der Arbeitszeit eine Erhöhung der Förderung bezweckt wird, und nach der Erklärung der Regierungsvertreter sowie nach dem vom Landtage eingeschalteten Zusatze „abgesehen von Fällen der Beseitigung von Gefahren und der Ausführung von Notharbeiten" nicht auch um Nothfälle dieser Art, in welchen eine Vorausbestimmung der Schichtendauer schlechthin nicht stattfinden kann. Motive S. 26, Komm.-Ber. S. 7.

6. Bei Arbeiten unter Tage ist auch die „Ein- und Ausfahrt" durch die Arbeitsordnung zu regeln. Besonders die Seilfahrt bildet einen wichtigen Gegenstand des Arbeitsverhältnisses. Durch eine feststehende Ordnung für die Ein- und Ausfahrt soll namentlich den Unregelmäßigkeiten bei der Seilfahrt und den von den Arbeitern hierüber geführten Beschwerden dauernd abgeholfen werden. Motive S. 26.

7. Eine „Ueberwachung der Anwesenheit der Arbeiter in der Grube" ist im Interesse der persönlichen Sicherheit unumgänglich nothwendig. Herkömmlich pflegt diese Kontrolle durch Verlesen vor der Einfahrt und Meldung nach der Ausfahrt oder durch Marken (Markenkontrolle) ausgeübt zu werden. Da ein Wechsel dieser Systeme erfahrungsgemäß Schwierigkeiten bei den Arbeitern zu begegnen pflegt, so soll die Arbeitsordnung feste Bestimmungen hierüber im Interesse beider Theile treffen. Motive S. 26.

8. Nr. 2 schreibt vor, welche Bestimmungen bezüglich des Schicht- und Gedingelohnes in der Arbeitsordnung getroffen werden müssen. Dieselben sind nach den Beschlüssen des Landtages allgemeiner gehalten, als in der Regierungsvorlage, und finden sich in der G. O. (§ 134 b) überhaupt nicht.

9. Aus der Arbeitsordnung muß zunächst hervorgehen, welche

Personen „zur Festsetzung des Schichtlohnes und zum Abschlusse sowie zur Abnahme des Gedinges" ermächtigt sind. Dies ist nothwendig, damit der Arbeiter unumstößliche Sicherheit über die desfallsigen Abmachungen erlangt und nachträgliche, Unzufriedenheit wachrufende Abänderungen ausgeschlossen bleiben. Motive S. 26, Komm.-Ber. S. 9 ff. Ueber die Besonderheiten des bergmännischen Lohnverhältnisses, namentlich über das Gedinge und die hierbei in der Praxis entstandenen Unzuträglichkeiten und Irrthümer vergl. auch die oben (S. 33) erwähnte amtliche Denkschrift über die Arbeiterverhältnisse S. 10 ff. und Hense, „Das Gedinge" Z. Bd. 31 S. 355.

In der Regel werden Grubenbeamten die vorbezeichnete Ermächtigung erhalten, aber auch der Bergwerksbesitzer selbst kann zu den ermächtigten Personen gehören.

10. Der „Zeitpunkt, bis zu welchem nach Uebernahme der Arbeit gegen Gedingelohn das Gedinge abgeschlossen sein muß", soll durch die Arbeitsordnung festgestellt werden, damit der Gedingeabschluß nicht der Willkür des Arbeitgebers überantwortet wird. Komm.-Ber. S. 10. Diese Willkür würde der Vertragsnatur des Gedinges zuwider sein. Der Gedingelohn gehört als Gegenleistung des Arbeitgebers nothwendig zu der Vereinbarung, welche auf der allgemeinen Grundlage des Arbeitsvertrages, der Arbeitsordnung, über eine bestimmte Arbeitsleistung zwischen beiden Theilen getroffen wird. Kommt die Vereinbarung bis zu dem in der Arbeitsordnung bestimmten Zeitpunkte nicht zu Stande, so erwächst hieraus für den Bergarbeiter die Befugniß, den Lohn nach der für diesen Fall (Nr. 2 am Schluß) weiter in der Arbeitsordnung getroffenen Bestimmung oder, wenn die Voraussetzungen des § 80c Absatz 1 vorliegen, nach dieser Vorschrift zu verlangen. Vergl. nachstehend Nr. 13.

11. Sowohl über die „Beurkundung" des abgeschlossenen Gedinges, als auch über die „Bekanntmachung" desselben an die Betheiligten hat die Arbeitsordnung Bestimmungen zu treffen. Hieraus folgt aber nicht, daß die schriftliche Abschließung vollständiger zweiseitiger Verträge verlangt werde; es genügt, den erfolgten Abschluß des Gedinges in irgend einer schriftlichen Form, z. B. durch Eintragung in ein Gedingebuch oder durch ein Protokoll der zum Gedingeabschluß ermächtigten Person, und durch die sich hieran anschließende Bekanntmachung an die Betheiligten so festzustellen, daß Streitigkeiten über den Inhalt der Vereinbarung thunlichst ausgeschlossen werden. Die Form dieser „Bekanntmachung" (Aushang, Abschrift an die betheiligte Kameradschaft, Aushändigung eines Gedingezettels u. s. w.) zu bestimmen, ist lediglich Sache der Arbeitsordnung. Motive S. 26; stenogr. Ber. des Hauses der Abg. S. 1705 bis 1707.

12. Wenn sich aus der Arbeitsordnung auch die Voraussetzungen

ergeben sollen, „unter welchen der Bergwerksbesitzer oder der Arbeiter eine Veränderung oder Aufhebung des Gedinges zu verlangen berechtigt ist", so wird — wie die Motive S. 26, 27 hervorheben — hierbei nicht an eine erschöpfende, doch immerhin unvollständig bleibende Kasuistik gedacht; die fraglichen Voraussetzungen dürften vorhanden sein, wenn die örtlichen Verhältnisse der verdungenen Arbeit sich wesentlich ändern, und wenn Wasser-, Wetter- oder sonstige Gefahren der Fortsetzung der Arbeit in dem bisherigen Umfange entgegenstehen. Ob dieser Fall zutrifft, unterliegt bei Uneinigkeit der Parteien, soweit es sich um Vergütung für schon geleistete Arbeit handelt, der Entscheidung durch das Gewerbegericht, wo aber ein solches nicht besteht, durch das ordentliche Gericht.

Die einseitige Herabsetzung des festgesetzten Gedingelohns, welche schon früher mangels ausdrücklicher Vereinbarung rechtlich unzulässig war (Urth. des Landg. Dortmund v. 27. Sept. 1884, Z. Bd. 27 S. 95), ist nunmehr nur insoweit statthaft, als die Arbeitsordnung Bestimmung hierüber trifft.

13. Nach Nr. 2 des § 80b muß endlich auch „die Art der Bemessung des Lohnes für den Fall, daß eine Vereinbarung über das Gedinge nicht zu Stande kommt", durch die Arbeitsordnung bestimmt werden, weil anderenfalls zum Schaden des Arbeiters der ihm zu zahlende Lohn nicht festgestellt sein würde. Motive S. 27. Es handelt sich hier also um den Fall, daß zwar thatsächlich, sei es erstmalig oder im Anschluß an ein vorheriges Gedinge, im Gedinge gearbeitet wird, jedoch eine Verständigung über den Gedingesatz nicht erzielt, und somit der Gedingevertrag innerhalb der hierfür in der Arbeitsordnung bestimmten Zeit nicht perfekt geworden ist. Es soll alsdann dem Arbeiter für seine Arbeitsleistung derjenige Lohn zustehen, dessen Bemessung in der Arbeitsordnung für diesen Fall geregelt ist. Bei dieser Bemessung kann man — worauf die Regierungsvertreter hingewiesen haben, Komm.-Ber. S. 11 — den in der voraufgegangenen Lohnperiode verdienten Lohn des Arbeiters, den ortsüblichen Lohn oder ein Vielfaches desselben, den durchschnittlichen Lohn der betreffenden Arbeiterkategorie im letzten Vierteljahre, den für die Festsetzung des Krankengeldes maßgebenden Durchschnittslohn der einzelnen Lohnklassen zum Anhalt nehmen. Diese W a h l ist indeß in dem Falle gesetzlich ausgeschlossen, wenn die „F o r t s e t z u n g der Arbeit vor d e m s e l b e n Arbeitsort" erfolgt, aber eine Vereinbarung über das Gedinge nicht rechtzeitig nach § 80b Nr. 2 zu Stande kommt, indem eine Erhöhung oder Herabsetzung des seitherigen Gedinges beansprucht, jedoch nicht zugestanden wird. In diesem häufig vorkommenden Falle kann der Arbeiter die Festsetzung seines Lohnes gemäß § 80c Abs. 1 nach dem vorigen G e d i n g e verlangen. Vergl. Bem. 2 zu § 80c S. 43.

Von der Kommission des Abg.-Hauses war der obige Schlußsatz

von Nr. 2 gestrichen worden, weil sich im Voraus gar nicht bestimmen lasse, welcher Lohn im Einzelfalle der angemessene sei (Komm.-Ber. S. 9, 11); dieselbe wurde aber mit geringer Abweichung von der Regierungsvorlage bei der zweiten Plenarberathung wieder hergestellt. Stenogr. Ber. S. 1478 bis 1482.

Im Uebrigen läßt die allgemeine Fassung jenes Schlußsatzes nicht zu, die Festsetzung „über die Art der Bemessung des Lohnes“ auf den unmittelbar vorher gedachten besonderen Fall zu beschränken, daß das Gedinge wegen veränderter Voraussetzungen aufgehoben ist. Vergl. auch Klostermann-Fürst S. 213 Anm. 15.

14. Nr. 3. Nach der G. O. (§ 134 b Nr. 2) braucht die Arbeitsordnung nur Bestimmungen zu treffen „über Zeit und Art der Abrechnung und Lohnzahlung.“ Im Anschluß an diese Vorschrift wird unter Nr. 3 des § 80 b weiter verlangt, daß auch bezüglich der Lohnabzüge „wegen ungenügender oder vorschriftswidriger Arbeit“ bestimmte Festsetzungen in der Arbeitsordnung erfolgen. Letztere sollen sich sowohl auf die Fälle, in welchen solche Abzüge gemacht werden dürfen, als auch auf die hierzu befugten Personen und den Beschwerdeweg gegen deren Anordnungen beziehen.

Die Nothwendigkeit, diesen Gegenstand durch die Arbeitsordnung zu regeln, gründet sich wesentlich darauf, daß das bei dem Steinkohlenbergbau übliche Streichen oder „Nullen“ ungenügend oder vorschriftswidrig beladener Förderwagen ernstliche Mißstände und lebhafte Klagen der Arbeiter verursacht hatte und namentlich auch darüber Beschwerde geführt wurde, daß die Vollmacht der Personen, welche das Nullen verfügten, nicht ausdrücklich festgestellt und bekannt gegeben, auch der Weg der Beschwerde gänzlich abgeschnitten oder doch nicht genügend geregelt sei. Das Nähere hierüber enthält die mehrerwähnte amtliche Denkschrift über die Arbeiterverhältnisse S. 26 ff. Diese den Arbeiter bedrückenden Uebelstände sollen durch das Eingreifen der Arbeitsordnung beseitigt werden, indem dem Nullen, soweit es nicht zu entbehren ist, eine vertragsmäßige, einwandfreie Grundlage gegeben wird. Auch die Bestimmung im § 80 c Abs. 2 zielt hierauf ab. Motive S. 27, Komm.-Ber. S. 12, stenogr. Ber. S. 1482 bis 1489, S. 1706 bis 1710; Klostermann-Fürst S. 215 Anm. 18.

Die Nr. 3 des Regierungsentwurfes erlitt im Laufe der Kommissions- und Plenarberathungen verschiedene Veränderungen, wurde aber in dritter Lesung bis auf den Schlußsatz und einige Fassungsänderungen wieder hergestellt. Vergl. hierüber Klostermann-Fürst S. 214, 215.

In der neuen Saarbrücker Arbeitsordnung ist das „Nullen“ ungenügend oder vorschriftswidrig beladener Fördergefäße ganz beseitigt; nach § 34 Abs. 3 werden „Wagen, welche nicht voll oder mit durch Berge verunreinigten Kohlen beladen sind, nach dem Gewichte der in ihnen enthaltenen reinen Kohlen in Anrechnung gebracht"; die betreffende Kameradschaft trifft nach § 47 aber Geldstrafe, statt deren in bestimmten Fällen Ablegung erfolgen kann. Z. Bd. 34 S. 29, 33. Die westfälische Normal-Arbeitsordnung hat das „Nullen" beibehalten, aber im § 24 geregelt. Z. Bd. 34 S. 44.

15. Nr. 4. Nur für den Fall, daß eine andere als die gesetzliche vierzehntägige Aufkündigungsfrist (§ 81) gelten soll, oder daß den gesetzlichen Gründen für die Entlassung (§ 82) und den Austritt (§ 83) aus der Arbeit ohne vorgängige Aufkündigung noch weitere Gründe hinzugefügt werden sollen, müssen nach Nr. 4 die Festsetzungen hierüber in die Arbeitsordnung aufgenommen werden, wenn dieselben rechtliche Wirksamkeit haben sollen. Die Motive (S. 27) empfehlen aber, auch dann, wenn es lediglich bei den gesetzlichen Bestimmungen bewenden soll, diese der Arbeitsordnung einzuverleiben, „um dem Arbeiter die Kenntniß derselben möglichst nahe zu legen." Dies ist z. B. in der vorerwähnten Saarbrücker Arbeitsordnung (§§ 54, 55), jedoch mit einigen erweiternden Zusätzen geschehen. Z. Bd. 34 S. 35, 36.

16. Nr. 5. Strafen sind bei dem Bergwerksbetriebe nicht zu entbehren. Durch Aufnahme in die Arbeitsordnung erhalten dieselben den rechtlichen Charakter der Konventionalstrafe. Damit die Strafen aber nicht lediglich von dem Ermessen des Bergwerksbesitzers oder seiner Beamten abhängen, hat die Arbeitsordnung nach Nr. 5 Bestimmungen zu treffen über die Art und Höhe der Strafen, die Art ihrer Festsetzung und die hierzu bevollmächtigten Personen, den Beschwerdeweg sowie die Einziehung und den Verwendungszweck von Geldstrafen. Die Einführung des Beschwerdeweges zielt übrigens nicht auf eine „behördliche Entscheidung" ab; es wird nur eine genaue Bestimmung darüber verlangt, ob gegen die Festsetzung der Strafe die Berufung auf Entscheidung des Bergwerksbesitzers selbst, seines Vertreters oder des höchsten Betriebsbeamten gegeben ist. Motive S. 27, 28. Seine Ergänzung findet der Inhalt der Nr. 5 in den die Strafen betreffenden Vorschriften des § 80d. Vergl. unten S. 45.

Zur Entscheidung von Streitigkeiten über die Zulässigkeit vollstreckter Strafen und deren Zurückforderung sind die ordentlichen Gerichte bezw. die Gewerbegerichte (§ 3 Nr. 2 des Ges. v. 29. Juli 1890) zuständig.

17. Nr. 6. Wenn für den Fall der rechtswidrigen Auflösung des Arbeitsverhältnisses (§ 80 Abs. 2) die Verwirkung von rückständigen Lohnbeträgen durch die Arbeitsordnung (oder, falls ein besonderer Arbeitsvertrag besteht, durch diesen) ausbedungen wird, so muß nach Nr. 6 gleichzeitig auch über die „Verwendung" der verwirkten Beträge Bestimmung getroffen werden. Diese aus der G. O. § 134b Nr. 5 wörtlich übernommene Vorschrift hat nach den Reichstagsverhandlungen (Druck-

sachen 1890/91 Nr. 190 S. 71) den Zweck, den Arbeitgebern die Verwendung solcher verwirkten Beträge zu Gunsten der bestehenden Wohlfahrtseinrichtungen nahe zu legen und ihnen Gelegenheit zu bieten, „den Arbeitern gegenüber jeden Gedanken einer persönlichen Bereicherung abzuschneiden." Vergl. Motive S. 28. Da indeß das Gesetz nicht vorschreibt, daß die verwirkten „Lohnbeträge" ebenso, wie solches nach ausdrücklicher Vorschrift des Gesetzes (G. O. § 134b Abs. 2, B. G. § 80d Abs. 2) mit den „Strafgeldern" zu geschehen hat, zum Besten der Arbeiter verwendet werden müssen, so kann die Aufnahme einer entsprechenden Vorschrift in die Arbeitsordnung gegen den Willen des Arbeitgebers nicht verlangt werden. Erlaß des Ministers für Handel und Gewerbe v. 22. Juni 1892.

Die Verwendung solcher Lohnbeträge in einer dem Gesetze oder der Arbeitsordnung widersprechenden Weise ist nach § 207c Nr. 1 strafbar.

18. Nr. 7. Will der Bergwerksbesitzer, wie dies in der Regel seinem wohlberechtigten Interesse entspricht, die zum Betriebe erforderlichen Materialien und Werkzeuge selbst besorgen und an die Arbeiter abgeben, so muß die Arbeitsordnung über die „Verabfolgung und Berechnung" Bestimmung treffen, damit die laut gewordenen Beschwerden der Arbeiter über das Verfahren, insbesondere darüber, daß die Preise nicht genügend bekannt gegeben würden, in Zukunft vermieden werden. Motive S. 28. Vergl. auch § 115 Abs. 2 G. O. nebst Bem. 3, unten Zweite Abtheilung Nr. II.

Zu § 80c.

1. Im § 80c werden zwei von einander unabhängige Gegenstände behandelt, nämlich im Abs. 1 die Lohnfeststellung in dem Falle, daß bei Fortsetzung der Arbeit vor demselben Arbeitsorte der Gedingeabschluß nicht rechtzeitig zu Stande kommt (vergl. S. 40 zu § 80b Nr. 2), und im Abs. 2 die Kontrolle der Arbeiter über das Nullen der Fördergefäße.

2. Der Vorschrift im Abs. 1 liegen die Erwägungen zu Grunde, daß die vorherige Feststellung der Vergütung für die übernommenen Arbeiten zum Wesen des Gedingevertrages gehört (vergl. Allg. Landrecht Th. I Tit. 11 § 870); daß, wenn das Gedinge trotz Fortsetzung der seitherigen Arbeit nicht bis zu dem betreffenden Zeitpunkte abgeschlossen ist, der Arbeiter in eine Zwangslage versetzt wird, welche zur Abwehr der damit für den Arbeiter verknüpften Nachtheile unmittelbar durch gesetzliche Vorschrift geregelt werden muß; daß, wenn eine Vereinbarung beim Beginn der neuen Arbeits- und Lohnperiode unterblieben ist, auf Seiten des Arbeiters die Vermuthung berechtigt erscheint, es solle die in der unmittelbar vorausgegangenen Lohnperiode verabredete Vergütung auch weiterhin maßgebend bleiben, da der Arbeiter sonst auf

das gerichtliche Feststellungsverfahren angewiesen sein würde, welches wenigstens bei den ordentlichen Gerichten für den Arbeiter zu umständlich und kostspielig sei. Motive S. 28, 29; Komm.-Ber. S. 15.

Die in einer Petition für die Streichung der Bestimmung im § 80c Abs. 1 geltend gemachten Gründe fanden im Herrenhause Widerlegung. Stenogr. Ber. des Herrenh. S. 259, 260, 261.

3. Von dem Rechte, die Feststellung des Lohnes „nach Maßgabe des in der vorausgegangenen Lohnperiode für dieselbe Arbeitsstelle gültig gewesenen Gedinges zu verlangen", kann der Arbeiter oder auch die zu einem Gedinge vereinigte Kameradschaft nur unter der thatsächlichen Voraussetzung Gebrauch machen, daß die bisherige Gedingearbeit von den betreffenden Personen „vor demselben Arbeitsorte" fortgesetzt wird, aber eine Vereinbarung über den Gedingelohn für die neue Lohnperiode nicht bis zu dem in der Arbeitsordnung bestimmten Zeitpunkte zu Stande gekommen ist. Trifft diese Voraussetzung nicht zu, so findet nicht die gesetzliche Bestimmung des § 80c Abs. 1, sondern die auf Grund des § 80b Nr. 2 (am Schluß) getroffene Bestimmung der Arbeitsordnung Anwendung.

4. Lohnabzüge wegen ungenügender oder vorschriftswidriger Arbeit dürfen nur in den in der Arbeitsordnung vorgesehenen Fällen gemacht werden. Vergl. Bem. 14 zu § 80b, S. 41. Im Anschluß hieran verpflichtet der Abs. 2 des § 80c den Bergwerksbesitzer, den betheiligten Arbeitern Gelegenheit zu geben, unmittelbar nach Beendigung der Schicht Kenntniß davon zu nehmen, ob und eventuell wie viele Fördergefäße wegen ungenügender oder vorschriftswidriger Beladung ganz oder theilweise nicht angerechnet worden sind. Motive S. 29.

Nach der Erklärung des Regierungsvertreters (Komm.-Ber. S. 16) soll der Bergwerksbesitzer durch diese Bestimmung keineswegs verpflichtet werden, die aus irgend welchem Grunde genullten oder zu bemängelnden Wagen am Schachte aufzustellen, damit die Arbeiter durch etwaige Besichtigung derselben sich überzeugen können, ob die Streichung dieser Wagen berechtigt sei. Diesen Zweck hat vielmehr die Bestimmung im zweiten Satze des Abs. 2 im Auge. Dagegen geht der Zweck jener ersteren Vorschrift nur dahin, die auf sehr vielen Gruben bereits bestehende und im Interesse der Arbeiter nothwendige Einrichtung zu verallgemeinern, daß das Verzeichniß der während einer Schicht genullten Wagen in geeigneter Weise, etwa durch Aushang oder Vermerk auf einer besonderen Tafel, bekannt gegeben wird, damit die betreffenden Arbeiter Kenntniß davon nehmen können und spätere Streitigkeiten vermieden werden.

5. Die vorerwähnte weitere Bestimmung, nach welcher der Bergwerksbesitzer zu gestatten verpflichtet ist, daß die Arbeiter auf ihre Kosten durch einen Vertrauensmann das Verfahren bei Feststellung von Lohnabzügen wegen ungenügender oder vorschriftswidriger Beladung der

Fördergefäße überwachen lassen, lehnt sich an die Bestimmungen des Englischen Kohlenbergwerksgesetzes vom 16. September 1887 über den sog. Wiegekontrolleur (check weigher) an; vergl. Theil I Art. 13 und 14 des Gesetzes, Z. Bd. 29 S. 334 ff. Diese Einrichtung soll dazu dienen, das Mißtrauen der Arbeiter gegen die Unparteilichkeit der das Wagennullen betreffenden Anordnungen zu beseitigen. Die Befugnisse des Arbeitervertreters sind insofern begrenzt, als durch Ausübung derselben eine Störung der Förderung nicht eintreten darf. Motive S. 29.

Durch das ausdrückliche Verbot im letzten Satze des Abs. 2 ist ein mißbräuchliches Verfahren beseitigt, welches seither auf Grund einzelner Arbeitsordnungen in Uebung war. Motive S. 29, Komm.-Ber. S. 16.

6. Von Kommissionsmitgliedern wurden zum § 80c noch verschiedene Zusatzbestimmungen kasuistischen Inhalts beantragt, jedoch schon in der Kommission abgelehnt. Komm.-Bericht S. 16 ff.

Zu § 80d.

1. Der § 80d giebt die Absätze 2 und 3 des § 134b G. O. mit einigen Abweichungen wieder.

2. Die Vorschrift, daß Geldstrafen die Hälfte des „für die vorhergegangene Lohnperiode" ermittelten durchschnittlichen Tagesarbeitsverdienstes der betreffenden Arbeiterklasse (nach der G. O. „die Hälfte des durchschnittlichen Tagesarbeitsverdienstes") in der Regel nicht übersteigen und nur in bestimmten Ausnahmefällen den vollen Betrag dieses Arbeitsverdienstes erreichen dürfen, bezweckt im Zusammenhange mit § 80b Nr. 5 die Beseitigung des Mißstandes, daß mitunter Geldstrafen in unverhältnißmäßiger Höhe (10 und 15 Mark) verhängt wurden oder die Höhe derselben dem freien Ermessen des Bergwerksbesitzers oder seiner Beamten überlassen war. Motive S. 29. Es handelt sich bei dieser beschränkenden Vorschrift um die „in jedem einzelnen Falle" verhängte Geldstrafe und nicht etwa um die Geldstrafen für mehrere Fälle, z. B. für diejenigen einer Lohnperiode. Komm.-Ber. S. 19.

3. Die Strafsumme enthielt seither öfter auch den Ersatz für einen angerichteten Schaden. Diese unzweckmäßige Vermischung von Strafen mit Schadensersatzleistung ist nach dem Vorgange der G. O. einerseits durch die Begrenzung der zulässigen Strafhöhe und andererseits durch die hinzugefügte Bestimmung, welche dem Bergwerksbesitzer das Recht auf Schadensersatz ausdrücklich vorbehält, für die Folge ausgeschlossen. Motive S. 29.

4. Während die G. O. (§ 134b Abs. 2) nur verlangt, daß alle Strafgelder „zum Besten der Arbeiter der Fabrik" verwendet werden, ist dieser Verwendungszweck im § 80d Abs. 2 in der Weise näher festgestellt, daß die Strafgelder der Knappschaftskasse, zu welcher das einzelne Werk gehört, oder einer zu Gunsten der Arbeiter des Bergwerks

bestehenden Unterstützungskasse überwiesen werden müssen. Hierbei ist namentlich berücksichtigt worden, daß ein erheblicher Theil der bestehenden Knappschaftskassen auf Grund ihrer bestätigten Statuten Anspruch auf die Strafgelder hat. Motive S. 29. Das im Landtage erhobene Bedenken, den Knappschaftskassen die Strafgelder zu überweisen, weil in Folge dieser Einnahme die Beiträge der Werksbesitzer sich vermindern, mithin die Strafgelder nicht ausschließlich zum Besten der Arbeiter verwendet würden, ist schließlich nicht als durchschlagend anerkannt worden, womit auch die hierauf beruhenden Abänderungsvorschläge fielen. Vergl. Komm.-Ber. S. 19, 20; stenogr. Ber. des Abg.-Hauses S. 1495 bis 1505, S. 1710 bis 1714.

Die Regierungsvorlage ließ die Abführung von Strafgeldern und Lohnabzügen nur an solche Unterstützungskassen zu, an deren Verwaltung die Arbeiter mit betheiligt sind und die eine jährliche Uebersicht ihrer Einnahmen und Ausgaben sowie des Vermögensstandes dem Oberbergamte einreichen uud auch zur Kenntniß der Arbeiter bringen. Diese Einschränkung wurde indeß von der Kommission des Abg.-Hauses ohne Widerspruch der Regierung durch Streichung des betreffenden Satzes im § 80d Abs. 2 beseitigt, weil die Bestimmung sich in der G. O. (§ 134b Abs. 2) nicht findet und in der Eigenart des Bergbaues kein zwingender Grund liegt, seine Unterstützungskassen anders zu behandeln, als diejenigen der Fabriken. Komm.-Ber. S. 20; stenogr. Ber. des Herrenh. S. 260.

5. Die von der Kommission des Abg.-Hauses herrührende Zusatzbestimmung, daß auch „alle wegen ungenügender oder vorschriftswidriger Beladung der Fördergefäße den Arbeitern in Abzug gebrachten Lohnbeträge“ einer der genannten Kassen zufließen sollen, beruht auf Billigkeitsrücksichten und fand sich bereits in der älteren westfälischen Arbeitsordnung. Komm.-Ber. S. 20. Auch die dortige neue Normal-Arbeitsordnung (§ 24) weist solche Lohnbeträge der Unterstützungskasse der Zeche zu. Z. Bd. 34 S. 44.

6. Das dem Bergwerksbesitzer im § 80d Abs. 2 eingeräumte Wahlrecht, die Strafgelder ꝛc. der Knappschaftskasse oder einer Werksunterstützungskasse zu überweisen, kann in dem Falle nicht ausgeübt werden, daß die Strafgelder nach der Bestimmung eines Knappschaftsstatuts der Knappschaftskasse zufließen sollen; denn eine solche Bestimmung ist der Abänderung durch die Arbeitsordnung eines einzelnen betheiligten Werkes entzogen. Urtheil des Reichsger. v. 7. März 1891, Z. Bd. 32 S. 381.

7. Wegen Bestrafung der vorschriftswidrigen Verwendung von Strafgeldern u. s. w. vergl. § 207c Nr. 1.

8. Bei der Fassung des — den Abs. 3 des § 134b G. O. wiederholenden — Abs. 3 des § 80d unterliegt es keinem Zweifel, daß über

die Auszahlung des Lohnes minderjähriger Arbeiter an die Aeltern oder Vormünder durch die Arbeitsordnung Bestimmung getroffen werden kann, sofern die dieserhalb im § 119a Abs. 2 Nr. 2 G. O. bezeichneten, auch für den Bergbau maßgebenden Festsetzungen der Gemeinden oder weiteren Kommunalverbände unterblieben sind, und daß in der Arbeitsordnung noch weitere, auf Einschränkung der allzugroßen Freiheit der minderjährigen Arbeiter und Stärkung der älterlichen Autorität abzielende Bestimmungen Platz finden dürfen. Motive S. 30.

Soweit es sich hierbei um Vorschriften der Arbeitsordnung über das Verhalten der minderjährigen Arbeiter „außerhalb des Betriebes" handelt, bedarf es der Zustimmung eines ständigen Arbeiterausschusses. Auf das Verhalten der großjährigen Arbeiter außerhalb des Betriebes erstreckt sich die Zulässigkeit eines Eingreifens der Arbeitsordnung überhaupt nicht.

9. Durch den Abs. 3 des § 80d ist der Bergwerksbesitzer nicht gehindert, in die Arbeitsordnung auch andere als die im § 80b bezeichneten Bestimmungen über den eigentlichen Arbeitsvertrag aufzunehmen; vielmehr empfiehlt es sich nach der Absicht des Gesetzes (vergl. Bem. 1 zu § 80b, S. 36), die Ergänzungen der civilrechtlichen Bestimmungen über den Arbeitsvertrag, welche der Bergwerksbesitzer für wünschenswerth erachtet, sämmtlich in die Arbeitsordnung aufzunehmen.

Zu § 80e.

1. Der § 80e stimmt mit § 134c G. O. wörtlich überein, nur sind die angezogenen Paragraphen mit den entsprechenden anderen Nummern versehen und die Worte „im § 139b bezeichneten Beamten" durch die Worte „dem Revierbeamten" ersetzt worden.

2. Soweit der Inhalt einer vorschriftsmäßig erlassenen Arbeitsordnung den Gesetzen nicht zuwider läuft, ist die Rechtsverbindlichkeit desselben schon an sich außer Zweifel. Gleichwohl hat der Gesetzgeber es für angemessen erachtet, im Abs. 1 noch besonders zum Ausdruck zu bringen, daß die Arbeitsordnung die Grundlage des Arbeitsvertrages bildet, und daß ihr Inhalt für die gegenseitigen Rechte und Pflichten des Arbeitgebers und des Arbeiters maßgebend ist. Motive S. 30. Der Begriff „Gesetze" ist hier im weitesten Sinne gebraucht. Vergl. unten Bem. zu § 80h; Motive S. 32, 33.

3. Um für die Voraussetzungen der Auflösung des Arbeitsverhältnisses die dringend wünschenswerthe völlige Rechtssicherheit zu schaffen, untersagt der Abs. 2 die Vereinbarung anderer als der in der Arbeitsordnung oder in dem Gesetze (§§ 82, 83) vorgesehenen Gründe der Entlassung und des Austritts aus der Arbeit. Dieser Vorschrift zuwider laufende Verabredungen sind unwirksam. Motive S. 30.

Ferner ist im Abs. 2 (Satz 2) die seither in einzelnen Arbeitsordnungen frei gelassene Bestrafung auch anderer Handlungen und Unterlassungen, als der in der Arbeitsordnung ausdrücklich unter Strafe gestellten, für die Zukunft ausgeschlossen. Daß das Verbot in der vorliegenden Fassung diesen Sinn und diese Tragweite hat, unterliegt nach den Motiven (S. 30) keinem Zweifel. Vergl. auch Klostermann-Fürst S. 227. Mit dem Verbote ist die Strafandrohung im § 207c Nr. 1 verbunden.

Durch die Worte „ohne Verzug" (Abs. 2 Satz 3) wird nicht verlangt, daß die Festsetzung der Strafen sofort stattfinden müsse, vielmehr soll nur ein schuldhafter Verzug im Sinne der civilrechtlichen mora ausgeschlossen werden. Motive S. 30, 31.

4. Die regelmäßige Führung eines nach Vorschrift eingerichteten Strafverzeichnisses dient als wirksame Kontrollmaßregel. Die Verpflichtung, das Verzeichniß zu führen, wird zunächst dem zur Festsetzung von Geldstrafen „bevollmächtigten Vertreter des Bergwerksbesitzers" (§ 80b Nr. 5) obliegen. Zuwiderhandlungen gegen die Vorschriften des § 80e Abs. 3 sind nach § 207e Nr. 5 strafbar.

Zu § 80f.

1. Den Bestimmungen im Abs. 1 des § 80f, welche dem § 134d G. O. entsprechen, liegt die Erwägung zu Grunde, daß der einzelne Arbeiter, welcher Beschäftigung sucht, in der Regel keine Wahl hat, ob er sich den in der Arbeitsordnung vom Arbeitgeber festgestellten Bedingungen unterwerfen will oder nicht, daß ihm also bei dem Vertragsabschluß jede Einwirkung auf die einzelnen Bedingungen des Arbeitsvertrages entzogen ist, und daß es unter diesen Umständen billig erscheint, vor dem Erlaß einer Arbeitsordnung oder eines Nachtrages den zur Zeit beschäftigten Arbeitern die Möglichkeit einer Vertretung der Interessen der Arbeiterschaft zu gewähren. Motive S. 31. Von mehreren Kommissionsmitgliedern war beantragt worden, für den Fall, daß ein ständiger Ausschuß nicht besteht, „in geheimer Wahl gewählte Vertrauensmänner" über die Arbeitsordnung ꝛc. zu hören. Der Antrag wurde jedoch abgelehnt, weil es durch die Eigenart des Bergbaues nicht geboten sei, solche von der G. O. abweichende Bestimmungen zu treffen. Komm.-Ber. S. 21.

2. Nur die „großjährigen" Arbeiter sollen über den Inhalt der zu erlassenden Arbeitsordnung gehört werden, weil es sich hier um ein gesetzliches Recht handelt, welches nur solchen Arbeitern gebührt, von denen Takt und Urtheil für eine entsprechende Ausübung dieses Rechts zu gewärtigen ist, und weil den jüngeren Arbeitern unbenommen bleibt, ihre Wünsche durch ältere Arbeiter vorbringen zu lassen. Motive S. 31.

Nach der Fassung des Abs. 1 Satz 2 („genügt") ist übrigens nicht ausgeschlossen, statt des ständigen Ausschusses, wo ein solcher besteht, die beschäftigten großjährigen Arbeiter unmittelbar zu hören.

3. Die Bestimmungen im Abs. 2 darüber, welche Vertretungen als ständige Arbeiterausschüsse im Sinne des Abs. 1 sowie der §§ 80c Abs. 2 und 80d Abs. 3 anzusehen sind, schließen sich an den § 134d G. O. mit denjenigen Abänderungen an, welche durch die Berücksichtigung der bergbaulichen Kranken- und Knappschaftskassen geboten waren. Auch hier ist davon ausgegangen, daß die zwangsweise Einführung von Arbeiterausschüssen sich nicht empfiehlt.

4. Gemäß Nr. 1 des Abs. 2 können die Vorstände der Krankenkassen 2c. als „ständige Arbeiterausschüsse" im Sinne des § 80f nicht bestellt werden, wenn die Vorstandsmitglieder statutenmäßig nicht in ihrer Mehrheit von den Arbeitern aus ihrer Mitte gewählt sind. In Folge dieser Einschränkung eignen sich die Vorstände derjenigen Krankenkassen, welche auf Grund des § 172 des Berggesetzes und späterer Einführungsverordnungen von Knappschaftsvereinen abgezweigt und je zur Hälfte von den Werksbesitzern und den Arbeitervertretern gewählt sind, in ihrer jetzigen gesetzlichen Zusammensetzung nicht zur Uebernahme der Geschäfte eines ständigen Arbeiterausschusses. Im Uebrigen würde es dem Zwecke und Willen des Gesetzes entsprechen, einen — nach der obigen Vorschrift des § 80f zusammengesetzten — Krankenkassenvorstand auch dann als ständigen Arbeiterausschuß zuzulassen, wenn die Krankenkasse gemeinsam für zwei oder mehrere neben einander wirthschaftende kleinere Bergwerke besteht, wie z. B. in den nassauischen Bergrevieren. Motive S. 31, stenogr. Ber. S. 1508.

5. Nach Nr. 2 des Abs. 2 hängt die Zulassung der Knappschaftsältesten bergbaulicher Knappschaftsvereine als ständige Arbeiterausschüsse von den beiden Voraussetzungen ab, daß der betreffende Knappschaftsverein „nur die Betriebe eines Bergwerksbesitzers" umfaßt, und daß die Knappschaftsältesten nur „aus der Mitte der Arbeiter" gewählt sind, letzteres aus dem Grunde, weil nach Zulassung des Gesetzes (§ 179 B. G.) und der Statuten häufig auch Werksbeamte zu Knappschaftsältesten gewählt sind, die Thätigkeit derselben als Mitglieder eines ständigen Arbeiterausschusses aber Bedenken erregen würde. Motive S. 31. Von den bestehenden Knappschaftsvereinen wird demnach nur ein kleiner Bruchtheil unter die Nr. 2 des § 80f fallen. Für die nur die Betriebe eines Bergwerksbesitzers umfassenden Knappschaftsvereine bietet sich der Ausweg dar, daß bei der Neuwahl von Knappschaftsältesten lediglich Arbeiter gewählt werden.

6. Auf Grund von Nr. 3 des Abs. 2 sind namentlich die vor dem 1. Januar 1892 auf den Bergwerken und Salinen des Staates errichteten ständigen Arbeiterausschüsse berufen, die den Ausschüssen im Gesetze zugewiesenen Geschäfte wahrzunehmen.

Zu § 80g.

1. Der § 80g stimmt wörtlich mit § 134e G. O. überein, nur sind die Worte „der unteren Verwaltungsbehörde" ersetzt durch die Worte „der Bergbehörde". Die Arbeitsordnung ist demnach der Bergbehörde und zwar gemäß § 189 B. G. dem Revierbeamten in zwei Ausfertigungen einzureichen. Letzterer hat die eine Ausfertigung dem Oberbergamte vorzulegen. Ausf.-Anw. B II oben S. 21.

2. Eine „Bestätigung" der Arbeitsordnung durch die Bergbehörde findet nicht statt. Nach § 3 des Gesetzes über die Beaufsichtigung des Bergbaues vom 21. Mai 1860 (Z. Bd. 1 S. 2) war die Bestätigung erforderlich. Dieselbe wurde aber durch das Allg. Berggesetz beseitigt, und ihre Wiedereinführung erschien bei der vorliegenden Gelegenheit nicht rathsam, weil eine derartige Einrichtung die Bergbehörde aus ihrer Stellung über den beiden Kontrahenten des Arbeitsvertrages hinausdrängen und mit einer nicht angemessenen Verantwortlichkeit für den Inhalt der Arbeitsordnung belasten, außerdem aber auch die eigene Thätigkeit der Bergwerksbesitzer auf dem Gebiete der freiwilligen Gestaltung eines gedeihlichen Verhältnisses zu den Bergleuten beeinträchtigen und Anlaß dazu geben würde, die etwaige Unzufriedenheit mit den Einzelnheiten des Arbeitsvertrages gegenüber der Bergbehörde geltend zu machen. Motive S. 32, Komm.-Ber. S. 21.

3. Dagegen soll durch die vorgeschriebene Einreichung der Arbeitsordnung und der Nachträge zu derselben der Bergbehörde Gelegenheit gegeben werden, zu prüfen, ob sie vorschriftsmäßig erlassen sind und keine Bestimmungen enthalten, welche den gesetzlichen Bestimmungen zuwider laufen (vergl. § 80h). Bei dieser Prüfung ist die Einsicht der seitens der Arbeiter schriftlich oder zu Protokoll geäußerten Bedenken für die Bergbehörde von erheblicher Bedeutung, z. B. um ermessen zu können, ob eine Strafbestimmung nach Ansicht der Arbeiter deren Ehrgefühl verletzt. Es ist daher vorgeschrieben, daß der Bergbehörde diese Bedenken gleichzeitig mitgetheilt werden müssen. Motive S. 32.

4. Durch den im Abs. 2 des § 80g angeordneten Aushang der erlassenen Arbeitsordnung an einer allen betheiligten Arbeitern zugänglichen Stelle wird der Inhalt derselben für beide Theile rechtsverbindlich. Um diese Wirkung herbeizuführen, bedarf es der Aushändigung eines Exemplars der Arbeitsordnung an den einzelnen Arbeiter nicht. Wenn das Gesetz gleichwohl verlangt, daß jedem Arbeiter bei seinem Eintritt in die Beschäftigung die Arbeitsordnung behändigt wird, so ist diese Forderung sowohl durch den Charakter der Arbeitsordnung als schriftlicher Vertrag über das Arbeitsverhältniß, als auch durch die Erwägung gerechtfertigt, daß der Besitz eines Exemplars der Arbeitsordnung für jeden Arbeiter während der gesammten, wenn auch vorübergehenden Dauer

seiner Beschäftigung auf dem betreffenden Bergwerke in hohem Maße erwünscht ist. Motive S. 32.

Da nach § 80i der Abs. 2 des § 80g auch auf alle vor dem Inkrafttreten des Gesetzes erlassenen Arbeitsordnungen Anwendung findet, so müssen dieselben nunmehr ebenfalls an geeigneter Stelle ausgehängt sein. Ausf.-Anw. B VI, oben S. 23. Vergl. auch Bem. 3 zu § 80i, S. 53.

5. Die Unterlassung irgend einer der durch den § 80g Abs. 1 u. 2 begründeten Verpflichtungen ist im § 207c Nr. 2 und § 207d nach dem Vorgange der G. O. mit Strafe bedroht.

Zu § 80h.

1. Der § 80h stimmt mit § 134f G. O. mit der Maßgabe überein, daß im Abs. 1 statt „der unteren Verwaltungsbehörde" gesetzt ist „der Bergbehörde", und daß nach Abs. 2 die Beschwerde (der Rekurs) nicht „binnen zwei Wochen an die höhere Verwaltungsbehörde" zu richten ist, sondern „nach näherer Bestimmung der §§ 191 bis 193" des Berggesetzes stattfindet, mithin die Rekursfrist vier Wochen beträgt. Vergl. Ausf.-Anw. B V, oben S. 22.

2. Sind Arbeitsordnungen und Nachträge zu denselben „nicht vorschriftsmäßig erlassen", so müssen die Mängel auf Anordnung der Bergbehörde dem Gesetze gemäß beseitigt werden. Die Mängel können sich auf die formelle Seite beziehen, wenn z. B. die Anhörung der Arbeiter oder des Arbeiterausschusses (§ 80f) unterblieben ist, oder auch den materiellen Inhalt betreffen, indem z. B. Bestimmungen fehlen, deren Regelung durch die Arbeitsordnung das Gesetz verlangt (§ 80a Abs. 2, § 80b).

3. Wie die Rechtsverbindlichkeit der Arbeitsordnung im § 80e davon abhängig gemacht ist, daß ihr Inhalt „den Gesetzen nicht zuwiderläuft", so wird ferner im § 80h die Ersetzung oder Abänderung einer Arbeitsordnung (eines Nachtrags) verlangt, deren Inhalt „den gesetzlichen Bestimmungen zuwiderläuft." Die Begriffe „Gesetze" (§ 80e) und „gesetzliche Bestimmungen" (§ 80h) sind hier im weitesten Sinne gebraucht und umfassen zugleich auch alle polizeilichen Vorschriften, welche im Rahmen der bestehenden, verfassungsmäßig zu Stande gekommenen und publizirten Gesetze (im engsten Sinne) und landesherrlichen Verordnungen erlassenen sind. Die Gefährlichkeit des Bergwerksbetriebes hat von jeher eine Menge in's Einzelne gehender bergpolizeilicher Verordnungen und Verfügungen nothwendig gemacht, welche wegen ihrer Wichtigkeit für das Leben und die Gesundheit der Arbeiter bei dem Erlaß der Arbeitsordnungen nicht unberücksichtigt bleiben dürfen. Eine besondere Erwähnung der bergpolizeilichen Vorschriften in den §§ 80e und 80h erschien gegenüber dem vorstehend bezeichneten, allgemein anerkannten

Umfange der Begriffe „Gesetze“ und „gesetzliche Bestimmungen“ nicht geboten. Motive S. 32, 33.

Indem übrigens das Gesetz im § 80 b den „nicht vorschriftsmäßigen Erlaß“ einer Arbeitsordnung (eines Nachtrags) und den „den gesetzlichen Bestimmungen zuwiderlaufenden Inhalt“ derselben neben einander stellt, wird ausgedrückt, daß es sich im letzteren Falle um positive Bestimmungen der Arbeitsordnung handelt, welche mit gesetzlichen (polizeilichen) Gebots- und Verbotsvorschriften unvereinbar sind.

4. Die nach Abs. 1 der Bergbehörde übertragenen Anordnungen hat gemäß § 189 B. G. der Revierbeamte zu treffen. Die Ausübung dieser Befugnisse ist an keine Frist gebunden; der Revierbeamte kann vielmehr zu jeder Zeit, wenn er einen Mangel in der Arbeitsordnung entdeckt, die Beseitigung desselben anordnen. Nach Eingang der Arbeitsordnungen und der dazu erlassenen Nachträge ist aber die Prüfung so rasch vorzunehmen, wie es ohne Beeinträchtigung ihrer Gründlichkeit möglich ist. Ausf.-Anw. B III, oben S. 21. Daselbst sind zugleich die Punkte hervorgehoben, auf welche die Prüfung insbesondere zu richten ist, indem hierbei die vorzugsweise auf den Schutz der Arbeiter berechneten Vorschriften in Betracht kommen.

Die Nichtbefolgung der endgültigen Anordnung der Bergbehörde wegen Ersetzung oder Abänderung der Arbeitsordnung ist im § 207 b unter Strafe gestellt.

Zu § 80 i.

1. Der dem § 134 g G. O. nachgebildete § 80 i handelt von den *vor* dem Inkrafttreten der Berggesetznovelle (1. Januar 1893) erlassenen Arbeitsordnungen und ist inzwischen in der Hauptsache zur Ausführung gelangt.

Es war zu unterscheiden zwischen den seit dem 1. April 1892 *erstmalig* erlassenen, d. h. denjenigen Arbeitsordnungen, an deren Stelle vorher noch keine Arbeitsordnung bestanden hatte, und den übrigen älteren Arbeitsordnungen. Auf *letztere* fanden die Vorschriften der §§ 80 f und 80 g Abs. 1 über die Anhörung der Arbeiter und zwar auch dann keine Anwendung, wenn diese Arbeitsordnungen erst nach dem 1. April 1892, aber vor dem 1. Januar 1893 abgeändert oder vollständig revidirt und umgestaltet worden sind. Um jedoch eine Prüfung auch dieser Arbeitsordnungen auf die Vorschriftsmäßigkeit ihres Inhalts zu ermöglichen, mußten dieselben binnen vier Wochen, nachdem das Gesetz in Kraft getreten war, der Bergbehörde (dem Revierbeamten) eingereicht werden. Motive S. 33.

Was dagegen die seit dem 1. April 1892 *erstmalig* erlassenen Arbeitsordnungen betrifft, so fanden auf diese auch die erwähnten §§ 80 f und 80 g Abs. 1 Anwendung.

2. Letzteres gilt nach der ausdrücklichen Vorschrift des § 80 i auch für alle Nachträge, durch welche nach dem 1. Januar 1893 früher erlassene Arbeitsordnungen abgeändert werden. Vergl. Ausf.-Anw. B VI, oben S. 22.

3. Als „erlassen" sind ältere Arbeitsordnungen auch dann anzusehen, wenn sie vor dem Inkrafttreten des Gesetzes in anderer Form, als durch „Aushang", z. B. durch Behändigung, allen Arbeitern zugänglich geworden sind; die Vorschrift des § 80a Abs. 1 steht hier nicht entgegen. Dagegen erstreckt sich die Verpflichtung zum Aushang 2c. nach § 80g Abs. 2 auch auf die älteren Arbeitsordnungen. Ausf.-Anw. B VI, oben S. 23.

4. Die Nichterfüllung der durch § 80 i begründeten Verpflichtungen ist nach § 207c Nr. 2 strafbar.

Zu § 80k.

1. Dem § 80k ähnliche Bestimmungen enthält die G. O. nicht. Derselbe ist in seiner gegenwärtigen, von der Regierungsvorlage abweichenden Fassung das Endergebniß sehr eingehender Erörterungen im Landtage. Vergl. Motive S. 33 ff., Komm.-Ber. S. 21 ff., stenogr. Ber. d. Hauses d. Abg. S. 1509 bis 1520 und S. 1715 bis 1721. Klostermann-Fürst S. 234, 235.

2. Die Verpflichtungen des Bergwerksbesitzers, von welchen im § 80k die Rede ist, haben zur Voraussetzung, daß „die Lohnberechnung auf Grund abgeschlossener Gedinge" erfolgt.

Im Abs. 1 sind unter Nr. 1 und 2 die beiden Fälle unterschieden, daß bei der Gedingearbeit die Leistung aus „Zahl und Rauminhalt" der Fördergefäße oder aus dem „Gewichtsinhalt" der Fördergefäße ermittelt wird. Im ersteren Falle muß der Rauminhalt an jedem einzelnen Fördergefäße dauernd und deutlich ersichtlich sein, es sei denn, daß auf dem betreffenden Bergwerke nur Fördergefäße benutzt werden, welche einen gleichen, vor dem Beginn des Gebrauches den Arbeitern bekannt gemachten Rauminhalt haben, indem es alsdann einer Ersichtlichmachung an den Fördergefäßen selbst nicht bedarf. Anders in dem zweiten Falle: bei Ermittelung der Leistung nach dem Gewichtsinhalte der Fördergefäße muß das Leergewicht jedes einzelnen Fördergefäßes an demselben dauernd und deutlich ersichtlich sein und vor dem Beginn des Gebrauches sowie später in jedem Betriebsjahre mindestens einmal von Neuem festgestellt werden; Ausnahmen finden hier naturgemäß nicht statt.

Zur Durchführung der hiernach erforderlichen Einrichtungen konnten auf Grund des Art. VIII Abs. 2 des Gesetzes den Bergwerksbesitzern angemessene, jedoch den 1. Juli 1893 nicht überschreitende Fristen durch das Oberbergamt bewilligt werden.

3. Die Ueberwachung der im Abs. 1 getroffenen Bestimmungen ist Sache der Bergbehörde und zwar gemäß § 189 B. G. (in der Fassung des Art. III des Gesetzes) des Revierbeamten.

4. Die Vorschrift des Abs. 3 bezweckt hauptsächlich die Beseitigung des sogenannten „Füllkohlenabzuges", dessen Unzuträglichkeiten sich gelegentlich der Untersuchung über die Arbeiterverhältnisse bei dem Steinkohlenbergbau herausgestellt haben. Im allseitigen Interesse soll durch die Abschaffung dieser Einrichtung eine möglichst klare und durchsichtige, jegliches Mißtrauen ausschließende Lohnwirthschaft eingeführt werden. Zur Rechtfertigung des desfallsigen gesetzlichen Verbotes im Abs. 3 ist anzuführen, daß jeder nachträgliche Abzug unbillig ist, welcher bei der Lohnberechnung an der Gesammtförderung deßhalb erfolgt, weil bei dem Verkaufe nach Gewicht, gegenüber der Gedingestellung nach dem Rauminhalte der Wagen, schon im Allgemeinen Differenzen entstehen, und weil gleichermaßen bei dem Transport, bei dem Verladen in die Eisenbahnwagen, bei der Ladung auf der Halde und vor Allem durch die nasse Aufbereitung der Kohlen Abgänge erwachsen. Diese Abgänge hat aber nach allgemeinen Rechtsgrundsätzen der Unternehmer zu tragen; der Arbeiter hat jedenfalls den Anspruch, daß ihm der Inhalt oder das Gewicht der gelieferten Wagen bei der Lohnfeststellung voll in Anrechnung gebracht werde, sofern Einwendungen gegen seine Arbeitsleistung bei Abnahme der Wagen nicht erfolgt sind. Motive S. 34, 35.

5. Nach ihrer allgemeinen Fassung bezieht sich die vorerwähnte Bestimmung des Abs. 3 zwar nicht ausschließlich auf die Steinkohlenbergwerke, sondern auf den Bergbau im Allgemeinen, also auch auf den Erzbergbau. Gleichwohl sind durch diese Bestimmung nicht diejenigen Gedinge unmöglich gemacht, welche auf vielen Erzbergwerken üblich sind, und bei denen die Löhne nicht bemessen werden auf Grund des Maßes der geförderten Rohmaterialien, sondern auf Grund des Maßes der aufbereiteten Erze. Solche nicht nach der unreinen „Fördermenge", sondern nach der Menge der reinen Erze geregelte Gedinge sind nach wie vor zulässig und werden von der Bestimmung des Abs. 3 überhaupt nicht betroffen. Auf Fälle dieser Art bezieht sich demnach auch nicht die Schlußbestimmung des Abs. 3, nach welcher Ausnahmen „hiervon", d. h. von dem Verbote der Abzüge bei dem nach der „Fördermenge" geregelten Gedinge der Genehmigung der Bergbehörde (des Revierbeamten) bedürfen. Komm.-Ber. S. 23, stenogr. Ber. d. Hauses d. Abg. S. 1520, 1521.

6. Die unmittelbaren Gebots- und Verbotsvorschriften der Absätze 1 und 3 des § 80 k können durch entgegenstehende Verabredungen rechtsgültig nicht ausgeschlossen werden.

7. Zuwiderhandlungen gegen Vorschriften des § 80 k sind durch § 207 c Nr. 2 unter Strafe gestellt.

Zu § 81.

1. Der § 81 stimmt sachlich und im Abs. 2 auch wörtlich mit § 122 G. O. überein, während die Fassung des Abs. 1 sich mit einer geringen Aenderung („Aufkündigung gelöst werden“ statt „Kündigung aufgelöst werden“) an den seitherigen § 81 B. G. anschließt. Die dem letzteren hinzugefügte Bestimmung des Abs. 2 hat den Zweck, zu verhüten, daß das Kündigungsrecht für die Arbeiter an erschwerende Bedingungen geknüpft wird und der Arbeitgeber für sich selbst kürzere Fristen in Anspruch nimmt, als den Arbeitern zugestanden werden. Motive S. 35.

2. Die gesetzliche Kündigungsfrist von herkömmlich vierzehn Tagen kann, wie schon seither, durch anderweitige Vereinbarung abgeändert werden; die Novelle hat aber eine zweifache Einschränkung dieses Vertragsrechts herbeigeführt, sofern nämlich die anderweitig vereinbarte Frist in die Arbeitsordnung aufgenommen werden muß (§ 80b Nr. 2) und „für beide Theile gleich sein“ muß.

3. Wie die Rechtsgültigkeit der Aufkündigung seitens des Bergwerksbesitzers dadurch bedingt ist, daß letztere von ihm oder seinem hierzu ermächtigten Vertreter ausgeht, so muß andererseits die Aufkündigung des Bergarbeiters an diese Adresse gerichtet werden. Wer als Vertreter des Bergwerksbesitzers zur Erklärung und Entgegennahme der Aufkündigung befugt ist, hängt im gegebenen Falle von den bestehenden Einrichtungen ab. In der Regel wird diese Befugniß demjenigen Werksbeamten zustehen, durch welchen die Annahme der Arbeiter erfolgt. Der richtige — wenn auch gesetzlich nicht vorgeschriebene — Ort für eine feste Bestimmung hierüber ist die Arbeitsordnung. Vergl. u. a. die Saarbrücker Arbeitsordn. § 53 und die westfälische Normal-Arbeitsordn. § 1, Z. Bd. 34 S. 35, 37.

4. Das Aufkündigungsrecht aus § 81 setzt stets voraus, daß ein eigentlicher Arbeitsvertrag (Dienstmiethe) vorliegt, und findet auf die (selteneren) Fälle der Werksverdingung keine Anwendung. Vergl. Z. Bd. 1 S. 454 u. Bem. 2 zu § 80, oben S. 30.

5. Wird das Vertragsverhältniß ohne Innehaltung der im § 81 Abs. 1 vorgeschriebenen oder in der Arbeitsordnung anderweitig geregelten Kündigungsfrist gelöst, ohne daß ein im Gesetze oder in der Arbeitsordnung vorgesehener Grund zur Auflösung des Vertragsverhältnisses ohne Aufkündigung und ohne Innehaltung der Kündigungsfrist vorliegt, so können hieraus für den anderen Theil vermögensrechtliche Nachtheile entstehen, deren Geltendmachung alsdann vor die ordentlichen Gerichte und, wo Gewerbegerichte bestehen, nach § 3 Nr. 2 des Gesetzes vom 29. Juli 1890 vor diese gehört. Vergl. auch Klostermann-Fürst S. 239 Bem. 7.

Zu §§ 82 und 83.

1. In Uebereinstimmung mit den Grundsätzen der seitherigen §§ 82 und 83 B. G. und der §§ 123 und 124 G. O. regeln die jetzigen §§ 82 und 83 die Auflösung des bergmännischen Arbeitsverhältnisses vor Ablauf der vertragsmäßigen Arbeitszeit und ohne Aufkündigung. Die Zahl der Fälle, in welchen die Auflösung erfolgen kann, ist aber gegenüber den ursprünglichen Bestimmungen des B. G. erheblich erweitert, und andererseits sind mit Rücksicht auf die eigenartigen Verhältnisse des Bergbaues verschiedene wesentliche Abweichungen von den §§ 123 und 124 G. O. nothwendig geworden. Eine nicht unerhebliche Anzahl der seitherigen Arbeitsordnungen hatte bereits eine Ergänzung der gesetzlichen Gründe für die in Rede stehende Auflösung des Arbeitsverhältnisses für erforderlich erachtet. Wenngleich diese Befugniß auch für die Zukunft bestehen bleibt (vergl. § 80b Nr. 4, oben S. 42 Bem. 15), so ist es doch nach dem Vorgange der G. O. für zweckmäßig erachtet worden, den Inhalt der §§ 82 und 83 so auszudehnen, daß noch weiter gehende besondere Vereinbarungen möglichst unnöthig gemacht werden. Motive S. 35. In den neueren Arbeitsordnungen sind indeß noch einige weitere Gründe, aus welchen die Entlassung und der Austritt aus der Arbeit ohne Aufkündigung erfolgen kann, hinzugefügt. Vergl. u. a. die Saarbrücker Arbeitsordn. §§ 54, 55, und die westfälische Normal-Arbeitsordn. §§ 3, 4, 23, 24. Z. Bd. 34 S. 35, 36, 38, 44.

Im Uebrigen ist, was die Abweichungen der §§ 82 und 83 von den §§ 123 und 124 G. O. betrifft, noch Folgendes zu bemerken:

2. Im § 82 Nr. 1 sind außer den Zeugnissen und Arbeitsbüchern für minderjährige Arbeiter (vergl. §§ 85a und 85b ff.) auch die „Abkehrscheine“ erwähnt, weil dieselben gemäß §§ 84 und 85 für großjährige Bergleute ihre bisherige Bedeutung behalten haben. Motive S. 36.

3. Nr. 4 wiederholt (statt der für das bergmännische Arbeitsverhältniß nicht anwendbaren Nr. 4 des § 123 G. O.) die dem Bergbau eigenthümlichen Entlassungsgründe des seitherigen § 82 Nr. 1 und 2: Uebertretung einer „sicherheitspolizeilichen Vorschrift“ und „groben Ungehorsam“, in der Erwägung, daß bei den eigenartigen Verhältnissen des Bergbaues, wo durch Nichtausführung einer den Betrieb betreffenden Anordnung das Leben von Hunderten von Arbeitern den größten Gefahren ausgesetzt sein kann, die Innehaltung der strengsten Disziplin erforderlich ist. Motive S. 36, 37.

4. Aus demselben Grunde bedurfte es in Nr. 5, 6 und 7 der besonderen Erwähnung der den Arbeitern vorgesetzten „Beamten“. Motive S. 37.

5. Der § 83 macht unter Nr. 2 und 3 gleichfalls die „Beamten“ besonders namhaft und unterscheidet dabei zwischen den den Arbeitern „vorgesetzten“ Beamten (Nr. 2) und den Beamten des Bergwerksbesitzers überhaupt (Nr. 3), was wohl seine innere Berechtigung hat.

6. In Nr. 4 ist unter „Gedingelohn" nach dem üblichen Sprachgebrauche auch der Stücklohn der über Tage und in Nebenanlagen beschäftigten Arbeiter mit verstanden. Motive S. 37.

7. Der in Nr. 5 des § 124 G. O. zugelassene Auflösungsgrund (eine erweisliche Gefahr, welche bei Eingehung des Arbeitsvertrages nicht zu erkennen war) ist fortgeblieben, weil es nicht angängig erscheint, bei dem Betriebe des Bergbaues, dessen häufig unvermuthet auftretende Gefahren dem Arbeiter bei Eingehen des Arbeitsverhältnisses nicht unbekannt sein können, die Auflösung des Arbeitsvertrages, — welche sich in sofortigem Verlassen der Arbeitsstelle würde kundgeben können, — gerade dann durch das Gesetz zu gestatten, wenn durch muthiges Ausharren und zweckentsprechendes Verhalten eine plötzlich auftretende Gefahr für die Mitarbeiter und den gesammten Grubenbau abgewendet werden kann. Motive S. 37.

8. Streitigkeiten über die in den §§ 82 u. 83 oder in der Arbeitsordnung vorgesehene Auflösung des Arbeitsverhältnisses ohne Aufkündigung gehören vor die ordentlichen Gerichte bezw. vor das Gewerbegericht; § 3 Nr. 1 des Ges. v. 29. Juli 1890, s. Dritte Abtheilung.

Zu § 83a.

1. Die Bestimmung des § 83a war dem Berggesetze seither fremd, ist aber aus § 124a G. O. übernommen, weil kein hinreichender Grund vorlag, in diesem Falle von dem Grundsatze des möglichsten Anschlusses an die G. O. abzuweichen. Die Bestimmung beruht auf einem bei Berathung der Novelle zur Gewerbeordnung v. 1. Juni 1891 gefaßten Beschlusse des Reichstags. Vergl. Motive S. 37 und Bericht der Reichstagskommission S. 59, stenogr. Ber. S. 2182 ff.

2. Ob „wichtige Gründe" für die vorzeitige Aufhebung des Arbeitsverhältnisses im Sinne des § 83a vorliegen, hat im Streitfalle der Richter (das Gewerbegericht, § 3 Nr. 1 des Ges. v. 29. Juli 1890) nach Lage des Falles zu entscheiden. In der Reichstagskommission wurden als solche Gründe beispielsweise angeführt, wenn Todesfälle oder schwere Krankheit in der Familie des Arbeiters oder Arbeitgebers die Fortsetzung der Arbeit oder des Betriebes unmöglich machen. Bei dem Bergbau insbesondere können auch Unterbrechungen des Betriebes durch elementare Ereignisse in Betracht kommen.

Zu § 84.

1. Im § 84 Abs. 1, 2 und 3 sind die Bestimmungen des seitherigen § 84 und zwar im Abs. 2 und 3 wörtlich wiederholt, während Abs. 1 zwei sachliche Abweichungen enthält. Zunächst ist nämlich die Bestimmung des Abs. 1 über den bergmännischen Abkehrschein auf die „großjährigen" Bergarbeiter beschränkt, weil über die Abgangszeugnisse der minderjährigen Arbeiter im § 85a besondere Vorschriften hinzugefügt

sind. Sodann ist im Anschluß an § 113 Abs. 2 G. O. bestimmt, daß dem abkehrenden Bergarbeiter auf Verlangen ein Zeugniß nicht nur, wie seither, über seine Führung, sondern auch über „seine Leistungen“ auszustellen ist. Motive S. 38.

2. Während es nach § 113 Abs. 1 und 2 G. O. zulässig ist, dasselbe Zeugniß, welches sich über die Art und Dauer der Beschäftigung ausspricht, auf Verlangen des Arbeiters auch auf die Führung und die Leistungen auszudehnen, ergiebt sich aus der — von der Kommission des Abg.-Hauses unter Zustimmung des Regierungsvertreters vorgeschlagenen — Fassung des § 84 Abs. 1, insbesondere aus den Worten „Unterschrift dieser Zeugnisse“, daß beide Zeugnisse, der Abkehrschein und das Führungszeugniß, auch äußerlich getrennt gehalten werden müssen. Komm.-Ber. S. 23, 24.

3. Die Verpflichtung zur Ausstellung der im § 84 Abs. 1 bezeichneten Zeugnisse bleibt auch für den Fall bestehen, daß der Bergmann die Arbeit vertragsbrüchig verläßt oder in Folge eigenen Verschuldens ohne Aufkündigung entlassen wird. (Vergl. Klostermann-Fürst S. 245 Anm. 2, Arndt S. 48, Engels S. 74.) Die gegentheilige Ansicht, daß die auf § 84 (in der früheren Fassung) beruhende Verpflichtung des Bergwerksbesitzers nur dann bestehe, wenn der Bergmann die Arbeit in gesetzlich zulässiger Weise verlassen hat (vergl. Komm. S. 241 Bem. 2), kann bei der jetzigen Rechtslage nicht aufrecht erhalten werden. Sie stützte sich wesentlich darauf, daß der bergmännische Sprachgebrauch unter einem „abkehrenden“ Bergmann nur denjenigen zu verstehen pflegt, dessen Arbeitsverhältniß gesetz- und vertragsmäßig aufgelöst wird. Indeß muß diese engere Bedeutung des im jetzigen § 84 beibehaltenen Ausdrucks „abkehren“ hier aufgegeben werden, weil nicht nur im § 113 G. O., sondern auch im § 85a B. G. ohne Einschränkung bestimmt ist, daß das Zeugniß „beim Abgange“ gefordert werden kann, woraus ohne Weiteres ersichtlich ist, daß die Novelle keinen Unterschied zwischen Abkehr und Abgang machen will. Dem „abkehrenden“ großjährigen Bergmann muß demnach ausnahmslos der Abkehrschein und auf Verlangen auch ein Zeugniß über Führung und Leistungen ausgestellt werden, wie sich dies auch aus dem Gegensatze zu § 107 G. O. und § 85b B. G. ergiebt, wonach die Verpflichtung zur Herausgabe des Arbeitsbuches nur nach „rechtmäßiger“ Lösung des Arbeitsverhältnisses eintritt.

4. Die Verweigerung der Zeugnisse (§ 84 Abs. 1) seitens des Bergwerksbesitzers oder seines Stellvertreters ist nicht unter Strafe gestellt, sondern hat nach Abs. 2 zur Folge, daß der Abkehrschein und auf Verlangen auch das Zeugniß über Führung und Leistungen von der Ortspolizeibehörde auf Kosten des Verpflichteten ausgestellt wird. In dieser Beziehung ist der gänzlichen Verweigerung des Abkehrscheins der Fall gleichgestellt, daß der Bergwerksbesitzer ꝛc. in den Abkehrschein Bemer-

kungen über Führung und Leistungen des Bergmanns ohne desfallsigen Antrag des letzteren aufgenommen hat; einen solchen vorschriftswidrigen Abkehrschein hat die Ortspolizeibehörde durch ein ordnungsmäßiges Zeugniß zu ersetzen. Ausf.-Anw. A Nr. XI, oben S. 21.

5. Das Berggesetz hat die im § 84 (in der früheren Fassung) bezeichneten und im jetzigen § 84 unverändert gebliebenen Amtsgeschäfte bezüglich der Zeugnisse der „Ortspolizeibehörde" d. h. denjenigen Beamten und Behörden übertragen, welchen nach den maßgebenden allgemeinen oder provinziellen Verwaltungsgesetzen die Verwaltung der örtlichen Polizei obliegt (Bürgermeister, Amtmann, Landrath 2c.). Diese Zuständigkeit besteht unverändert fort. Zwar ist in Ausführung des § 155 Abs. 2 G. O. durch die ministerielle Bekanntmachung vom 4. März 1892 (Min.-Bl. für die innere Verw. S. 115, Z. Bd. 33 S. 302) u. a. bestimmt worden, daß, soweit es sich bei Ausführung der Gewerbeordnung um die der Aufsicht der Bergbehörden unterstellten Betriebe handelt, unter „Ortspolizeibehörde" der Bergrevierbeamte zu verstehen ist; allein hierbei sind eben nur die auf der Gewerbeordnung beruhenden Amtsgeschäfte in's Auge gefaßt. Dagegen ist nicht bestimmt und auch nicht beabsichtigt worden, die im § 84 des Berggesetzes vorgesehenen Geschäfte ebenfalls den Bergrevierbeamten zu übertragen. Vergl. auch Klostermann-Fürst S. 247.

Die Ausf.-Anw. (A. Nr. XI, oben S. 21) verpflichtet jedoch die Ortspolizeibehörde, bei der nach § 84 Abs. 3 erfolgenden Untersuchung regelmäßig den zuständigen Bergrevierbeamten um seine Mitwirkung zu ersuchen.

6. Wo Gewerbegerichte bestehen, sind diese nach § 3 Nr. 1 des Gesetzes v. 29. Juli 1890 zuständig für Streitigkeiten „über die Aushändigung oder den Inhalt des Arbeitsbuches oder Zeugnisses". Dies hat aber dem Gesetzgeber keinen Anlaß gegeben, die im § 84 der Ortspolizeibehörde zugewiesene Thätigkeit in Wegfall zu bringen, „weil es sich hier um ein provisorisches Verwaltungsverfahren handelt, durch dessen Bestehen die Zuständigkeit der Gewerbegerichte nicht beeinträchtigt wird, und weil die Befugniß der Ortspolizeibehörde zur Ausstellung des Zeugnisses bei Weigerung des Verpflichteten bezw. zur Vermerkung des Befundes ihrer Untersuchung über die Wirkung einer etwaigen Zwangsvollstreckung im gewerbegerichtlichen Verfahren hinausgeht." Motive S. 37, 38.

7. Der Abs. 4 des § 84 ist neu und wörtlich aus § 113 Abs. 3 G. O. übernommen. Durch das hier unter hohe Strafe gestellte Verbot (vergl. § 207 a), die Zeugnisse (Abkehrscheine) mit Merkmalen zu versehen, welche den Arbeiter in einer aus dem Wortlaute des Zeugnisses nicht ersichtlichen Weise zu kennzeichnen bezwecken, soll dem öfter bemerkten Mißtrauen entgegengetreten werden, daß die Abkehrscheine dazu benutzt

würden, durch geheime, unauffällige Zeichen mißliebig gewordene Bergleute von der Wiederannahme zur Arbeit allgemein auszuschließen. Motive S. 38. Ueber den Begriff „Merkmal" s. Bem. 4 zu § 85 f.

8. Die wegen Zuwiderhandlungen gegen § 84 Abs. 4 festgesetzten Geldstrafen fließen zu der im § 92 bezeichneten Knappschaftskasse.

9. Vergl. im Uebrigen die Bem. 1 bis 4 zu § 84 in der früheren Fassung, S. 240, 241 des Komm.

Zu § 85.

1. Der § 85 stimmt wörtlich mit dem seitherigen § 85 überein, nur ist, wie im § 84, das Wort „großjährige" (Arbeiter) eingeschaltet, weil für die Annahme Minderjähriger zur Arbeit die neuen besonderen Vorschriften der §§ 85 b u. ff. maßgebend sind. Motive S. 38.

2. Zuwiderhandlungen gegen den § 85 unterliegen der Bestrafung nach § 207 e Nr. 1. Die Geldstrafen sind gemäß § 92 an die Knappschaftskasse abzuführen, welcher das betreffende Werk angehört.

3. Bei der Berathung des § 85 wurde aus der Mitte des Abgeordnetenhauses der Antrag gestellt, denselben durch folgende Bestimmungen zu ersetzen:

> Bergwerksbesitzer oder deren Stellvertreter dürfen mit der selbstständigen Ausführung von Arbeiten, welche Leben und Gesundheit der Mitarbeiter gefährden können, nur solche großjährige Arbeiter betrauen, welche den Nachweis erbringen, daß sie für die bezüglichen Arbeiten befähigt sind.
>
> In Steinkohlenbergwerken dürfen als Vollhauer nur solche Bergarbeiter beschäftigt werden, welche im Steinkohlenbergbau mindestens drei Jahre als Lehrhauer thätig gewesen sind.
>
> Die näheren Vorschriften erläßt das Oberbergamt.

Der dem Antrage zu Grunde liegende Gedanken, im Interesse der Sicherheit des Betriebes und zur Vermeidung von Unglücksfällen eine stufenweise Ausbildung und bessere Vorbereitung der Bergarbeiter für ihren gefährlichen Beruf herbeizuführen, sowie die Zulassung zur selbstständigen Ausführung gewisser Arbeiten von einem Befähigungsnachweise abhängig zu machen, fand allseitige Zustimmung. Gleichwohl gelangte der Antrag nicht zur Annahme, weil die nach der praktischen Seite schwierige Frage für eine gesetzliche Regelung noch nicht reif, und andererseits von der Regierung in Aussicht genommen ist, die Angelegenheit nach Benehmen mit allen betheiligten Körperschaften im Wege der Bergpolizeiverordnung baldmöglichst zu regeln. Komm.-Ber. S. 24, stenogr. Ber. S. 1521 ff. Die Verhandlungen hierüber befinden sich in vollem Gange.

Zu § 85 a.

1. Anschließend an den von den Zeugnissen für die großjährigen Arbeiter handelnden § 84 bestimmt § 85 a, wie es mit der Ausstellung

von Zeugnissen für „minderjährige" Arbeiter zu halten ist. Während dem abkehrenden großjährigen Arbeiter stets und ohne Rücksicht auf einen besonderen Antrag ein Zeugniß über die Art und Dauer seiner Beschäftigung ertheilt werden muß, ist dem abkehrenden minderjährigen Arbeiter beziehungsweise dessen Vater oder Vormund im § 85a freigestellt, ein solches zu fordern. Das Gesetz räumt den Minderjährigen diese Befugniß ein, wenngleich der Abkehrschein seine Bedeutung für dieselben dadurch im Allgemeinen verloren hat, daß fortan jeder minderjährige Arbeiter, abweichend von dem seitherigen Rechtszustande, gemäß § 85b mit einem Arbeitsbuche versehen sein muß und somit bei einem Wechsel der Arbeitsstelle der neue Arbeitgeber in der Lage ist, Art und Dauer der seitherigen Beschäftigung des Minderjährigen aus dem Arbeitsbuche zu ersehen. § 85f. Motive S. 39.

2. Da nach § 85a Abs. 3 die Verbotsvorschrift des § 84 Abs. 4 für die Zeugnisse minderjähriger Arbeiter ebenfalls gilt, so unterliegen auch in diesen Fällen (übereinstimmend mit § 146 Nr. 3 G. O.) Zuwiderhandlungen gegen das Verbot der Bestrafung nach § 207a, wenngleich in letzterem der § 85a nicht besonders mit aufgeführt ist.

3. Die Bestimmungen des Abs. 4 sind aus § 113 Abs. 4 G. O. übernommen, weil die für dieselben maßgebenden Gründe auch auf die Verhältnisse des Bergbaues passen. Es handelt sich hier, wie bei der Wiedereinführung des Arbeitsbuches (§ 85b), hauptsächlich darum, die Rechte, welche den Minderjährigen in Bezug auf selbstständige Eingehung und Auflösung von Dienst- und Arbeitsverhältnissen durch das Gesetz, betr. die Geschäftsfähigkeit Minderjähriger ꝛc., v. 12. Juli 1875 § 6 (G. S. S. 518) eingeräumt sind, zu Gunsten eines verstärkten Einflusses der väterlichen oder vormundschaftlichen Gewalt auf das Arbeitsverhältniß einzuschränken. Vergl. Klostermann-Fürst S. 250 Anm. 3.

4. Nach der Ausf.-Anw. (A Nr. X, oben S. 20) darf die Gemeindebehörde die Aushändigung des Zeugnisses unmittelbar an den minderjährigen Arbeiter gegen den Willen des Vaters oder Vormundes (§ 85a Abs. 4 Satz 2) nur dann genehmigen, wenn die Aushändigung an letzteren wegen mangelnder geistiger oder sittlicher Qualifikation des Vaters oder aus anderen Gründen zum offenbaren Nachtheil des minderjährigen Arbeiters gereichen würde.

Zu § 85b.

1. Das frühere Gewerberecht hatte sich in Bezug auf die „Arbeiter von Bergwerken, Salinen, Aufbereitungsanstalten und unterirdisch betriebenen Brüchen oder Gruben" eigenthümlich dahin gestaltet, daß die hierbei beschäftigten jugendlichen Arbeiter bis zu 16 Jahren mit einer Arbeitskarte versehen sein mußten, daß dagegen die den „gewerblichen Arbeitern" im Alter von 16 bis 21 Jahren nach der Gewerbeordnung obliegende

Verpflichtung, sich mit einem Arbeitsbuche zu versehen, (ohne einen erkennbaren inneren Grund) auf die Arbeiter von Bergwerken ꝛc. nicht ausgedehnt war. Vergl. Z. Bd. 25 S. 78, Komm. S. 250.

Durch die Novelle zur Gewerbeordnung vom 1. Juni 1891 wurde sodann die Arbeitskarte ganz abgeschafft und das Arbeitsbuch für sämmtliche minderjährige Arbeiter eingeführt. Auch für den Bergbau erschien die Einführung des Arbeitsbuches zur Stärkung des älterlichen Ansehens und zur Eindämmung der allzugroßen Unbeschränktheit der minderjährigen Arbeiter geeignet. Dort wie bei anderen Gewerbebetrieben hatte sich das dringende Bedürfniß nach Maßnahmen herausgestellt, „durch welche die Kündigung bestehender und die Eingehung neuer Arbeitsverhältnisse des Minderjährigen der Einwirkung der Aeltern und Vormünder mehr wie bisher unterworfen und eine regelmäßige Mitwirkung dieser letzteren bei Abschluß und Lösung des Arbeitsvertrages herbeigeführt wird." Motive S. 38, 39.

Es war deßhalb angezeigt, den angestrebten möglichst engen Anschluß an die Gewerbeordnung auch auf deren Bestimmungen über das Arbeitsbuch auszudehnen. Dies ist durch nahezu wörtliche Uebernahme der (durch § 154a G. O. auf den Bergbau nicht ausgedehnten) §§ 107 bis 112 und 114 G. O. in die §§ 85b bis 85h geschehen.

Demnach stimmt § 85b mit § 107 Abs. 1 bis auf die weggelassenen Worte „soweit reichsgesetzlich nicht ein Anderes zugelassen ist" wörtlich überein.

Der Abs. 2 des § 107 („Auf Kinder, welche zum Besuche der Volksschule verpflichtet sind, finden vorstehende Bestimmungen keine Anwendung") ist in den § 85b nicht mit übernommen, weil in den der Aufsicht der Bergbehörde unterstellten Betrieben überhaupt nur solche Kinder beschäftigt werden dürfen, welche nicht mehr volksschulpflichtig sind. §§ 135, 154a G. O. Motive S. 39.

2. Die zur Ausführung der §§ 85b bis 85h erforderlichen Bestimmungen über die Arbeitsbücher sind durch die Anweisung vom 27. Dezember 1892 A Nr. I bis IX und C (oben S. 17 ff.) getroffen worden.

3. Zur Führung eines Arbeitsbuches verpflichtet sind die Arbeiter der unter Aufsicht der Bergbehörden stehenden Bergwerke, Salinen und Aufbereitungsanstalten ohne Unterschied des Geschlechts, welche aus der gewöhnlichen Volksschule (Werktagsschule) entlassen und noch minderjährig sind, also nach dem Reichsgesetze v. 17. Febr. 1875 (R. G. Bl. S. 71) das 21. Lebensjahr noch nicht vollendet haben. Für großjährig erklärte Personen stehen den großjährigen gleich und bedürfen daher keines Arbeitsbuches. Letzteres gilt auch für Personen, welche bei jenen Betrieben im Gesindeverhältniß stehen oder als Tagelöhner und Handarbeiter mit gewöhnlichen, auch anderweit vorkommenden Arbeiten beschäftigt sind. Es soll jedoch auch in solchen Fällen die Ausstellung

eines Arbeitsbuches nicht verweigert werden, wenn sie beantragt wird. Ausf.-Anw. A Nr. I u. II, oben S. 17.

4. Die im § 88 der Novelle bezeichneten Betriebsbeamten und dauernd mit höheren technischen Dienstleistungen betrauten Personen unterliegen für den Fall der Minderjährigkeit nicht der Verpflichtung zur Führung eines Arbeitsbuches. Die Frage, ob der § 85 b auch auf diese Personen Anwendung finde, war insbesondere deßhalb streitig, weil die preuß. Ausf.-Anweisung zur G. O. v. 26. Febr. 1892 (Abschn. A Nr. I) die ausdrückliche Bestimmung getroffen hat, daß zu den „gewerblichen Arbeitern", welche für den Fall der Minderjährigkeit zur Führung eines Arbeitsbuches verpflichtet sind, auch die „Betriebsbeamten, Werkmeister und Techniker" gehören. Indeß ist mit Rücksicht auf die hier allein maßgebende Fassung der Berggesetznovelle die Frage verneint und demgemäß auch in der Ausf.-Anw. v. 27. Dez. 1892 keine Anordnung getroffen worden, durch welche die Minderjährigen unter den im § 88 bezeichneten Personen verpflichtet würden, sich mit einem Arbeitsbuche zu versehen. Vergl. die für beide Ansichten geltend gemachten Gründe bei Fürst, Z. Bd. 34 S. 104 ff.

5. Abweichend von dem Grundsatze, welcher für die Ausstellung der im § 84 bezeichneten Zeugnisse maßgebend ist (Bem. 3 zu § 84, S. 58), verpflichtet der § 85 b den Bergwerksbesitzer zur Aushändigung des Arbeitsbuches nur „nach rechtmäßiger Lösung" des Arbeitsverhältnisses, also nur dann, wenn letzteres von dem minderjährigen Arbeiter nicht gesetz- oder vertragswidrig gelöst worden ist. Hat ein Bergwerksbesitzer seinerseits das Arbeitsverhältniß unrechtmäßig gelöst, so kann selbstverständlich dieses eigene schuldbare Vorgehen ihn nicht von der Verpflichtung zur Aushändigung des Arbeitsbuches befreien.

6. Arbeitern unter 16 Jahren darf das Arbeitsbuch überhaupt nicht ausgehändigt werden, dasselbe ist vielmehr dem Vater oder Vormunde auszuhändigen. Bei Arbeitern über 16 Jahre hat die Aushändigung an den Vater oder Vormund nur dann zu erfolgen, wenn sie es verlangen; wird dieses Verlangen nicht ausdrücklich gestellt, so erhält der Arbeiter selbst das Arbeitsbuch. Die Gemeindebehörde kann aber unter Beachtung der in der Ausf.-Anw. Absch. A Nr. IX, S. 20 angegebenen Gesichtspunkte genehmigen, daß die Aushändigung statt an den Vater oder Vormund an die Mutter oder unter Umständen an einen sonstigen Angehörigen oder unmittelbar an den Arbeiter erfolgt.

Unter der „Gemeindebehörde" (vergl. auch § 85 c) ist der Gemeindevorstand zu verstehen. Ausf.-Anw. zur G. O. v. 4. März 1892, Min.-Bl. f. d. innere Verw. S. 115.

7. Jede gegen die Bestimmungen der §§ 85 b bis 85 g verstoßende Beschäftigung minderjähriger Arbeiter ist nach § 207 e Nr. 1 strafbar, desgleichen nach Nr. 2 das. die Zuwiderhandlung gegen die die Arbeits-

bücher betreffenden Bestimmungen des Gesetzes, abgesehen von der schwereren Bestrafung, welche nach § 207a bei Zuwiderhandlungen gegen den § 85f Abs. 3 eintritt.

Zu § 85c.

1. Der § 85c giebt den Wortlaut des § 108 G. O. wieder, nur heißt es „innerhalb des Staatsgebietes“ statt „im Gebiete des Deutschen Reiches“ und „erwählten Arbeitsortes“ statt „erwählten deutschen Arbeitsortes“, — Aenderungen, welche in dem beschränkteren Geltungsbereiche der berggesetzlichen Vorschriften ihren Grund haben.

2. Die Ausstellung der Arbeitsbücher liegt ebenso, wie früher die Ausfertigung der Arbeitskarten (Minist.-Erlaß v. 24. Dez. 1878, Z. Bd. 21 S. 2, Komm. S. 250 Bem. 2), der gewöhnlichen Ortspolizeibehörde, nicht dem Bergrevierbeamten ob. Für dieselbe sind hierbei die Ausf.-Anw. v. 26. Febr. 1892 zur G. O.-Novelle und v. 27. Dez. 1892 zur B. G.-Novelle Absch. A Nr. I ff., insbesondere auch Nr. III (oben S. 18) maßgebend. Ueber die Zuständigkeit der Bergrevierbeamten vergl. unten Bem. zu Art. III.

3. Die Ortspolizeibehörde darf ein Arbeitsbuch nur ausstellen, wenn glaubhaft gemacht ist, daß für den Arbeiter ein Arbeitsbuch überhaupt noch nicht ausgestellt war (§ 85c) oder daß die Voraussetzungen vorliegen, unter welchen ein bereits ausgestelltes Arbeitsbuch nach §§ 85d u. 85g durch ein neues zu ersetzen ist oder ersetzt werden kann. Ausf.-Anw. A Nr. IV, oben S. 18.

4. Vor der Ausstellung des Arbeitsbuches hat die Ortspolizeibehörde ferner den Nachweis zu fordern, daß, wenn der Antrag auf Ausstellung nicht von dem Vater oder Vormunde selbst ausgegangen ist, wenigstens die Zustimmung derselben ertheilt oder, falls die zustimmende Erklärung des Vaters nicht zu erlangen war, die ergänzende Zustimmung der „Gemeindebehörde“ (vergl. § 85b Bem. 6) erfolgt ist. Einer Ergänzung der fehlenden Zustimmung des Vormundes bedarf es nicht. Ausf.-Anw. A Nr. V, S. 19.

Zu § 85d.

1. Die Bestimmungen des § 85d sind wörtlich aus § 109 G. O. übernommen.

2. Die Ausstellung eines neuen Arbeitsbuches an Stelle eines früheren hängt davon ab, daß letzteres entweder vollständig ausgefüllt oder nicht mehr brauchbar oder verloren gegangen oder vernichtet ist (§ 85 Abs. 1). Ist das Arbeitsbuch „bei dem Bergwerksbesitzer“, der dasselbe nach § 85b zu verwahren hat, unbrauchbar geworden, verloren gegangen oder vernichtet, so kann die Ausstellung eines neuen Arbeitsbuches „auf Kosten des Bergwerksbesitzers“ beansprucht werden, und

dasselbe ist der Fall, wenn der Bergwerksbesitzer das Arbeitsbuch mit unzulässigen Merkmalen rc. versehen hat oder die Aushändigung des Arbeitsbuches ohne rechtmäßigen Grund verweigert (§ 85g). Ob eine von diesen Voraussetzungen vorliegt, hat die Ortspolizeibehörde festzustellen und im Uebrigen bei Ausstellung des neuen Arbeitsbuches nach den Bestimmungen der Ausf.=Anw. A Nr. VII u. VIII (S. 19, 20) zu verfahren.

Auch in dem Falle, daß das frühere Arbeitsbuch von dem Inhaber vorsätzlich unbrauchbar gemacht oder vernichtet worden ist, muß ein neues Arbeitsbuch ausgestellt, zugleich aber die Bestrafung des Schuldigen nach § 207e Nr. 3 durch eine Mittheilung an den Bergrevierbeamten herbeigeführt werden. Nr. VII a. a. O.

3. Für die Ausstellung eines neuen Arbeitsbuches an Stelle eines früheren kann eine Gebühr bis zu 50 Pf. erhoben werden, welche in den Fällen des § 85g der Bergwerksbesitzer zu tragen hat. Ausgenommen ist jedoch der Fall, daß ein „vollständig ausgefülltes" Arbeitsbuch durch ein neues ersetzt werden muß, indem hier die Kostenfreiheit (§ 85c) allgemein eintritt. Eine Verwendung von Stempeln findet bei Arbeitsbüchern niemals statt.

Zu § 85e.

1. Der § 85e stimmt mit dem § 110 G. O. bis auf die Aenderung im Abs. 2 („Minister für Handel und Gewerbe" statt „Reichskanzler") wörtlich überein.

2. Die dem Minister für Handel und Gewerbe vorbehaltenen Bestimmungen über die „Einrichtung der Arbeitsbücher" sind in der Ausf.=Anw. v. 27. Dez. 1892 (oben S. 17 ff.) ergangen. Nach Abschn. A Nr. III derselben finden für diese Einrichtung die bei A VI der Ausf.=Anw. v. 26. Febr. 1892 zur G. O.=Novelle getroffenen Bestimmungen entsprechende Anwendung. Das dort vorgeschriebene Formular zu Arbeitsbüchern hat nur wenige Abänderungen erfahren und ist in dieser Gestalt zu benutzen. Für das über die ausgestellten Arbeitsbücher zu führende Verzeichniß dient ebenfalls das allgemeine Formular (A VII a. a. O.).

3. In einem den § 110 G. O. betreffenden Falle hat das Reichsgericht den Grundsatz angenommen: Der Thatbestand intellektueller Urkundenfälschung (§ 271 St. G. B.) oder einer sonst strafbaren Handlung kann darin nicht gefunden werden, daß ein Arbeiter die mit der Ausstellung eines Arbeitsbuches befaßte Polizeibehörde durch unrichtige Angaben über seine persönlichen Verhältnisse veranlaßt hat, ein unrichtiges Geburtsjahr des Arbeiters in das Arbeitsbuch einzutragen. Urth. v. 30. Juni 1890. Entsch. in Strafs. Bd. 21 S. 31.

Zu § 85f.

1. Im § 85f ist ebenso wie im § 85g der in den entsprechenden §§ 111 und 112 G. O. gebrauchte allgemeinere Ausdruck „Arbeitgeber" durch die berggesetzliche Bezeichnung „Bergwerksbesitzer" ersetzt, im Uebrigen aber der Wortlaut der §§ 111 und 112 unverändert übernommen.

2. Der Vorschrift im § 85f Abs. 2, wonach die Eintragungen in das Arbeitsbuch zu „unterzeichnen" sind, wird durch Aufdruck des Firmenstempels nicht genügt. Komm.-Ber. S. 25.

3. Der „Betriebsleiter" ist zur Unterzeichnung der Eintragungen nur dann befugt, wenn der Bergwerksbesitzer ihn „dazu" ausdrücklich bevollmächtigt hat (§ 85f Abs. 2); die auf Grund der §§ 73 ff. bestellten Betriebsführer haben diese Befugniß ohne Weiteres nicht. Nach der Ausf.-Anw. A Nr. VII 4 (S. 19) soll die Unterschrift mit einem das Vollmachtsverhältniß ausdrückenden Zusatze versehen werden.

4. Wie das Reichsgericht in dem Urtheil v. 6. Nov. 1891 (Entsch. in Straff. Bd. 22 S. 200) angenommen hat, sind unter „Merkmalen" (§ 111 Abs. 3 G. O., § 85f Abs. 3) solche Kennzeichen zu verstehen, „deren Bedeutung Uneingeweihten nicht ohne Weiteres erkennbar ist"; dagegen können schriftliche Angaben des Arbeitgebers in dem Arbeitsbuche (oder in dem Zeugnisse § 113 Abs. 3 G. O., § 84 Abs. 4), z. B. über die Art der Auflösung des Arbeitsverhältnisses („ohne meinen Willen aus der Arbeit entlaufen"), nicht als „Merkmale" im Sinne des Gesetzes gelten. Die Strafbarkeit ist daher nicht nach § 207a, wohl aber nach § 207e Nr. 2 zu beurtheilen.

5, Die Strafvorschrift im § 207e Nr. 1 bezieht sich auch auf den § 85f, außerdem sind aber Zuwiderhandlungen gegen das im Abs. 3 enthaltene Verbot mit den schärferen Strafen des § 207a bedroht. Im letzteren Falle fließen die Geldstrafen nach § 92 zu der Knappschaftskasse, welcher das betreffende Werk angehört.

Zu § 85g.

1. Der § 85g stimmt mit § 112 G. O. in der Fassung der Novelle v. 1. Juni 1891 überein, s. Bem. 1 zu § 85f.

2. In den im § 85g Satz 1 bezeichneten Fällen hat der Bergwerksbesitzer die Kosten für die Ausfertigung eines neuen Arbeitsbuches (vergl. Bem. 3 zu § 85d) nach der allgemeinen Fassung des Gesetzes auch dann zu tragen, wenn ihn kein Verschulden trifft, daß das Arbeitsbuch bei ihm unbrauchbar geworden, verloren gegangen oder vernichtet ist. Dagegen tritt die civilrechtliche Entschädigungspflicht des Bergwerksbesitzers nur dann ein, wenn die Voraussetzungen im Satze 2 vorliegen. Die Entscheidung über einen solchen Entschädigungsanspruch, den der Arbeiter zu begründen hat, steht dem ordentlichen Richter und, wo ein Gewerbegericht eingesetzt ist, diesem zu; § 3 Nr. 2 des Ges. v. 29. Juli 1890, s. Dritte Abtheilung.

Zu § 85h.

Der § 85h stimmt mit der gleichen Vorschrift im § 114 G. O. überein und reiht sich zugleich an die Vorschriften der §§ 84 u. 85a über die kosten- und stempelfreie Beglaubigung der Zeugnisse an.

Zu § 86.

1. In den §§ 124b und 125 handelt die G. O. von dem Vertragsbruche und dem verstärkten Rechtsschutze gegen denselben. Der § 124b räumt nämlich dem Arbeitgeber gegen den Arbeiter (Gesellen oder Gehülfen), welcher rechtswidrig die Arbeit verläßt, das Recht auf eine Geldbuße ein, deren Betrag sich nach dem ortsüblichen Tagelohn des Krankenversicherungsgesetzes richtet, und gewährt dasselbe Recht dem Gesellen oder Gehülfen gegen den Arbeitgeber, wenn er von diesem vor rechtmäßiger Beendigung des Arbeitsverhältnisses entlassen worden ist. An den Nachweis eines Schadens ist diese Forderung nicht gebunden; durch ihre Geltendmachung wird aber der Anspruch auf Erfüllung des Vertrages und auf weiteren Schadensersatz ausgeschlossen. Für den Bergbau gelten diese Bestimmungen, welche im Reichstage bei Berathung des Gesetzes vom 1. Juni 1891 zu den lebhaftesten Erörterungen Anlaß gaben, nicht, indem der § 124b weder zu den im § 154a G. O. aufgeführten Bestimmungen gehört, noch in das Berggesetz übernommen worden ist, weil sachliche Bedenken entgegenstanden, bei dem Bergbau eine solche feste Entschädigung im Falle des Vertragsbruches einzuführen. Motive S. 43.

Der Abs. 3 des § 125 G. O. betrifft lediglich die Hausgewerbetreibenden (§ 119b) und findet sich deßhalb im § 86 ebenfalls nicht.

2. Dagegen hat der § 125 Abs. 1 und 2 mit geringen Aenderungen Aufnahme in den § 86 gefunden. Hiernach ist der Bergwerksbesitzer dem früheren Arbeitgeber in drei Fällen als Selbstschuldner zum Schadensersatze mit verhaftet, nämlich wenn er einen Bergmann zum Vertragsbruche verleitet, ferner wenn er wissentlich einen vertragsbrüchigen Bergmann in Arbeit nimmt, endlich wenn er einen von ihm beschäftigten Bergmann in der Beschäftigung behält, obwohl er erfahren hat und weiß, daß derselbe einem anderen Arbeitgeber noch zur Arbeit verpflichtet ist.

Diese Bestimmungen über die Schadensersatzverbindlichkeit des Arbeitgebers haben seither für den Bergbau nicht gegolten, ihre Uebernahme aus § 125 G. O. beruht aber auf der Erwägung, daß der Mangel gleichartiger Bestimmungen eintretenden Falles sich als empfindliche Lücke erweisen würde. Motive S. 40.

3. In den Fällen des § 86, in welchen stets der vertragsbrüchige Bergmann als Hauptschuldner anzusehen ist, sind die gegenseitigen Rechte und Verpflichtungen nach den civilrechtlichen Grundsätzen über die passive Solidarobligation zu beurtheilen.

4. Ueber Entschädigungsansprüche, welche auf Grund des § 86

von einem Bergwerksbesitzer oder anderen Arbeitgeber gegen einen als Selbstschuldner mit verhafteten Bergwerksbesitzer erhoben werden, haben nur die ordentlichen Gerichte zu entscheiden; zur Zuständigkeit der Gewerbegerichte gehören Streitigkeiten zwischen Arbeitgebern nach dem Gesetze v. 29. Juli 1890 nicht. Vergl. Dritte Abtheilung und Wilhelmi u. Fürst, Gewerbegerichte, S. 8 Anm. 3.

Zu § 87.

1. Schon in der früheren Fassung des § 120 Abs. 2 regelte die G. O. die Verpflichtung der Gewerbeunternehmer, ihren Arbeitern die zum Besuche anerkannter Fortbildungsschulen erforderliche Zeit zu gewähren, sowie die Befugniß der Gemeinden, verbindliche Vorschriften über den Besuch dieser Schulen zu erlassen. Da aber diese Bestimmungen der G. O. nicht zu denjenigen gehörten, welche durch § 154 auf die Besitzer und Arbeiter von Bergwerken, Salinen und Aufbereitungsanstalten Anwendung fanden, so war die Theilnahme der Bergarbeiter an dem Fortbildungsschulunterricht im Allgemeinen kaum nennenswerth und ein besserer Zustand nur an vereinzelten Stellen (z. B. Saarbrücken, Wurmrevier, Harz) vorhanden, wo auf den Besuch der durch die Fürsorge der Bergwerksbesitzer errichteten Fortbildungsschulen ein gewisser Zwang ausgeübt wurde. Von dem weiteren Ausbau, welchen das gewerbliche Fortbildungswesen durch das Reichsgesetz vom 1. Juni 1891 erhielt, blieb der Bergbau wiederum unberührt, weil auch der § 120 in seiner neuen Fassung nicht auf denselben ausgedehnt wurde (vergl. § 154a). Diesem Uebelstande ist nunmehr dadurch abgeholfen, daß der § 120 G. O. mit geringfügigen Abweichungen Aufnahme in den § 87 gefunden hat. Die Heranziehung der Arbeiter unter achtzehn Jahren zu einem geordneten Fortbildungsunterricht soll mit dazu beitragen, nicht nur deren Kenntnisse zu vermehren und zu erweitern, sondern auch in erziehlicher Beziehung einen günstigen Einfluß auf die jugendlichen Bergarbeiter auszuüben und auf diese Weise Zucht und Botmäßigkeit, deren Schwinden allseitig empfunden wird, unter denselben wieder herzustellen. Motive S. 40, 41.

2. Obligatorische Fortbildungsschulen unter Tragung der Kosten durch die Bergwerksbesitzer führt der § 87 nicht ein; Grundlage und Voraussetzung der Anwendung des § 87 bleibt vielmehr im Allgemeinen, daß der einzelne Bergwerksbesitzer oder Vereinigungen von Bergwerksbesitzern aus eigener Entschließung an die Errichtung von Fortbildungsschulen und deren Unterhaltung auf ihre Kosten herantreten. Motive S. 41.

3. Die Verpflichtung zum Besuche solcher Schulen kann den Arbeitern durch Aufnahme entsprechender Bestimmungen in die Arbeitsordnung mit Zustimmung eines ständigen Arbeiterausschusses (§ 80d Abs. 3) auferlegt werden. Zweckmäßiger wird es indeß im Allgemeinen

sein, hierzu den anderen, im § 87 Abs. 3 vorgezeichneten Weg einzuschlagen und die Einführung des Schulzwanges durch statutarische Bestimmung der betreffenden Gemeinde oder des weiteren Kommunalverbandes (§ 142 G. O.) herbeizuführen. Dies gewährt den Vorzug, daß durch eine solche statutarische Bestimmung, welche übrigens nur für „männliche" Arbeiter unter 18 Jahren erlassen und auf den Unterricht in „weiblichen Hand- und Hausarbeiten" (Abs. 2) nicht ausgedehnt werden kann, auch die zur Sicherung des regelmäßigen Schulbesuches den Aeltern und Vormündern obliegenden Verpflichtungen festgestellt werden können und dem Fortbildungswesen bei dem Bergbau eine öffentlich-rechtliche Grundlage gegeben wird. Motive S. 41.

Damit die Interessen des Bergbaues bei dem Erlaß solcher im § 87 Abs. 3 vorgesehenen statutarischen Bestimmungen der Gemeinden ꝛc. gebührend gewahrt werden, ist dort die „Zustimmung des Oberbergamts" zu letzteren vorbehalten und ebenso dem „Oberbergamt" die Entscheidung darüber zugewiesen, ob der Unterricht einer anderen Fortbildungs- oder Fachschule, deren Besuch von der durch statutarische Bestimmung begründeten Verpflichtung zum Besuche einer Fortbildungsschule befreien soll, als ausreichender Ersatz anzuerkennen ist. Motive S. 41, 42.

4. Sollen die in dem § 87 Abs. 3 bezeichneten Gegenstände durch statutarische Bestimmungen einer Gemeinde oder eines weiteren Kommunalverbandes mit verbindlicher Kraft geordnet werden, so muß der Erlaß dieser Bestimmungen nach Maßgabe des § 142 G. O. erfolgen. Hiernach bedarf es der vorgängigen Anhörung „betheiligter Gewerbetreibender und Arbeiter", der — von der Zustimmung des Oberbergamts unabhängigen — „Genehmigung der höheren Verwaltungsbehörde" und der Veröffentlichung in der für Bekanntmachungen der Gemeinde ꝛc. vorgeschriebenen oder üblichen Form.

„Weitere Kommunalverbände" sind, soweit dieselben hier in Betracht kommen können: die Provinzialverbände, die kommunalständischen Verbände der Regierungsbezirke Kassel und Wiesbaden, die Kreisverbände, die Landbürgermeistereien in der Rheinprovinz und die Aemter in Westfalen. Die „höhere Verwaltungsbehörde", welche die Genehmigung zu ertheilen hat, ist der Bezirksausschuß und, wenn es sich um Provinzialverbände handelt, der Oberpräsident. Bekanntm. der Minister des Innern und für Handel und Gewerbe v. 4. März 1892. Min.-Bl. f. d. innere Verw. S. 115.

Die vorher anzuhörenden „Gewerbetreibenden und Arbeiter" sollen, sofern nicht geeignetere Persönlichkeiten zur Verfügung stehen, aus den Beisitzern der Gewerbegerichte, der Schiedsgerichte der Berufsgenossenschaften, der Arbeiterausschüsse oder aus den Vorstandsmitgliedern der Orts-, Betriebs-, Bau- und Innungs-Krankenkassen, sowie der Knappschaftskassen ausgewählt werden. Preuß. Ausf.-Anw. zur G. O.-Novelle

v. 26. Febr. 1892 Absch. H Nr. II, welche Vorschriften auch für den Bergbau gelten. Min.=Erlaß v. 15. März 1892, Z. Bd. 33 S. 300.

5. Aus den in den besonderen Verhältnissen des Bergbaues begründeten Abweichungen des § 87 von § 120 G. O. ist noch hervorzuheben, daß im Abs. 1 der „Bergbehörde" (den Revierbeamten, § 189), ihrer allgemeinen gesetzlichen Aufsichtsstellung entsprechend, die Befugniß beigelegt ist, erforderlichenfalls die Zeit für den Besuch der Fortbildungsschule festzusetzen.

6. Zuwiderhandlungen gegen die Bestimmungen des § 87 Abs. 1 oder gegen eine gemäß Abs. 3 erlassene statutarische Bestimmung sind im § 207 e Nr. 4 unter Strafe gestellt.

Zu § 88.

1. Die §§ 88, 89 und 90 regeln im Anschluß an die Bestimmungen der §§ 133 a bis 133 d G. O. über die „Verhältnisse der Betriebsbeamten, Werkmeister, Techniker" das Dienstverhältniß der technischen Werksbeamten, nämlich „der von dem Bergwerksbesitzer gegen feste Bezüge zur Leitung und Beaufsichtigung des Betriebes nach Maßgabe der §§ 73 und 74 angenommenen oder dauernd mit höheren technischen Dienstleistungen betrauten Personen (Maschinen= und Bautechniker, Chemiker, Zeichner und dergleichen)."

Das Rechtsverhältniß zwischen den Bergwerksbesitzern und diesen Angestellten war bisher nicht durch besondere gesetzliche Vorschriften geregelt, sondern unterlag den allgemeinen Vorschriften des Privatrechts, insbesondere des Allg. Landrechts, des gemeinen und des französischen Rechts; die Bestimmungen des Berggesetzes über das Arbeitsverhältniß der Bergleute (§§ 80 ff.) waren auf die Werksbeamten nicht anwendbar. Der Mangel besonderer, für das Rechtsverhältniß jener Beamtenklassen geltenden gesetzlichen Normen machte sich aber namentlich dann fühlbar, wenn der Dienstvertrag mit nur kurzer (vierzehntägiger) Kündigungsfrist abgeschlossen oder die Annahme nur mündlich erfolgt und eine Kündigungsfrist überhaupt nicht vereinbart war. Erschien es daher schon im Allgemeinen erforderlich, einige Grundlagen für die rechtlichen Beziehungen der mit der Anwendung der sicherheitspolizeilichen Vorschriften bei dem Bergbau zunächst befaßten Beamtenklassen zu den Werksbesitzern festzusetzen und insbesondere eine längere Kündigungsfrist einzuführen, so lag dies um so näher, als inzwischen durch das Reichsgesetz vom 1. Juni 1891 (§§ 133 a u. ff. G. O.) die Rechtsstellung der bei den übrigen Gewerben beschäftigten Betriebsbeamten, Werkmeister ꝛc. von dem Gesichtspunkte aus geregelt war, daß die wirthschaftlichen und sozialen Verhältnisse dieser Personen, „welche eine Zwischenstufe zwischen den Arbeitgebern und höheren Betriebsbeamten einerseits und den Ar=

beitern andererseits bilden", sich von denjenigen der gewöhnlichen Arbeiter wesentlich unterscheiden. Motive S. 42, 43. Durch die Aufnahme der §§ 88, 89 und 90 in das Gesetz ist deßhalb auch einem lebhaften Wunsche der betheiligten Beamten entsprochen worden.

2. Wie sich schon aus der Nebeneinanderstellung der „Bergleute" und der „Betriebsbeamten" in der Ueberschrift des jetzigen dritten Abschnitts im dritten Titel des B. G., sowie aus der abgesonderten Behandlung der Dienstverhältnisse der Letzteren in den §§ 88 bis 91 ergiebt, sind die im § 88 bezeichneten Betriebsbeamten und sonstigen Angestellten nicht zu den „Bergleuten" (Bergarbeitern) im Sinne des dritten Abschnitts zu rechnen. Vergl. Fürst, Z. Bd. 34 S. 104, auch § 85b Bem. 4, oben S. 63.

Dagegen nimmt Fürst a. a. O. S. 110 (s. auch Klostermann-Fürst S. 266) an, daß die in Rede stehenden Betriebsbeamten ꝛc. „gewerbliche Arbeiter" im Sinne des siebenten Titels der G. O. seien und die Bestimmungen dieses Titels, soweit sie überhaupt für den Bergbau gelten, auch auf jene Personenklassen in demselben Maße Anwendung finden müssen, wie auf die im § 133a G. O. behandelten Betriebsbeamten, Werkmeister und Techniker. Demgegenüber wird aber in Betracht kommen, daß, wenn die G. O. im siebenten Titel die gewerblichen Betriebsbeamten unter der Gesammtbezeichnung „gewerbliche Arbeiter" mit begreift, hieraus doch nicht folgt, daß zu letzteren auch die bergbaulichen Betriebsbeamten, soweit die G. O. bei ihnen in Betracht kommt, gerechnet werden müssen. Dies wird ebenso wenig geschehen können, so wenig die Arbeiter der Bergwerke ꝛc. dadurch, daß gewisse Bestimmungen der G. O. auf sie für anwendbar erklärt sind, zu „gewerblichen" Arbeitern werden. Es wird sich vielmehr nur darum handeln, ob die G. O. da, wo sie ausdrücklich von den „Arbeitern der Bergwerke" ꝛc. spricht (§§ 154a, 105b), unter diesen auch die bergbaulichen Betriebsbeamten mit begreift. Die Materialien der G. O. geben hierüber keinen Aufschluß, wohl aber ist in den Motiven zum Entwurfe der B. G.-Novelle (S. 43, 44) ein wichtiges Zeugniß dafür enthalten, daß die G. O. unter den Arbeitern der Bergwerke ꝛc. nicht ohne Weiteres auch die Betriebsbeamten ꝛc. begreift. Dort heißt es nämlich: „Daß die Anwendung des (nach § 154a auf die Arbeiter der Bergwerke ꝛc. anwendbaren) § 119a der Gewerbeordnung auf die Betriebsbeamten, welche nach der erfolgten Regelung ihrer Rechtsstellung nicht als „Arbeiter" im Sinne des § 154a Abs. 1 a. a. O. anzusehen sind, ausgeschlossen ist, bedarf keiner besonderen Erwähnung im Texte des Gesetzes." Dieser Auffassung steht auch der § 105c G. O., welcher die Ausnahmen von dem Verbote der Sonntagsarbeit betrifft und auf den Bergbau ebenfalls Anwendung findet, nicht entgegen; denn daraus, daß im § 105c unter Nr. 5 auch die „Beaufsichtigung" der Sonntagsarbeiten gestattet ist, folgt eben nur, daß auch die Betriebsbeamten mit der Beaufsichtigung dieser Arbeiten beschäftigt werden dürfen.

Anders ist die Rechtslage in Bezug auf die Gewerbegerichte. Wie das dieselben betreffende Gesetz v. 29. Juli 1890 (s. Dritte Abtheilung) im § 2 Abs. 2 ausdrücklich bestimmt, gelten „als Arbeiter im Sinne dieses Gesetzes Betriebsbeamte, Werkmeister und mit höheren technischen Dienstleistungen betraute Angestellte, deren Jahresarbeitsverdienst an Lohn oder Gehalt zweitausend Mark nicht übersteigt.“ Diese Bestimmung ist gemäß § 77 das. auch für die Betriebsbeamten rc., von welchen der § 88 B. G. handelt, und zwar auch dann maßgebend, wenn besondere Berg-Gewerbegerichte bestehen. (Vergl. Fürst in dem oben erwähnten Aufsatze, Z. Bd. 34 S. 111.)

3. Der § 88 stimmt im Abs. 1 mit § 133a G. O. wesentlich überein; jedoch ist durch die anderweitige Fassung im Eingange zum Ausdruck gebracht, daß hier nur diejenigen verantwortlichen Betriebsbeamten gemeint sind, welche der Bergwerksbesitzer zur Leitung und Beaufsichtigung des Betriebes „nach Maßgabe der §§ 72 und 74“ B. G. angenommen hat, nicht aber auch solche Personen, welche, wie z. B. Wettermänner, Kameradschaftsführer rc., einzelne Aufsichtsgeschäfte zu besorgen haben, jedoch im Uebrigen zu den Arbeitern gehören. Die Annahme dieser Betriebsbeamten muß ferner „gegen feste Bezüge“ erfolgt sein, um den § 88 auf sie anwenden zu können.

Für die übrigen daselbst bezeichneten Personen gilt als Voraussetzung, daß sie ebenfalls „gegen feste Bezüge“ und zwar „dauernd“ mit „höheren technischen Dienstleistungen“ von dem Bergwerksbesitzer betraut sind. Auf Personen, welche lediglich vorübergehend mit solchen Dienstleistungen betraut oder deren Dienstleistungen nicht als „höhere“ technische anzusehen sind, bezieht sich der § 88 nicht. Ebenso wenig kann derselbe nach seiner bestimmten Fassung auf nicht „technische“ Werksbeamte, z. B. Rechnungsbeamte, ausgedehnt werden. Anders Engels, Berggesetz S. 82 Anm.

4. Als „feste Bezüge“ werden im Sinne des § 88 solche Vergütungen für geleistete Dienste anzusehen sein, welche nicht, wie z. B. Gedingelöhne, je nach der Arbeitsleistung wechseln oder, wie Tagelöhne, von der jeweiligen Bestimmung des Arbeitgebers abhängen, sondern als Gehälter, Monatslöhne rc. eine mehr gleichbleibende Höhe und einen dauernden Charakter haben. Nach den Motiven zu § 133a G. O. (S. 42), aus welchem der Ausdruck „feste Bezüge“ in den § 88 übernommen ist, sollten hierunter nur „mindestens monatsweise bemessene“ Bezüge verstanden werden; allein zu dieser beschränkenden Auslegung berechtigt die jetzige Fassung des § 133a G. O. und des § 88 nicht. Die Regierungsvorlage zur G. O.-Novelle enthielt zwar im § 133a jene Zusatzworte, dieselben sind demnächst aber mit Rücksicht auf die

Thatsache gestrichen worden, daß „mancherorts Werkmeister auch in kürzeren Fristen als monatlich ihren Lohn erhalten". Bericht der Reichstagskomm. S. 69. Bei den Grubenbeamten bildet übrigens der Monatslohn nach wie vor die Regel.

5. Der Abs. 2 des § 88 giebt den § 133b G. O. wörtlich wieder und enthält über die vorzeitige Auflösung des Vertragsverhältnisses denselben Grundsatz wie § 83a. Ob ein „wichtiger Grund" vorliegt, ist im Streitfalle von dem Richter (Gewerbegericht, sofern der Jahresarbeitsverdienst an Lohn oder Gehalt 2000 Mark nicht übersteigt) zu entscheiden. Vergl. Bem. 2 zu § 83a, S. 57.

Zu § 89.

1. Im § 89 Abs. 1 sind dieselben Gründe aufgeführt, aus welchen auch nach § 133c Abs. 1 G. O. die Aufhebung des Dienstverhältnisses von Seiten des Arbeitgebers insbesondere verlangt werden kann. Hinzugefügt sind außerdem (Nr. 4) die Fälle, wenn eine mit der Leitung oder Beaufsichtigung der Bergarbeit betraute Person hierbei eine sicherheitspolizeiliche Vorschrift übertreten hat, oder wenn derselben die Befähigung zum Aufsichtsbeamten aberkannt ist (§ 75 B. G.). Vergl. auch § 82 Nr. 4, S. 7.

2. Nur unter der im Abs. 2 des § 89 angegebenen Voraussetzung (Verhinderung „durch unverschuldetes Unglück") bleibt der Bergwerksbesitzer verpflichtet, die vertragsmäßigen Leistungen noch für die Dauer von sechs Wochen nach Aufhebung des Dienstverhältnisses zu gewähren. Diese Leistungen vermindern sich alsdann aber um den daselbst bezeichneten Betrag, weil es unbillig sein würde, den Bergwerksbesitzer, welcher den gesetzlichen Beitrag zur Krankenversicherung, Unfallversicherung, Knappschaftskasse geleistet hat, auch noch zu den vollen vertragsmäßigen Leistungen anzuhalten. Vergl. Motive zur G. O.-Novelle S. 42, 43.

Zu § 90.

Von den Fällen, in welchen nach § 133d G. O. die Auflösung des Dienstverhältnisses von Seiten der Angestellten insbesondere verlangt werden kann, sind diejenigen unter Nr. 1 und 2 in den § 90 übernommen. Dagegen hat Nr. 3 des § 133d (Auflösung wegen erweislicher Gefahr für Leben oder Gesundheit bei Fortsetzung des Dienstverhältnisses) aus demselben Grunde keine Aufnahme finden können, aus welchem im § 83 die Nr. 5 des § 124 G. O. fortgelassen ist (s. Bem. 7 zu §§ 82 u. 83, S. 57). Wie die Motive (S. 43) betonen, müssen dem Grubenbeamten die Betriebsgefahren seines Berufes in noch höherem Maße als dem Arbeiter bewußt sein, sodaß ein auch unvermuthetes Auftreten derselben nicht als Grund für ein sofortiges Ausscheiden aus dem Dienstverhältnisse betrachtet werden darf.

Unter Nr. 3 ist die neue Bestimmung aufgenommen, nach welcher das dort bezeichnete Verhalten des Bergwerksbesitzers den Betriebsbeamten zur Aufhebung des Dienstverhältnisses berechtigt. Dieselbe beruht darauf, daß der mit der Leitung oder Beaufsichtigung des Betriebes betraute Beamte für die Innehaltung der Betriebspläne sowie für die Befolgung der polizeilichen Vorschriften verantwortlich ist (§ 76 B. G.) und an der Erfüllung dieser Berufspflichten nicht durch den Bergwerksbesitzer behindert werden darf. Motive S. 43.

Zu § 91.

1. Im Anschluß an den § 133e G. O. behandelt der § 91 den Fall, wenn der Angestellte eines Bergwerksbesitzers (§ 88) von einem anderen Bergwerksbesitzer unter den Voraussetzungen des § 86 zur Aufgabe des Dienstverhältnisses verleitet, in Dienst genommen oder im Dienste behalten wird. Es tritt alsdann die im § 86 bestimmte Entschädigungsverbindlichkeit des Bergwerksbesitzers als Selbstschuldner ebenfalls ein; s. § 86 Bem. 2, 3, 4, S. 67 und Klostermann-Fürst S. 270 Anm. 2.

2. Im § 133e G. O. sind die Bestimmungen des § 124b das. über die im Falle des Vertragsbruches zulässige Geldbuße auch auf die Werksbeamten rc. ausgedehnt. Dies ist im § 91 nicht geschehen, weil der § 124b überhaupt nicht für den Bergbau übernommen ist; vergl. § 86 Bem. 1, S. 67.

3. Außerdem spricht der § 133e G. O. noch ausdrücklich aus, daß die Bestimmungen des § 119a das. auf die vorbezeichneten Personen keine Anwendung finden. Der § 119a, welcher die Lohneinbehaltung und die Lohn- und Abschlagszahlungen betrifft, hat nach § 154a G. O. auch für den Bergbau Geltung, jedoch nur, soweit es sich um „Arbeiter" handelt, und berührt demnach die Betriebsbeamten rc. des § 88 B. G. nicht, da diese, nachdem die gesetzliche Regelung ihrer Rechtsstellung selbstständig erfolgt ist, nicht als „Arbeiter" im Sinne des § 154a anzusehen sind. Motive S. 43, 44; s. auch § 88 Bem. 2, S. 71.

4. Der seitherige § 91 B. G. war bereits durch die an das Verbot des sog. Trucksystems geknüpften Strafbestimmungen der Gewerbeordnung vom 21. Juni 1869 (§ 146) außer Kraft gesetzt.

Zu § 92.

Mit dem seitherigen § 92 stimmt der § 92 darin überein, daß die Geldstrafen der Knappschaftskasse und zwar derjenigen zufließen, welcher das betreffende Werk angehört. Gegenwärtig gehören aber zu diesen Geldstrafen außer den auf Grund des § 85 festgesetzten Strafen auch die durch Uebertretungen der §§ 84 Abs. 4 und 85f Abs. 3 verwirkten.

Der früher im § 92 ebenfalls angezogene § 91 kommt nicht mehr in Frage. Vergl. Bem. 4 zu § 91 u. Motive S. 44.

Zu § 93.

1. Der § 93 ist in der ursprünglichen Fassung des B. G. unverändert beibehalten. Vergl. hierzu Komm. S. 246, 247.

2. In die im § 93 vorgeschriebene Liste sind solche Arbeiter nicht aufzunehmen, welche, im Dienste selbstständiger Gewerbetreibenden stehend, auf dem Bergwerke nur vorübergehend mit nicht bergmännischen Arbeiten oder mit irgend welchen handwerksmäßigen Dienstleistungen beschäftigt sind. Minist.-Bescheid v. 13. Dez. 1892, Z. Bd. 34 S. 279.

3. Unabhängig von der sämmtliche Arbeiter umfassenden Liste des § 93 ist nach § 138 G. O. auf jedem jugendliche Arbeiter beschäftigenden Bergwerke ein Verzeichniß dieser Arbeiter mit den dort näher bezeichneten Angaben auszuhängen. S. Zweite Abtheilung.

B. Befugnisse der Bergbehörden.

1. Der zweite, „die Befugnisse der Bergbehörden" betreffende Abschnitt der Novelle (B) enthält in seinen fünf Artikeln Abänderungen und Zusätze, welche sich theils (Art. II) auf Titel III, theils (Art. III und VI Nr. 1) auf Titel VIII, theils (Art. IV, V u. VI Nr. 2) auf Titel IX des Berggesetzes beziehen.

2. Nach Anleitung der Motive (S. 44, 45) ist zur Erläuterung dieses Abschnittes im Allgemeinen Folgendes zu bemerken: Das Maß der Einwirkung, welches den Bergbehörden auf die Arbeiterverhältnisse nach der bisherigen Gesetzgebung zustand, ergiebt sich im Wesentlichen aus § 196 B. G., nach welchem die polizeiliche Aufsicht der Bergbehörden sich auch erstreckt auf „die Sicherheit des Lebens und der Gesundheit der Arbeiter." Außerdem war im Verwaltungswege den Bergrevierbeamten die Aufsicht über die Ausführung der Vorschriften der Reichs-Gewerbeordnung, betreffend die Beschäftigung der jugendlichen Arbeiter, insoweit diese Beschäftigung auf den dem Berggesetze unterworfenen Werken stattfindet, noch besonders übertragen. Vergl. Min.-Erlasse vom 24. Dez. 1878 u. 1. Sept. 1879, Z. Bd. 21 S. 2 ff.

Bezüglich der Tragweite jenes Grundsatzes des § 196 kommt ein Doppeltes in Betracht. Einerseits umfaßt der § 196 unter „Bergbau" nicht nur die Bergwerke im eigentlichen Sinne und die in den § 58 und 59 erwähnten Aufbereitungsanstalten, Dampfkessel und Triebwerke, sowie die Salinen, sondern nach der feststehenden behördlichen Praxis auch diejenigen Anlagen, welche, wenn auch nicht zum Bergwerksbetriebe im engeren Sinne gehörig, doch als nothwendiges Zubehör oder als Bestandtheil eines bergbaulichen Betriebes anzusehen sind. Andererseits erleidet der Begriff des Bergbaues insofern eine Einschränkung, als darunter immer nur der unmittelbare Betrieb des Bergbaues und der sonstigen, unter Aufsicht der Bergbehörden stehenden Anlagen verstanden worden ist.

Demnach konnte die Fürsorge für Leben und Gesundheit der Arbeiter einen Gegenstand der Bergpolizei nur insoweit bilden, als es sich um den Schutz der Arbeiter vor denjenigen Gefahren handelte, welche sich für Leben und Gesundheit unmittelbar aus dem Betriebe oder aus der besonderen Beschaffenheit der Betriebseinrichtungen und der Betriebsstätte ergeben. Dagegen erstreckt sich die Bergpolizei nicht auf hygienische Schädlichkeiten, welche sich für die Bergarbeiter nicht unmittelbar durch den Einfluß des bergbaulichen Betriebes, sondern beispielsweise aus ungenügenden Wohnungsverhältnissen ergeben.

An dieser Beschränkung des Begriffes der Bergpolizei mußte im Wesentlichen festgehalten werden, weil die Bergpolizei ihrer Natur nach eine Betriebspolizei ist und diese Beschränkung ihrer Aufgabe mit der allgemeinen Gewerbepolizei theilt, und weil eine Erweiterung der polizeilichen Befugnisse der Bergbehörden über die gedachte Schranke hinaus die Gefahr zahlreicher Kollisionen mit der Zuständigkeit der allgemeinen Polizeiverwaltung herbeiführen würde. Auf Grund dieser Erwägungen ist die Grenze gezogen worden, bis zu welcher die, zumal aus Anlaß der Bergarbeiterbewegung im Frühjahr 1889 laut gewordenen, zum Theil sehr weitgehenden Wünsche nach einer Erweiterung der Machtbefugnisse der Bergbehörden berücksichtigt werden konnten. Immerhin ist aber auch bei Innehaltung jener begrifflichen Beschränkung der Bergpolizei eine Erweiterung der Befugnisse der Bergbehörden zur Sicherung eines wirksameren Schutzes der Arbeiterinteressen nach mehrfacher Richtung unbedenklich und zweckmäßig erschienen.

Zu Artikel II.

Nach § 77 B.G. in der seitherigen Fassung waren die verantwortlichen Betriebsleiter nur verpflichtet, den im Dienste befindlichen Bergbeamten auf Erfordern Auskunft „über den Betrieb“ zu geben. Durch den jetzigen § 77 ist die Verpflichtung dieser Personen zur Auskunftertheilung auf alle der Aufsicht der Bergbehörde unterliegenden Gegenstände, also namentlich auch auf die Zweige des Arbeiterschutzes ausgedehnt, um welche die Bergbehörde sich zu bekümmern hat. Aus den desfallsigen Befugnissen der Bergbehörde, insbesondere auch der mit den Befugnissen der Gewerbeaufsichtsbeamten (§ 139b G. O.) ausgestatteten Bergrevierbeamten, folgt zwar ohne Weiteres, daß der von dem Bergwerksbesitzer bestellte verantwortliche Betriebsleiter verpflichtet ist, den Bergbeamten auf Erfordern jede Auskunft zu ertheilen, deren sie zur Ausübung ihrer Amtsbefugnisse bedürfen; indeß hat es sich doch empfohlen, zur Vermeidung von Mißdeutungen die erweiterte Verpflichtung zur Auskunftertheilung im § 77 ausdrücklich auszusprechen. Motive S. 47. Zugleich ist der § 77 im § 207 den unter Strafe gestellten Vorschriften hinzugefügt (s. S. 88), was bisher bewußter Weise unterlassen war.

Zu Artikel III.

1. Die wichtige Zusatzbestimmung, welche der im Uebrigen unverändert gebliebene § 189 B. G. durch den Art. III erhalten hat, ergiebt sich aus dem letzten Satze des Abs. 2.

Nach dem hier angezogenen § 139 b G. O. (s. Zweite Abtheilung) sind die Landesregierungen verpflichtet, die Aufsicht über die Ausführung der §§ 105 a, 105 b Abs. 1, 105 c bis 105 h (Sonntagsruhe), der §§ 120 a bis 120 e (Einrichtung der Arbeitsräume 2c. zum Schutze des Lebens und der Gesundheit der Arbeiter, sowie zur Aufrechterhaltung der Sittlichkeit; Regelung der Arbeitszeit) und der §§ 134 bis 139 a (Verhältnisse der Fabrikarbeiter: Arbeitsordnungen, Arbeiterausschüsse, jugendliche und weibliche Arbeiter) besonderen Beamten ausschließlich oder neben den ordentlichen Polizeibehörden zu übertragen, wobei die verfassungsmäßige Regelung der Zuständigkeitsverhältnisse den einzelnen Bundesstaaten vorbehalten ist.

Der § 139 b gehört zu denjenigen Bestimmungen der G. O., welche nach § 154 a auch auf den dem Berggesetze unterstellten Bergbau Anwendung finden. Demgemäß müssen für letzteren ebenfalls besondere Beamte mit der Aufsicht über diejenigen im § 139 b angezogenen reichsgesetzlichen Vorschriften betraut werden, welche auch für den Bergbau Geltung haben. Dies sind aber die Vorschriften über die Sonntagsruhe (§§ 105 b Abs. 1 bis 105 h) und über die Beschäftigung jugendlicher und weiblicher Arbeiter (§§ 135 a bis 139 a).

Bisher war in Ausführung des § 139 b G. O. (in seiner früheren engeren Fassung) den Bergbehörden in Preußen ausdrücklich nur die Aufsicht über die Beschäftigung der jugendlichen Arbeiter, welche auf den den Bergbehörden unterstellten Bergwerken, Salinen, Aufbereitungsanstalten und linksrheinischen Steinbrüchen (§ 214 B. G.) beschäftigt sind, und zwar ohne Mitwirkung der ordentlichen Polizeibehörden übertragen. Die hierauf bezüglichen, durch die G. O. den Ortspolizeibehörden zugewiesenen Obliegenheiten hatten die Bergrevierbeamten wahrzunehmen; nur die Ausstellung der (jetzt beseitigten) Arbeitskarten war den Ortspolizeibehörden auch bezüglich der bei dem Bergbau beschäftigten Kinder und noch schulpflichtigen jungen Leute vorbehalten. Hierüber hinaus erstreckte sich die Zuständigkeit der Bergbehörden auf Grund des § 139 b G. O. nicht.

Nunmehr hat aber mit dem weiteren Ausbau der den Arbeiterschutz betreffenden Gesetzgebung auch die behördliche Aufsicht über die Ausführung derselben eine erweiterte, hervorragende Wichtigkeit erlangt. Insbesondere sind zu den der behördlichen Ueberwachung unterstellten

Vorschriften über die Beschäftigung der jugendlichen Arbeiter hinzugetreten: die Vorschriften über die Beschäftigung der Arbeiterinnen und über die Sonntagsruhe, welche ebenso wie jene auf Grund unmittelbarer Bestimmung der Gewerbeordnung auch auf den Bergbau Anwendung finden, sowie ferner die im Anschluß an die Gewerbeordnung im Artikel I der Berggesetznovelle erlassenen, den jetzigen dritten Abschnitt des dritten Titels bildenden Vorschriften („Von den Bergleuten und den Betriebsbeamten").

Die obige Zusatzbestimmung im zweiten Absatz des § 189 B. G. hat nun den Zweck, die Aufsicht über die Ausführung der vorbezeichneten wichtigen und einschneidenden Vorschriften der G. O. sowie der Novelle zum B. G. in der Hand eines, und zwar eines mit den technischen und betrieblichen Verhältnissen des Bergbaues völlig vertrauten Beamten zu vereinigen, der nach Lage der Verhältnisse kein anderer sein kann, als der Bergrevierbeamte. Außerdem sollen die Amtsbefugnisse der Revierbeamten in entsprechender Weise dadurch ergänzt werden, daß ihnen auch die Aufsicht über die Ausführung der den Vorschriften der Gewerbeordnung analogen Bestimmungen der Berggesetznovelle übertragen wird. Motive S. 46.

Bereits vor Erlaß dieser Novelle war auf Grund des § 155 Abs. 2 G. O. für Preußen durch die Bekanntmachung v. 4. März 1891 (Minist.=Bl. f. d. innere Verw. S. 115, Z. Bd. 33 S. 302) bestimmt, daß unter den Bezeichnungen der G. O.: Polizeibehörde, Ortspolizeibehörde, untere Verwaltungsbehörde, soweit es sich um die der Aufsicht der Bergbehörden unterstellten Betriebe handelt, der Bergrevierbeamte zu verstehen sei. Ferner wurde durch die Ausf.=Anw. zur G. O. v. 15. März 1892 (Minist.=Bl. S. 116, Z. Bd. 3 S. 300) unter III angeordnet, daß die Aufsicht über die Ausführung der Bestimmungen der G. O. über die Beschäftigung von jugendlichen Arbeitern und von Arbeiterinnen bei jenen Betrieben von den Bergrevierbeamten gehandhabt werden solle. Diese Bestimmung ist nunmehr durch den Art. III der Novelle gesetzlich bestätigt und zugleich in der vorangegebenen Weise erweitert worden. Hierdurch hat die Zuständigkeit der Revierbeamten sich gegenwärtig so gestaltet, daß sie diejenige der im § 139b G. O. bezeichneten Polizeibehörden und Gewerbe=Aufsichtsbeamten in sich vereinigt und deren Mitwirkung ausschließt. Vergl. auch § 139b G. O. Bem. 4. Zweite Abtheilung.

2. Ueber die mittelbare Tragweite der durch Art. III erfolgten Uebertragung der Befugnisse der Gewerbe=Aufsichtsbeamten auf die Revierbeamten äußern sich die Motive (S. 46, 47) in folgender Weise: „Die Erwartung ist berechtigt, daß der erhöhte Einfluß, welchen der Revierbeamte hierdurch zunächst auf dem Gebiete des Arbeiterschutzes gewinnt, seine Stellung und sein Ansehen im Allgemeinen kräftigen und

ihm in noch erhöhterem Maße wie bisher die Möglichkeit gewähren wird, eine Vertrauensstellung sowohl den Arbeitgebern, als auch den Arbeitern gegenüber zu gewinnen. Hierauf ist um so größerer Werth zu legen, weil es sich bei der Pflege und Förderung der Arbeiterverhältnisse vielfach auch um solche Aufgaben handelt, bei welchen das etwaige Eingreifen der Aufsichtsbehörde sich nach der Natur der Sache vorzugsweise auf eine wohlwollend berathende, zwischen den verschiedenen Interessen in unparteiischer und billiger Weise vermittelnde Thätigkeit beschränken muß, z. B. wenn es sich handelt um die sachgemäße und loyale Ausführung der auf Grund des Gesetzes erlassenen Arbeitsordnungen, um die Förderung und den weiteren Ausbau der zum Besten der Arbeiter bestehenden Wohlfahrtseinrichtungen und dergleichen. Gerade bei der Behandlung derartiger, für die Anbahnung und Erhaltung guter Beziehungen zwischen den Arbeitgebern und Arbeitern hoch bedeutsamer Fragen wird die Uebertragung der Befugnisse und Obliegenheiten der Aufsichtsbeamten nach Maßgabe des § 139b G. O. dem Revierbeamten eine förderliche und gedeihliche Wirksamkeit wesentlich erleichtern."

3. Den vorstehenden Gesichtspunkten und Grundsätzen entsprechend haben die Bergrevierbeamten in Beziehung auf die ihrer Aufsicht unterworfenen Anlagen und Betriebe bei der Ueberwachung der Ausführung sowohl der reichsgesetzlichen Bestimmungen, als auch der Berggesetznovelle diejenigen Befugnisse und Obliegenheiten, welche den Gewerbe-Aufsichtsbeamten auf Grund des § 139b G. O. für ihren Wirkungskreis beigelegt sind. Letzterer ist in Preußen durch die „Dienstanweisung für die Gewerbe-Aufsichtsbeamten vom 23. März 1892" in Verbindung mit dem Min.-Erlasse v. 15. Juni 1892, Z. Bd. 33 S. 347, 418, näher festgestellt. Vergl. Bem. 2 zu § 139b G. O. Zweite Abtheilung.

Nach § 17 dieser Dienstanweisung findet dieselbe auf die „der Bergverwaltung unterstellten Betriebe" keine Anwendung, auch ist bisher eine ähnliche Dienstanweisung, welche die Thätigkeit der Bergrevierbeamten als Gewerbe-Aufsichtsbeamten im Allgemeinen regeln würde, nicht ergangen. Ein Bedürfniß hierzu scheint sich einstweilen nicht herausgestellt zu haben, nachdem namentlich das auf die Arbeitsbücher und Arbeitszeugnisse sowie die Arbeitsordnungen bezügliche Verfahren durch die Ausführungsanweisung zur Berggesetznovelle v. 27. Dez. 1892 (oben S. 17 ff.) geordnet und hiermit der neuen Geschäftsthätigkeit der Revierbeamten in ihren wichtigsten Theilen die Richtschnur gegeben worden ist. Im § 6 der vorbezeichneten Dienstanweisung sind die Grundzüge angegeben, nach welchen die Gewerbeaufsicht zu führen ist. Wird letztere in gleichem Sinne auch von den Revierbeamten ausgeübt, so wird es für diese Beamten nicht schwierig sein, ihre neuen Geschäfte mit dem seitherigen Wirkungskreise in Einklang zu bringen und ihre Vertrauensstellung im Allgemeinen zu verstärken. Eines bleibt dabei aber zu beachten, daß nämlich die Befugnisse und Obliegenheiten, welche den Revierbeamten in Beziehung auf die ihrer Aufsicht unterworfenen Anlagen und Betriebe durch den Art. III übertragen sind, sich lediglich auf die Aufsicht über die Ausführung der den Schutz und die Wohlfahrt der Arbeiter betreffenden Bestimmungen beziehen, wie solche durch die Novellen zur Gewerbeordnung und zum Berggesetze sowie auf Grund dieser Gesetze anderweitig getroffen sind oder noch getroffen werden. „Der Umkreis der Befugnisse des gewerblichen Aufsichtsbeamten einer- und des Revierbeamten andererseits" soll sich thunlichst genau decken. Motive zu Art. III, S. 46. Auf andere, außerhalb der Arbeiterschutzgesetzgebung gelegene Gebiete der amtlichen Thätigkeit der Revierbeamten ist deren Zuständigkeit als Gewerbe-Aufsichtsbeamte durch den Art. III nicht ausgedehnt, wie sich aus dem unmittelbaren Zusammenhange des letzteren mit dem § 139 b G. O. und aus den gesammten, auf die Verstärkung des Arbeiterschutzes abzielenden Verhandlungen über die Berggesetznovelle ergiebt.

4. Durch § 139 b G. O. sind den Gewerbe-Aufsichtsbeamten bei Ausübung der ihnen übertragenen Aufsicht „alle amtlichen Befugnisse der Ortspolizeibehörden" beigelegt. Zu letzteren gehören nach § 132 des Gesetzes über die allgemeine Landesverwaltung v. 30. Juli 1883 (G. S. S. 195) u. a. die Androhung und Festsetzung von Geldstrafen bezw. Haft als Zwangsmittel zur Durchführung getroffener Anordnungen. In der Dienstanweisung v. 23. März 1892 § 8 Abs. 2 ist aber bestimmt, daß die Gewerbe-Aufsichtsbeamten von dem Rechte, „polizeiliche, im Wege des Verwaltungszwangsverfahrens durchzuführende Verfügungen zu erlassen," nur ausnahmsweise in denjenigen Fällen, in denen Gefahr im Verzuge ist, Gebrauch machen sollen. Daß auch die Bergrevierbeamten in Fällen von Gefahr polizeiliche Anordnungen treffen und denselben durch Anwendung gewisser Zwangsmittel, wie Betriebseinstellung, Ausführung auf Kosten des Bergwerksbesitzers, Nachdruck geben können, entspricht feststehenden älteren Grundsätzen, während nach letzteren von diesen Beamten exekutivische Strafbefehle mit Androhung von Geldstrafen bezw. Haft nicht erlassen werden dürfen. Vergl. Komm. S. 481 Bem. 2. Hiernach wird mangels einer anderweitigen Anweisung auch bei Ausübung jener im § 139 b G. O. bezeichneten Befugnisse zu verfahren sein. Vergl. Klostermann-Fürst S. 306, 307 Anm. 3.

5. Der Wirkungskreis, welcher den Revierbeamten in ihrer Eigenschaft als Gewerbe-Aufsichtsbeamte durch den Art. III angewiesen ist, umfaßt in Beziehung auf die ihnen unterstellten Anlagen und Betriebe hauptsächlich die Aufsicht über die Ausführung der Vorschriften betreffend:

1. die Sonntagsruhe; (§§ 105, 105b Abs. 1, 105c bis 105h G. O.)

   Bis diese neuen Vorschriften gemäß Art. 9 der Novelle zur G. O. v. 1. Juni 1891 in Kraft gesetzt sein werden, bleiben die bisherigen Bestimmungen über die Sonntagsruhe maßgebend. Vergl. unten S. 96.
2. die Beschäftigung der jugendlichen Arbeiter und der Arbeiterinnen; (§§ 135 bis 139a G. O.)
3. die Arbeitsordnungen; (§§ 80a bis 80i B. G.)
4. die Zeugnisse für abkehrende Bergleute, soweit hierbei gewisse Geschäfte nicht ausdrücklich der Ortspolizeibehörde vorbehalten sind; (§§ 84 bis 85a B. G.)
5. die Arbeitsbücher minderjähriger Personen mit derselben Einschränkung wie unter 4; (§§ 85b bis 85h B. G.)
6. den Besuch von Fortbildungsschulen; (§ 87 B. G.)

Außerdem werden den Revierbeamten im Rahmen der Gewerbeaufsicht noch andere den Arbeiterschutz bezweckende Geschäfte zufallen. Was insbesondere die Aufsicht über die Ausführung der — nach § 154a G. O. auch für den Bergbau maßgebenden — Vorschriften über die Lohnzahlung (§§ 115 bis 119a G. O.) betrifft, so umfaßt der im § 139b festgestellte Wirkungskreis der Gewerbe-Aufsichtsbeamten diese Aufsicht nicht; dagegen ist dieselbe den Gewerbe-Aufsichtsbeamten „als ständigen Beauftragten der Regierungspräsidenten" durch die Dienstanweisung v. 23. März 1892 § 1 Nr. 6 für die ihnen unterstellten Betriebe übertragen worden. Es wird angezeigt sein, dieselbe Zuständigkeit auch den Bergrevierbeamten als Gewerbe-Aufsichtsbeamten ausdrücklich beizulegen, da sie aus dem Art. III nicht ohne Weiteres herzuleiten ist.

6. Zu den im Art. III gedachten Obliegenheiten der Revierbeamten gehört auch die im § 139b Abs. 1 noch besonders eingeschärfte „Geheimhaltung der amtlich zu ihrer Kenntniß gelangenden Geschäfts- und Betriebsverhältnisse", sowie die Erstattung der im Abs. 3 das. erwähnten Jahresberichte. Soweit diese Berichte über die Beschäftigung von jugendlichen Arbeitern und von Arbeiterinnen zu erstatten sind, beruht deren Einrichtung auf den Min.-Erlassen v. 1. Sept. 1879, Komm. S. 255 Bem. 3, v. 12. April u. 1. Juni 1892; durch letzteren ist das neue Schema für die Nachweisung jener Arbeiter festgestellt.

7. Die Gewerbeaufsicht, welche die Revierbeamten in Preußen bei den ihnen unterstellten Betrieben auszuüben haben, ist in den wichtigsten Theilen näher geregelt:

1. durch die Ausführungs-Anweisung zur Gewerbeordnungsnovelle v. 26. Febr. 1892, soweit dieselbe auf Grund der weiteren Anweisung v. 15. März 1892 auch auf die unter der Aufsicht der Bergbehörden stehenden Betriebe sinngemäße

Anwendung findet (Minist.-Blatt f. d. innere Verw. S. 89, 116, Z. Bd. 33 S. 298, 300);

2. durch die Ausführungs-Anweisung zur Berggesetznovelle v. 27. Dezbr. 1892 nebst erläuterndem Min.-Erlaß v. 6. Febr. 1893, (oben S. 17, 23).

8. Die Zuständigkeit der Bergrevierbeamten als Bergpolizeibeamte und Gewerbe-Aufsichtsbeamte erstreckt sich gegenwärtig im vollen Umfange auch auf die Bergwerke, Aufbereitungsanstalten und Salinen des Staates. Unter Aufhebung der entgegenstehenden älteren Minist.-Erlasse ist durch den Erlaß des Ministers für Handel und Gewerbe vom 25. November 1892 (Z. Bd. 34 S. 45) bestimmt worden, daß mit dem 1. Januar 1893 die Staatswerke den betreffenden Bergrevieren einverleibt sind und die Revierbeamten auch auf diesen Werken nach Maßgabe des § 189 des Allg. Berggesetzes (in der Fassung des Art. III) ausnahmslos die erste Instanz in allen Geschäften bilden, welche nach diesem Gesetze der Bergbehörde obliegen und nicht ausdrücklich den Oberbergämtern übertragen sind, und daß dementsprechend die Revierbeamten für die Staatswerke auch alle diejenigen Befugnisse und Obliegenheiten zu übernehmen haben, welche ihnen im Allgemeinen durch sonstige Gesetze und Anweisungen zugewiesen sind. In Bezug auf die Ueberwachung der Beschäftigung jugendlicher und weiblicher Arbeiter ist jene neue, durch die Arbeiterschutz-Gesetzgebung gebotene und dem Geiste des Berggesetzes entsprechende Einrichtung durch den Minist.-Erlaß v. 11. Januar 1893, Z. Bd. 34 S. 417, noch besonders bestätigt.

Zu Artikel IV.

1. Nach § 120b Abs. 2 G. O. muß, soweit es die Natur des Betriebes zuläßt, bei der Arbeit die Trennung der Geschlechter durchgeführt werden, „sofern nicht die Aufrechterhaltung der guten Sitten und des Anstandes durch die Einrichtung des Betriebes ohnehin gesichert ist.“ Die Gewerbe-Aufsichtsbeamten haben gemäß § 139b G. O. und § 1 der Dienstanweisung v. 23. März 1892 darüber zu wachen, daß die Gewerbeunternehmer dieser Verpflichtung nachkommen.

Im Anschluß hieran ist durch den Art. IV Fürsorge getroffen, daß auch bei dem Bergbau „durch die Einrichtung des Betriebes“, d. h. durch die Art und Weise, wie der Betrieb eingerichtet wird, die guten Sitten und der Anstand nicht verletzt werden. Die Bestimmung des Art. IV geht aber weiter als die G. O., insofern nämlich „die Aufrechterhaltung der guten Sitten und des Anstandes durch die Einrichtung des Betriebes“ denjenigen Gegenständen hinzugefügt ist, auf welche sich die Bergpolizei erstreckt, sodaß die Bergbehörde auch hier mit bergpolizeilichen Vorschriften und Anordnungen, z. B. bei Prüfung des Betriebsplanes (§§ 67 ff. B. G.), vorzugehen befugt ist.

Dieser Erweiterung der bergpolizeilichen Befugnisse der Bergbehörden liegen folgende Erwägungen zu Grunde: Auch bei dem Bergbau giebt es Betriebszweige (Aufbereitung ꝛc.), welche, zumal bei Verwendung von jugendlichen Arbeitern und von Arbeiterinnen, mit besonderen Gefahren in Beziehung auf die Sittlichkeit verbunden sind. Auf Grund des § 139a G. O., der auch auf den Bergbau Anwendung findet (§ 154a), kann nun zwar durch Beschluß des Bundesraths die Verwendung von Arbeiterinnen sowie von jugendlichen Arbeitern in gewissen Betriebszweigen, welche mit besonderen Gefahren für die Sittlichkeit verbunden sind, gänzlich untersagt oder von besonderen Bedingungen abhängig gemacht werden. Letzteres ist u. a. im Bereiche des Bergbaues geschehen durch die Bundesrathsbeschlüsse vom 17. und 24. März 1892, s. Zweite Abtheilung. Aber auch da, wo die Voraussetzungen für ein solches Einschreiten des Bundesraths fehlen oder wo es sich um Rücksichten des öffentlichen Anstandes handelt, welche auch für den Verkehr der erwachsenen männlichen Arbeiter unter einander zu beobachten sind, kann die Nothwendigkeit polizeilicher Anordnungen sich ergeben. Motive S. 47, 48.

2. Ein bei Berathung des Art. IV in der Kommission gestellter Antrag, in Ergänzung des § 196 Abs. 2 B. G. die bergpolizeiliche Aufsicht auch auszudehnen auf „die zum Besten der Arbeiter getroffenen Einrichtungen und Anstalten (Waschkauen, Aufenthalts- und Umkleideräume, Arbeiterwohnungen der Werksverwaltung, Logirhäuser, Menagen, Unterstützungskassen ꝛc.)", wurde hauptsächlich deßhalb abgelehnt, weil der Antrag über die Bestimmungen der G. O. hinausging und die in Frage kommenden Einrichtungen und Anstalten, soweit sie mit dem Betriebe in Zusammenhang stehen, schon jetzt der bergpolizeilichen Aufsicht unterworfen sind. Komm.-Ber. S. 26.

Zu Artikel V.

1. Nach § 197 Abs. 1 B. G. sind die Oberbergämter befugt, für den ganzen Umfang ihres Verwaltungsbezirks oder für einzelne Theile desselben Polizeiverordnungen über die im § 196 (in der Fassung des Art. IV) bezeichneten Gegenstände zu erlassen. Diese Bestimmung hat im Art. V den Zusatz erhalten:

> „Für solche Betriebe, in welchen durch übermäßige Dauer der täglichen Arbeitszeit die Gesundheit der Arbeiter gefährdet wird, können die Oberbergämter Dauer, Beginn und Ende der täglichen Arbeitszeit und der zu gewährenden Pausen vorschreiben und die zur Durchführung dieser Vorschriften erforderlichen Anordnungen erlassen."

Entlehnt ist diese Zusatzbestimmung dem fast wörtlich gleichlautenden Abs. 3 des § 120e G. O., woselbst dem Bundesrath die Befugniß beigelegt ist, auf dem Gebiete des allgemeinen Gewerbewesens (nicht auch des Bergbaues, vergl. § 154a G. O.) Anordnungen der bezeichneten Art zu treffen. Motive S. 49.

Der Art. V beruht in seiner jetzigen Fassung auf einer einstimmigen Verständigung zwischen den Regierungsvertretern und der Kommission des Abgeordnetenhauses und weicht von der Regierungsvorlage darin ab, daß letztere im Eingange lautete: „Insbesondere können die Oberbergämter, wenn durch übermäßige Dauer“ u. s. w. Hierin wurde aber eine Verschärfung der dem Bundesrath im § 120e G. O. für Ausnahmefälle beigelegten Befugniß erblickt. Nach dieser Fassung könne nämlich der Bergbau als solcher von den in Rede stehenden Ausnahmebestimmungen betroffen werden, obgleich derselbe im Allgemeinen nicht als ein gesundheitswidriges Gewerbe anzusehen sei. Der Art. V berge daher in seiner ursprünglichen Fassung den Keim des Normalarbeitstages für den Bergbau und die Gefahr in sich, daß einmal bei gegebener Veranlassung der Normalarbeitstag wegen Gesundheitswidrigkeit des Bergbaues für diesen verkündet werde. Es müsse deshalb die größere Machtbefugniß, welche der Art. V der Bergbehörde beilege, auf die einzelnen Betriebe des Bergbaues — die einzelnen Bergwerke oder Bergwerksabtheilungen — beschränkt werden. Komm.-Ber. S. 28. Der Unterschied zwischen der jetzigen und der ursprünglichen Fassung wurde demnach wesentlich darin gefunden, daß es nach der ersteren nicht mehr möglich sein wird, allgemein für den Bergbau den Normalarbeitstag einzuführen, was übrigens nach der Erklärung der Regierung schon dadurch als ausgeschlossen anzusehen ist, daß der Reichstag sich gegen den Normalarbeitstag erklärt hat. Komm.-Ber. S. 29.

2. Abgesehen hiervon haben Inhalt und Tragweite der Zusatzbestimmung des Art. V in Folge der anderweitigen Fassung eine Aenderung nicht erfahren. Thatsächliche Voraussetzung für oberbergamtliche Vorschriften und Anordnungen der daselbst bezeichneten Art ist stets das Vorhandensein bestimmter, unter den § 196 B. G. fallender Betriebe mit einer täglichen Arbeitszeit, durch deren übermäßige Dauer (z. B. in Folge von Ueberschichten) die Gesundheit der Arbeiter gefährdet wird. Die Vorschriften, welche die Oberbergämter zur Beseitigung einer solchen Gefahr auf Grund des Art. V zu erlassen befugt sind, müssen in den Formen von Bergpolizeiverordnungen erlassen werden und bedürfen daher auch der vorgängigen Anhörung des Vorstandes der betheiligten Berufsgenossenschaft oder Berufsgenossenschaftssektion (Art. VI Abs. 2), wie sich dies auch schon aus der Einreihung jener Zusatzbestimmung des Art. V unmittelbar hinter Abs. 1 des § 197 ergiebt. Im Uebrigen kommt es nicht darauf an, ob es sich bei Erlaß dieser Vorschriften um ein einzelnes Werk oder um eine Mehrheit, eine bestimmte Klasse von

Werken handelt, wenn nur in allen Fällen die Voraussetzungen des Art. V thätsächlich vorliegen.

3. Da die polizeiliche Aufsicht der Bergbehörden über den Bergbau sich nach § 196 B. G. auch auf „die Sicherheit der Gesundheit der Arbeiter" erstreckt, so war schon die bisherige Rechtslage die, daß die Bergbehörde unter besonderen Verhältnissen aus bergpolizeilichen Gründen einen Einfluß auf die Dauer der — einen Theil des Arbeitsvertrages bildenden — Arbeitszeit ausüben und beschränkende bergpolizeiliche Anordnungen treffen konnte. Es sind denn auch bereits früher derartige oberbergamtliche Vorschriften erlassen worden, wie z. B. das Verbot der regelmäßigen Beschäftigung der Anschläger, Abnehmer, Maschinen- und Kesselwärter auf den Bergwerken über täglich zwölf Stunden hinaus, ferner das Verbot, bei dem unterirdischen Grubenbetriebe Arbeiter in einer Temperatur von 29 Grad Celsius oder mehr länger als sechs Stunden täglich zu beschäftigen. Vergl. Z. Bd. 21 S. 534, Bd. 25 S. 418. Gleichwohl war der Umfang dieser Zuständigkeit der Bergpolizeibehörde nicht außer Zweifel; auch würde es nach der seitherigen Praxis wohl Bedenken gefunden haben, zur Abwendung von Gefahren für die Gesundheit der Arbeiter die tägliche Arbeitszeit bergpolizeilich so zu regeln, daß nicht bloß die Dauer, sondern auch Beginn und Ende derselben, sowie die Arbeitspausen festgesetzt wurden. In dieser Beziehung ist nunmehr durch den Art. V ein nicht mehr zweifelhafter Rechtszustand herbeigeführt.

4. Aus der Mitte des Abgeordnetenhauses wurden noch weiter gehende Zusätze zu Art. V beantragt, aber abgelehnt. Hierher gehörte u. a. der Antrag, die Oberbergämter zu ermächtigen, „die Verwendung von Arbeiterinnen sowie von Arbeitern unter 18 Jahren für gewisse Arbeiten, welche mit besonderen Gefahren für Gesundheit und Sittlichkeit verbunden sind, gänzlich zu untersagen oder von besonderen Bedingungen abhängig zu machen." Die Aufnahme dieser Bestimmung in den Art. V wurde indeß für entbehrlich erachtet, weil der hier verlangte Arbeiterschutz bereits auf Grund der bestehenden Gesetze gewährt werden kann. Vergl. Komm.-Ber. S. 27 ff., stenogr. Ber. S. 1536 ff.

Zu Artikel VI.

1. Zur Erläuterung des unverändert nach dem Regierungsentwurfe angenommenen Art. VI und der Zusatzbestimmungen, welche derselbe unter Nr. 1 zu § 192 und unter Nr. 2 zu § 197 B. G. enthält, bemerken die Motive (S. 50) Folgendes:

„Die Thätigkeit der gewerblichen und Berg-Aufsichtsbehörden zum Schutze des Lebens und der Gesundheit der Arbeiter deckt sich in wesentlichen Beziehungen mit der durch § 78 des Unfallversicherungsgesetzes vom 6. Juli 1884 den Berufsgenossenschaften eingeräumten Befugniß zum Erlasse von Unfallverhütungsvorschriften. Damit ist aber auch die Möglichkeit von Kollisionen zwischen den betreffenden behördlichen und genossenschaftlichen Befugnissen gegeben, auf deren Vermeidung beziehungsweise Ausgleichung in geeigneter Weise Bedacht zu nehmen ist."

„In diesem Sinne erscheint es namentlich empfehlenswerth, in entsprechender Art, wie bei den genossenschaftlichen Unfallverhütungsvorschriften eine behördliche Mitwirkung durch die vorbehaltene Genehmigung des Reichsversicherungsamtes gesichert ist, so auch umgekehrt den Berufsgenossenschaften vor Erlaß behördlicher Anordnungen der einschlägigen Art Gelegenheit zur Wahrung ihres Standpunktes und ihrer Interessen zu gewähren. Durch die Vorschrift im § 81 des Unfallversicherungsgesetzes wird diesen Gesichtspunkten nicht in vollem Umfange Rechnung getragen, weil danach nur die von den Landesbehörden zur Verhütung von Unfällen zu erlassenden allgemeinen Anordnungen den betheiligten Genossenschaften zur Begutachtung mitzutheilen sind, während auch einzelne polizeiliche Verfügungen des mehrerwähnten Inhalts mit den genossenschaftlichen Unfallverhütungsvorschriften in Widerspruch treten können und eine gutachtliche Anhörung der Genossenschaften auch bei den die Krankheitsverhütung und die Aufrechterhaltung der guten Sitten und des Anstandes beim Betriebe betreffenden allgemeinen behördlichen Anordnungen zweckmäßig ist."

„Diese Erwägungen haben bei Erlaß der Novelle zur Gewerbeordnung vom 1. Juni 1891 dazu geführt, einmal im § 120d Abs. 4 der zuständigen Berufsgenossenschaft die Befugniß zur Einlegung der gesetzlich zulässigen Rechtsmittel gegen polizeiliche Verfügungen zum Schutze des Lebens und der Gesundheit der Arbeiter, sowie zur Aufrechterhaltung der guten Sitten und des Anstandes beim Betriebe beizulegen, sofern diese Verfügungen ihren Unfallverhütungsvorschriften widersprechen, und ferner im § 120e Abs. 2 die Erhebung einer gutachtlichen Aeußerung der zuständigen Berufsgenossenschaft, unter Zuziehung der Vertreter der Arbeiter, vor Erlaß von Polizeiverordnungen über die bezeichneten Gegenstände vorzuschreiben. Da die gleichen Erwägungen auch auf das Gebiet des Bergwesens anwendbar erscheinen, so wird im Artikel VI unter Nr. 1 und 2 die Aufnahme entsprechender Vorschriften in das Allg. Berggesetz in Form von Zusätzen zu den §§ 192 und 197 vorgesehen."

2. Abgesehen von diesen Zusätzen sind die §§ 192 und 197 B. G. in ihrer ursprünglichen Fassung und die für deren Anwendung maßgebenden Grundsätze unverändert geblieben. Vergl. Komm. S. 489, 490 und 507 ff.

C. Straf- und Schlußbestimmungen.

Zu Artikel VII.

1. Der Art. VII des Gesetzes entspricht in fast wörtlicher Uebereinstimmung dem Art. VIII der Regierungsvorlage. Letztere enthielt in ihrem Art. VII eine Zusatzbestimmung zu § 202 B. G., welcher von der Ausführung der auf Grund der §§ 198, 199 getroffenen bergpolizeilichen Anordnungen durch die Bergbehörde handelt. Der vorgeschlagene Zusatz lautete:

> „Im gleichen Falle, sowie wenn der Bergwerksbesitzer einer auf Grund des § 197 ergangenen Polizeiverordnung zuwiderhandelt, kann der Revierbeamte bis zur Herstellung des der Verordnung oder der Verfügung entsprechenden Zustandes die Einstellung des Betriebes, soweit derselbe durch die Verordnung oder Verfügung getroffen wird, anordnen, falls dessen Fortsetzung erhebliche Nachtheile oder Gefahren herbeizuführen geeignet sein würde."

In den Motiven (S. 50, 51) wurde die Aufnahme dieser dem Schlußsatze des § 147 G. O. entlehnten Bestimmung als empfehlenswerth bezeichnet, weil es im Interesse des Arbeiterschutzes liege, die gleichen Befugnisse, welche der Gewerbepolizeibehörde beigelegt sind, für die Bergbehörden in Anspruch zu nehmen, es aber nicht unbestritten sei, ob letzteren die Befugniß zur Einstellung des Betriebes schon auf Grund der bisherigen berggesetzlichen Bestimmungen zustehe. Diese Zuständigkeit der Bergbehörden wurde jedoch von der Kommission des Abgeordnetenhauses als bereits durch das Berggesetz unzweifelhaft begründet angesehen und daher die Streichung des Art. VII des Regierungsentwurfes vorgeschlagen und beschlossen. Komm.-Ber. S. 30, 31; stenogr. Ber. S. 1552. Vergl. auch über die Befugniß zur Betriebseinstellung Komm. S. 225, 231, 481.

2. Durch den jetzigen Art. VII hat der „von den Uebertretungen bergpolizeilicher Vorschriften" handelnde dritte Abschnitt des neunten Titels des Berggesetzes eine neue Fassung und wesentliche Erweiterung erhalten. Die Vermehrung der auf das bergmännische Arbeitsverhältniß bezüglichen Vorschriften machte es unerläßlich, Zuwiderhandlungen gegen einen Theil der neu hinzugekommenen gesetzlichen Verpflichtungen mit Strafe zu bedrohen. In dem seitherigen § 207, welcher „eine Geldbuße bis zu fünfzig Thalern" androht, konnten aber sämmtliche neue, unter Strafe zu stellende Paragraphen nicht eingeschaltet werden, weil in der G. O. mehrere der entsprechenden Handlungen oder Unterlassungen mit höheren, und einzelne mit geringeren Strafen bedroht sind. Die das Arbeitsverhältniß betreffenden Strafbestimmungen sind deß-

halb in den §§ 207a bis 207e im Anschluß an die §§ 146 ff. G. O. besonders festgestellt worden. Zugleich hat der dritte Abschnitt nach dem Vorgange der G. O. (Titel X) die Ueberschrift „Strafbestimmungen" erhalten. Die seitherige Ueberschrift („Uebertretungen") konnte nicht beibehalten werden, weil einzelne der mit Strafe bedrohten Handlungen oder Unterlassungen „Vergehen" im Sinne des § 1 Abs. 2 des Strafgesetzbuches sind. Auch ist gemäß § 1 Abs. 3 des letzteren der Ausdruck „Geldbuße" (§ 207) durch „Geldstrafe" ersetzt und gemäß § 28 das. ausdrücklich hinzugefügt worden, daß, wie schon seither, im Unvermögensfalle Haft eintritt. Motive S. 52.

Zu § 207.

1. Unter die im § 207 Abs. 1 unter Strafe gestellten Vorschriften ist der § 77 (in der erweiterten Fassung des Art. II, s. oben S. 76) neu aufgenommen, und zwar nach den Motiven (S. 52) deßhalb, weil anderenfalls Verstöße der verantwortlichen Betriebsbeamten gegen den Inhalt des erweiterten § 77 nur durch Aberkennung der Befähigung geahndet werden könnten.

2. Dagegen ist der § 80 aus der Reihe der seither im § 207 aufgezählten Vorschriften ausgeschieden, weil an die Stelle desselben (Abs. 2) die anderweitigen Bestimmungen über die Arbeitsordnungen (§§ 80a u. ff.) getreten sind. Ebenso ist der § 85 im § 207 weggelassen und in Verbindung mit den §§ 85b bis 85g in den § 207e Nr. 1 übernommen worden, weil es angemessen erschien, die Annahme eines großjährigen Bergmanns ohne Abkehrschein nicht höher zu bestrafen, als die Annahme eines Minderjährigen ohne Arbeitsbuch. Motive S. 52.

3. Im Uebrigen sind die Bemerkungen zu § 207, Komm. S. 520 u. 521, zu vergleichen.

Zu §§ 207a bis 207e.

1. In den §§ 207a bis 207e sind die Zuwiderhandlungen gegen diejenigen im jetzigen dritten Abschnitt des dritten Titels („Von den Bergleuten und den Betriebsbeamten") enthaltenen gesetzlichen Verpflichtungen unter Strafe gestellt, welche den in den §§ 146 Abs. 1 Nr. 3, 147 Abs. 1 Nr. 5, 148 Abs. 1 Nr. 11 u. 12, 149 Abs. 1 Nr. 7 und 150 Abs. 1 der G. O. ebenfalls unter Strafe gestellten Verpflichtungen entsprechen. Außerdem ist im § 207c Nr. 2 eine Strafandrohung für die in den §§ 80c Abs. 2 und 80k bestimmten Verpflichtungen, welche in der G. O. keinen Vorgang haben, eingeschaltet worden. Motive S. 52.

2. Von den in den §§ 207a bis 207e bezeichneten Strafen fließen diejenigen, welche wegen Uebertretungen der §§ 84 Abs. 4, 85 und 85f Abs. 3 festgesetzt werden, gemäß § 92 zur Knappschaftskasse, s. oben S. 60 u. 66.

3. Ueber den bei Anwendung des § 207a in Betracht kommenden Begriff „Merkmal" s. Bem. 4 zu § 85f, S. 66.

4. Die in den §§ 207a u. 207b (auch § 208) unter Strafe gestellten Zuwiderhandlungen sind „Vergehen", dagegen die unter die §§ 207c, 207d u. 207e fallenden Zuwiderhandlungen „Uebertretungen" im Sinne des Strafgesetzbuches § 1 Abs. 2 u. 3. Wegen der Verjährung s. § 209a.

Zu § 208.

1. Nach dem bisherigen § 208 unterlagen Zuwiderhandlungen gegen Bergpolizeiverordnungen und bergpolizeiliche Anordnungen als „Uebertretungen" der für diese zulässigen Strafe bis zum Höchstbetrage von 150 Mark oder entsprechender Haft. Es ist nunmehr eine Erhöhung dieses Strafmaßes bis auf 300 Mark eingetreten, weil auch in der G. O. (§ 147 Abs. 1 Nr. 4) Zuwiderhandlungen gegen die auf Grund des § 120d endgültig erlassenen Verfügungen und die auf Grund des § 120e erlassenen Vorschriften mit einer solchen Strafe bedroht sind und kein Grund vorliegt, den Bergbau in dieser Beziehung nach anderen strafrechtlichen Grundsätzen zu behandeln, als den allgemeinen Gewerbebetrieb. Motive S. 53.

2. Vergl. die Bemerkungen zu § 208, Komm. S. 521, 522, und wegen der Verjährung § 209a.

Zu § 209.

1. Wie im § 208, so hat auch im § 209 die Bezeichnung „Uebertretungen", weil in Folge der Erhöhung des Strafmaßes nicht mehr zutreffend (§ 1 Abs. 3 des Strafgesetzbuches), durch „Zuwiderhandlungen" ersetzt werden müssen. S. oben S. 88.

2. Abgesehen von dieser Fassungsänderung und der Hinzufügung der §§ 207a bis 207e ist der § 209 unverändert geblieben, sodaß zur Erläuterung desselben auf die Bemerkungen, Komm. S. 522 bis 525, verwiesen werden kann. Nebenbei kann der Ansicht (Arndt, Allg. Berggesetz S. 109), daß der Abs. 1 des § 209 im Gesetze „entbehrlich" sei, nicht beigepflichtet werden. Durch diese Bestimmung mußte die Zuständigkeit und das Verfahren der Bergbehörde bei Zuwiderhandlungen gegen die berggesetzlichen und bergpolizeilichen Vorschriften neu bezw. einheitlich geregelt werden. Vergl. Motive, Z. Bd. 6 S. 204 ff., auch Art. 93 des franz. Berggesetzes v. 21. April 1810.

Zu § 209a.

1. Der § 209a ist neu und führt eine kürzere Verjährungsfrist von drei Monaten ein. Die im § 207b mit Geldstrafe bis zu 300 Mark bedrohten Handlungen und Unterlassungen und die im § 208 mit der

gleichen Strafe bedrohten Zuwiderhandlungen gegen Bergpolizeiverordnungen und bergpolizeiliche Anordnungen sind „Vergehen" im Sinne des § 1 Abs. 2 des Strafgesetzbuches und würden demgemäß nach § 67 Abs. 2 daselbst erst in drei Jahren verjähren. Die entsprechenden Vergehen gegen die G. O. (§ 147 Abs. 1 Nr. 4 u. 5) verjähren aber zufolge § 145 Abs. 2 G. O. schon binnen drei Monaten. Zur Herbeiführung der wünschenswerthen Gleichmäßigkeit dieser Verhältnisse ist deßhalb die Vorschrift des § 209a getroffen worden. Motive S. 53.

Auf den § 207a erstreckt sich die dreimonatliche Verjährsfrist des § 209a nicht; die Strafverfolgung der dort bezeichneten Vergehen verjährt daher gemäß § 67 Abs. 2 des Strafgesetzb. erst in fünf Jahren.

2. Nach § 67 Abs. 3 des Strafgesetzb. verjährt die Strafverfolgung von Uebertretungen in drei Monaten. Die für die Anwendung dieser Bestimmung maßgebenden Grundsätze gelten auch für die dreimonatliche Verjährung des § 209a. Demnach beginnt auch diese Verjährung mit dem Tage, an welchem die Handlung begangen ist, ohne Rücksicht auf den Zeitpunkt des eingetretenen Erfolges (§ 67 Abs. 4 a. a. O.), und zwar wird dieser ganze Tag in die Frist eingerechnet. Besteht die Zuwiderhandlung in Unterlassung (Omissivdelikt), so beginnt die Verjährung erst mit dem Ende der strafbaren Unterlassung, daher regelmäßig erst mit der endlichen Vornahme der Handlung oder mit dem Aufhören der Verpflichtung, bezw. mit dem Ablaufe der Zeit, innerhalb welcher die Handlung noch vorgenommen werden konnte und sollte. Vergl. Oppenhoff, Strafgesetzbuch, 12. Aufl. zu § 67 S. 196 ff.

Zu Artikel VIII.

1. Auf Grund der Schlußbestimmung im Art. VIII Abs. 1 ist das Gesetz am 1. Januar 1893 nach seinem ganzen Umfange, namentlich auch bezüglich der Arbeitsordnungen (§§ 80a bis 80i) in Kraft getreten. Vergl. Bemerkungen zu § 80i, S. 52.

2. Wegen der den Oberbergämtern im Abs. 2 ertheilten Ermächtigung vergl. Bem. 2 zu § 80k, S. 53.

Zweite Abtheilung.

Die Novelle zur Reichs-Gewerbeordnung vom 1. Juni 1891.

Einleitung.

Wie bereits bei der Novelle zum Berggesetze S. 25 bemerkt wurde, ist die unmittelbare Anwendbarkeit der Reichs-Gewerbeordnung auf den Bergbau durch das

Gesetz, betr. Abänderung der Gewerbeordnung, vom 1. Juni 1891

(R. G. Bl. S. 261) weiter ausgedehnt worden. In ihrer jetzigen Fassung bilden die reichsgesetzlichen Bestimmungen über den Schutz der gewerblichen Arbeiter und die landesgesetzlichen Bestimmungen des Berggesetzes die breite Grundlage, auf welcher gegenwärtig in Preußen das Bergarbeiterrecht beruht. Erst aus der Verbindung und Zusammenfassung der beiderseitigen Vorschriften gestaltet sich ein vollständiges Bild dieses neuen Rechtszustandes. Es ist daher erforderlich, der Berggesetznovelle und insbesondere dem auf derselben beruhenden neuen dritten Abschnitte im dritten Titel des Berggesetzes: „Von den Bergleuten und den Betriebsbeamten" (oben S. 1 ff.) die einschlägigen Bestimmungen der Gewerbeordnung in ihrer jetzigen, vielfach veränderten Gestalt hier folgen zu lassen und mit den unentbehrlichen Erläuterungen zu versehen. Die hierauf berechnete „Zweite Abtheilung" tritt zugleich an die Stelle des als „Anhang zum dritten Abschnitt des dritten Titels" bezeichneten, theils abgeänderten, theils ergänzten Abschnitts des Kommentars, Seite 247 bis 260.

Die Vorlage des Bundesraths zu dem Gesetze v. 1. Juni 1891 ging nebst Begründung dem Reichstage am 6. Mai 1890 zu. Drucksachen Nr. 4. Die erste Berathung fand in den Sitzungen vom 17., 19. und 20. Mai statt und endigte mit der Einsetzung einer Kommission von 28 Mitgliedern. Stenogr. Ber. S. 121 bis 193. Von dieser Kommission wurde am 17. Januar 1891 ein eingehender Bericht über den Gesetzentwurf erstattet und eine Anzahl eingreifender Abänderungsanträge gestellt. Drucksachen Nr. 190, Session 1890/91. Hierauf erfolgte die zweite Plenarberathung in den Sitzungen vom 12. bis 14., 16. bis 20., 23. bis 26. Febr. u. 7. bis 10., 13. bis 18., 20., 21. u. 23. April 1891.

Stenogr. Ber. S. 1452 bis 1753, 2128 bis 2231, 2245 bis 2544. Die dritte Lesung schloß sich in den Sitzungen vom 4., 5. u. 6. Mai 1891 an. Stenogr. Ber. S. 2739, 2740, 2745 bis 2780, 2782 bis 2809. Die letzten Beschlüsse des Reichstags (Drucksachen Nr. 479) liegen in dem jetzigen Gesetzestexte vor.

Das Gesetz v. 1. Juni 1891 (sog. Arbeiterschutzgesetz) zerfällt in neun Artikel. Die auch für den Bergbau in Betracht kommenden Bestimmungen bilden Theile der Art. 3, 6 u. 7, sowie die Art. 4, 8 u. 9. Der wichtige Art. 3 enthält den ganzen Titel VII der Gewerbeordnung: „Gewerbliche Arbeiter (Gesellen, Gehülfen, Lehrlinge, Betriebsbeamte, Werkmeister, Techniker, Fabrikarbeiter)" in der neuen, erweiterten Fassung.

Die zu den „Schlußbestimmungen" der Gewerbeordnung gehörenden §§ 154a und 155 sind nachstehend mit besonderer Rücksicht auf den Bergbau an die Spitze gestellt; sodann folgen unter I bis VI die übrigen das Bergwesen angehenden Bestimmungen der Gewerbeordnung.

§ 154a. Die Bestimmungen der §§ 115 bis 119a, 135 bis 139b, 152 und 153 finden auf die Besitzer und Arbeiter von Bergwerken, Salinen, Aufbereitungsanstalten und unterirdisch betriebenen Brüchen oder Gruben entsprechende Anwendung.

Arbeiterinnen dürfen in Anlagen der vorbezeichneten Art nicht unter Tage beschäftigt werden. Zuwiderhandlungen unterliegen der Strafbestimmung des § 146.

1. Der § 154a stimmt inhaltlich mit Abs. 3 u. 4 des § 154 (in der früheren Fassung) überein; nur ist den dort aufgeführten Bestimmungen noch der § 119a durch die Novelle v. 1. Juni 1891 hinzugefügt worden.

2. Die Bestimmung im Abs. 1 des § 154a erstreckt sich auf sämmtliche Bergwerke, Salinen, Aufbereitungsanstalten und unterirdisch betriebene Brüche und Gruben, mögen dieselben dem Berggesetze und der Aufsicht der Bergbehörden unterstellt sein oder nicht; sie findet dagegen keine Anwendung auf die über Tage betriebenen Brüche und Gruben. Für letztere ist, sofern sie „nicht bloß vorübergehend oder in geringem Umfang betrieben werden", durch die Novelle vom 1. Juni 1891 im § 154 Abs. 2 die Bestimmung getroffen, daß auf sie die Bestimmungen der §§ 134 bis 139b entsprechende Anwendung finden. Motive S. 60.

Hierdurch ist eine eigenthümliche, sachlich nicht begründete und wohl auch nicht beabsichtigte Rechtslage geschaffen. Während nämlich für solche über Tage betriebene Brüche und Gruben gemäß § 134a u. ff. Arbeitsordnungen erlassen werden müssen, besteht die gleiche Verpflichtung für die unterirdisch betriebenen Brüche und Gruben nicht (auch nicht für die im § 214 des Berggesetzes bezeichneten, s. oben S. 28), und ebensowenig für diejenigen bergbaulichen Betriebe, Salinen und Aufbereitungsanstalten, auf welche das Berggesetz keine Anwendung findet; vergl. Komm. S. 58, 195, 538, 625.

3. Außer den im § 154a aufgeführten Bestimmungen über die Lohnzahlungen, die Beschäftigung jugendlicher und weiblicher Arbeiter, die Aufsicht über die Ausführung bestimmter Vorschriften und das Koalitionsrecht finden auch die Bestimmungen über die Sonntagsruhe (§§ 105a bis 105f und 105h) auf die im § 154a bezeichneten Betriebe Anwendung, und nach der allgemeinen Fassung des § 105b („Brüche und Gruben") erstreckt sich diese Anwendbarkeit auch auf die über Tage betriebenen Brüche und Gruben.

4. Soweit die Strafbestimmungen im zehnten Titel der G. O. (s. unten V) sich auf diejenigen Vorschriften derselben beziehen, welche auf die Besitzer und Arbeiter von Bergwerken ꝛc. entsprechende Anwendung finden, sind auch diese und die ihnen gleichstehenden Personen bei Zuwiderhandlungen den Strafbestimmungen unterworfen, was zwar im § 154a durch Hinweisung auf letztere nicht ausdrücklich ausgesprochen ist, aber auch als selbstverständlich nicht ausgesprochen zu werden brauchte. Urth. d. Reichsg. v. 9. Jan. 1882, Entsch. in Strafs. Bd. 5 S. 425; Komm. S. 246 Bem. 1.

2. Das im Abs. 2 des § 154a enthaltene Verbot der Beschäftigung von Arbeiterinnen unter Tage, welches in Preußen bergpolizeilich schon früher erlassen war (Komm. S. 258 Bem. 2c), wurde durch die Novelle zur G. O. v. 17. Juli 1878, § 154 Abs. 4 (R. G. Bl. S. 199) zum reichsrechtlichen erhoben.

§ 155. Wo in diesem Gesetze auf die Landesgesetze verwiesen ist, sind unter den letzteren auch die verfassungs- oder gesetzmäßig erlassenen Verordnungen verstanden.

Welche Behörden in jedem Bundesstaate unter der Bezeichnung: höhere Verwaltungsbehörde, untere Verwaltungsbehörde, Gemeindebehörde, Ortsbehörde, Unterbehörde, Polizeibehörde, Ortspolizeibehörde und welche Verbände unter der Bezeichnung weitere Kommunalverbände zu verstehen sind, wird von der Zentralbehörde des Bundesstaates bekannt gemacht.

Für die unter Reichs- und Staatsverwaltung stehenden Betriebe können die den Polizeibehörden, unteren und höheren Verwaltungsbehörden durch die §§ 105b Absatz 2, 105c Absatz 2, 105e, 105f, 115a, 120d, 134e, 134f, 134g, 138 Absatz 1, 138a, 139, 139b übertragenen Befugnisse und Obliegenheiten auf die der Verwaltung dieser Betriebe vorgesetzten Dienstbehörden übertragen werden.

1. Die jetzige Fassung des § 155 beruht auf Art. 8 der Novelle v. 1. Juni 1891. Abs. 2 hat die Zusatzworte: „und welche Verbände unter der Bezeichnung weitere Kommunalverbände" erhalten, und Abs. 3 ist neu hinzugefügt. Motive S. 61, 62, Komm.-Ber. S. 118, 119, stenogr. Ber. S. 2544, 2807.

2. Zu den „Verordnungen" im Sinne des Abs. 1 gehören auch die von den Ministerien und Polizeibehörden verfassungs- und gesetz-

mäßig erlassenen Vorschriften. Urth. des Reichsg. v. 13. Jan. 1883, Reger, Bd. 4 S. 6.

3. Die „Zentralbehörde“, welche die im Abs. 2 bezeichnete Bestimmung zu treffen hat, sind in Preußen der Minister für Handel u. Gewerbe und der Minister des Innern.

4. Soweit es sich um die der Aufsicht der Bergbehörden unterstellten Betriebe handelt, ist unter der in der G. O. gebrauchten Bezeichnung: „höhere Verwaltungsbehörde“ das Oberbergamt und unter den Bezeichnungen: „untere Verwaltungsbehörde“, „Ortspolizeibehörde“, „Polizeibehörde“ der Bergrevierbeamte zu verstehen. Bekanntmachung der Minister des Innern und für Handel u. Gewerbe v. 4. März 1892, Min.-Bl. f. d. innere Verw. S. 115, Z. Bd. 33 S. 302. Dies gilt auch für solche Privatregal- und Ausschließungsbezirke, in welchen die Aufsicht über den Bergbau durch die staatlichen Bergbehörden auf Grund besonderer Vereinbarungen stattfindet. Erlaß des Ministers für Handel u. Gewerbe v. 28. April 1892, Z. Bd. 33 S. 302.

5. In den unter Reichs- und Staatsverwaltung stehenden Betrieben, welche unter die Bestimmung des siebenten Titels der G. O. fallen, müssen die zum Schutze der Arbeiter erlassenen Vorschriften in gleicher Weise zur Durchführung gelangen, wie in den Privatbetrieben. Die Besorgniß jedoch, daß es leicht zu unerwünschten Kollisionen zwischen nebengeordneten Behörden desselben Staates führen würde, wenn die Polizeibehörden, unteren und höheren Verwaltungsbehörden die ihnen zugewiesenen Obliegenheiten und Befugnisse auch jenen Betrieben gegenüber ausüben sollten, hat dazu geführt, im Abs. 3 des §§ 155 einen Ausnahmezustand für die Betriebe der Reichs- und Staatsverwaltung zu gestatten. Die Vorlage des Bundesraths ging noch weiter, indem sie zulassen wollte, daß auch die Geschäfte der Gewerbe-Aufsichtsbeamten auf die jenen Verwaltungen vorgesetzten Dienstbehörden übertragen würden; der Reichstag hat aber Werth darauf gelegt, die Zuständigkeit dieser Aufsichtsbeamten auch bezüglich der Reichs- und Staatsbetriebe zu sichern. Komm.-Ber. S. 119.

Was die unter das Berggesetz fallenden Staatswerke in Preußen betrifft, so ist die im Abs. 3 ertheilte Ermächtigung nicht in Anspruch genommen, vielmehr die Zuständigkeit auch bezüglich dieser Werke nunmehr nach den allgemeinen Grundsätzen und insbesondere auch für die Bergrevierbeamten so geregelt worden, daß sie die ihnen durch die Gewerbeordnung und das Berggesetz übertragenen Befugnisse und Obliegenheiten bei den Staatsbetrieben ebenso wahrzunehmen haben, wie bei den Privatbetrieben. Vergl. Art. III der Berggesetznovelle Bem. 8, oben S. 82.

Für die Staatshütten des Oberbergamtsbezirks Clausthal sind zur Ausführung des § 155 Abs. 3 G. O. durch Erlaß des Ministers für Handel u. Gewerbe v. 2. April 1892 (Minist.-Bl. f. d. innere Verw.

S. 159) „die in den §§ 105c Abs. 2, 105e, 105f, 115a, 120d, 134e, 134f, 134g, 138 Abs. 1, 138a, 139, 139b bezeichneten Befugnisse und Obliegenheiten der Polizeibehörden, unteren und höheren Verwaltungsbehörden den der Verwaltung dieser Hütten vorgesetzten Dienstbehörden in der Weise übertragen, daß die Werksdirektoren die Thätigkeit der Ortspolizeibehörden, Polizeibehörden und unteren Verwaltungsbehörden, das K. Oberbergamt zu Clausthal die Thätigkeit der höheren Verwaltungsbehörde wahrzunehmen haben."

I. Sonntagsruhe.

Von der Sonntagsruhe und den Arbeiten an Sonn- und Festtagen handeln die §§ 105a bis 105i G. O. in der wesentlich erweiterten Fassung, welche dieselben zur Verstärkung des Arbeiterschutzes durch die Novelle v. 1. Juni 1891 erhalten haben. Vorher beschränkte sich die G. O., abgesehen von dem bereits im § 136 Abs. 3 enthaltenen Verbote der Beschäftigung jugendlicher Arbeiter an Sonn- und Festtagen, auf die Vorschrift des § 105 Abs. 2:

> „Zum Arbeiten an Sonn- und Festtagen können die Gewerbetreibenden die Arbeiter nicht verpflichten. Arbeiten, welche nach der Natur des Gewerbebetriebes einen Aufschub oder eine Unterbrechung nicht gestatten, fallen unter die vorstehende Bestimmung nicht."

Die Motive zur Novelle (S. 25) bemerken hierzu: „Die bisherige Bestimmung sichert dem Arbeiter nicht genügend die Möglichkeit, die Sonn- und Festtage der nothwendigen Ruhe von der Wochenarbeit, der inneren Sammlung, der Stärkung und Erfrischung zu neuer Arbeit und der Pflege des Familienlebens zu widmen. Die civilrechtliche Unwirksamkeit der Verträge, wodurch sich Arbeiter zum Arbeiten an Sonn- und Feiertagen verpflichten, reicht bei der Abhängigkeit der meisten Arbeiter und bei der Versuchung, die in dem gebotenen Mehrverdienste liegt, nicht aus, um die thatsächliche Beschäftigung an Sonn- und Festtagen zu verhindern. Diese Wirkung kann vielmehr nur durch ein gesetzliches Verbot der Arbeit an Sonn- und Festtagen erzielt werden. Die Lücke, welche die Reichsgesetzgebung in dieser Beziehung aufweist, wird auch durch die Landesgesetze nicht ausgefüllt." Es ist deßhalb als Aufgabe der fortbildenden Reichsgesetzgebung anerkannt worden, den Gegenstand neu zu regeln. Den jetzt vorliegenden Bestimmungen sind sehr eingehende Verhandlungen im Reichstage voraufgegangen. Vergl. Motive S. 25 bis 32, Komm.-Ber. S. 3 bis 32, stenogr. Berichte S. 1452 bis 1605, S. 2751 bis 2763.

Die §§ 105a bis 105f und 105h finden auch auf den Bergbau Anwendung. Dies ergiebt sich zwar nicht aus § 154a, wohl aber aus dem inneren Zusammenhange des die Bergwerke ꝛc. ausdrücklich aufführenden § 105b mit den übrigen Vorschriften über die Sonntagsruhe, und geht außerdem unzweideutig aus den Motiven hervor, wo es (S. 26) heißt: „Der Entwurf beschränkt diese Regelung (der Beschäftigung an Sonn- und Feiertagen) einstweilen auf diejenigen Gewerbe, welche auch in den Beschlüssen des Reichstags Berücksichtigung gefunden haben (§ 105b), behält indessen eine spätere Ausdehnung auf andere Gewerbe der Kaiserlichen Verordnung mit Zustimmung des Bundesraths vor (§ 105g)." Vergl. auch Klostermann-Fürst S. 272. Anders Neukamp, Gewerbeordn. S. 134 Anm. 4, welcher bemerkt, daß § 154a gemäß §§ 6 u. 154a G. O. auffallenderweise auf das Bergwesen keine Anwendung finde. Durch eine vollständigere Fassung des § 154a Abs. 1 oder einen sonstigen Zusatz wäre jedem Zweifel hierüber wohl vorgebeugt worden. Die §§ 105g und 105i behandeln Gegenstände, welche den Bergbau nicht berühren, deßgleichen der nur das „Handelsgewerbe" betreffende Abs. 2 des § 105b.

Wegen des unbedingten Verbotes der Beschäftigung jugendlicher Arbeiter an Sonn- und Festtagen vergl. unten § 136 Abs. 3.

Nach Art. 9 der Novelle v. 1. Juni 1891 wird der Zeitpunkt, an welchem u. a. die in den §§ 105a bis 105f, 105h, 105i getroffenen Bestimmungen ganz oder theilweise in Kraft treten, durch Kaiserliche Verordnung mit Zustimmung des Bundesraths bestimmt. Bis dahin bleiben die bisherigen gesetzlichen Bestimmungen in Kraft. Seither sind jene Bestimmungen auf Grund der Verordnung v. 28. März 1892 (R. G. Bl. S. 339) nur für das Handelsgewerbe in Kraft getreten. Unter den „gesetzlichen Bestimmungen", welche nach Art. 9 bis auf Weiteres gelten, sind auch die gesetzmäßig erlassenen Polizeiverordnungen begriffen. Vergl. Bem. 3 zu § 80h B. G., oben S. 51. Für den Bergbau sind daher zur Zeit namentlich noch diejenigen Polizeiverordnungen maßgebend, welche über die äußere Heilighaltung der Sonn- und Festtage auf Grund der Kabinetsordre v. 7. Febr. 1837 (G. S. S. 19) von den Bezirksregierungen in Gemeinschaft mit den Oberbergämtern und für die Provinz Schlesien von dem Oberpräsidenten erlassen worden sind. Vergl. Komm. S. 259 und die für die genannte Provinz gegenwärtig geltende neuere Polizeiverordnung des Oberpräsidenten v. 15. Nov. 1882, Z. Bd. 34 S. 424.

§ 105a. Zum Arbeiten an Sonn- und Festtagen können die Gewerbetreibenden die Arbeiter nicht verpflichten. Arbeiten, welche nach den Bestimmungen dieses Gesetzes auch an Sonn- und Festtagen vorgenommen werden dürfen, fallen unter die vorstehende Bestimmung nicht.

Welche Tage als Festtage gelten, bestimmen unter Berücksichtigung der örtlichen und konfessionellen Verhältnisse die Landesregierungen.

1. Verträge über eine dem § 105a zuwiderlaufende Verpflichtung zum Arbeiten an Sonn- und Festtagen sind civilrechtlich unwirksam. Motive S. 25.

2. Der zweite Satz des Abs. 1 hat die rechtliche Wirkung, daß der Gewerbetreibende seine Arbeiter zu Arbeiten, welche nach dem Gesetze oder den auf Grund desselben ergangenen Bestimmungen an Sonn- und Festtagen vorgenommen werden dürfen, verpflichten und der Arbeiter sich der Erfüllung dieser Verpflichtung dem Arbeitsvertrage zuwider nicht entziehen kann. Motive S. 27. Es handelt sich hierbei um die Ausnahmen von dem Verbote der Sonn- und Festtagsarbeit, welche je nach der besonderen Art der in Betracht kommenden Gewerbe, Betriebe und Arbeiten theils unmittelbar kraft Gesetzes eintreten (§ 105c), theils durch den Bundesrath (§ 105d) oder durch die höhere Verwaltungsbehörde (§ 105e) bestimmt, theils durch die Polizeibehörden oder die unteren Verwaltungsbehörden gestattet werden (§§ 105b Abs. 2, 105c Abs. 4, 105f). Motive S. 26.

3. Unter Bestimmungen „der Landesregierungen" versteht die G. O. nicht Akte der Landesgesetzgebung; es sind hierunter auch Anordnungen der Zentralbehörden begriffen. Urth. des Oberverwaltungsger. v. 5. Juni 1880, Entsch. Bd. 6 S. 265.

4. Durch landesgesetzliche Regelung kann die Sonn- und Festtagsarbeit noch weiter gehenden Beschränkungen, als denjenigen der §§ 105a bis 105g unterworfen werden. Vergl. § 105h Abs. 1 u. Bem. 1, S. 105.

§ 105b. Im Betriebe von Bergwerken, Salinen, Aufbereitungsanstalten, Brüchen und Gruben, von Hüttenwerken, Fabriken und Werkstätten, von Zimmerplätzen und anderen Bauhöfen, von Werften und Ziegeleien, sowie bei Bauten aller Art dürfen Arbeiter an Sonn- und Festtagen nicht beschäftigt werden. Die den Arbeitern zu gewährende Ruhe hat mindestens für jeden Sonn- und Festtag vierundzwanzig, für zwei aufeinander folgende Sonn- und Festtage sechsunddreißig, für das Weihnachts-, Oster- und Pfingstfest achtundvierzig Stunden zu dauern. Die Ruhezeit ist von zwölf Uhr Nachts zu rechnen und muß bei zwei aufeinander folgenden Sonn- und Festtagen bis sechs Uhr Abends des zweiten Tages dauern. In Betrieben mit regelmäßiger Tag- und Nachtschicht kann die Ruhezeit frühestens um sechs Uhr Abends des vorhergehenden Werktages, spätestens um sechs Uhr Morgens des Sonn- oder Festtages beginnen, wenn für die auf den Beginn der Ruhezeit folgenden vierundzwanzig Stunden der Betrieb ruht.

(Absatz 2 des § 105b betrifft lediglich das Handelsgewerbe.)

1. Die Bestimmungen des § 105b, von welchem hier nur der Absatz 1 interessirt, sind neu und weichen von der Regierungsvorlage auf Grund der Reichstagsverhandlungen mehrfach ab, namentlich in Bezug auf die besondere Regelung der Ruhezeit für Betriebe „mit regelmäßiger Tag- und Nachtschicht". Motive S. 27, 28; Komm.-Ber. S. 4 bis 15; stenogr. Ber. S. 1463 bis 1479, 2752 u. 2758.

2. Wie die Motive (S. 28) hervorheben, ist durch die Eingangsworte „Im Betriebe“ von Bergwerken 2c. jeder Zweifel darüber ausgeschlossen, „daß das Verbot der Beschäftigung von Arbeitern an Sonn- und Festtagen nicht nur räumlich für den Ort, in welchem sich der betreffende Gewerbebetrieb regelmäßig abzuwickeln pflegt, sondern für jede zu dem Gewerbebetriebe gehörige Thätigkeit gelten soll.“

3. Zu beachten ist, daß die besondere Bestimmung über den Beginn der Ruhezeit in Betrieben „mit regelmäßiger Tag- und Nachtschicht“ an die ausdrückliche Bedingung geknüpft ist, daß „für die auf den Beginn der Ruhezeit folgenden 24 Stunden der Betrieb ruht.“

4. Wer den §§ 105b bis 105g oder den auf Grund derselben erlassenen Aenderungen zuwider Arbeitern an Sonn- und Festtagen Beschäftigung giebt, macht sich nach § 146a G. O. strafbar.

5. Wegen Gestattung von Abweichungen von der Vorschrift des § 105b Abs. 1 vergl. § 105h Abs. 2 u. Bem. 2, S. 105.

§ 105c. Die Bestimmungen des § 105b finden keine Anwendung:

1. auf Arbeiten, welche in Nothfällen oder im öffentlichen Interesse unverzüglich vorgenommen werden müssen;
2. für einen Sonntag auf Arbeiten zur Durchführung einer gesetzlich vorgeschriebenen Inventur;
3. auf die Bewachung der Betriebsanlagen, auf Arbeiten zur Reinigung und Instandhaltung, durch welche der regelmäßige Fortgang des eigenen oder eines fremden Betriebes bedingt ist, sowie auf Arbeiten, von welchen die Wiederaufnahme des vollen werktägigen Betriebes abhängig ist, sofern nicht diese Arbeiten an Werktagen vorgenommen werden können;
4. auf Arbeiten, welche zur Verhütung des Verderbens von Rohstoffen oder des Mißlingens von Arbeitserzeugnissen erforderlich sind, sofern nicht diese Arbeiten an Werktagen vorgenommen werden können;
5. auf die Beaufsichtigung des Betriebes, soweit er nach Ziffer 1 bis 4 an Sonn- und Festtagen stattfindet.

Gewerbetreibende, welche Arbeiter an Sonn- und Festtagen mit Arbeiten der unter Ziffer 1 bis 5 erwähnten Art beschäftigen, sind verpflichtet, ein Verzeichniß anzulegen, in welches für jeden einzelnen Sonn- und Festtag die Zahl der beschäftigten Arbeiter, die Dauer ihrer Beschäftigung sowie die Art der vorgenommenen Arbeiten einzutragen sind. Das Verzeichniß ist auf Erfordern der Ortspolizeibehörde sowie dem im § 139b bezeichneten Beamten jederzeit zur Einsicht vorzulegen.

Bei den unter Ziffer 3 und 4 bezeichneten Arbeiten, sofern dieselben länger als drei Stunden dauern, oder die Arbeiter am Besuche des Gottesdienstes hindern, sind die Gewerbetreibenden verpflichtet, jeden Arbeiter entweder an jedem dritten Sonntage volle sechsunddreißig Stunden, oder an jedem zweiten Sonntage mindestens in der Zeit von sechs Uhr Morgens bis sechs Uhr Abends von der Arbeit frei zu lassen.

Ausnahmen von den Vorschriften des vorstehenden Absatzes darf die untere Verwaltungsbehörde gestatten, wenn die Arbeiter am Besuche des sonntäglichen Gottesdienstes nicht gehindert werden und ihnen an Stelle des Sonntages eine vierundzwanzigstündige Ruhezeit an einem Wochentage gewährt wird.

1. Auch der § 105c enthält neues, durch die Novelle v. 1. Juni 1891 eingeführtes Recht. Motive S. 28, 29; Komm.-Ber. S. 19 bis 26; stenogr. Ber. S. 1519 bis 1554, 2758 bis 2762.

2. Im Abs. 1 des § 105c sind diejenigen Ausnahmen von dem Verbote der Sonn- und Festtagsarbeit (§ 105b) festgestellt, welche unmittelbar kraft Gesetzes eintreten. Einer besonderen Erlaubniß der Behörde bedarf es zur Vornahme der hier unter Nr. 1 bis 5 bezeichneten Arbeiten nicht. Die unter Nr. 3 und 4 aufgeführten Arbeiten unterliegen aber hinsichtlich der Dauer der Arbeitszeit den im Abs. 3 vorgeschriebenen Beschränkungen, sofern nicht wiederum Ausnahmen hiervon gemäß Abs. 4 von der unteren Verwaltungsbehörde gestattet werden. Zur Kontrolle darüber, „daß die Beschäftigung gewerblicher Arbeiter an Sonn- und Festtagen sich auf diejenigen Arbeiten beschränkt, welche nach der Absicht des Gesetzes allein ohne Weiteres gestattet bleiben sollen", dient das Verzeichniß, welches der Gewerbetreibende nach Abs. 2 zu führen und auf Erfordern vorzulegen hat. Motive S. 29.

3. Unter Nr. 1 sind nach dem Beschlusse des Reichstags (stenogr. Ber. S. 2758 bis 2762) Arbeiten zugelassen, welche „in Nothfällen" vorgenommen werden müssen, während die Regierungsvorlage nicht so weit ging, sondern solche Arbeiten nur „zur Beseitigung eines Nothstandes oder zur Abwendung einer Gefahr" gestatten wollte. Für die jetzige Fassung ist jedoch geltend gemacht worden, daß in der That eine ganze Zahl von Fällen gedacht werden könne, wo nicht ein eigentlicher Nothstand, aber ein so dringendes Bedürfniß vorliege, am Sonntag Arbeiten zu gestatten, daß man unbillig und gegen die Interessen des Landes handeln würde, wollte man die Arbeit auch in diesen Fällen ausschließen, wie z. B. bei Todesfällen, Fällen plötzlicher Erkrankung oder plötzlicher Reise. Im Uebrigen müsse aber, wenn die Arbeit gestattet sein soll, nicht nur ein wirklicher Nothfall, sondern auch das Bedürfniß „unverzüglicher" Erledigung vorhanden sein. Die Kontrolle sei durch die gesetzliche Einrichtung des Arbeitsverzeichnisses (Abs. 2) gegeben. Stenogr. Ber. S. 2758. Handelt es sich nicht um einen Nothfall in diesem Sinne, wohl aber um „Verhütung eines unverhältnißmäßigen Schadens", so kann nur nach § 105f verfahren werden.

4. Nach Nr. 2 darf auf Arbeiten zur Durchführung einer Inventur nur ein einziger Sonntag im Jahre und auch nur dann verwandt werden, wenn die Inventur „gesetzlich vorgeschrieben" ist (vergl. § 29 des Handelsgesetzbuchs).

5. Arbeiten, „von welchen die Wiederaufnahme des vollen werktägigen Betriebes abhängig ist" (Nr. 3), wie z. B. Unterhaltung von Oefen, Feuerung von Dampfkesseln, sind nur in denjenigen Fällen ohne

Weiteres auch an Sonn- und Festtagen gestattet, in welchen ihre Vornahme an Werktagen, z. B. nach Beendigung der Sonnabendsarbeit oder vor Beginn der regelmäßigen Arbeitszeit am nächsten Werktage, von dem Gewerbetreibenden billigerweise nicht verlangt werden kann. Nicht gestattet sind dagegen solche Arbeiten an Sonn- und Festtagen, wenn sie bei einer zweckmäßigen Betriebseintheilung ohne Unzuträglichkeiten auch an Werktagen vorgenommen werden können. Motive S. 29.

6. Da nach Nr. 5 „die Beaufsichtigung" des an Sonn- und Festtagen stattfindenden Betriebes ebenfalls gestattet ist, so erstreckt sich diese Sonntagsarbeit auch auf die Betriebsbeamten, Werkmeister 2c. Wegen der bergbaulichen Betriebsbeamten vergl. Bem. 2 zu § 88 B. G., oben S. 71, 72.

7. Wer es unterläßt, das Verzeichniß nach Vorschrift des Abs. 2 zu führen und auf Erfordern vorzulegen, unterliegt der Bestrafung nach § 149 Nr. 7 G. O.

Bei den unter Aufsicht der Bergbehörden stehenden Betrieben hat die Vorlegung des Verzeichnisses nur an den Bergrevierbeamten zu erfolgen, da dieser die Zuständigkeit der „Ortspolizeibehörde" und des „im § 139b bezeichneten Beamten" in sich vereinigt. Vergl. Art. III der Novelle zum B. G., oben S. 14 u. 77 ff.

8. Die im Abs. 3 vorgeschriebene Freilassung gewisser Stunden von der Arbeit bezieht sich, dem Wortlaute dieser Vorschrift und der Absicht des Gesetzgebers entsprechend (Komm.-Ber. S. 25), nur auf die „Sonntage" im eigentlichen Sinne, so daß die sonstigen Festtage außer Berücksichtigung bleiben. Im Uebrigen ist die Vorschrift des Abs. 3 so zu verstehen, daß jedem einzelnen Arbeiter, sofern er länger als drei Stunden beschäftigt wird, die hier vorgesehene Ruhezeit zu gewähren ist. Stenogr. Ber. S. 1551, 1553.

Zuwiderhandlungen gegen den Abs. 3 fallen unter die Strafvorschrift des § 146a G. O.

9. Nach Abs. 4, welcher dem § 105c durch Reichstagsbeschluß (stenogr. Ber. S. 1554) hinzugefügt worden ist, „darf" oder — wie es sonst in der G. O. gleichbedeutend heißt — „kann" die untere Verwaltungsbehörde nach ihrem Ermessen Ausnahmen von den Vorschriften des Abs. 3 gestatten, vorausgesetzt, daß die beiden im Abs. 4 angegebenen Bedingungen erfüllt werden.

10. Für den Bergbau gelten zur Zeit noch nicht die Vorschriften des § 105c, sondern, was Preußen betrifft, die oben S. 96 angezogenen Polizeivorschriften, durch welche die Sonntagsarbeit auf Bergwerken und Salinen geregelt ist.

In den Erläuterungen zu dem neuerlich veröffentlichten Entwurfe von Ausnahmebestimmungen, betr. die Sonntagsruhe in gewerblichen Anlagen (§§ 105b Abs. 1 und 105d G. O.), sind u. a. die Arbeiten bezeichnet, welche bei dem Bergbau in Zukunft zugelassen werden müssen. Hiernach sind die durch gewaltsame elementare Ereignisse, wie Explosionen, Grubenbrände, Wasser- und Schlammdurchbrüche, Einstürze, nothwendig werdenden Arbeiten zu denjenigen zu zählen, „welche in Nothfällen unverzüglich vorgenommen werden müssen" (§ 105c Nr. 1) und „von welchen die Wiederaufnahme des vollen werktägigen Betriebes abhängig ist" (Nr. 3). Zu letzteren gehören ferner der Betrieb der Wasserhaltung und Wetterversorgung, das Niederbringen von Bohrlöchern bei Gefahr des Zusammengehens derselben, Schacht- und Streckenarbeiten in wasserreichem, schwimmendem, quellendem oder druckhaftem Gebirge, die Wartung und Pflege der Grubenpferde, auch Markscheiderarbeiten, welche während des werktägigen Betriebes nicht mit genügender Sorgfalt ausgeführt werden können. „Im öffentlichen Interesse" (Nr. 1) müssen unverzüglich vorgenommen werden alle diejenigen Arbeiten, welche der Schutz der Arbeiter, der Anlagen sowie der Umgebungen nothwendig macht, wie Wettermessungen, Arbeiten vor Ort in solchen Gruben, in welchen erfahrungsmäßig schlagende Wetter häufig auftreten, ferner Arbeiten, welche zur Entsäuerung und Reinigung der in öffentliche Gewässer abfließenden Grubenwasser dienen, u. s. w. Diese Arbeiten sind nach jenem Entwurfe durch § 105c ohne Weiteres an Sonn- und Festtagen zugelassen.

§ 105d. **Für bestimmte Gewerbe, insbesondere für Betriebe, in denen Arbeiten vorkommen, welche ihrer Natur nach eine Unterbrechung oder einen Aufschub nicht gestatten, sowie für Betriebe, welche ihrer Natur nach auf bestimmte Jahreszeiten beschränkt sind, oder welche in gewissen Zeiten des Jahres zu einer außergewöhnlich verstärkten Thätigkeit genöthigt sind, können durch Beschluß des Bundesraths Ausnahmen von der Bestimmung des § 105b Absatz 1 zugelassen werden.**

Die Regelung der an Sonn- und Festtagen in diesen Betrieben gestatteten Arbeiten und der Bedingungen, unter welchen sie gestattet sind, erfolgt für alle Betriebe derselben Art gleichmäßig und unter Berücksichtigung der Bestimmung des § 105c Absatz 3.

Die vom Bundesrath getroffenen Bestimmungen sind durch das Reichs-Gesetzblatt zu veröffentlichen und dem Reichstag bei seinem nächsten Zusammentritt zur Kenntnißnahme vorzulegen.

1. Der § 105d beruht auf der Novelle v. 1. Juni 1891. Motive S. 29, 30; Komm.-Ber. S. 26 bis 28; stenogr. Ber. S. 1555 bis 1573 u. 2762.

2. Im § 105d sind diejenigen Ausnahmen von dem Verbote der Sonntagsarbeit im § 105b Absatz 1 behandelt, deren Festsetzung „schon mit Rücksicht auf die Bedeutung derselben für die Gleichheit der Konkurrenzbedingungen" dem Bundesrath vorbehalten und nicht den Landesregierungen überlassen ist. Die Gewerbe und Betriebe, für welche der Bundesrath solche Ausnahmen zulassen kann, sind im Gesetze selbst

nicht einzeln bezeichnet, weil dies „weder rathsam noch ausführbar" sein würde; insbesondere sind aber in's Auge gefaßt die Betriebe mit ununterbrochenem Feuer, die Kampagne- und die Saisonindustrien. Bei den ersteren sind es wichtige technische Rücksichten, bei den Betrieben der letzteren Gattung erhebliche wirthschaftliche, auch die Arbeiter selbst wesentlich mit berührende Interessen, welche eine Ausnahmestellung hinsichtlich der Sonntagsarbeit verlangen. Motive S. 30.

3. Auch bei den durch den Bundesrath zugelassenen Ausnahmen soll den Arbeitern ein Mindestmaß sonn- und festtäglicher Ruhe gesichert und deßhalb gemäß Abs. 2 des § 105d die Bestimmung des § 105c Abs. 3 über die Freilassung des zweiten bezw. dritten Sonntags berücksichtigt werden, ohne daß jedoch der Bundesrath an das daselbst bezeichnete Maß unbedingt gebunden wäre. Motive S. 30, Komm.-Ber. S. 28.

4. Die den § 105d mit einschließende Strafbestimmung enthält der § 146a G. O.

§ 105e. Für Gewerbe, deren vollständige oder theilweise Ausübung an Sonn- und Festtagen zur Befriedigung täglicher oder an diesen Tagen besonders hervortretender Bedürfnisse der Bevölkerung erforderlich ist, sowie für Betriebe, welche ausschließlich oder vorwiegend mit durch Wind oder unregelmäßige Wasserkraft bewegten Triebwerken arbeiten, können durch Verfügung der höheren Verwaltungsbehörde Ausnahmen von den im § 105b getroffenen Bestimmungen zugelassen werden. Die Regelung dieser Ausnahmen hat unter Berücksichtigung der Bestimmungen des § 105c Absatz 3 zu erfolgen.

Das Verfahren auf Anträge wegen Zulassung von Ausnahmen für Betriebe, welche ausschließlich oder vorwiegend mit durch Wind oder unregelmäßige Wasserkraft bewegten Triebwerken arbeiten, unterliegt den Vorschriften der §§ 20 und 21.

1. Der § 105e legt den höheren Verwaltungsbehörden die Befugniß bei, für bestimmte Gewerbe und Betriebe Ausnahme von dem Verbote und den Beschränkungen der Sonntagsarbeit (§ 105b) zuzulassen. Motive S. 30, 31; Komm.-Ber. S. 28, 29; stenogr. Ber. S. 1573 bis 1580, 2762, 2763. Die Zulässigkeit solcher Ausnahmen ist hier nicht, wie im § 105d, auf die Bestimmung im Abs. 1 des § 105b beschränkt, sondern erstreckt sich im Interesse des Handelsgewerbes auch auf die Bestimmungen im Abs. 2 des § 105b. Während in den im § 105d behandelten Fällen schon in Rücksicht auf den Wettbewerb der Betheiligten eine gleichmäßige Regelung für alle Theile des Reiches geboten erschien, sollen die Ausnahmefälle des § 105e vorwiegend örtlichen, von Sitte und Gewohnheit beeinflußten Verhältnissen Rechnung tragen, bei denen die Rücksicht auf die Konkurrenz eine einheitliche Regelung nicht in demselben Maße erforderlich macht. Welche Ausnahmen hier zur Befriedigung der Bedürfnisse der Bevölkerung nothwendig sind, wird die höhere Verwaltungsbehörde am Leichtesten

zu ermitteln und festzusetzen vermögen. Motive S. 30. Für den Bergbau ist das Oberbergamt die höhere Verwaltungsbehörde; vergl. Bem. 4 zu § 155 G. O., S. 94.

2. Das Mindestmaß von Ruhe an Sonn- und Festtagen, welches der § 105d den Arbeitern gewährleistet, soll auch bei den auf Grund des § 105e zugelassenen Ausnahmen gesichert und daher bei Regelung dieser Ausnahmen ebenso, wie der § 105d vorschreibt, die Bestimmung des § 105c Abs. 3 „Berücksichtigung" finden; vergl. § 105d Bem. 3.

3. Sollen für Betriebe, „welche ausschließlich oder vorwiegend mit durch Wind oder unregelmäßige Wasserkraft bewegten Triebwerken arbeiten," Ausnahmen zugelassen werden, so bedarf es hierzu nach dem — von dem Reichstage dem § 105e hinzugefügten — Abs. 2 eines besonderen Antrages und eines Verfahrens über denselben, für welches die §§ 20 und 21 G. O. maßgebend sind. Nach § 20 ist gegen den Bescheid der Rekurs an die nächstvorgesetzte Behörde binnen einer Ausschließungsfrist von vierzehn Tagen zulässig, und nach § 21 sind die näheren Bestimmungen über die Behörden und das Verfahren den Landesgesetzen vorbehalten, jedoch bestimmte Grundsätze festgestellt, welche eingehalten werden müssen.

Insoweit Betriebe der vorbezeichneten Art mit Bergwerken, Salinen, Aufbereitungsanstalten u. s. w., welche unter den Bergbehörden stehen, verbunden sind, kann die Zulassung von Ausnahmen auch hier in Frage kommen. Die in erster Instanz entscheidende Behörde ist alsdann das Oberbergamt, welches gemäß § 21 G. O. seine Entscheidung in öffentlicher Sitzung, nach erfolgter Ladung und Anhörung der Parteien, zu ertheilen hat.

Im Wesentlichen werden die Fälle der Anwendbarkeit des § 105e auf den Bergbau hiermit erschöpft sein; es ist aber nicht ausgeschlossen, den Abs. 1 z. B. auch auf Gaswerke anzuwenden, welche zur Versorgung großer Bergwerksanlagen dienen.

4. Die Strafvorschrift enthält der § 146a G. O.

§ 105f. Wenn zur Verhütung eines unverhältnißmäßigen Schadens ein nicht vorherzusehendes Bedürfniß der Beschäftigung von Arbeitern an Sonn- und Festtagen eintritt, so können durch die untere Verwaltungsbehörde Ausnahmen von der Bestimmung des § 105b Absatz 1 für bestimmte Zeit zugelassen werden.

Die Verfügung der unteren Verwaltungsbehörde ist schriftlich zu erlassen und muß von dem Unternehmer auf Erfordern dem für die Revision zuständigen Beamten an der Betriebsstelle zur Einsicht vorgelegt werden. Eine Abschrift der Verfügung ist innerhalb der Betriebsstätte an einer den Arbeitern leicht zugänglichen Stelle auszuhängen.

Die untere Verwaltungsbehörde hat über die von ihr gestatteten Ausnahmen ein Verzeichniß zu führen, in welchem die Betriebsstätte, die gestatteten Arbeiten, die Zahl der in dem Betriebe beschäftigten und der an den betreffenden Sonn- und Festtagen thätig gewesenen Arbeiter, die

Dauer ihrer Beschäftigung, sowie die Dauer und die Gründe der Erlaubniß einzutragen sind.

1. Im § 105f ist der letzte der drei Fälle behandelt, in welchen Ausnahmen von dem Verbote der Sonntagsarbeit (§ 105b Abs. 1) zugelassen werden können. Motive S. 31; Komm.-Ber. S. 29, 30; stenogr. Ber. S. 1581 bis 1594, 2763.

Die Bestimmung bezieht sich nur auf den einzelnen Betrieb und macht für den Einzelfall eine doppelte Voraussetzung, nämlich, daß ein „unverhältnißmäßiger", also ein außergewöhnlich großer Schaden droht, wenn das Verbot der Sonntagsarbeit bestehen bleibt, und daß das Bedürfniß, zur Verhütung dieses Schadens eine Sonntagsarbeit vorzunehmen, ein „nicht vorherzusehendes" war, nicht vorhergesehen werden konnte.

Zuständig ist in diesen Fällen die untere Verwaltungsbehörde, jedoch kann dieselbe nur „für bestimmte Zeit" Ausnahmen zulassen. Das Gesetz hat diesen Zeitraum nicht begrenzt, weil eine solche Begrenzung leicht zu unnöthigen Härten führen würde und den vorgesetzten Behörden durch das nach Abs. 3 zu führende Verzeichniß ein wirksames Einschreiten gegen eine etwaige laxe Handhabung des § 105f ermöglicht ist. Motive S. 31.

2. Für den Bergbau stehen die Befugnisse der unteren Verwaltungsbehörde dem Bergrevierbeamten zu, welcher zugleich die Geschäfte des im Abs. 2 bezeichneten, „für die Revision zuständigen Beamten" in sich vereinigt. Vergl. oben S. 77 ff.

3. Die Strafvorschrift im § 146a G. O. erstreckt sich auch auf den § 105f.

§ 105g. Das Verbot der Beschäftigung von Arbeitern an Sonn- und Festtagen kann durch Kaiserliche Verordnung mit Zustimmung des Bundesraths auf andere Gewerbe ausgedehnt werden. Diese Verordnungen sind dem Reichstag bei seinem nächsten Zusammentritt zur Kenntnißnahme vorzulegen. Auf die von dem Verbote zuzulassenden Ausnahmen finden die Bestimmungen der §§ 105c bis 105f entsprechende Anwendung.

Die Bestimmung des § 105g, nach welcher das Verbot der Sonntagsarbeit durch Kaiserliche Verordnung mit Zustimmung des Bundesraths auf „andere Gewerbe" ausgedehnt werden kann, bezieht sich nur auf solche Gewerbe, „welche überhaupt unter die Gewerbeordnung fallen", und hat hauptsächlich den Zweck, für den Fall, daß die Durchführung des Gesetzes Unklarheiten und Inkonsequenzen ergiebt, durch ergänzende Verordnungen eingreifen zu können. Motive S. 31, Komm.-Ber. S. 31. Da das „Bergwesen" (§ 6 G. O.) bereits in seiner ganzen Ausdehnung bei der Regelung der Sonntagsruhe durch die Gewerbeordnung berücksichtigt ist, so wird der § 105g voraussichtlich keine praktische Bedeutung für dasselbe haben.

§ 105h. Die Bestimmungen der §§ 105a bis 105g stehen weiter-

gehenden landesgesetzlichen Beschränkungen der Arbeit an Sonn- und Festtagen nicht entgegen.

Den Landes-Zentralbehörden bleibt vorbehalten, für einzelne Festtage, welche nicht auf einen Sonntag fallen, Abweichungen von der Vorschrift des § 105 b Absatz 1 zu gestatten. Auf das Weihnachts-, Neujahrs-, Oster-, Himmelfahrts- und Pfingstfest findet diese Bestimmung keine Anwendung.

1. Im Abs. 1 des § 105 b ist das Verhältniß des Reichsrechts zum Landesrecht bezüglich der Sonntagsruhe dahin geregelt, daß landesgesetzliche Beschränkungen der Arbeit an Sonn- und Festtagen, welche weiter gehen, als die auf den §§ 105 a bis 105 g beruhenden Beschränkungen, unberührt bleiben, mögen sie auf Landesgesetzen oder auf gesetzlich erlassenen Polizeiverordnungen beruhen. Zur Begründung dieser Bestimmung heißt es in den Motiven S. 32: „Soweit durch die §§ 105 a bis 105 f die Beschäftigung gewerblicher Arbeiter an Sonn- und Festtagen geregelt wird, geschieht es nach wirthschaftlichen und sozialpolitischen Gesichtspunkten. Sämmtlichen Arbeitern im deutschen Reiche, auf welche sich die Regelung erstreckt, wird das Maß von Sonntagsruhe gesichert, welches nach diesen Gesichtspunkten geboten und durchführbar erscheint, während andere Gesichtspunkte, welche für die Regelung der Sonntagsarbeit gleichfalls von Bedeutung sind, namentlich die religiösen und kirchlichen, insbesondere der Kultusgesetzgebung der Einzelstaaten Veranlassung bieten können, in der Beschränkung der Sonntagsarbeit über das in der wirthschaftlichen Gesetzgebung des Reiches innegehaltene Maß hinauszugehen. Soweit dies in bestehenden Vorschriften geschehen ist oder durch spätere Vorschriften geschehen sollte, kann die abweichende Reichsgesetzgebung, zu deren Zuständigkeit die Kultusgesetzgebung nicht gehört, nicht die Wirkung haben, die landesgesetzliche Regelung außer Kraft zu setzen."

2. Zur Erläuterung der Bestimmung im Abs. 2 dient Folgendes: In einigen Theilen des Reiches (insbesondere in Bayern) ist eine Reihe von kleineren konfessionellen Festtagen landesrechtlich unter die Zahl der anerkannten Festtage aufgenommen, während dieselben in den übrigen Theilen des Reiches nicht gefeiert werden oder nicht als anerkannte Festtage gelten. Für manche Betriebe, namentlich solche, welche mit Betrieben gleicher Art in anderen Theilen des Reiches im Wettbewerbe stehen, sind bisher auf Grund bestehenden Landrechts nach Bedürfniß Abweichungen von den Vorschriften über die Heilighaltung der Sonn- und Festtage gestattet worden. Es ist Werth darauf zu legen und erscheint billig, die Befugniß der Landes-Zentralbehörden, solche Abweichungen zu gestatten, auch fernerhin aufrecht zu erhalten. Motive S. 32, Komm.-Ber. S. 32.

II. Lohnzahlung.

Wie oben S. 24 bemerkt wurde, waren schon seither für die gesetzlichen Maßregeln gegen das sog. Trucksystem beim Bergbau nicht mehr die §§ 86 bis 91 des Berggesetzes, sondern die §§ 115 bis 119 nebst § 146 Nr. 1 der Reichs-Gewerbeordnung maßgebend. Die letzteren Bestimmungen sind nunmehr durch die §§ 115 bis 119b und 146 G. O. in der Fassung des Ges. v. 1. Juni 1891 ersetzt. Dieselben enthalten mehrfache Ergänzungen und Verschärfungen des früheren Rechts, wie sich aus dem nachstehenden Wortlaute und den beigefügten Bemerkungen ergiebt. Im Uebrigen sind die Erläuterungen im Komm. S. 242 bis 246 auch für die neuen Bestimmungen als noch zutreffend anzusehen. Vergl. außerdem Motive S. 35, 36; Komm.-Ber. S. 37 bis 43; stenogr. Ber. S. 1653 bis 1677 u. 2766 bis 2772.

§ 115. Die Gewerbetreibenden sind verpflichtet, die Löhne ihrer Arbeiter in Reichswährung zu berechnen und baar auszuzahlen.

Sie dürfen den Arbeitern keine Waaren kreditiren. Doch ist es gestattet, den Arbeitern Lebensmittel für den Betrag der Anschaffungskosten, Wohnung und Landnutzung gegen die ortsüblichen Mieth- und Pachtpreise, Feuerung, Beleuchtung, regelmäßige Beköstigung, Arzneien und ärztliche Hülfe, sowie Werkzeuge und Stoffe zu den ihnen übertragenen Arbeiten für den Betrag der durchschnittlichen Selbstkosten unter Anrechnung bei der Lohnzahlung zu verabfolgen. Zu einem höheren Preise ist die Verabfolgung von Werkzeugen und Stoffen für Akkordarbeiten zulässig, wenn derselbe den ortsüblichen nicht übersteigt und im Voraus vereinbart ist.

1. Die Abweichung des Abs. 1 des § 115 von der früheren Fassung besteht darin, daß nicht bloß die Baarzahlung, sondern auch die Berechnung der Löhne in „Reichswährung“ erfolgen muß, und bezweckt die Beseitigung des Mißstandes, daß in Elsaß-Lothringen die Lohnberechnungen vielfach in französischer statt in Reichswährung aufgestellt wurden. Motive S. 35. Die hiernach zulässigen Münzsorten sind in dem Münzgesetze v. 9. Juli 1873, R. G. Bl. S. 233, u. in der Novelle v. 6. Juni 1876, R. G. Bl. S. 3, bezeichnet.

2. Den Gegenständen, welche nach Abs. 2 in der früheren Fassung den Arbeitern, unter Anrechnung des Preises bei der Lohnzahlung, verabfolgt werden durften, ist die „Beleuchtung“ hinzugefügt. Bei Verabfolgung von Lebensmitteln darf wie seither nur der Betrag der „Anschaffungskosten“ angerechnet werden. Während dagegen die Höhe der für die übrigen Gegenstände angerechneten Preise früher keiner Einschränkung unterlag, ist jetzt für Wohnung und Landnutzung nur noch die Anrechnung der „ortsüblichen Mieth- und Pachtpreise“ sowie für Feuerung, Beleuchtung, regelmäßige Beköstigung, Arzeneien und ärztliche Hülfe die Anrechnung des Betrages „der durchschnittlichen Selbstkosten“ gestattet. Letzteres gilt auch, mit der im letzten Satze des Abs. 2 zugelassenen Ausnahme, für Werkzeuge und Stoffe, welche

den Arbeitern zu den ihnen übertragenen Arbeiten verabfolgt werden. Diese Einschränkungen haben namentlich den Zweck, dem in einigen Zweigen der Hausindustrie beobachteten Mißbrauche entgegenzutreten, daß die von dem Arbeitgeber gelieferten Werkzeuge und Stoffe den Arbeitern und Hausindustriellen zu einem übertriebenen Preise angerechnet wurden. Motive S. 35, Komm.-Ber. S. 38.

3. Die Begriffe „Anschaffungskosten" und „Selbstkosten" im Sinne des Abs. 2 decken sich nicht. Zu den Anschaffungskosten gehören auch „die Kosten der Lagerung, Versicherung und sonstigen Unterhaltung sowie die aufgelaufenen Zinsen der Anschaffungskosten." Motive S. 35. Auch die „Transportkosten" können der seitherigen Rechtsprechung gemäß als Anschaffungskosten gelten. Dagegen ist es nicht für zulässig erachtet worden, daß, wenn z. B. beim Transport von Kartoffeln ein Drittel derselben verdorben ankäme, dieser Verlust den Abnehmern der anderen Zweidrittel auf den Preis geschlagen würde. Komm.-Ber. S. 38. Vergl. auch Urth. des Reichsg. v. 19. Nov. 1888, Entsch. in Straff. Bd. 18 S. 224.

Bei Gewährung von Wohnung sind nicht bloß die Kosten der Herstellung, der Steuern und Versicherungsbeiträge rc., sondern auch ein angemessener Zins nebst Amortisation zu den Selbstkosten zu rechnen; ebenso ist bei Landnutzung der ortsübliche, jederzeit realisirbare Pachtwerth in Anschlag zu bringen. Um diese Auffassung zum Ausdruck zu bringen, ist auf Vorschlag der Kommission bestimmt, daß „die ortsüblichen Mieth- und Pachtpreise" maßgebend sein sollen. Komm.-Ber. S. 38.

Bei der Lieferung von Werkzeugen und Stoffen genügt es — wie durch den Zusatz „durchschnittliche" (Selbstkosten) ausgedrückt ist —, wenn der Durchschnittspreis nicht überschritten wird und somit eine Bereicherung des Arbeitgebers an Material und Stoff ausgeschlossen ist. Für diese Bestimmung ist der Umstand maßgebend gewesen, daß vielfach die zu verschiedenen Zeiten und Preisen gekauften Stoffe rc. auf dem Lager nicht ohne erhebliche Erschwerniß getrennt gehalten und je nach den Einkaufspreisen zu verschiedenen Preisen bei der Ausgabe berechnet werden können. Komm.-Ber. S. 39. Nach dem Schlußsatze des § 115 ist jedoch dem Arbeitgeber gestattet, Werkzeuge und Stoffe für „Akkordarbeiten" zu einem höheren Preise, als den durchschnittlichen Selbstkosten zu verabfolgen und diesen Preis bei der Lohnzahlung anzurechnen, vorausgesetzt, daß derselbe den ortsüblichen Preis nicht übersteigt und im Voraus mit dem Arbeiter vereinbart ist. Es soll hierdurch verhindert werden, daß die Arbeiter die Stoffe, wenn diese unter dem Preise des gewöhnlichen Verkehrs geliefert würden, zu ihrem Vortheile verkaufen. Stenogr. Ber. S. 1658, 1674. Vergl. auch Bem. 18 zu § 80b Nr. 7 B. G., S. 43.

4. Ueber die Tragweite der Bestimmung im Abs. 1 ist regierungsseitig die Erklärung abgegeben worden, „daß durch diese Bestimmung Abzüge vom Lohne, z. B. für Wohlfahrtseinrichtungen der Fabrik, oder Stundung, oder Zurückbehaltung eines Theiles des Lohnes (als Kaution) nicht verboten seien. Der Gedanke der Bestimmung sei, wie dies die Rechtsprechung der höchsten Gerichtshöfe ausdrücklich anerkenne, nur, Zahlungssurrogate anstatt des baaren Geldes auszuschließen." Komm.-Ber. S. 38. Vergl. auch Komm. S. 243 Bem. 4 u. die dort angeführten Urtheile sowie Urth. des Reichsg. v. 13. Dez. 1883, Entsch. in Civils. Bd. 5 S. 774 u. Bem. 3 zu § 115a, unten S. 111.

Auf verabredete und ausbedungene „Lohneinbehaltungen" beziehen sich die Bestimmungen in den §§ 117 u. 119a.

5. Es liegt aber eine nach § 146 Nr. 1 strafbare Umgehung des Gesetzes (§ 115 Abs. 1) vor, wenn Arbeitern der Preis der ihnen gelieferten Waaren zwar als Vorschuß baar ausgehändigt ist, jedoch mit der demnächst ausgeführten Verabredung, die erhobenen Geldbeträge gleich wieder zur Bezahlung der Waaren zu verwenden. Urth. des Reichsg. v. 21. Febr. 1890, Reger, Samml. Erg.-Bd. 1 S. 43. Vergl. auch Neukamp, Reichs-Gewerbeordnung. 1892. S. 157 Bem. 2.

6. Desgleichen ist es nach Abs. 1 unzulässig, den Lohn statt zum vollen Betrage in baarem Gelde theilweise durch Verabfolgung von Waaren zu berichtigen, selbst wenn die Arbeiter hierin eingewilligt haben. Urth. des Reichsg. v. 27. Juni 1884, Reger Bd. 5 S. 8.

7. Ebenso ist die Verrechnung von Vorschußzetteln (für Lebensmittel) bei der Lohnzahlung dem Abs. 1 zuwider und zwar auch dann, wenn der ganze Lohnbetrag baar aufgezählt, alsdann aber vor Uebergabe des Geldes an den Arbeiter mit Zustimmung desselben der dem Vorschußzettel entsprechende Betrag abgezogen wird. Urth. des Reichsg. v. 20. April 1886, Reger Bd. 8 S. 304.

8. Ueber die Gesetzwidrigkeit der Lohnzahlung in fremder Münze, durch Wechsel, Coupons, Marken, Bons, Speisemarken rc. vergl. Komm. S. 243 Bem. 3 u. die dort angeführten Urtheile des Reichsg., sowie Urth. dess. v. 27. März 1888, Entsch. in Straff. Bd. 17 S. 285.

9. Der Abs. 2 verbietet nicht jedes Verabfolgen von Waaren an den Arbeiter, sondern, abgesehen von den Ausnahmen, nur die Kreditirung von Waaren. Den Arbeitgebern ist daher durch diese Bestimmung nicht ohne Weiteres verboten, ihren Arbeitern Waaren gegen Baarzahlung zu verkaufen, auch wenn der Kaufpreis die Anschaffungskosten übersteigt. Urth. des Reichsg. v. 20. Okt. 1891, Entsch. in Straff. Bd. 22 S. 178; vergl. jedoch Bem. 5.

10. Da das Kreditiren von Waaren einerseits in der Uebertragung des Eigenthums der Waaren an den Käufer und andererseits in der Begründung des Anspruchs des Verkäufers auf das Kaufgeld

besteht, so liegt ein Kreditiren im Sinne des Abs. 2 nicht vor, wenn eine vorgängige Verabfolgung der Waaren nicht stattgefunden hat. Urth. des Reichsg. v. 11. Februar 1887, Entsch. in Straff. Bd. 15 S. 284.

11. Als „Lebensmittel" im Sinne des Abs. 2 sind die Erfordernisse zur Erhaltung und Ernährung des menschlichen Körpers, insbesondere also Waaren zu betrachten, welche zum Lebensunterhalte des Menschen an Speise und Trank dienen. Haushaltsartikel, deren sich jeder Arbeiter zur Verschaffung einer größeren Leibeswohlfahrt für sich und seine Familie zu bedienen pflegt, sind nicht darunter begriffen. Urth. des Reichsg. v. 26. April 1887, Entsch. in Straff. Bd. 15 S. 437. Zur Anwendbarkeit der Ausnahmebestimmung im § 115 Abs. 2 gehört, daß die Lebensmittel als solche verabfolgt sein müssen. Urth. des Reichsg. v. 10. Jan. 1889, Entsch. in Straff. Bd. 20 S. 217.

12. Die „Beleuchtung", von welcher im Abs. 2 die Rede ist, kommt nicht bloß bei Wohnungen, z. B. bei Logirhäusern, sondern auch bei der Arbeit, z. B. beim Bergbau, in Betracht. Komm.-Ber. S. 38.

Als „Stoffe" im Sinne des Abs. 2 gelten auch Pulver und Dynamit. Z. Bd. 33 S. 420.

13. Mit dem Worte „Beköstigung" drückt das Gesetz im Abs. 2 aus, daß die verabreichten Gegenstände als Kost benutzt worden, also, soweit es dessen nach der Natur derselben bedurfte, zum sofortigen Genusse zubereitet gewesen sind. Es liegt darin ferner ausgedrückt, daß an die Arbeiter so viel an Kost verabreicht sein muß, als dieselben, wenn auch nur für eine Mahlzeit, zu ihrer Ernährung bedurften. Eine „regelmäßige" Beköstigung ist nur dann vorhanden, wenn den Arbeitern während eines längeren Zeitraumes wenigstens eine der üblichen täglichen Mahlzeiten, in welche Getränke eingeschlossen sein können, in einer zu sofortigem Genusse geeigneten Weise gewährt worden ist. Urth. des Reichsg. v. 7. Juni 1888, Reger Bd. 9 S. 191.

14. Der Arbeitgeber macht sich auch durch fahrlässige Zuwiderhandlungen gegen den § 115 nach § 146 Nr. 1 strafbar. Vergl. § 146 Bem. 4, S. 128.

15. Für die Beschlagnahme und Pfändung der Löhne sind die Bestimmungen des Reichsges., betr. die Beschlagnahme des Arbeits- oder Dienstlohnes, v. 21. Juni 1869 und des § 749 C. P. O. maßgebend. Vergl. den Wortlaut im Komm. S. 238, 239.

16. Was speziell den Bergbau (§ 154a) betrifft, so sind als „Gewerbetreibende" im Sinne des § 115 zu behandeln: der Bergwerksbesitzer selbst, auch wenn Betrieb und namentlich Auslohnung ihn nicht persönlich in Anspruch nehmen, sowie die gesetzlichen Vertreter desselben, insbesondere der gewerkschaftliche Repräsentant und Grubenvorstand, und die im § 119 bezeichneten, den Gewerbetreibenden gleich zu achten-

den Personen. Urtheile des Reichsg. v. 9. Jan. u. 30. März 1882, Entsch. in Strafs. Bd. 5 S. 428, Bd. 6 S. 126.

17. Zu den „Arbeitern", auf welche die §§ 115 bis 119b sich beziehen, sind bei dem Bergbau die Betriebsbeamten und die übrigen, im § 88 B. G. (Novelle v. 24. Juni 1892) bezeichneten Angestellten nicht zu rechnen. Vergl. Bem. 2 zu § 88, oben S. 71.

18. Zuwiderhandlungen gegen den § 115 unterliegen der Bestrafung nach § 146 Nr. 1 G. O. Die Kasse, zu welcher die Geldstrafen fließen, ist im § 116 bezeichnet. Vergl. Bem. 3 zu § 116, S. 112.

§ 115a. Lohn- und Abschlagszahlungen dürfen in Gast- und Schankwirthschaften oder Verkaufsstellen nicht ohne Genehmigung der unteren Verwaltungsbehörde erfolgen; sie dürfen an Dritte nicht erfolgen auf Grund von Rechtsgeschäften oder Urkunden über Rechtsgeschäfte, welche nach § 2 des Gesetzes, betreffend die Beschlagnahme des Arbeits- oder Dienstlohnes, vom 21. Juni 1869 (Bundes-Gesetzblatt S. 242) rechtlich unwirksam sind.

1. Der in der Regierungsvorlage nicht enthaltene, aus Anträgen im Reichstage hervorgegangene § 115a trifft zwei nach Inhalt, Veranlassung und Zweck von einander unabhängige Bestimmungen, welche deßhalb auch richtiger in getrennte Sätze gebracht worden wären.

2. Das Verbot, Lohn- und Abschlagszahlungen ohne besondere Genehmigung der Behörde in Gast- und Schankwirthschaften oder Verkaufsstellen vorzunehmen (erster Theil des § 115a), ist im Hinblick auf die namentlich bei Bauten hervorgetretenen Uebelstände für nothwendig und zweckmäßig erachtet worden. Komm.-Ber. S. 41.

Nach der preuß. Ausf.-Anw. v. 26. Febr. 1892 (unter B) soll diese Genehmigung von der unteren Verwaltungsbehörde nur auf Antrag des Gewerbetreibenden und nur in Fällen dringenden Bedürfnisses ertheilt werden. Ein solches ist in der Regel nur anzunehmen für kleinere, nicht ständige Betriebe (Ziegeleien, Steinbrüche 2c.) und Bauten, wenn eine zur Vornahme der Lohnzahlung geeignete Räumlichkeit auf der Betriebsstätte oder in deren Nähe nicht vorhanden, auch ohne unverhältnißmäßige Kosten und Schwierigkeiten nicht zu beschaffen ist. Vor der Genehmigung muß Fürsorge getroffen sein, daß die ausgelohnten Arbeiter nicht zur Entnahme von Speisen und Getränken oder Waaren verleitet werden. Außerdem ist der jederzeitige Widerruf ausdrücklich vorzubehalten. Für größere Bauten und ständige Betriebe soll die Genehmigung niemals ertheilt werden. Abschrift der Genehmigung (Erlaubniß) ist der höheren Verwaltungsbehörde einzureichen.

Diese Vorschriften finden auch für die unter Aufsicht der Bergbehörden stehenden Betriebe und die darin beschäftigten Arbeiter sinngemäße Anwendung. Ausf.-Anw. v. 15. März 1892, Min.-Bl. f. d. innere Verw. S. 116; Z. Bd. 33 S. 300. „Untere Verwaltungsbehörde" ist in diesen Fällen der Bergrevierbeamte; vergl. S. 94.

3. Im zweiten Theile verbietet der § 115a, Lohn- und Abschlagszahlungen an Dritte zu leisten auf Grund von Rechtsgeschäften oder Urkunden über Rechtsgeschäfte, welche nach dem Lohnbeschlagnahmeges. v. 21. Juni 1869 (vergl. Komm. S. 238, 239) rechtlich unwirksam sind. Nach § 2 ist jede Verfügung über den Arbeits- oder Dienstlohn, bevor derselbe gemäß § 1 fällig geworden ist, durch „Cession, Anweisung, Verpfändung oder durch ein anderes Rechtsgeschäft" ohne rechtliche Wirkung. Demgemäß ist durch § 115a jede Zahlung des noch nicht fälligen Lohnes an Dritte auf Grund einer Cession oder Anweisung des Arbeiters verboten. Verträge, welche diesem Verbote zuwiderlaufen, sind nach § 117 Abs. 2 civilrechtlich nichtig. Dagegen werden Lohn- und Abschlagszahlungen an Dritte von dem Verbote alsdann nicht betroffen, wenn Rechtsgeschäfte zu Grunde liegen, bei welchen die Voraussetzungen des § 2 des Ges. v. 21. Juni 1869 fehlen, wenn also z. B. der Arbeiter über seinen bereits verdienten und fälligen Lohn verfügt hat, oder wenn Verabredungen zwischen dem Arbeitgeber und seinen Arbeitern über die Verwendung des Verdienstes zu Wohlfahrtseinrichtungen (§ 117 Abs. 2) getroffen sind. In solchen Fällen kann mit Zustimmung des Arbeiters die Baarzahlung (§ 115) auch an Dritte geleistet werden. Vergl. Bem. 4 zu § 115, S. 108.

4. Durch Verabredungen zwischen den Gewerbetreibenden und ihren Arbeitern können die Verbotsbestimmungen des § 115a nicht ausgeschlossen werden; solche Verabredungen würden ebenso wie die im § 117 bezeichneten nichtig, rechtlich unwirksam sein.

5. Zuwiderhandlungen gegen das eine wie das andere Verbot des § 115a sind nach § 148 Nr. 13 auch strafbar.

§ 116. Arbeiter, deren Forderungen in einer dem § 115 zuwiderlaufenden Weise berichtigt worden sind, können zu jeder Zeit Zahlung nach Maßgabe des § 115 verlangen, ohne daß ihnen eine Einrede aus dem an Zahlungsstatt Gegebenen entgegengesetzt werden kann. Letzteres fällt, soweit es noch bei dem Empfänger vorhanden oder dieser daraus bereichert ist, derjenigen Hülfskasse zu, welcher der Arbeiter angehört, in Ermangelung einer solchen einer anderen zum Besten der Arbeiter an dem Orte bestehenden, von der Gemeindebehörde zu bestimmenden Kasse und in deren Ermangelung der Ortsarmenkasse.

1. Der § 116 enthält bereits bestehendes Recht und ist aus der G. O. (in der Fassung v. 1. Juli 1883) wörtlich in die Novelle v. 1. Juni 1891 übergegangen. Vergl. auch § 137 der G. O. v. 21. Juni 1869, Bundes-G. Bl. S. 276.

2. Die Bestimmung, daß der Arbeiter „zu jeder Zeit" Zahlung nach Maßgabe des § 115 verlangen kann, erleidet die selbstverständliche Beschränkung, daß die Lohnforderung nach Civilrecht noch nicht verjährt ist; die Verjährungseinrede ist durch § 116 nicht ausgeschlossen. Unbedingt ausgeschlossen ist dagegen die Einrede „aus dem an Zahlungsstatt Gegebenen".

3. Ist der Arbeiter Mitglied einer Knappschafts- oder einer Knappschaftskrankenkasse, so fällt das „an Zahlungsstatt Gegebene" (Baarzahlung in unzulässiger Münze oder gesetzwidrig kreditirte Waaren) dieser Kasse zu, „soweit es noch bei dem Empfänger vorhanden oder dieser daraus bereichert ist." Die Kasse hat ein Klagerecht auf Herausgabe.

§ 117. Verträge, welche dem § 115 zuwiderlaufen, sind nichtig. Dasselbe gilt von Verabredungen zwischen den Gewerbetreibenden und den von ihnen beschäftigten Arbeitern über die Entnahme der Bedürfnisse der letzteren aus gewissen Verkaufsstellen, sowie überhaupt über die Verwendung des Verdienstes derselben zu einem anderen Zweck, als zur Betheiligung an Einrichtungen zur Verbesserung der Lage der Arbeiter oder ihrer Familien.

1. Wesentlich dasselbe schrieb bereits die G. O. v. 21. Juni 1869 § 138 vor. Die jetzige Fassung stimmt wörtlich mit derjenigen v. 1. Juli 1883 § 117 (R. G. Bl. S. 268) überein.

2. Die im § 117 bezeichneten Verträge und Verabredungen sind in dem Sinne „nichtig", daß alle civilrechtlichen Folgen der Nichtigkeit eintreten; strafrechtliche Wirkungen treten nicht ein. Urth. des Reichsg. v. 12. Nov. 1882, vergl. Komm. S. 245.

3. Von der Nichtigkeit ausgenommen sind nach § 117 Verabredungen über die Verwendung des Arbeitsverdienstes nur dann, wenn hiermit die „Betheiligung" des Arbeiters an Wohlfahrtseinrichtungen bezweckt ist. Die bloße Entnahme von Waaren aus einem — zur Verbesserung der Lage der Arbeiter — eingerichteten Konsumvereine ist aber nicht als „Betheiligung" in diesem Sinne anzusehen, vielmehr trifft hier die zugelassene Ausnahme nicht zu. Stenogr. Ber. S. 2768.

§ 118. Forderungen für Waaren, welche dem § 115 zuwider kreditirt worden sind, können von dem Gläubiger weder eingeklagt, noch durch Anrechnung oder sonst geltend gemacht werden, ohne Unterschied, ob sie zwischen den Betheiligten unmittelbar entstanden oder mittelbar erworben sind. Dagegen fallen dergleichen Forderungen der im § 116 bezeichneten Kasse zu.

1. Auch der § 118 war der Sache nach schon in der G. O. v. 21. Juni 1869 § 139 enthalten und ist in der Fassung v. 1. Juli 1883 (§ 118) unverändert in die Novelle v. 1. Juni 1891 übernommen worden.

2. Forderungen für gesetzwidrig (§ 115) kreditirte Waaren können hiernach in keiner Weise, weder im Wege der Klage noch der Einrede, und weder von dem ursprünglichen Gläubiger (dem Arbeitgeber) noch von irgend einem dritten Erwerber der Forderung geltend gemacht werden.

3. Wegen der Kasse, welcher dergleichen Forderungen zufallen, vergl. Bem. 3 zu § 116.

§ 119. Den Gewerbetreibenden im Sinne der §§ 115 bis 118 sind gleich zu achten deren Familienglieder, Gehülfen, Beauftragte, Geschäftsführer, Aufseher und Faktoren, sowie andere Gewerbetreibende, bei deren Geschäft eine der hier erwähnten Personen unmittelbar oder mittelbar betheiligt ist.

1. Der § 119 ist aus § 119 Abs. 1 G. O. in der Fassung v. 1. Juli 1883 wörtlich in das Gesetz v. 1. Juni 1891 übergegangen, während Abs. 2 des seitherigen § 119 seinen Platz im § 119b gefunden hat, welcher nur von den Hausgewerbetreibenden handelt und deßhalb nicht zu den nach § 154a auch für den Bergbau geltenden Bestimmungen der G. O. gehört. Vergl. auch § 135 G. O. v. 21. Juni 1869.

2. Die Gleichstellung der Familienglieder mit den Gewerbetreibenden bezieht sich nur auf „deren" Familienglieder, nicht auf diejenigen von Gehülfen, Beauftragten 2c. Letztere können sich daher einer strafbaren Zuwiderhandlung gegen die §§ 115 bis 118 nicht unmittelbar, sondern etwa nur durch Anstiftung oder Beihülfe im Sinne der §§ 48 u. 49 St. G. B. schuldig machen. Vergl. auch § 146 Bem. 7, S. 129.

Zu den „Beauftragten" sind alle Personen zu rechnen, welche von dem Gewerbetreibenden einen seinen Gewerbebetrieb betreffenden Auftrag erhalten haben, dessen Ausführung sie nicht lediglich vorübergehend in die thatsächliche Lage bringt, an Arbeiter Waaren verkaufen oder die Kreditirung von Waaren bewirken zu können. Als „andere Gewerbetreibende" im Sinne des § 119 sind nur selbstständige Gewerbetreibende, Inhaber eines Geschäfts, anzusehen. Urth. d. Reichsg. v. 30. März 1882, Entsch. in Strafs. Bd. 6 S. 126; v. 7. u. 14. Juni 1888, Reger Bd. 9 S. 191, 220. Vergl. auch Komm. S. 246.

§ 119a. Lohneinbehaltungen, welche von Gewerbeunternehmern zur Sicherung des Ersatzes eines ihnen aus der widerrechtlichen Auflösung des Arbeitsverhältnisses erwachsenden Schadens oder einer für diesen Fall verabredeten Strafe ausbedungen werden, dürfen bei den einzelnen Lohnzahlungen ein Viertel des fälligen Lohnes, im Gesammtbetrage den Betrag eines durchschnittlichen Wochenlohnes nicht übersteigen.

Durch statutarische Bestimmung einer Gemeinde oder eines weiteren Kommunalverbandes (§ 142) kann für alle Gewerbebetriebe oder gewisse Arten derselben festgesetzt werden:

1. daß Lohn- und Abschlagszahlungen in festen Fristen erfolgen müssen, welche nicht länger als einen Monat und nicht kürzer als eine Woche sein dürfen;
2. daß der von minderjährigen Arbeitern verdiente Lohn an die Aeltern oder Vormünder und nur mit deren schriftlicher Zustimmung oder nach deren Bescheinigung über den Empfang der letzten Lohnzahlung unmittelbar an diese Minderjährigen gezahlt wird;
3. daß die Gewerbetreibenden den Aeltern oder Vormündern innerhalb gewisser Fristen Mittheilung von den an minderjährige Arbeiter gezahlten Lohnbeträgen zu machen haben.

1. Der § 119a ist erst durch den Reichstag in die Novelle v. 1. Juni 1891 gebracht. Komm.-Ber. S. 42, 43, 65, 66, 76 bis 79; stenogr. Ber. S. 1694 bis 1706, 2772 bis 2774.

2. Die Bestimmung des Abs. 1 hat den Zweck, einerseits den Arbeiter gegen übertriebene Lohneinbehaltungen und andererseits den

Arbeitgeber gegen die Zahlungsunfähigkeit des vertragsbrüchigen Arbeiters zu schützen. Es handelt sich hier, gegenüber der im § 134 Abs. 2 auf den Höchstbetrag des durchschnittlichen Wochenlohnes beschränkten „Verwirkung des rückständigen Lohnes", um die Einbehaltung gewisser Lohnbeträge zur Sicherung des Ersatzes des dem Arbeitgeber aus einem etwaigen Vertragsbruche erwachsenden Schadens oder einer für diesen Fall verabredeten Strafe. Behält der Arbeitgeber den fälligen Lohn über das nach Abs. 1 des § 119a zulässige Maß ein, so ist zwar dieses ungesetzliche Verfahren nicht unter Strafe gestellt, jedoch der Arbeiter berechtigt, den verbotswidrig einbehaltenen Lohnbetrag einzuklagen, ohne daß der Arbeitgeber dieser Forderung einen Anspruch auf Schadensersatz entgegensetzen kann.

3. Den Bestimmungen im Abs. 2 des § 119a liegt die Auffassung zu Grunde, daß es an sich vollkommen berechtigt ist, für die Lohn- und Abschlagszahlungen feste, nicht zu lange und nicht zu kurze Fristen zu bestimmen und bei den Auslohnungen der minderjährigen Arbeiter eine regelmäßige Mitwirkung und Kontrolle der Aeltern und Vormünder zu sichern, daß aber eine allgemeine, gesetzliche Durchführung solcher Maßregeln schwierig und zu weit gehend sein würde. Es ist deßhalb der Vermittelungsvorschlag angenommen worden, daß letztere, wo und soweit es zweckmäßig erscheint, durch statutarische Bestimmung einer Gemeinde oder eines weiteren Kommunalverbandes (vergl. Bem. 4 zu § 87 B. G. oben S. 69), sei es für alle oder für gewisse Gewerbebetriebe, getroffen werden. Auf diese statutarischen Bestimmungen findet der § 142 G. O. Anwendung.

4. Wer den auf Grund des § 119a erlassenen statutarischen Bestimmungen zuwiderhandelt, macht sich nach § 148 Nr. 13 strafbar.

5. Nach der ausdrücklichen Vorschrift des § 133e G. O. finden die Bestimmungen des § 119a auf die gewerblichen Betriebsbeamten 2c. (§ 133a) keine Anwendung und sind deßhalb schon aus diesem Grunde auch nicht auf die bergbaulichen Betriebsbeamten anwendbar, abgesehen davon, daß letztere überhaupt nicht wie erstere unter den gewerblichen Arbeitern im Sinne des siebenten Titels der G. O. begriffen sind. Vergl. Bem. 2 zu § 88 B. G. oben S. 71.

III. Beschäftigung der jugendlichen Arbeiter und der Arbeiterinnen.

Der von der Beschäftigung der jugendlichen Arbeiter und der Arbeiterinnen handelnde Abschnitt der G. O. (§§ 135 bis 139a in der Fassung v. 1. Juli 1883) ist in die Novelle v. 1. Juni 1891 mit einigen Ergänzungen und Verschärfungen übergegangen, welche hauptsächlich den Zweck haben, einestheils die Zulassung der Kinder zur Fabrikarbeit im Interesse der Schulbildung, der geistigen und sittlichen Entwickelung der Kinder und der Gesundheitspflege noch weiter einzuschränken, und anderentheils die Beschäftigung der Arbeiterinnen in den Fabriken mit Rücksicht auf Gesundheit, Sittlichkeit und Förderung des Familienlebens noch strenger als seither zu regeln.

Wie jene früheren, so finden auch die jetzigen §§ 135 bis 139a der G. O. auf den Bergbau Anwendung (§ 154a). Sie folgen daher hier im Anschluß an S. 247 bis 258 des Komm. und die dortigen Erläuterungen. Dabei ist zweierlei zu bemerken: „Jugendliche Arbeiter" im Sinne der §§ 135 bis 139a ist die Gesammtbezeichnung für die „Kinder" von dreizehn bis vierzehn Jahren und die „jungen Leute" zwischen vierzehn und sechszehn Jahren, so daß beide Altersstufen gemeint sind, wo schlechtweg von jugendlichen Arbeitern die Rede ist. Ferner gehören zu den jugendlichen Arbeitern auch die Arbeiterinnen im Alter von dreizehn bis sechszehn Jahren und unterliegen somit ebenfalls den für die Beschäftigung der „Kinder" und der „jungen Leute" maßgebenden Vorschriften. Von den Arbeiterinnen über sechszehn Jahre handeln andere, namentlich die besonderen Vorschriften des § 137.

§ 135. Kinder unter dreizehn Jahren dürfen in Fabriken nicht beschäftigt werden. Kinder über dreizehn Jahre dürfen in Fabriken nur beschäftigt werden, wenn sie nicht mehr zum Besuche der Volksschule verpflichtet sind.

Die Beschäftigung von Kindern unter vierzehn Jahren darf die Dauer von sechs Stunden täglich nicht überschreiten.

Junge Leute zwischen vierzehn und sechszehn Jahren dürfen in Fabriken nicht länger als zehn Stunden täglich beschäftigt werden.

1. Durch den § 135 in der jetzigen Fassung ist die Altersgrenze, unter welcher Kinder in Fabriken (beim Bergbau) überhaupt nicht beschäftigt werden dürfen, von zwölf auf dreizehn Jahre hinaufgerückt und die Beschäftigung von Kindern über dreizehn Jahre nur noch dann gestattet, wenn sie nicht mehr schulpflichtig sind, während die G. O. bis dahin nur verlangte, daß die noch schulpflichtigen Kinder von zwölf bis vierzehn Jahren neben der (sechsstündigen) Fabrikarbeit einen regelmäßigen Schulunterricht von mindestens drei Stunden täglich genossen. Für jene weitere Einschränkung der Kinderarbeit ist einerseits die Rücksicht auf die Schulbildung und Erziehung der Kinder und andererseits die Erfahrung maßgebend gewesen, daß den Anforderungen der Schulpflicht durch einen dreistündigen Unterricht neben der Beschäftigung in der Fabrik ꝛc. nicht genügt werden kann. Motive S. 46 bis 50, Komm.-Ber. S. 84 bis 87.

Nach § 135 Abs. 4 der Regierungsvorlage sollte der Bundesrath befugt sein, zu gestatten, daß Kinder über dreizehn Jahre, welche nicht mehr zum Besuche der Volksschule verpflichtet sind und die erforderliche körperliche Entwickelung besitzen, in derselben Weise beschäftigt würden, wie junge Leute zwischen vierzehn und sechszehn Jahren. Dieser Vorschlag fand indeß nicht die Zustimmung des Reichstags. Motive S. 49, Komm.-Ber. S. 85 bis 87. Dagegen enthält der Art. IX Abs. 4 des Gesetzes v. 1. Juni 1891 folgende erleichternde Uebergangsbestimmung:

„Für Kinder im Alter von zwölf bis vierzehn Jahren und für junge Leute zwischen vierzehn und sechszehn Jahren, welche vor Verkündigung dieses Gesetzes bereits in Fabriken oder in den in §§ 154 Absatz 2 und 4 und 154a bezeichneten gewerblichen Anlagen beschäftigt werden, bleiben die bisherigen gesetzlichen Bestimmungen bis zum 1. April 1894 in Kraft."

2. Bei Beurtheilung der Frage, ob ein jugendlicher Arbeiter in einer Fabrik über die zugelassene Stundenzahl hinaus beschäftigt worden ist, ist neben der auf die Herstellung von Fabrikaten verwendeten Zeit auch die Dauer einer anderen Zwecken des Fabrikbetriebes dienenden Beschäftigung, z. B. Besorgung von Geschäftsgängen (Austragen von Rechnungen 2c.), Herbeischaffung des Frühstücks und Mittagessens für die Arbeiter, in Betracht zu ziehen. Urth. des Reichsg. v. 20. Juni 1884 u. 10. Nov. 1887, Entsch. in Strafs. Bd. 10 S. 433, Bd. 13 S. 305. Komm. S. 248 Bem. 3.

3. Vergehen gegen den § 135 unterliegen der Bestrafung nach § 146 Nr. 2.

4. Der Nothwendigkeit, Ausnahmen von den Beschränkungen der Arbeitszeit (§§ 135 Abs. 2 u. 3, 136, 137 Abs. 1 bis 3) vorübergehend oder dauernd zuzulassen, ist in den §§ 139 u. 139a Rechnung getragen; vergl. S. 122 bis 124.

5. Bei dem **Bergbau** (§ 154a) ist die Beschäftigung jugendlicher (und weiblicher) Arbeiter auf Grund des B. G. durch bergpolizeiliche Vorschriften theilweise noch weiter als durch die G. O. eingeschränkt. Wegen des Verbotes des Haspelziehens und Karrenlaufens vergl. Komm. S. 248 Bem. 6. Auch dürfen jugendliche (und weibliche) Arbeiter bei den Arbeiten in den Räumen der Braunkohlen-Briketfabriken, mit Ausnahme des Abnehmens, Verpackens und Verladens der fertigen Brikets, nicht beschäftigt werden. Vergl. B. P. Verordn. des Oberb. Bonn v. 23. Jan. 1893 § 11, Z. Bd. 34 S. 178, und die übrigen das. Anm. 1 angeführten B. P. Verordnungen.

§ 136. Die Arbeitsstunden der jugendlichen Arbeiter (§ 135) dürfen nicht vor fünfeinhalb Uhr Morgens beginnen und nicht über achteinhalb Uhr Abends dauern. Zwischen den Arbeitsstunden müssen an jedem Arbeitstage regelmäßige Pausen gewährt werden. Für jugendliche Arbeiter, welche nur sechs Stunden täglich beschäftigt werden, muß die Pause mindestens eine halbe Stunde betragen. Den übrigen jugendlichen Arbeitern muß mindestens Mittags eine einstündige, sowie Vormittags und Nachmittags je eine halbstündige Pause gewährt werden.

Während der Pausen darf den jugendlichen Arbeitern eine Beschäftigung in dem Fabrikbetriebe überhaupt nicht und der Aufenthalt in den Arbeitsräumen nur dann gestattet werden, wenn in denselben diejenigen Theile des Betriebes, in welchen jugendliche Arbeiter beschäftigt sind, für die Zeit der Pausen völlig eingestellt werden, oder wenn der Aufenthalt im Freien nicht thunlich und andere geeignete Aufenthaltsräume ohne unverhältnißmäßige Schwierigkeiten nicht beschafft werden können.

An Sonn- und Festtagen, sowie während der von dem ordentlichen Seelsorger für den Katechumenen- und Konfirmanden-, Beicht- und Kommunionunterricht bestimmten Stunden dürfen jugendliche Arbeiter nicht beschäftigt werden.

1. Wie der frühere § 136, so verbietet auch der jetzige § 136 in der Fassung des Ges. v. 1. Juni 1891 die Nachtarbeit der jugendlichen Arbeiter sowie die Beschäftigung derselben an Sonn- und Festtagen und regelt die Ruhepausen.

Als „Nacht“ im Sinne dieser Bestimmung gilt die Zeit von Abends $8^1/_2$ Uhr bis Morgens $5^1/_2$ Uhr.

Unter dem Ausdrucke „Pause“ ist ein Unterbrechen der Arbeit und ein Ruhenlassen derselben zu verstehen; die Festsetzung eines späteren Beginns der Arbeitszeit fällt nicht unter diesen Begriff und befreit nicht von der Strafbarkeit nach § 146 Nr. 2. Urth. des Reichsg. v. 28. Okt. 1890, Entsch. in Strafs. Bd. 21 S. 139. In die Dauer der im § 135 begrenzten Arbeitszeit der jugendlichen Arbeiter sind die Pausen (§ 116) nicht einzurechnen. Minist.-Erl. v. 30. Mai 1880 u. 2. Juni 1892, Z. Bd. 21 S. 278, Bd. 33 S. 417.

2. Auf Grund der früheren Fassung des § 136 Abs. 1 Satz 2 hatte das Reichsg. (Urth. v. 30. Sept. 1887) entschieden, daß den Kindern täglich mindestens zwei halbstündige Pausen zu gewähren seien, weil das Gesetz von einer Mehrzahl („Pausen“) spreche. Diese Auslegung verursachte eine erhebliche Erschwerung der Kinderbeschäftigung in Fabriken; zudem reicht bei einer Arbeitszeit von nur sechs Stunden eine halbstündige Pause vollkommen aus. Die Fassung der Bestimmung ist deßhalb nunmehr dahin abgeändert, daß nur letzteres gefordert wird. Motive S. 50, Komm.-Ber. S. 87.

3. Neu ist ferner der Zusatz im Abs. 2 des § 136, nach welchem von dem Verbote des Aufenthalts in den Arbeitsräumen während der Pausen auch dann abgesehen wird, „wenn der Aufenthalt im Freien nicht thunlich (ist) und andere geeignete Aufenthaltsräume ohne unverhältnißmäßige Schwierigkeiten nicht beschafft werden können.“ Diese Erleichterung für die Industrie ist als sachlich unbedenklich angesehen und namentlich mit Rücksicht auf die Verhältnisse in großen Städten gewährt worden. Motive S. 50, Komm.-Ber. S. 88.

4. Ausnahmen von den im § 136 vorgesehenen Beschränkungen und Bestimmungen können nach Maßgabe der §§ 139 und 139a zugelassen werden; vergl. S. 122 bis 124.

5. Die den § 136 betreffende Strafvorschrift ist im § 146 Nr. 2 enthalten.

§ 137. Arbeiterinnen dürfen in Fabriken nicht in der Nachtzeit von achteinhalb Uhr Abends bis fünfeinhalb Uhr Morgens und am Sonnabend sowie an Vorabenden der Festtage nicht nach fünfeinhalb Uhr Nachmittags beschäftigt werden.

Die Beschäftigung von Arbeiterinnen über sechszehn Jahre darf die Dauer von elf Stunden täglich, an den Vorabenden der Sonn- und Festtage von zehn Stunden nicht überschreiten.

Zwischen den Arbeitsstunden muß den Arbeiterinnen eine mindestens einstündige Mittagspause gewährt werden.

Arbeiterinnen über sechszehn Jahre, welche ein Hauswesen zu besorgen haben, sind auf ihren Antrag eine halbe Stunde vor der Mittagspause zu entlassen, sofern diese nicht mindestens ein und eine halbe Stunde beträgt.

Wöchnerinnen dürfen während vier Wochen nach ihrer Niederkunft überhaupt nicht und während der folgenden zwei Wochen nur beschäftigt werden, wenn das Zeugniß eines approbirten Arztes dies für zulässig erklärt.

1. Während die Beschäftigung der jugendlichen Arbeiter weiblichen Geschlechts durch die §§ 135 u. 136 geregelt ist, handelt der § 137 von den Arbeiterinnen über sechszehn Jahre. Für diese ist der seither durch die G. O. (§§ 135 Abs. 5 u. 154 Abs. 4, Komm. S. 258) gewährte Schutz wesentlich erweitert worden. Neu sind sämmtliche Ver- und Gebote in den Absätzen 1 bis 4 des § 137, insbesondere auch die den Anforderungen der internationalen Arbeiterschutzkonferenz entsprechende Festsetzung des elfstündigen Maximalarbeitstages, sowie die Verlängerung der freien Zeit für Wöchnerinnen von drei auf vier bezw. sechs Wochen im Abs. 5. Wegen der Gründe für diese weitergehenden Beschränkungen der Frauenarbeit vergl. Motive S. 50 bis 56, Komm.-Ber. S. 91 bis 96. Das Verbot der Beschäftigung unter Tage ist aus § 154 Abs. 4 unverändert in den § 154a Abs. 2 übergegangen, s. S. 92, 93. Ebenso hat es bei der Ermächtigung des Bundesraths, die Verwendung von Arbeiterinnen für gewisse Fabrikationszweige gänzlich zu untersagen oder von besonderen Bedingungen abhängig zu machen, sein Bewenden behalten; § 139a Abs. 1 in der früheren und § 139a Nr. 1 in der jetzigen Fassung; vergl. S. 123.

2. Andererseits können zeitlich begrenzte Ausnahmen von den die Beschäftigung von Arbeiterinnen über sechszehn Jahre betreffenden Beschränkungen des § 137 Abs. 1, 2 u. 3 nach Maßgabe der §§ 138a, 139 u. 139a und unter den dort angegebenen Voraussetzungen zugelassen werden. Vergl. S. 119 ff. Vor Erlaß der Novelle v. 1. Juni 1891 kamen bei diesen Ausnahmen nur die jugendlichen Arbeiter in Betracht. Außerdem ist durch die Uebergangsbestimmung im Art. IX Abs. 5 der Novelle v. 1. Juni 1891 der Landes-Zentralbehörde die Ermächtigung ertheilt, die Nachtarbeit von Arbeiterinnen über sechszehn Jahre unter bestimmten Beschränkungen noch bis zum 1. April 1894 zu gestatten.

3. Die einstündige bezw. anderthalbstündige Mittagspause wird in die gesetzlich begrenzte Arbeitszeit nicht eingerechnet; vergl. Bem. 1 zu § 136, S. 117.

4. Die den § 137 betreffende Strafvorschrift enthält § 146 Nr. 2.

5. Auf den den Bergbehörden unterstellten Werken gehört die Aufsicht über die durch die G. O. geregelte Beschäftigung der Arbeiterinnen zu den Aufgaben der Bergbehörde und zwar zunächst des Bergrevierbeamten. Vergl. Bem. zu Art. III der Novelle zum B. G., S. 81.

6. Abgesehen von dem reichsgesetzlichen Verbote der Beschäftigung von Arbeiterinnen „unter Tage" auf Bergwerken ꝛc. (§ 154a Abs. 2), bestehen bergpolizeiliche Vorschriften, durch welche Arbeiterinnen auch von gewissen gesundheitsschädlichen oder gefährlichen Beschäftigungen über Tage ausgeschlossen sind. Vergl. Bem. 5 zu § 135 S. 116.

§ 138. Sollen Arbeiterinnen oder jugendliche Arbeiter in Fabriken beschäftigt werden, so hat der Arbeitgeber vor dem Beginn der Beschäftigung der Ortspolizeibehörde eine schriftliche Anzeige zu machen.

In der Anzeige sind die Fabrik, die Wochentage, an welchen die Beschäftigung stattfinden soll, Beginn und Ende der Arbeitszeit und der Pausen, sowie die Art der Beschäftigung anzugeben. Eine Aenderung hierin darf, abgesehen von Verschiebungen, welche durch Ersetzung behinderter Arbeiter für einzelne Arbeitsschichten nothwendig werden, nicht erfolgen, bevor eine entsprechende weitere Anzeige der Behörde gemacht ist. In jeder Fabrik hat der Arbeitgeber dafür zu sorgen, daß in den Fabrikräumen, in welchen jugendliche Arbeiter beschäftigt werden, an einer in die Augen fallenden Stelle ein Verzeichniß der jugendlichen Arbeiter unter Angabe ihrer Arbeitstage, sowie des Beginns und Endes ihrer Arbeitszeit und der Pausen ausgehängt ist. Ebenso hat er dafür zu sorgen, daß in den betreffenden Räumen eine Tafel ausgehängt ist, welche in der von der Zentralbehörde zu bestimmenden Fassung und in deutlicher Schrift einen Auszug aus den Bestimmungen über die Beschäftigung von Arbeiterinnen und jugendlichen Arbeitern enthält.

1. Die Bestimmungen, welche nach dem seitherigen § 138 schon für die jugendlichen Arbeiter galten, sind nunmehr durch die Novelle v. 1. Juni 1891 auch auf die „Arbeiterinnen" über sechszehn Jahre ausgedehnt, im Uebrigen aber unverändert in den neuen § 138 übernommen worden. Motive S. 50 bis 56, Komm.-Ber. S. 96.

2. Die Beschäftigung von Arbeiterinnen und jugendlichen Arbeitern in Fabriken und diesen gleichstehenden Anlagen, zu welchen auch die Bergwerke, Salinen, Aufbereitungsanstalten, unterirdisch betriebenen Brüche oder Gruben (§ 154a Abs. 1) gehören, darf nicht stattfinden, bevor der Arbeitgeber die im § 138 vorgeschriebene Anzeige gemacht hat. Ausf.-Anw. v. 26. Febr. 1892 E I. Bei den unter Aufsicht der Bergbehörden stehenden Betrieben ist die Anzeige dem Bergrevierbeamten zu machen. Bekanntm. der Minister des Innern und für Handel und Gewerbe v. 4. März 1892, Min.-Bl. f. d. innere Verw. S. 115, Z. Bd. 33 S. 302. Eine Genehmigung der Behörde findet nicht statt.

3. Die letztere Bekanntmachung, welche in dieser Beziehung auch für den **Bergbau** (§ 154a) und die Bergbehörden maßgebend ist, enthält unter E II bis IV nähere Bestimmungen über Inhalt und weitere Behandlung der Anzeigen, über Führung je eines amtlichen Verzeichnisses der Anlagen, in welchen Arbeiterinnen und jugendliche Arbeiter beschäftigt werden, und über die im Gesetze vorgeschriebenen Aushänge in den Arbeitsräumen. Die zu benutzenden Formulare sind beigefügt.

4. Wer es unterläßt, den durch § 138 für ihn begründeten Verpflichtungen nachzukommen, ist nach § 149 Nr. 7 strafbar. Wegen der Verjährung vergl. § 149 Bem. 4, S. 130.

§. 138a. Wegen außergewöhnlicher Häufung der Arbeit kann auf Antrag des Arbeitgebers die untere Verwaltungsbehörde auf die Dauer von zwei Wochen die Beschäftigung von Arbeiterinnen über sechszehn Jahre bis zehn Uhr Abends an den Wochentagen außer Sonnabend unter der Voraussetzung gestatten, daß die tägliche Arbeitszeit dreizehn Stunden nicht überschreitet. Innerhalb eines Kalenderjahres darf die Erlaubniß einem Arbeitgeber für seinen Betrieb oder für eine Abtheilung seines Betriebes auf mehr als vierzig Tage nicht ertheilt werden.

Für eine zwei Wochen überschreitende Dauer kann die gleiche Erlaubniß nur von der höheren Verwaltungsbehörde und auch von dieser für mehr als vierzig Tage im Jahre nur dann ertheilt werden, wenn die Arbeitszeit für den Betrieb oder die betreffende Abtheilung des Betriebes so geregelt wird, daß ihre tägliche Dauer im Durchschnitt der Betriebstage des Jahres die regelmäßige gesetzliche Arbeitszeit nicht überschreitet.

Der Antrag ist schriftlich zu stellen und muß den Grund, aus welchem die Erlaubniß beantragt wird, die Zahl der in Betracht kommenden Arbeiterinnen, das Maß der längeren Beschäftigung, sowie den Zeitraum angeben, für welchen dieselben stattfinden soll. Der Bescheid der unteren Verwaltungsbehörde auf den Antrag ist binnen drei Tagen schriftlich zu ertheilen. Gegen die Versagung der Erlaubniß steht die Beschwerde an die vorgesetzte Behörde zu.

Die untere Verwaltungsbehörde hat über die Fälle, in welchen die Erlaubniß ertheilt worden ist, ein Verzeichniß zu führen, in welches der Name des Arbeitgebers und die für den schriftlichen Antrag vorgeschriebenen Angaben einzutragen sind.

Die untere Verwaltungsbehörde kann die Beschäftigung von Arbeiterinnen über sechszehn Jahre, welche kein Hauswesen zu besorgen haben und eine Fortbildungsschule nicht besuchen, bei den im § 105c Absatz 1 unter Ziffer 2 und 3 bezeichneten Arbeiten an Sonnabenden und Vorabenden von Festtagen Nachmittags nach fünfeinhalb Uhr, jedoch nicht über achteinhalb Uhr Abends hinaus, gestatten. Die Erlaubniß ist schriftlich zu ertheilen und vom Arbeitgeber zu verwahren.

1. Der § 138a ist erst durch die Novelle v. 1. Juni 1891 in die G. O. gekommen und enthält neues Recht. Wie der § 137, so gelten auch diese Bestimmungen nur für die Arbeiterinnen über sechszehn Jahre. Sie beruhen theils auf der Regierungsvorlage, theils (im Abs. 2 u. 5) auf Vorschlägen der Reichstagskommission. Motive S. 53, 55, Komm.-Ber. S. 96 bis 98.

2. Im § 138a sind zwei von einander unabhängige Ausnahmebestimmungen von der gesetzlichen Arbeitsdauer der Arbeiterinnen getroffen. Abs. 1 bis 4 behandeln die vorübergehende Verlängerung der täglichen Arbeitszeit „wegen außergewöhnlicher Häufung der Arbeit", wobei hauptsächlich die sog. Saisonindustrie in Betracht kommt. Motive S. 55. Dagegen betrifft der Abs. 5 die Verlängerung der Arbeitsstunden an den Vorabenden der Sonn- und Festtage für die dort näher bezeichneten Arbeiterinnen und zwar für die im § 105c Abs. 1 Nr. 3 u. 4 angegebenen Verrichtungen, welche namentlich in „der Reinigung und Instandhaltung der Betriebsanlagen, sowie in der Verhütung des Verderbens von Rohstoffen und Arbeitserzeugnissen" bestehen und sonst an Sonntagen vorgenommen werden mußten. Motive S. 53. (Die Verweisung auf Ziffer 2 u. 3 statt 3 u. 4 des § 105c im Gesetzestexte ist ein Redaktionsfehler, der augenscheinlich dadurch entstanden ist, daß die jetzige Ziffer 2 erst durch die Reichstagskommission in den § 105c eingeschaltet wurde. Bericht S. 20.) Die besonderen Bestimmungen und Einschränkungen der Absätze 1 bis 4 finden auf den Abs. 5 keine Anwendung.

3. Zu den beiderlei vorbezeichneten Verlängerungen der Arbeitszeit bedarf es der vorgängigen Erlaubniß der unteren und in den Fällen des Abs. 2 der oberen Verwaltungsbehörde, demnach bei dem Bergbau der Erlaubniß des Bergrevierbeamten bezw. des Oberbergamts; Bekanntm. v. 4. März 1892, s. Bem. 2 zu § 138, S. 119.

4. Die Ausf.-Anw. v. 26. Febr. 1892 schreibt die Grundsätze vor, nach welchen die Verwaltungsbehörden die Vorschriften des § 138a anzuwenden haben und zwar bei Zulassung der Ueberarbeit gemäß Abs. 1 bis 4 (F I), und bei Beschäftigung von Arbeiterinnen an den Vorabenden der Sonn- und Festtage gemäß Abs. 5 (F II). In ersterer Beziehung ist im Allgemeinen der Grundsatz aufgestellt, daß, abgesehen von den Saisonindustrien, die Ueberarbeit nur gestattet werden darf, wenn die außergewöhnliche Arbeitshäufung nicht vorherzusehen war oder durch wichtige wirthschaftliche Gründe gerechtfertigt wird, daß dagegen die Genehmigung zur Ueberarbeit der Regel nach dann zu versagen ist, wenn die außergewöhnliche Häufung der Arbeit von dem Fabrikbesitzer selbst freiwillig herbeigeführt oder durch ungeschickte Dispositionen verschuldet ist, und wenn lediglich die eigenen Interessen desselben in Frage kommen.

Für das nach § 138a Abs. 4 zu führende Verzeichniß ist das der Ausf.-Anw. beigegebene Formular G zu benutzen; ein gleiches Verzeichniß ist über die nach Abs. 5 ertheilten Bewilligungen (Formular H) zu führen.

5. Die vorbezeichneten Vorschriften unter F I u. II der Ausf.-Anw. v. 26. Febr. 1892 finden nach Maßgabe der Ausf.-Anw. v.

15. März 1892 (Min.-Bl. f. d. innere Verw. S. 116, Z. Bd. 33 S. 300) auch auf den Bergbau (§ 154a) sinngemäße Anwendung.

6. Zuwiderhandlungen gegen § 138a Abs. 5 unterliegen der Bestrafung nach § 149 Nr. 7.

§ 139. Wenn Naturereignisse oder Unglücksfälle den regelmäßigen Betrieb einer Fabrik unterbrochen haben, so können Ausnahmen von den in §§ 135 Absatz 2 und 3, 136, 137 Absatz 1 bis 3 vorgesehenen Beschränkungen auf die Dauer von vier Wochen durch die höhere Verwaltungsbehörde, auf längere Zeit durch den Reichskanzler zugelassen werden. In dringenden Fällen solcher Art, sowie zur Verhütung von Unglücksfällen kann die untere Verwaltungsbehörde, jedoch höchstens auf die Dauer von vierzehn Tagen, solche Ausnahmen gestatten.

Wenn die Natur des Betriebes oder Rücksichten auf die Arbeiter in einzelnen Fabriken es erwünscht erscheinen lassen, daß die Arbeitszeit der Arbeiterinnen oder jugendlichen Arbeiter in einer anderen als der durch §§ 136 und 137 Absatz 1 und 3 vorgesehenen Weise geregelt wird, so kann auf besonderen Antrag eine anderweite Regelung hinsichtlich der Pausen durch die höhere Verwaltungsbehörde, im Uebrigen durch den Reichskanzler gestattet werden. Jedoch dürfen in solchen Fällen die jugendlichen Arbeiter nicht länger als sechs Stunden beschäftigt werden, wenn zwischen den Arbeitsstunden nicht Pausen von zusammen mindestens einstündiger Dauer gewährt werden.

Die auf Grund vorstehender Bestimmungen zu treffenden Verfügungen müssen schriftlich erlassen werden.

1. Durch die Novelle v. 1. Juni 1891 sind die Ausnahmebestimmungen, welche nach dem früheren § 139 G. O. nur für die jugendlichen Arbeiter galten, auf die Arbeiterinnen über sechszehn Jahre ausgedehnt und demgemäß in dem jetzigen § 139 auch auf den § 137 Abs. 1 bis 3 erstreckt worden. Motive S. 50 bis 56, Komm.-Ber. S. 98.

2. Der § 139 läßt zweierlei Ausnahmen von der gesetzlichen Regelung der Arbeitszeit zu und zwar vorübergehende, „wenn Naturereignisse oder Unglücksfälle den regelmäßigen Betrieb einer Fabrik unterbrochen haben“ (Abs. 1), und dauernde, „wenn die Natur des Betriebes oder Rücksichten auf die Arbeiter in einzelnen Fabriken“ eine anderweitige Regelung der Arbeitszeit erwünscht erscheinen lassen (Abs. 2). Dort wie hier handelt es sich aber nur um Gestattung von Ausnahmen für einzelne Betriebsanlagen, im Gegensatze zu den generellen Ausnahmen, welche nach § 139a durch Beschluß des Bundesraths getroffen werden können. Vergl. auch Komm. S. 252 Bem. 1.

3. Ausführliche Vorschriften über die Handhabung des § 139 ertheilt die Ausf.-Anw. v. 26. Febr. 1892, nämlich unter F III für den Abs. 1 und unter F IV für den Abs. 2. Diese Vorschriften sind nach der Ausf.-Anw. v. 15. März 1892 (s. Bem. 5 zu § 138a) auch für den Bergbau (§ 154a) maßgebend. Alsdann liegen die Geschäfte der unteren Verwaltungsbehörde dem Bergrevierbeamten, diejenigen der oberen Verwaltungsbehörde dem Oberbergamte ob.

4. Die untere Verwaltungsbehörde (der Bergrevierbeamte) hat von der im Abs. 1 des § 139 eingeräumten Befugniß, Ausnahmen auf die Dauer von höchstens vierzehn Tagen zu gestatten, nur in „dringenden" Fällen Gebrauch zu machen. Solche Fälle sind in der Regel nur dann anzunehmen, wenn es sich darum handelt, mit Hülfe der außerordentlichen Verwendung von Arbeiterinnen und jugendlichen Arbeitern eine durch Naturereignisse oder Unglücksfälle herbeigeführte wesentliche Unterbrechung des regelmäßigen Betriebes schleunigst wieder zu beseitigen oder einen zur Verhütung von Unglücksfällen erforderlichen außerordentlichen Betrieb zu ermöglichen. Ausf.-Anw. v. 26. Febr. 1892 F III Nr. 3.

5. Handelt es sich in den Fällen des Abs. 2 des § 139 um eine anderweite Regelung hinsichtlich der Pausen, so ist die obere Verwaltungsbehörde (das Oberbergamt) zuständig; im Uebrigen ist die Genehmigung dem Reichskanzler vorbehalten. Das Gesetz gestattet eine anderweite Regelung nur dann, wenn „die Natur des Betriebes oder Rücksichten auf die Arbeiter" es wünschenswerth machen. In der Ausf.-Anw. sind unter F IV Nr. 6 und 7 die Gesichtspunkte näher angegeben, nach welchen zu beurtheilen ist, ob diese Voraussetzungen im gegebenen Falle vorliegen.

6. Im Bereiche des **Bergbaues** sind Ausnahmebestimmungen auf Grund des § 139 Abs. 2 seit Erlaß der Novelle v. 1. Juni 1891 noch nicht getroffen worden. Dagegen bestehen die Bestimmungen v. 1. Okt. 1879, durch welche die Arbeitszeit der von der Mansfeld'schen Gewerkschaft beschäftigten Knaben von 14 bis 16 Jahren anderweitig geregelt wurde, noch zu Recht. Vergl. Komm. S. 253 Bem. 4.

7. Zuwiderhandlungen gegen die auf Grund des § 139 getroffenen Verfügungen sind im § 146 Nr. 2 mit Strafe bedroht.

§ 139a. Der Bundesrath ist ermächtigt:

1. die Verwendung von Arbeiterinnen sowie von jugendlichen Arbeitern für gewisse Fabrikationszweige, welche mit besonderen Gefahren für Gesundheit oder Sittlichkeit verbunden sind, gänzlich zu untersagen oder von besonderen Bedingungen abhängig zu machen;
2. für Fabriken, welche mit ununterbrochenem Feuer betrieben werden, oder welche sonst durch die Art des Betriebes auf eine regelmäßige Tag- und Nachtarbeit angewiesen sind, sowie für solche Fabriken, deren Betrieb eine Eintheilung in regelmäßige Arbeitsschichten von gleicher Dauer nicht gestattet oder seiner Natur nach auf bestimmte Jahreszeiten beschränkt ist, Ausnahmen von den in §§ 135 Absatz 2 und 3, 136, 137 Absatz 1 bis 3 vorgesehenen Bestimmungen nachzulassen;
3. für gewisse Fabrikationszweige, soweit die Natur des Betriebes oder die Rücksicht auf die Arbeiter es erwünscht erscheinen lassen, die Abkürzung oder den Wegfall der für jugendliche Arbeiter vorgeschriebenen Pausen zu gestatten;

4. für Fabrikationszweige, in denen regelmäßig zu gewissen Zeiten des Jahres ein vermehrtes Arbeitsbedürfniß eintritt, Ausnahmen von den Bestimmungen des § 137 Absatz 1 und 2 mit der Maßgabe zuzulassen, daß die tägliche Arbeitszeit dreizehn Stunden, an Sonnabenden zehn Stunden nicht überschreitet.

In den Fällen zu 2 darf die Dauer der wöchentlichen Arbeitszeit für Kinder sechsunddreißig Stunden, für junge Leute sechszig, für Arbeiterinnen fünfundsechszig, in Ziegeleien für junge Leute und Arbeiterinnen siebzig Stunden nicht überschreiten. Die Nachtarbeit darf in vierundzwanzig Stunden die Dauer von zehn Stunden nicht überschreiten und muß in jeder Schicht durch eine oder mehrere Pausen in der Gesammtdauer von mindestens einer Stunde unterbrochen sein. Die Tagschichten und Nachtschichten müssen wöchentlich wechseln.

In den Fällen zu 3 dürfen die jugendlichen Arbeiter nicht länger als sechs Stunden beschäftigt werden, wenn zwischen den Arbeitsstunden nicht eine oder mehrere Pausen von zusammen mindestens einstündiger Dauer gewährt werden.

In den Fällen zu 4 darf die Erlaubniß zur Ueberarbeit für mehr als vierzig Tage im Jahre nur dann ertheilt werden, wenn die Arbeitszeit so geregelt wird, daß ihre tägliche Dauer im Durchschnitt der Betriebstage des Jahres die regelmäßige gesetzliche Arbeitszeit nicht überschreitet.

Die durch Beschluß des Bundesraths getroffenen Bestimmungen sind zeitlich zu begrenzen und können auch für bestimmte Bezirke erlassen werden. Sie sind durch das Reichs-Gesetzblatt zu veröffentlichen und dem Reichstag bei seinem nächsten Zusammentritt zur Kenntnißnahme vorzulegen.

1. Der § 139a befand sich bereits seit der Novelle v. 17. Juli 1878 (R. G. Bl. S. 199) in der G. O., ist aber durch die Novelle v. 1. Juni 1891 wesentlich erweitert worden. Er handelt von der Ermächtigung des Bundesraths, für ganze Fabrikationszweige (im Gegensatze zu den Einzelfällen des § 139) Ausnahmen von den auf die Verwendung von Arbeiterinnen und jugendlichen Arbeitern bezüglichen Bestimmung der G. O. zu machen. Die Fälle, für welche solche generelle Ausnahmebestimmungen getroffen werden können, sind im Anschluß an die §§ 138a u. 139 und zwar theilweise auch in Ansehung der Arbeiterinnen vermehrt. Außerdem ist die Schlußbestimmung des seitherigen § 139a, nach welcher der Reichstag die Außerkraftsetzung der durch Beschluß des Bundesraths getroffenen Bestimmungen verlangen konnte, die sog. Reichstagsklausel, in Wegfall gekommen, dagegen die Beschränkung im Abs. 5 eingetreten, daß diese Bestimmungen „zeitlich" begrenzt werden müssen. Motive S. 50 bis 56, Komm.-Ber. S. 98 bis 102, stenogr. Ber. S. 2441 bis 2450, 2805.

2. Im Laufe des Jahres 1892 hat der Bundesrath auf Grund des § 139a besondere Bestimmungen über die Beschäftigung von Arbeiterinnen und jugendlichen Arbeitern in gewissen Fabrikationszweigen getroffen, wegen deren Wortlautes auf das Reichs-Gesetzbl. v. 1892 S. 317, 324, 327, 334, 602, 604, u. v. 1893 S. 213, 218 verwiesen wird. Dieselben betreffen die Glashütten, die Drahtziehereien mit Wasser-

kraft, die Cichorienfabriken, die Rohzuckerfabriken und Zuckerraffinerien, die Walz- und Hammerwerke, die Hechelräume ꝛc., die Bleifarben- und Bleizuckerfabriken, sowie die Anlagen zur Anfertigung von Cigarren.

3. Außerdem sind für den Bereich der **Bergverwaltung** die Bestimmungen des Bundesraths ergangen:

1. betr. die Beschäftigung jugendlicher Arbeiter auf **Steinkohlenbergwerken**, v. 17. März 1892 (R. G. Bl. S. 328, Z. Bd. 33 S. 291) und
2. betr. die Beschäftigung von Arbeiterinnen auf **Steinkohlenbergwerken, Zink- und Bleierzbergwerken und auf Kokereien** im Regierungsbezirk Oppeln, v. 24. März 1892 (R. G. Bl. S. 331, Z. Bd. 33 S. 293).

4. Der § 146 Nr. 2 stellt die Zuwiderhandlungen gegen die auf Grund des § 139a getroffenen Verfügungen unter Strafe.

IV. Aufsicht.

§ 139b. Die Aufsicht über die Ausführung der Bestimmungen der §§ 105a, 105b Absatz 1, 105c bis 105h, 120a bis 120e, 134 bis 139a ist ausschließlich oder neben den ordentlichen Polizeibehörden besonderen, von den Landesregierungen zu ernennenden Beamten zu übertragen. Denselben stehen bei Ausübung dieser Aufsicht alle amtlichen Befugnisse der Ortspolizeibehörden, insbesondere das Recht zur jederzeitigen Revision der Anlagen zu. Sie sind, vorbehaltlich der Anzeige von Gesetzwidrigkeiten, zur Geheimhaltung der amtlich zu ihrer Kenntniß gelangenden Geschäfts- und Betriebsverhältnisse der ihrer Revision unterliegenden Anlagen zu verpflichten.

Die Ordnung der Zuständigkeitsverhältnisse zwischen diesen Beamten und den ordentlichen Polizeibehörden bleibt der verfassungsmäßigen Regelung in den einzelnen Bundesstaaten vorbehalten.

Die erwähnten Beamten haben Jahresberichte über ihre amtliche Thätigkeit zu erstatten. Diese Jahresberichte oder Auszüge aus denselben sind dem Bundesrath und dem Reichstag vorzulegen.

Die auf Grund der Bestimmungen der §§ 105a bis 105h, 120a bis 120e, 134 bis 139a auszuführenden amtlichen Revisionen müssen die Arbeitgeber zu jeder Zeit, namentlich auch in der Nacht, während des Betriebes gestatten.

Die Arbeitgeber sind ferner verpflichtet, den genannten Beamten oder der Polizeibehörde diejenigen statistischen Mittheilungen über die Verhältnisse ihrer Arbeiter zu machen, welche vom Bundesrath oder von der Landes-Zentralbehörde unter Festsetzung der dabei zu beobachtenden Fristen und Formen vorgeschrieben werden.

1. Der § 139b fand sich bereits in der G. O.; durch seine jetzige, auf der Novelle v. 1. Juni 1891 beruhende Fassung ist aber die Zuständigkeit der Gewerbe-Aufsichtsbeamten, der Ausdehnung der Bestimmungen über den Arbeiterschutz entsprechend, wesentlich erweitert worden.

Motive S. 56; Komm.-Ber. S. 102 bis 105; stenogr. Ber. S. 2450 bis 2460, 2805. Während die Zuständigkeit dieser Beamten sich früher auf die Aufsicht über die Ausführung der §§ 135 bis 139a sowie des § 120 Abs. 3 in seiner Anwendung auf Fabriken beschränkte, umfaßt der Wirkungskreis derselben gegenwärtig innerhalb der durch die §§ 139b, 154, 154a und 155 G. O. bezeichneten Grenzen die Aufsicht über die Ausführung: 1. der Vorschriften über die Sonntagsruhe, ausgenommen das Handelsgewerbe (§§ 105a, 105b Abs. 1, 105c bis 105h), 2. der Vorschriften über die den Gewerbeunternehmern nach §§ 120a bis 120e obliegenden Pflichten, 3. der Vorschriften über die Arbeitsordnungen (§§ 134 bis 136), 4. der Vorschriften über die Beschäftigung jugendlicher und weiblicher Arbeiter (§§ 135 bis 139a), und zwar erstreckt sich dieses erweiterte Aufsichtsrecht auf alle gewerblichen Betriebe, für welche überhaupt jene Vorschriften der G. O. maßgebend sind.

Mit der Erweiterung des Wirkungskreises der Aufsichtsbeamten war es nicht mehr vereinbar, für einzelne Bezirke Ausnahmen von der Anstellung besonderer Aufsichtsbeamten zuzulassen; es ist deßhalb der solche Ausnahmen gestattende Abs. 4 des früheren § 139b gestrichen worden. Außerdem hat der § 139b auf den Antrag der Reichstagskommission den Zusatz im Abs. 5 erhalten, durch welchen den Arbeitgebern mit Rücksicht auf die Nothwendigkeit einer weiteren Ausgestaltung der Statistik über die Arbeiterverhältnisse die Verpflichtung auferlegt ist, die hierzu erforderlichen statistischen Mittheilungen zu machen.

2. In Preußen wurden zur Ausführung des § 139b (in der älteren Fassung) schon früher besondere Fabrikinspektoren („Gewerberäthe", Allerh. Erlaß v. 14. Mai 1879, G. S. S. 353) den Provinzialbehörden beigegeben. Ihre Geschäfte regelte die Dienstanweisung v. 24. Mai 1879 (Min.-Bl. f. d. innere Verw. S. 152). Durch den Allerh. Erlaß v. 27. April 1891 (G. S. S. 165) sind hiernächst anderweitige Bestimmungen über „die Anstellung von Regierungs- und Gewerberäthen und die Organisation der Gewerbeinspektion" getroffen worden. Hiernach haben die bei den Regierungen anzustellenden gewerblichen Räthe („Regierungs- und Gewerberäthe") zugleich die Geschäfte der im § 139b G. O. vorgesehenen Aufsichtsbeamten (Gewerbeinspektion) wahrzunehmen, und zur Unterstützung derselben in der Wahrnehmung der Gewerbeinspektion werden für bestimmte Bezirke gewerbetechnische Beamte („Gewerbeinspektoren") angestellt. Bezüglich der Ausübung der Gewerbeaufsicht sind diese Beamten mit einer neuen Dienstanweisung v. 23. März 1892 (Min.-Bl. f. d. innere Verw. S. 160, Z. Bd. 33 S. 347) versehen, welche nach § 17 an die Stelle der vorbezeichneten Dienstanweisung v. 24. Mai 1879 getreten ist.

Außer den Geschäften, welche den Gewerbe-Aufsichtsbeamten auf Grund des § 139b G. O. obliegen, sind dem Wirkungskreise derselben durch die Dienstanweisung noch zugetheilt: 1. die Beaufsichtigung der dem § 16 G. O. und seinen Ergänzungen unterliegenden Anlagen, 2. in den ihrer Zuständigkeit unterstehenden Betrieben die Aufsicht über die Ausführung der die Arbeitsbücher und Zeugnisse (§§ 107 bis 113) sowie die Lohnzahlung (§§ 115 bis 119a) betreffenden Vorschriften, 3. die Prüfung der Dampfkessel (letzteres Geschäft den für bestimmte Bezirke angestellten Gewerbeinspektoren).

3. Der § 196b findet gemäß § 154a auch auf das Bergwesen Anwendung. Soweit letzteres von den im § 196b aufgeführten Bestimmungen der G. O. mit betroffen wird, steht in Preußen die Aufsicht über die Ausführung dieser Bestimmungen lediglich den Bergrevierbeamten zu. In ihrer Person ist hier die Zuständigkeit sowohl der „ordentlichen Polizeibehörden" und der „Ortspolizeibehörden", als auch der besonderen Gewerbe-Aufsichtsbeamten vereinigt; eine Mitwirkung dieser anderen Behörden findet nicht statt. Vergl. das Nähere hierüber oben S. 77 ff.

4. Die für die Arbeitgeber durch den § 196b begründeten Verpflichtungen sind im Abs. 4 und 5 angegeben. Wer es unterläßt, denselben nachzukommen, unterliegt der Bestrafung nach § 149 Nr. 7 G. O.

V. Strafbestimmungen.

§ 146. Mit Geldstrafe bis zu zweitausend Mark und im Unvermögensfalle mit Gefängniß bis zu sechs Monaten werden bestraft:

1. Gewerbetreibende, welche dem § 115 zuwiderhandeln;
2. Gewerbetreibende, welche den §§ 135, 136, 137 oder den auf Grund der §§ 139 und 139a getroffenen Verfügungen zuwiderhandeln;
3. . . .
4. . . .

Die Geldstrafen fließen der im § 116 bezeichneten Kasse zu.

Der § 75 des Gerichtsverfassungsgesetzes findet Anwendung.

1. Die jetzige Fassung des § 146 beruht auf der Novelle v. 1. Juni 1891. Die Strafbestimmung unter Nr. 1 des Abs. 1 ist so gefaßt, daß sie den erweiterten Inhalt des § 115 deckt, und Nr. 2 ist auf die Zuwiderhandlungen gegen den die Beschäftigung von Arbeiterinnen betreffenden § 137 ausgedehnt. (Auch die Beschäftigung von Arbeiterinnen unter Tage bedroht der § 154a Abs. 2 mit der Strafe des § 146.) Der Abs. 3, nach welchem der § 75 des Gerichtsverfassungsges. auf die Straffälle des § 146 Anwendung findet, ist neu und hat den Zweck, eine Härte des Gesetzes in prozessualer Beziehung zu beseitigen. Nach § 75 kann nämlich die Verhandlung und Entscheidung gewisser Vergehen in leichteren Fällen den Schöffengerichten überwiesen werden. Zu diesen Vergehen gehörten früher auch die im § 146 mit Strafe bis zu

500 Thlr. bedrohten, bis durch die Novelle zur G. O. v. 17. Juli 1878 diese Geldstrafe auf 2000 Mark erhöht und in Folge dessen die fernere Anwendbarkeit des § 75 ausgeschlossen wurde. Dies hatte sich in der Praxis als ein Mißstand herausgestellt, der nunmehr beseitigt ist. Motive S. 57, Komm.-Ber. S. 106, stenogr. Ber. S. 2460 bis 2467, 2805.

2. Zuwiderhandlungen gegen die im § 146 unter Strafe gestellten Vorschriften sind „Vergehen" im Sinne des § 1 Abs. 2 St. G. B. Die Bestimmungen des letzteren sind gemäß § 145 G. O. für „das Mindestmaß der Strafen, das Verhältniß von Geldstrafe zur Freiheitsstrafe, sowie für die Verjährung" maßgebend. Die Strafverfolgung verjährt in diesen Fällen in fünf Jahren. Vergl. §§ 16, 19, 27, 28, 29, 67, 68 St. G. B.

3. Es ist nicht zulässig, an Stelle der nach § 146 G. O. verfügten Geldstrafe im Unvermögensfalle Haft statt Gefängniß zu erkennen. Urth. des Reichsg. v. 3. Jan. 1888, Entsch. in Straff. Bd. 17 S. 38.

4. Von der Strafbarkeit nach § 146 Nr. 1 und 2 G. O. werden auch fahrlässige Zuwiderhandlungen betroffen. Urth. des Reichsg. v. 11. Juni 1891, Entsch. in Straff. Bd. 22 S. 43, Z. Bd. 33 S. 223. In den Entscheidungsgründen dieses Urtheils heißt es: „Die Reichsgewerbeordnung hat eine größere Anzahl von Bestimmungen zum Schutze der Arbeiter getroffen, welche unbedingt festgehalten werden sollen und für deren Einhaltung dieselbe die Gewerbetreibenden, d. h. die Inhaber derjenigen Geschäfte, in welchen die Arbeiter thätig sind, verantwortlich macht. Würden dieselben auf Untergebene, Werkmeister, Vorarbeiter 2c. diese Verantwortlichkeit übertragen und sich damit entschuldigen können, daß die verbotenen Handlungen ohne ihr Wissen und vielleicht sogar gegen allgemeine Anordnungen geschehen seien, so würden die gesetzlichen Gebote häufig umgangen werden. Das Gesetz legt deshalb den Gewerbetreibenden die Verpflichtung auf, solche Vorkehrungen zu treffen, daß überhaupt die Verletzung des Gesetzes in ihrem Gewerbebetriebe hintangehalten wird. . . . Diese Pflicht ist verletzt, wenn die Gewerbetreibenden schuldhaft zulassen, daß den Geboten zuwidergehandelt wird, d. h. wenn sie es unterlassen, diejenigen Vorkehrungen zu treffen, welche geeignet sind, die Zuwiderhandlungen zu verhindern. Sie sind also auch für ungenügende Aufmerksamkeit verantwortlich oder mit anderen Worten, sie haften auch für fahrlässige Zulassung des Verbotenen." Ob den Gewerbetreibenden eine solche strafbare Fahrlässigkeit trifft, z. B. durch die Wahl unzuverlässiger oder nicht sachkundiger Beauftragten, durch Unterlassung einer Beaufsichtigung der Beauftragten oder einer Nachprüfung 2c., ist nach den Umständen des einzelnen Falles zu beurtheilen. Vergl. auch Urth. des Reichsg. v. 25. Febr. 1887 u. 8. März 1888, Reger Bd. 8 S. 21, Bd. 9 S. 28, sowie die im Komm. S. 257 unter b angeführten früheren Urtheile.

5. Sind von Personen, welche zur Leitung oder Beaufsichtigung des Betriebes bestellt sind, polizeiliche Vorschriften übertreten worden, so trifft die Strafe nach § 151 (S. 131) diese Personen und neben denselben auch den Gewerbetreibenden selbst, wenn eine der dort angegebenen Voraussetzungen vorliegt. Vergl. auch vorstehend Bem. 4.

6. Bei dem gewerkschaftlich betriebenen **Bergbau** trifft die Strafbarkeit nach § 146 und ebenso nach den §§ 146a, 148 u. 149 G. O. nicht die Gewerkschaft, sondern deren Repräsentanten oder Grubenvorstand, soweit hier die Bestrafung des Bergbautreibenden selbst in Frage kommt. Vergl. Komm. S. 256 Bem. 3.

7. Da den „Gewerbetreibenden" im Sinne der §§ 115 bis 118 gemäß § 119 die daselbst bezeichneten Personen, wie Familienglieder rc. gleich zu achten sind, so ist es keine unzulässige sinngemäße Anwendung der Strafvorschrift des § 146 Nr. 1, wenn dieselbe auch auf diese Personen angewendet wird. Urth. des Reichsg. v. 22. Okt. 1886, Reger Bd. 8 S. 638.

8. Ob bei Zuwiderhandlungen gegen den § 115 nur **eine** nach § 146 Nr. 1 strafbare Handlung vorliegt oder ob deren **mehrere** vorliegen, hängt davon ab, ob die Zuwiderhandlungen auf **einen** Entschluß oder auf verschiedene Entschlüsse zurückzuführen sind. Urth. des Reichsg. v. 13. Jan. 1885 u. 21. Jan. 1886, Entsch. in Strafs. Bd. 12 S. 102, Bd. 13 S. 285.

9. Eine Mehrheit selbstständiger Strafthaten im Sinne der §§ 135 Abs. 4 und 146 Nr. 2 G. O. wird schon durch eine Mehrheit verbotswidrig beschäftigter jugendlicher Arbeiter **begrifflich** nicht begründet. Urth. des Reichsg. v. 23. März 1886, Entsch. in Strafs. Bd. 14 S. 32, Z. Bd. 28 S. 79.

10. Zuwiderhandlungen gegen die die Ruhepausen betreffenden Vorschriften des § 136 unterliegen der Bestrafung nach § 146 Nr. 2, s. oben S. 117 Bem. 1.

11. Es ist nicht nothwendig, in der Urtheilsformel die Kasse anzugeben, an welche die erkannte Geldstrafe gemäß § 146 Abs. 2 zu gelangen hat. Urth des Reichsg. v. 14. Juni 1887, Entsch. in Strafs. Bd. 16 S. 142.

§ 146a. Mit Geldstrafe bis zu sechshundert Mark, im Unvermögensfalle mit Haft wird bestraft, wer den §§ 105b bis 105g oder den auf Grund derselben erlassenen Anordnungen zuwider Arbeitern an Sonn- und Festtagen Beschäftigung giebt oder den §§ 41a und 55a oder den auf Grund des § 105b Absatz 2 erlassenen statutarischen Bestimmungen zuwiderhandelt.

1. Der § 146a ist durch die Novelle v. 1. Juni 1891 eingeschoben und enthält die erforderliche Strafbestimmung gegen Verletzungen der neuen Bestimmungen über die Beschäftigung der Arbeiter an Sonn- und

Festtagen. Motive S. 57, Komm.-Ber. S. 107, stenogr. Ber. S. 2467, 2805.

2. Zuwiderhandlungen gegen die im § 146a bezeichneten Vorschriften sind „Vergehen“ und werden als solche gemäß § 145a G. O. nach dem St. G. B. behandelt; vergl. § 146 Bem. 2, S. 128. Jedoch verjährt die Strafverfolgung nicht in drei Jahren (St. G. B. § 67), sondern nach § 145a Abs. 2 G. O. binnen drei Monaten.

3. Auf den Bergbau kommt der § 146a nur insoweit zur Anwendung, als Zuwiderhandlungen gegen die §§ 105b bis 105g oder die auf Grund derselben erlassenen Anordnungen zu bestrafen sind, da die §§ 41a, 55a und 105b Abs. 2 den Bergbau nicht berühren.

§ 148. Mit Geldstrafe bis zu einhundertfünfzig Mark und im Unvermögensfalle mit Haft bis zu vier Wochen wird bestraft:

. . . .

13. wer dem § 115a oder den auf Grund des § 119a erlassenen statutarischen Bestimmungen zuwiderhandelt.

1. Von den Strafbestimmungen des § 148 berührt nur diejenige unter Nr. 13 den Bergbau. Sie beruht auf der Novelle v. 1. Juni 1891 Art. VI Nr. 7. Die Aufnahme ist nach Beschlüssen des Reichstags erfolgt. Komm.-Ber. S. 107, 108, stenogr. Ber. S. 2467, 2805, 2806.

2. Zuwiderhandlungen gegen die im § 148 aufgeführten Vorschriften sind „Uebertretungen“ im Sinne des § 1 Abs. 3 St. G. B. Auf dieselben findet der § 145 G. O. Anwendung. Die Strafverfolgung verjährt binnen drei Monaten. § 145 Abs. 2 G. O.

§ 149. Mit Geldstrafe bis zu dreißig Mark und im Unvermögensfalle mit Haft bis zu acht Tagen wird bestraft:

. . . .

7. wer es unterläßt, den durch §§ 105c Absatz 2, 134e Absatz 2, 138, 138a Absatz 5, 139b für ihn begründeten Verpflichtungen nachzukommen.

1. Von den im § 149 unter Strafe gestellten Vorschriften beziehen sich auf den Bergbau nur die unter Nr. 7 aufgeführten und zwar mit Ausnahme des § 134e Abs. 2, an dessen Stelle für den Bergbau der § 80 Abs. 2 B. G. getreten ist; s. oben S. 30.

2. Die Strafbestimmung unter Nr. 7 beschränkte sich früher auf die §§ 138 u. 139b (älterer Fassung), ist nunmehr aber durch die Novelle v. 1. Juni 1891 Art. VI Nr. 8 auf die neueren Vorschriften ausgedehnt, welche wesentlich die Sicherung der Kontrolle und Aufsicht bezwecken. Motive S. 57, Komm.-Ber. S. 108, stenogr. Ber. S. 2467, 2805, 2806.

3. Die nach § 149 strafbaren Zuwiderhandlungen sind „Uebertretungen“ und als solche zu behandeln; vergl. vorstehend Bem. 2 zu § 148.

4. Bei Uebertretungen des § 138 Abs. 1 beginnt die dreimonatliche Verjährung (§ 145 Abs. 2) nicht schon mit der verbotswidrigen

Beschäftigung jugendlicher und weiblicher Arbeiter, welche der Unterlassung der Anzeige thatsächlich nachfolgt, vielmehr setzt sich die Uebertretung des Anzeigegebots so lange fort, bis die Anzeige erfolgt ist. Urth. des Reichsg. v. 21. Dez. 1883, Entsch. in Strafs. Bd. 9 S. 353. Vergl. auch Komm. S. 252 Bem. 4.

§ 151. Sind bei der Ausübung des Gewerbes polizeiliche Vorschriften von Personen übertreten worden, welche der Gewerbetreibende zur Leitung des Betriebes oder eines Theiles desselben oder zur Beaufsichtigung bestellt hatte, so trifft die Strafe diese letzteren. Der Gewerbetreibende ist neben denselben strafbar, wenn die Uebertretung mit seinem Vorwissen begangen ist, oder wenn er bei der nach den Verhältnissen möglichen eigenen Beaufsichtigung des Betriebes oder bei der Auswahl oder der Beaufsichtigung der Betriebsleiter oder Aufsichtspersonen es an der erforderlichen Sorgfalt hat fehlen lassen.

1. Für den Bergbau hat nur der vorstehende Abs. 1 des § 151 Bedeutung; Abs. 2 handelt von dem Verluste der auf der G. O. beruhenden Konzession, Approbation und Bestallung als Folge einer von dem Stellvertreter des Gewerbetreibenden begangenen Uebertretung polizeilicher Vorschriften.

2. Die jetzige Fassung des Abs. 1 beruht auf der Novelle v. 1. Juni 1891 Art. VI Nr. 11, während Abs. 2 unverändert geblieben ist. Motive S. 58, 59, Komm.-Ber. S. 108 bis 110, stenogr. Ber. S. 2468, 2807.

3. Die Bestimmungen des Abs. 1 sind von großer Tragweite für die strafrechtliche Verantwortlichkeit einerseits der Betriebsleiter und Aufsichtspersonen und andererseits der Gewerbetreibenden selbst, gewähren aber im Uebrigen Abhülfe gegen Härten und Mißstände, welche sich bei Anwendung des § 146 Abs. 1 in der früheren Fassung ergeben hatten. Die Bestimmungen lauteten nämlich früher:

> „Sind polizeiliche Vorschriften von dem Stellvertreter eines Gewerbetreibenden bei Ausübung des Gewerbes übertreten worden, so trifft die Strafe den Stellvertreter; ist die Uebertretung mit Vorwissen des verfügungsfähigen Vertretenen begangen worden, so verfallen beide der gesetzlichen Strafe."

Unter diesem „Stellvertreter" wurde im Sinne des § 45 G. O. nur derjenige verstanden, welcher an Stelle des mit dem Gewerbebetriebe sich nicht befassenden Geschäftsherrn das Gewerbe in seiner Gesammtheit ausübt. Urth. des Reichsg. v. 22./25. Juni 1886, Entsch. in Strafs. Bd. 14 S. 240. Nur wenn ein solcher Stellvertreter polizeiliche Vorschriften ohne Vorwissen des Gewerbetreibenden übertreten hatte, wurde letzterer strafrechtlich nicht mit verantwortlich gemacht; dagegen traf auch ihn die strafrechtliche Verantwortlichkeit bei polizeilichen Uebertretungen seiner Betriebs- und Aufsichtsbeamten. Durch die jetzigen Bestimmungen des Abs. 1 ist die Verantwortlichkeit der Gewerbetreibenden wesentlich gemildert und auf dasjenige Maß beschränkt, welches ihrer durch die thatsächlichen Verhältnisse gegebenen Stellung zum Betriebe entspricht. Hiernach bleiben die Gewerbetreibenden — neben den den Betrieb oder einen Theil desselben leitenden oder beaufsichtigenden Personen — strafbar, wenn sie die Uebertretung wissentlich geschehen ließen; ferner haften dieselben für Verschulden bei der Auswahl oder der Beaufsichtigung der Betriebsleiter und Aufsichtspersonen und außerdem (nach dem Vorschlage der Reichstagskomm.) für Verschulden bei der Beaufsichtigung des Betriebes, letzteres jedoch nur, wenn und soweit nach den Verhältnissen diese eigene Beaufsichtigung ihnen möglich ist. Wie in den Motiven noch besonders hervorgehoben ist, wird aus der Verpflichtung zur Sorgfalt bei der Auswahl und Beaufsichtigung des vorbezeichneten Personals auch folgen, daß der Gewerbeunternehmer in der Regel nicht straflos bleibt, wenn derselbe Beauftragte wiederholt einer Uebertretung schuldig befunden wird, da hieraus auf den Mangel an jener Sorgfalt geschlossen werden muß.

Auf den Bergbau finden die Grundsätze des § 151 Abs. 1 insoweit Anwendung, als derselbe den Bestimmungen der Gewerbeordnung überhaupt unterliegt.

V. Koalitionsrecht.

§ 152. Alle Verbote und Strafbestimmungen gegen Gewerbetreibende, gewerbliche Gehülfen, Gesellen oder Fabrikarbeiter wegen Verabredungen und Vereinigungen zum Behufe der Erlangung günstiger Lohn- und Arbeitsbedingungen, insbesondere mittelst Einstellung der Arbeit oder Entlassung der Arbeiter, werden aufgehoben.

Jedem Theilnehmer steht der Rücktritt von solchen Vereinigungen und Verabredungen frei, und es findet aus letzteren weder Klage noch Einrede statt.

1. Die beiden das Koalitionsrecht behandelnden §§ 152 u. 153 G. O. bestehen, unberührt von der Novelle v. 1. Juni 1891, in der seitherigen Fassung fort.

Gemäß § 154a finden dieselben auch auf den Bergbau Anwendung. Das im § 244 B. G. einstweilen aufrecht erhaltene Verbot der Koalition war bereits durch die G. O. v. 1869 aufgehoben. Vergl. Komm. S. 260 Bem. 1.

2. Die Aufhebung der früheren Verbote und Strafbestimmungen durch § 152 Abs. 1 bezieht sich nur auf Verabredungen und Vereinigungen, welche die „Erlangung günstiger Lohn- und Arbeitsbedingungen" bezwecken. Ist der Zweck ausschließlich oder nebenbei ein anderer, so bewendet es bei den gesetzlichen Bestimmungen über das Vereins- und Versammlungsrecht. Urth. des R. G. v. 10. Nov. 1887, Entsch. in Straff. Bd. 16 S. 383. Die öffentliche Aufforderung zum Ungehorsam

gegen Strafgesetze und bürgerliche Gesetze fällt unter den § 110 St. G. B.; die auf dem § 152 beruhende Koalitionsfreiheit wird hierdurch nicht beseitigt. Urth. des Reichsg. v. 3. Dezbr. 1889 u. 3./15. Jan. 1891, Entsch. in Strafs. Bd. 20 S. 63, Bd. 21 S. 304; Z. Bd. 31 S. 264, Bd. 32 S. 532. Vergl. auch Urth. des Reichsg. v. 28. Nov./3. Dez. 1889 u. 2. Febr. 1891, Entsch. in Strafs. Bd. 20 S. 150, Bd. 21 S. 355.

3. Neukamp, „Vertragsbruch und Ueberschichten", Z. Bd. 30 S. 500, behandelt hierbei auch die Frage der Koalitionsfreiheit und schlägt ergänzende Strafvorschriften vor.

§ 153. Wer Andere durch Anwendung körperlichen Zwanges, durch Drohungen, durch Ehrverletzung oder durch Verrufserklärung bestimmt oder zu bestimmen versucht, an solchen Verabredungen (§ 152) Theil zu nehmen oder ihnen Folge zu leisten, oder Andere durch gleiche Mittel hindert oder zu hindern versucht, von solchen Verabredungen zurückzutreten, wird mit Gefängniß bis zu drei Monaten bestraft, sofern nach dem allgemeinen Strafgesetz nicht eine härtere Strafe eintritt.

1. Vergl. vorstehend Bem. 1 zu § 152.

2. Der § 153 stellt die Fälle unter Strafe, in welchen das nach § 152 erlaubte Koalitionsrecht durch Anwendung körperlichen Zwanges, durch Drohungen, Ehrverletzung, Verrufserklärung mißbraucht wird, vorausgesetzt, daß nach dem allgemeinen Strafgesetze nicht eine härtere Strafe eintritt. Eine Idealkonkurrenz im Sinne des § 73 St. G. B. kann z. B. zwischen dem § 240 des letzteren und dem § 153 eintreten. Urth. des Reichsg. v. 2. Nov. 1888, Entsch. in Strafs. Bd. 10 S. 619.

3. Ueber die Strafbarkeit des Versuches sowie über die Begriffe „Drohung" und „Ehrverletzung" vergl. die im Komm. S. 260 Bem. 2 angeführten Urtheile. Was die „Drohung" betrifft, so ist durch Urth. des Reichsg. v. 19. Okt. 1886, Entsch. in Strafs. Bd. 14 S. 387, entschieden, daß die Strafbarkeit dadurch nicht ausgeschlossen wird, daß das angedrohte Uebel an sich kein widerrechtliches war, z. B. die begründete Denunziation wegen eines Vergehens.

4. Die Zuwiderhandlungen gegen den § 153 sind „Vergehen" im Sinne des § 1 Abs. 2 St. G. B. und nach den Bestimmungen des letzteren gemäß der ausdrücklichen Vorschrift des § 145 Abs. 1 G. O. zu behandeln. Die Strafverfolgung verjährt demgemäß in drei Jahren, § 67 St. G. B.

Dritte Abtheilung.

Berg-Gewerbegerichte.

I.

Durch das Reichsgesetz, betr. die Gewerbegerichte, v. 29. Juli 1890 sind die Gewerbegerichte und insbesondere auch die Berg-Gewerbegerichte in dem Sinne zu einer reichsrechtlichen Einrichtung erhoben worden, daß dieselben nach Maßgabe der Bestimmungen dieses Gesetzes in den einzelnen Bundesstaaten je nach Bedürfniß von den zuständigen Behörden der Kommunal- und der Staatsverwaltung errichtet werden können. Abgesehen von dem Königreiche Sachsen ist hiermit ein neues, aus den Kreisen der Betheiligten hervorgehendes und auf einer gleichen Vertretung der Arbeitgeber und der Arbeiter beruhendes Organ für die gewerbliche Rechtspflege geschaffen und der Arbeiterschutz-Gesetzgebung des Reiches hinzugefügt, um deren sozialpolitische Zwecke und Ziele fördern zu helfen.

In Sachsen bestanden bisher schon besondere Berg-Gewerbegerichte unter dem Namen „Berg-Schiedsgerichte". Die Einrichtung derselben beruht auf der Berggesetznovelle v. 2. April 1884 (Z. Bd. 25 S. 293), in deren §§ 68 bis 86 und 90 die einschlägigen Bestimmungen getroffen sind. Die Zuständigkeit der dort zur Zeit bestehenden fünf Berg-Schiedsgerichte erstreckt sich, mit Ausschluß des ordentlichen Rechtsweges, auf die Entscheidung von Streitigkeiten a. zwischen Knappschafts-Kranken- und Pensionskassen und deren Mitgliedern über die zu leistenden Beiträge und Unterstützungen; b. zwischen Bergwerksbesitzern und deren Arbeitern über Antritt, Fortsetzung oder Aufhebung des Arbeitsverhältnisses, gegenseitige Leistungen aus demselben, sowie Ertheilung oder Inhalt der Arbeitsbücher oder Zeugnisse. Um diese Berg-Schiedsgerichte dem Reichsgesetze v. 29. Juli 1890 (§ 80) anzupassen, hat es wesentlich nur einiger Aenderungen in Bezug auf die Wahl der Beisitzer bedurft; im Uebrigen ist die Einrichtung und Zuständigkeit derselben unverändert geblieben. Vergl. Wahle, Die Sächsischen Berg-Schiedsgerichte. Z. Bd. 32 S. 94.

Das Gesetz v. 29. Juli 1890 (R. G. Bl. S. 141, Z. Bd. 31 S. 426) steht seit dem 1. April 1891 in vollem Umfange in Kraft. Einen Ueberblick über seine Entstehungsgeschichte geben u. a. Dr. L. Wilhelmi u. Dr. M. Fürst, „Das Reichsgesetz, betr. die Gewerbegerichte, vom 29. Juli 1890.“ Berlin 1891. Einleitung S. XI ff.[1]). S. auch Z. Bd. 31 S. 449.

Die G. O. in der Fassung v. 1. Juli 1883 (R. G. Bl. S. 177) verwies im § 120a die dort bezeichneten Streitigkeiten der sebstständigen Gewerbetreibenden mit ihren Arbeitern zur Entscheidung vor die Gemeindebehörde, soweit für diese Angelegenheiten nicht besondere Behörden bestanden, gestattete jedoch, statt dessen durch Ortsstatut Schiedsgerichte mit der Entscheidung zu betrauen. In diesem Falle hatte die Gemeindebehörde das Schiedsgericht unter gleichmäßiger Zuziehung von Arbeitgebern und Arbeitern zu bilden. Wie die Erfahrung gelehrt hat, ist aber der Zweck dieser Bestimmungen aus mehrfachen Gründen nur sehr unvollkommen erreicht worden. Das Bedürfniß nach einer Ergänzung und Verbesserung des Gesetzes war daher nicht zu bestreiten (vergl. Z. Bd. 31 S. 449 ff.) und soll nunmehr durch das — den § 120a der G. O. aufhebende — Spezialgesetz v. 29. Juli 1890 befriedigt werden. Hierbei ist an dem seitherigen Grundsatze festgehalten, in erster Linie den Gemeinden und weiteren Kommunalverbänden sowohl die Vorfrage, ob ein Gewerbegericht in’s Leben zu rufen sei, als auch die Errichtung selbst zu überlassen, um auf diesem Wege zu erreichen, daß im Interesse einer ersprießlichen Wirksamkeit der Gewerbegerichte die örtlichen Einrichtungen und Bedürfnisse möglichst berücksichtigt werden. Andererseits hat man darauf Bedacht genommen, die wünschenswerthe größere Uebereinstimmung hinsichtlich der Einrichtung der Gewerbegerichte durch gesetzliche Vorschriften hierüber herbeizuführen. Ebenso ist Vorsorge getroffen, daß unter Umständen seitens der Landes-Zentralbehörde ein Zwang zur Errichtung von Gewerbegerichten gegenüber der ablehnenden Haltung von Gemeinden oder weiteren Kommunalverbänden ausgeübt werden kann.

Nur bezüglich des **Bergbaues** hat der Gesetzgeber insofern eine andere Stellung eingenommen, als zwar bei Errichtung von Gewerbegerichten seitens der kommunalen Verbände auch die Heranziehung des Bergbaues grundsätzlich zugelassen, jedoch mit Rücksicht auf die abweichenden Verhältnisse und Bedürfnisse mancher Bergbaubezirke einer anderweitigen Organisation der Vorzug gegeben und daher der Landes-Zentralbehörde die Befugniß beigelegt ist, von Amtswegen und unabhängig von den Kommunalverbänden die Errichtung besonderer Gewerbegerichte für den Bergbau (Berg-Gewerbegerichte) anzuordnen.

Im Uebrigen ist von einer **obligatorischen** Einführung der Gewerbegerichte und insbesondere auch der Berg-Gewerbegerichte für alle

---

1) Außer dieser ausführlichen kommentirenden Bearbeitung des Gesetzes sind zu demselben erschienen: die Kommentare von L. **Mugdan**, Berlin 1890, Dr. K. **Bachem**, Köln 1890, J. **Haas**, Göttingen 1891, Dr. G. **Schier**, Kassel 1891, Dr. G. **Stein**, Berlin 1891.

Theile des Reichsgebietes abgesehen, weil es hierzu an einem Bedürfnisse wie an den Voraussetzungen praktischer Durchführbarkeit fehlen würde.

Die regelmäßige und hauptsächlichste Aufgabe der Gewerbegerichte besteht nach § 1 des Gesetzes darin,

> „gewerbliche Streitigkeiten zwischen Arbeitern einerseits und ihren Arbeitgebern andererseits, sowie zwischen Arbeitern desselben Arbeitgebers"

zu entscheiden. In diesen Grenzen ist die Zuständigkeit der Gewerbegerichte im § 3 dahin näher festgestellt, daß zu derselben ohne Rücksicht auf den Werth des Streitgegenstandes Streitigkeiten gehören:

„1. über den Antritt, die Fortsetzung oder die Auflösung des Arbeitsverhältnisses, sowie über die Aushändigung oder den Inhalt des Arbeitsbuches oder Zeugnisses,
2. über die Leistungen und Entschädigungsansprüche aus dem Arbeitsverhältnisse, sowie über eine in Beziehung auf dasselbe bedungene Konventionalstrafe,
3. über die Berechnung und Anrechnung der von den Arbeitern zu leistenden Krankenversicherungsbeiträge (§§ 53, 65, 72, 73 des Gesetzes, betreffend die Krankenversicherung der Arbeiter, vom 15. Juni 1883, Reichs-Gesetzblatt S. 73),
4. über die Ansprüche, welche auf Grund der Uebernahme einer gemeinsamen Arbeit von Arbeitern desselben Arbeitgebers gegen einander erhoben werden."

„Streitigkeiten über eine Konventionalstrafe, welche für den Fall bedungen ist, daß der Arbeiter nach Beendigung des Arbeitsverhältnisses ein solches bei anderen Arbeitgebern eingeht oder ein eigenes Geschäft errichtet, gehören nicht zur Zuständigkeit der Gewerbegerichte."

Durch die Zuständigkeit eines Gewerbegerichts wird die Zuständigkeit der ordentlichen Gerichte ausgeschlossen (§ 5).

Weiter sind die Gewerbegerichte aber auch dazu ausersehen, „in Fällen von Streitigkeiten, welche zwischen Arbeitgebern und Arbeitern über die Bedingungen der Fortsetzung oder Wiederaufnahme des Arbeitsverhältnisses entstehen", auf Anrufen als Einigungsamt in Thätigkeit zu treten (§§ 61 bis 69).

Endlich liegt dem Gewerbegerichte die Verpflichtung ob, auf Ansuchen von Staatsbehörden oder vom Vorstande des Kommunalverbandes, für welchen es errichtet ist, „Gutachten" über gewerbliche Fragen abzugeben. Andererseits ist dasselbe in gleicher Weise berechtigt, in gewerblichen Fragen, welche die seiner Gerichtsbarkeit unterstehenden Betriebe berühren, „Anträge" an Behörden und an Vertretungen von Kommunalverbänden zu richten (§ 70).

Die Ausgestaltung der Gewerbegerichte zu Einigungsämtern ist als ein Versuch zu betrachten, durch Schaffung eines solchen — bei den Arbeiterausständen der neueren Zeit wiederholt vermißten — Organs sowie durch einige Bestimmungen über das Verfahren „eine friedliche Erledigung der zwischen Arbeitgebern und Arbeitern über die Bedingungen des Arbeitsvertrages entstandenen Meinungsverschiedenheiten zu erleichtern und die für beide Theile mit schweren Opfern verbundenen Arbeitseinstellungen thunlichst zu vermeiden oder, wo sie entstanden sind, möglichst rasch zu beseitigen". Motive S. 18, 19, Nr. 5 der Drucks. des Reichstags, Session 1890. Von Zwangsmitteln zur Vollstreckung der Schiedssprüche des Einigungsamtes sieht jedoch das Gesetz ab, da der Zweck die soziale Versöhnung, nicht die Herstellung des Friedens durch Gewaltmittel sei. (Komm.-Ber. S. 30, Nr. 51 der Drucks.)

Das Gesetz v. 29. Juli 1890 ist zunächst nur für die der Gewerbeordnung unterstellten Gewerbebetreibenden und deren Arbeiter bestimmt. Nach § 2 des Ges. gelten als Arbeiter im Sinne desselben „diejenigen Gesellen, Gehülfen, Fabrikarbeiter und Lehrlinge, auf welche der siebente Titel der Gewerbeordnung Anwendung findet". Ihnen gleichgestellt sind die gewerblichen Betriebsbeamten, Werkmeister und mit höheren technischen Dienstleistungen betrauten Angestellten, deren Jahresarbeitsverdienst an Lohn oder Gehalt zweitausend Mark nicht übersteigt.

Durch den § 77 ist aber die Errichtung von Gewerbegerichten unter gewissen Abweichungen von den übrigen Bestimmungen des Gesetzes auf den Bergbau ausgedehnt. Hierfür sind nach den Motiven (S. 40, 41; Z. Bd. 31 S. 453) die Erwägungen maßgebend gewesen, daß nach den Erfahrungen der jüngsten Vergangenheit die Anwendung des Gesetzes auch auf den Bergbau dringend wünschenswerth erscheine, daß jedoch die Eigenthümlichkeiten des Bergbaues und das öffentliche Interesse an einer zweckmäßigen Einrichtung der Gewerbegerichte für diesen wichtigen Industriezweig einige Abweichungen von den allgemeinen Bestimmungen erforderlich machen, und daß namentlich die Errichtung dieser Gewerbegerichte durch Ortsstatut nicht zweckmäßig sein würde, weil die Gemeinden den Bergbauverhältnissen im Allgemeinen nicht so nahe stehen, wie den Gewerbeverhältnissen im Uebrigen, weil ferner neben der Ortspolizei eine besondere Bergpolizei und eine mit den Bezirken der kommunalen und allgemeinen politischen Verwaltung sich nicht deckende Verwaltungseintheilung besteht, weil es sich endlich bei dem Bergbau um Unternehmungen handelt, welche vielfach nicht auf das Gebiet einer einzelnen Gemeinde beschränkt sind und häufig sogar die Grenzen der Kreise und selbst der Provinzen durchschneiden. Die Gewerbegerichte für den Bergbau müßten deshalb, wenn sie ihrem Zwecke entsprechen sollen, für diesen ausschließlich eingerichtet und örtlich an die für die Bergverwaltung bestehende Bezirkseintheilung angeschlossen werden. Eine zweckmäßige Eintheilung der Bezirke für die Berg-Gewerbegerichte könne aber nur von der Landes-Zentralbehörde nach einem einheitlichen Plane getroffen werden. Dieser Behörde werde daher die Errichtung der Gewerbegerichte für die Bergwerksbetriebe von vorn herein und unabhängig von einer vorgängigen Aufforderung an den betreffenden Kommunalverband (§ 1 Abs. 5 des Ges.) zu überlassen sein, woraus sich dann weiter die erforderlichen besonderen Vorschriften ergeben.

Dementsprechend hat der § 77, welcher bis auf die durch den Reichstag hinzugefügte Bestimmung unter Nr. 2 mit dem § 70 der Regierungsvorlage wörtlich übereinstimmt, folgende Fassung erhalten:

„§ 77. Auf Streitigkeiten der in Bergwerken, Salinen, Aufbereitungsanstalten und unterirdisch betriebenen Brüchen und Gruben beschäftigten Arbeiter mit ihren Arbeitgebern finden die Bestimmungen dieses Gesetzes mit der Maßgabe Anwendung, daß die Errichtung von Gewerbegerichten, deren Zuständigkeit auf die vorbezeichneten Betriebe beschränkt wird, unabhängig von den Voraussetzungen des § 1 Absatz 5 durch Anordnung der Landes-Zentralbehörde erfolgen kann.

Für die auf Grund der letzteren Bestimmung errichteten Gewerbegerichte gelten nachstehende besondere Vorschriften:

1. Die Bestimmung des letzten Satzes im Absatz 2 des § 6 findet keine Anwendung.
2. Durch die Zuständigkeit eines solchen Gerichts wird die Zuständigkeit anderer innerhalb seines Bezirkes bestehender oder später errichteter Gewerbegerichte ausgeschlossen.
3. Die Kosten der Gewerbegerichte werden, soweit sie in deren Einnahmen nicht Deckung finden, vom Staate getragen.
4. Der Vorsitzende und dessen Stellvertreter werden von der Landes-Zentralbehörde ernannt. Zur Bewirkung der Zustellungen können an Stelle der Gerichtsvollzieher oder Gemeindebeamten (§ 23 Absatz 2) andere Beamte verwendet werden.
5. Inwieweit den Arbeitgebern im Sinne der §§ 11 bis 13 die mit der Leitung eines Betriebes oder eines bestimmten Zweiges desselben betrauten Stellvertreter der selbstständigen Gewerbetreibenden gleichstehen, wird durch Anordnung der Landes-Zentralbehörde bestimmt.
6. Die Bestimmung des § 63 Absatz 3 findet, soweit sie sich auf Beisitzer bezieht, keine Anwendung."

II.

1. Der § 77 ist als die alleinige gesetzliche Quelle für die Ausdehnung des Gesetzes v. 29. Juli 1890 auf den Bergbau anzusehen; ohne den § 77 würde das Gesetz auf letzteren überhaupt keine Anwendung finden können. Im Wesentlichen verhält sich der § 77 zu den übrigen Bestimmungen des Ges. ebenso, wie der vom Bergbau handelnde § 154a der G. O. zu den übrigen Bestimmungen der letzteren; auch die Anwendbarkeit der G. O. auf den Bergbau beruht in der Hauptsache nur auf dem § 154a. Das Ges. v. 29. Juli 1890 steht mit der G. O. in dem

Zusammenhange eines Ausführungsgesetzes; dasselbe ist an die Stelle des früheren § 120a getreten und dazu bestimmt, die in letzterem niedergelegten Grundsätze über die Gewerbegerichte weiter auszubilden und nutzbarer zu machen. Demgemäß weist auch die Fassung des § 2 des Ges. darauf hin, daß die gewerbegerichtliche neue Einrichtung zunächst nur auf diejenigen Arbeiter berechnet ist, auf welche der siebente Titel der G. O. Anwendung findet. Wird aber der § 77 unter diesem Gesichtspunkte aufgefaßt, so ergiebt sich weiter, daß derselbe zwei auch in ihren rechtlichen Wirkungen getrennt zu haltende Bestimmungen einschließt. Erstens ist bestimmt, daß das Gesetz auch auf Streitigkeiten der „in Bergwerken, Salinen, Aufbereitungsanstalten und unterirdisch betriebenen Brüchen und Gruben" beschäftigten Arbeiter mit ihren Arbeitgebern Anwendung finden soll, woraus dann folgt, daß auch diese Betriebe einem allgemeinen, nach §§ 1 ff. errichteten Gewerbegerichte unterstellt werden können und in diesem Falle die besonderen Vorschriften unter Nr. 1 bis 6 des § 77 nicht anwendbar sind. Die zweite Bestimmung hat in der der Anwendbarkeit des Gesetzes beigefügten „Maßgabe" Ausdruck gefunden, daß Gewerbegerichte, deren Zuständigkeit auf die vorbezeichneten Betriebe „beschränkt" wird (Berg-Gewerbegerichte), durch Anordnung der Landes-Zentralbehörde errichtet werden können, ohne daß die Voraussetzungen des § 1 Abs. 5 vorzuliegen brauchen. Für diese Gewerbegerichte gelten die besonderen Vorschriften unter Nr. 1 bis 6.

Die Fassung des § 77 und der Motive hatte den Zweifel hervorgerufen, ob die der Landes-Zentralbehörde vorbehaltene Befugniß zur Errichtung besonderer Berg-Gewerbegerichte eine in der Weise ausschließliche sei, daß die Gemeinden und weiteren Kommunalverbände überhaupt nicht das Recht haben, einem von ihnen zu errichtenden Gewerbegerichte auch die im § 77 genannten Betriebe in der einen oder anderen Form zu unterstellen. Die Frage ist indeß inzwischen unter Hinweis auf die Entstehungsgeschichte des § 77 und aus anderen zutreffenden Gründen zu Gunsten der kommunalen Zuständigkeit auch amtlich entschieden worden. So umfaßt z. B. das für den Kreis Wetzlar errichtete allgemeine Gewerbegericht nach § 2 des am 19. Nov. 1891 Allerhöchst genehmigten Statuts auch den Bergbau des Kreises. Vergl. auch Wilhelmi u. Fürst Anm. 16 zu § 77, S. 300 bis 304.

2. Der redaktionelle Unterschied, daß im § 1 des Ges. von „gewerblichen Streitigkeiten", dagegen im § 77 schlechthin nur von „Streitigkeiten" die Rede ist, berechtigt nicht zu der Schlußfolgerung, daß die Thätigkeit der Gewerbegerichte bezüglich des Bergbaues auf noch andere, als die im § 3 bezeichneten Streitigkeiten habe ausgedehnt werden sollen. Wilhelmi u. Fürst S. 288, Z. Bd. 31 S. 458. Im Gegentheil ist die Zuständigkeit der Gewerbegerichte, soweit es sich um den Bergbau handelt, durch die Fassung des § 77 noch weiter eingeschränkt. Während

nämlich nach § 1 in Verbindung mit § 3 Nr. 4 die allgemeinen Gewerbegerichte auch Streitigkeiten „zwischen Arbeitern desselben Arbeitgebers" zu entscheiden haben, erklärt der § 77 die Bestimmungen des Ges. hinsichtlich des Bergbaues nur für anwendbar auf Streitigkeiten der „Arbeiter mit ihren Arbeitgebern". Die Materialien des Ges. geben keinen Aufschluß über diese auffällige Verschiedenheit. Sachlich begründet ist dieselbe nicht und nur auf einen Redaktionsfehler zurückzuführen, indem nach Aufnahme des erst vom Reichstage beschlossenen Zusatzes im § 1 („sowie zwischen Arbeitern desselben Arbeitgebers") die entsprechende Ergänzung des § 77 augenscheinlich übersehen worden ist. Die hierdurch entstandene Lücke im Gesetze wird indeß angesichts des klaren, formales Recht begründenden Wortlautes des § 77 gelegentlich nur im Wege der Gesetzgebung beseitigt werden können; vergl. Z. Bd. 31 S. 457, Wilhelmi u. Fürst S. 297. Bis dahin werden jene Streitigkeiten, soweit sie die in Bergwerken ꝛc. beschäftigten Arbeiter unter sich betreffen, vor die ordentlichen Gerichte zu verweisen seien. Dies gilt nicht bloß für die auf Grund des § 77 errichteten besonderen Berg-Gewerbegerichte, sondern auch für solche allgemeine Gewerbegerichte, welche den Bergbau mit in ihren Wirkungskreis gezogen haben, was daraus folgt, daß die Zuständigkeit auch dieser Gewerbegerichte bezüglich des Bergbaues lediglich auf den § 77 zurückgeführt werden kann; s. oben Bem. 1. Anders Wilhelmi u. Fürst S. 303, welche im letzteren Falle die erweiterte Zuständigkeit gemäß § 3 Nr. 4 des Ges. annehmen. Diese Ansicht derselben hat auch in dem vorerwähnten Statut für das Gewerbegericht des Kreises Wetzlar (§§ 1 u. 2) Ausdruck gefunden.

3. Die Aufzählung der Betriebe im Abs. 1 des § 77 („Bergwerke, Salinen, Aufbereitungsanstalten und unterirdisch betriebene Brüche und Gruben") deckt sich mit derjenigen in dem früheren § 154 und dem jetzigen § 154a G. O. und umfaßt den Bergbau im weiteren Sinne, mögen diese Betriebe im Uebrigen dem Berggesetze oder dem freien Verfügungsrechte des Grundeigenthümers unterworfen, der Aufsicht der Bergbehörden oder derjenigen der allgemeinen Polizei unterstellt sein. Vergl. oben S. 92. Auf andere als die hier bezeichneten Betriebe, z. B. die Hüttenwerke, kann die Errichtung besonderer Berg-Gewerbegerichte nicht ausgedehnt werden.

4. Nach § 1 Abs. 5 des Ges. kann die Errichtung eines allgemeinen Gewerbegerichts auf Antrag betheiligter Arbeitgeber oder Arbeiter „durch Anordnung der Landes-Zentralbehörde", jedoch nur dann erfolgen, wenn letztere vorher die betheiligten Gemeinden oder den weiteren Kommunalverband zur Errichtung aufgefordert hat, aber dieser Aufforderung innerhalb der gesetzlichen Frist nicht nachgekommen ist. Der § 77 Abs. 1 sieht von diesen Voraussetzungen ab, wenn es sich um Errichtung von Berg-Gewerbegerichten handelt. Da die Bezirke dieser

besonderen Gewerbegerichte sich nicht an die Begrenzung kommunaler Verbände, sondern an die für die Bergverwaltung bestehende Bezirkseintheilung anschließen sollen (s. oben S. 137), so verbietet sich hiermit von selbst eine vorgängige Aufforderung der im § 1 bezeichneten Art. Die Landes-Zentralbehörde, welche selbstständig über die Errichtung von Berg-Gewerbegerichten zu befinden hat, ist in Preußen der Minister für Handel und Gewerbe.

5. Die besonderen Vorschriften im Abs. 2 des § 77 haben nur für die durch Anordnung der Landes-Zentralbehörde errichteten Berg-Gewerbegerichte Geltung (s. Bem. 1) und finden ihre Begründung theils in der Sonderstellung dieser Gerichte, theils in den eigenartigen Zuständen des Bergbaues. Im Einzelnen ist hierzu Folgendes zu bemerken.

Zu Nr. 1. Der Absatz 2 des § 6 des Ges. lautet:

> „Die Landes-Zentralbehörde kann die örtliche Zuständigkeit eines von ihr errichteten Gewerbegerichts ausdehnen. Die betheiligten Ortsbehörden sind zuvor zu hören."

Handelt es sich in einem solchen Falle um ein Berg-Gewerbegericht, so liegt kein Bedürfniß vor, vorher die Ansicht der Ortsbehörden einzuholen, weil dieselben der Sache fernstehen. Der vorstehende zweite Satz findet daher bei den Berg-Gewerbegerichten keine Anwendung.

Zu Nr. 2. Diese Bestimmung beruht auf einem Vorschlage der Reichstagskommission (Ber. S. 35) und enthält eine sich aus dem Grundgedanken des § 77 nothwendig ergebende Ausnahme von dem — ebenfalls von der Kommission zugesetzten — Schlußsatze im § 1 Abs. 4 des Ges. Vergl. Wilhelmi u. Fürst S. 305, 306.

Zu Nr. 3. Nach § 8 des Ges. haben die Gemeinden oder weiteren Kommunalverbände die Kosten des Gewerbegerichts zu tragen, soweit sie in dessen Einnahmen ihre Deckung nicht finden. Anders bei den Berg-Gewerbegerichten. Da die Errichtung derselben den Gemeinden rc. entzogen und dem Staate vorbehalten ist, so mußte folgerichtig auch der Staatskasse die Bestreitung der Kosten mit jener Maßgabe auferlegt werden, wie dies unter Nr. 3 geschehen ist. Motive S. 41.

Zu Nr. 4. Bei dem allgemeinen Gewerbegerichte wird der Vorsitzende sowie dessen Stellvertreter gemäß § 11 Abs. 2 des Ges. durch den Magistrat oder die Gemeindevertretung oder die Vertretung des weiteren Kommunalverbandes gewählt. Statt dessen erfolgt nach Nr. 4 die Ernennung dieser Personen für Berg-Gewerbegerichte durch die Landes-Zentralbehörde. Letztere ist hierzu als diejenige Stelle berufen, von welcher die Errichtung der Berg-Gewerbegerichte ausgeht, und zudem würde es bei der Mehrzahl der zu errichtenden Berg-Gewerbegerichte an einer für den ganzen Bezirk zuständigen Kommunalbehörde fehlen. Motive S. 41. Für die ernennende Zentralbehörde sind die Vorschriften der §§ 10 u. 11 des Ges. ebenfalls maßgebend. Wilhelmi u. Fürst S. 306.

Es dient zur Beschleunigung des Geschäftsganges bei den Berg-Gewerbegerichten, daß dieselben für die Zustellungen anstatt der Gerichtsvollzieher oder Gemeindebeamten (§ 23 Abs. 2) auch andere Beamte verwenden „können". Als „Beamte" in diesem Sinne sind aber nur solche Personen anzusehen, welche vermöge ihrer amtlichen Eigenschaft geeignet sind, Zustellungen mit rechtlicher Wirksamkeit zu besorgen. Wilhelmi u. Fürst S. 307.

Zu Nr. 5. Der § 14 des Ges. bestimmt:

> „Den Arbeitgebern stehen im Sinne der §§ 11 bis 13 die mit der Leitung eines Gewerbebetriebes oder eines bestimmten Zweiges desselben betrauten Stellvertreter der selbstständigen Gewerbetreibenden gleich, sofern sie nicht nach § 2 Absatz 2 als Arbeiter gelten."

Nach § 2 Abs. 2 gelten aber als Arbeiter im Sinne dieses Gesetzes „Betriebsbeamte, Werkmeister und mit höheren technischen Dienstleistungen betraute Angestellte, deren Jahresarbeitsverdienst an Lohn oder Gehalt 2000 ℳ. nicht übersteigt. Für die Berg-Gewerbegerichte ist an die Stelle der vorstehenden Regelung durch das Gesetz diejenige durch Verwaltungsverordnung getreten, weil, wie die Motive (S. 42, Z. Bd. 31 S. 454) ausführen, die unmittelbare Anwendung der Vorschrift des § 14 auf die für die Bergwerksbetriebe errichteten Gewerbegerichte nicht überall zweckmäßig sein und zu vielen Zweifeln führen würde. Die der Landes-Zentralbehörde unter Nr. 5 eingeräumte Befugniß ist indeß ebenfalls der Beschränkung unterworfen, daß Betriebsbeamte 2c., deren Jahreslohn oder Jahresgehalt 2000 ℳ. nicht übersteigt, den Arbeitgebern nicht gleichgestellt werden können, weil sie eben nach § 2 Abs. 2 zu den „Arbeitern" im Sinne des Gesetzes gehören und in Folge dessen nur die den Arbeitern zustehenden gesetzlichen Rechte ausüben können. Zu dieser Klasse von Angestellten sind aber auch, soweit es sich um das Gesetz v. 29. Juli 1890 handelt, die bei dem Bergbau angestellten Betriebsbeamten 2c., deren Jahresarbeitsverdienst an Lohn oder Gehalt 2000 ℳ. nicht übersteigt, zu rechnen (s. oben S. 72 u. Fürst, Z. Bd. 34 S. 111), es sei denn, daß dieselben die Eigenschaft unmittelbarer Staatsbeamten besitzen.

Zu Nr. 6. Nach § 63 Abs. 3 des Ges. dürfen die Beisitzer und Vertrauensmänner des Einigungsamtes nicht zu den Betheiligten gehören. Diese Bestimmung ist, soweit sie sich auf die Beisitzer bezieht, durch Nr. 6 für die Berg-Gewerbegerichte außer Anwendung gesetzt. Hierfür ist namentlich maßgebend gewesen, daß Ausstandsbewegungen unter den Bergleuten erfahrungsmäßig sich häufig über den ganzen Bezirk des Gewerbegerichts erstrecken und es daher an Unbetheiligten für die Besetzung des Einigungsamtes mit Beisitzern der Regel nach fehlen wird. Motive S. 42, Z. Bd. 31 S. 455.

Auf die vorstehenden Punkte beschränken sich die Abweichungen in der Errichtung, Zuständigkeit und Organisation der Berg-Gewerbegerichte von den allgemeinen Gewerbegerichten. Im Uebrigen finden die Bestimmungen des Gesetzes in gleicher Weise auf jene wie auf diese Anwendung und sind daher auch für die „Anordnungen" maßgebend, durch welche von den Landes-Zentralbehörden Berg-Gewerbegerichte auf Grund des § 77 eingesetzt werden.

6. Was nun die Ausführung des § 77 in den einzelnen Bundesstaaten betrifft, so sind, abgesehen von der Anpassung der in Sachsen schon früher vorhandenen Berg-Schiedsgerichte an das Gesetz (s. oben S. 134), bis jetzt, soweit bekannt, nur in Braunschweig und Preußen besondere Gewerbegerichte für den Bergbau errichtet worden.

Unter dem Namen „Gewerbegericht für die Braunkohlengruben des Herzogthums Braunschweig" besteht dort auf Grund der „Anordnungen des Herzoglichen Staatsministeriums vom 27. September 1892" (vergl. Z. Bd. 34 S. 3 ff.) ein Berg-Gewerbegericht mit dem Sitze zu Helmstedt, dessen Gerichtsbezirk das ganze Herzogthum umfaßt. Vergl. Z. Bd. 34 S. 2.

In Preußen sind auf Grund des Erlasses des Ministers für Handel u. Gewerbe v. 10. August 1890 (Z. Bd. 33 S. 1) nach Anhörung betheiligter Arbeitgeber und Arbeiter zunächst und zwar vorwiegend für den Steinkohlenbergbau fünf Berg-Gewerbegerichte eingesetzt worden, nämlich:

1. zu Saarbrücken für die in den Kreisen Saarbrücken, Saarlouis, Merzig, Ottweiler und St. Wendel belegenen Steinkohlenbergwerke und die zugehörigen, unter der Aufsicht der Bergbehörden stehenden Betriebe, also für den vom Staate und von Privaten betriebenen Steinkohlenbergbau des preußischen Saarreviers. Anordnungen des Ministers für Handel u. Gewerbe v. 30. Juni 1893;

2. zu Aachen für den Steinkohlenbergbau der Bergreviere Aachen und Düren, einschl. der zugehörigen, unter der Aufsicht der Bergbehörden stehenden Betriebe. Anordnungen v. 27. Juli 1893;

3. zu Dortmund für die Bergwerke nebst zugehörigen, unter der Aufsicht der Bergbehörden stehenden Betrieben, die Salinen, Aufbereitungsanstalten und unterirdisch betriebenen Brüche und Gruben in den näher bezeichneten Theilen des Oberbergamtsbezirks Dortmund. Anordnungen v. 8. Juli 1893;

4. zu Beuthen O. S. für die in den Kreisen Tarnowitz, Beuthen, Zabrze, Kattowitz, Pleß, Rybnik, Ratibor und Gleiwitz belegenen Königlichen und Privat-Bergwerke, die zu denselben gehörigen, unter der Aufsicht der Bergbehörden stehenden Betriebe und die in diesen Kreisen belegenen Eisenerzförderungen. Anordnungen v. 6. Juli 1893;

5. zu Waldenburg für die in den Kreisen Landeshut, Waldenburg und Neurode belegenen Steinkohlenbergwerke und die zu denselben

gehörigen, unter der Aufsicht der Bergbehörden stehenden Betriebe. Anordnungen v. 25. Juli 1893.

Sämmtliche Berg-Gewerbeg. sind in Kammern eingetheilt; Saarbrücken hat deren 4, Aachen 2, Dortmund 16, Beuthen 9, Waldenburg 2. Die Anrufung als Einigungsamt ist einheitlich geregelt. Auch im Uebrigen stimmen die „Anordnungen" in allen die Verfassung und Thätigkeit der Berg-Gewerbeg. betreffenden Hauptstücken und zwar meistens wörtlich überein, während sie andererseits den durch die Verschiedenheit der Verhältnisse in den einzelnen Bezirken gebotenen Rücksichten gebührend Rechnung tragen. Als Beispiel vergl. die „Anordnungen" für das Berg-Gewerbegericht Dortmund, Z. Bd. 35 Heft 1.

7. Nach den „Anordnungen" (§§ 1 u. 3) gehören vor die Berg-Gewerbeg. in Preußen wie in Braunschweig, der Fassung des § 77 des Ges. entsprechend (s. oben S. 138), nur die gewerblichen Streitigkeiten zwischen den Arbeitern einerseits und ihren Arbeitgebern andererseits, nicht auch solche zwischen Arbeitern desselben Arbeitgebers. Ferner ist die sachliche Zuständigkeit der preuß. Berg-Gewerbeg. auf die Streitigkeiten beschränkt, welche im § 3 des Ges. unter Nr. 1 u. 2 bezeichnet sind (s. oben S. 136); die unter Nr. 3 daselbst aufgeführten Streitigkeiten über die Berechnung und Anrechnung der Krankenversicherungsbeiträge sind in den „Anordnungen" nicht enthalten, weil letztere nur solche Arbeiter betreffen, welche ausschließlich oder doch größtentheils nicht dem Krankenversicherungsgesetze, sondern den berggesetzlichen Vorschriften über die Knappschaftsvereine unterstellt sind.

In den „Anordnungen" für das braunschw. Berg-Gewerbeg. (§ 3) ist Nr. 3 des § 3 des Ges. durch eine Bestimmung ersetzt, nach welcher die Zuständigkeit sich auch auf Streitigkeiten „über die Anrechnung der von den Arbeitern zu leistenden Knappschaftsbeiträge" erstreckt. Mit Rücksicht auf die amtlichen Motive zu § 3 des Ges. (Drucksachen Nr. 5 S. 21) ist diese besondere Bestimmung als rechtlich zulässig, wenngleich als entbehrlich anzusehen. Vergl. übrigens Wilhelmi u. Fürst S. 297.

8. Von der erfolgten Errichtung eines Gewerbegerichts ist regelmäßig dem betreffenden Oberlandesgerichts-Präsidenten Mittheilung zu machen. Min.-Erlasse v. 15. u. 26. August 1892, Z. Bd. 33 S. 426.

9. Nach § 83 des Ges. haben die Landes-Zentralbehörden u. a. auch die „höheren Verwaltungsbehörden" in Angelegenheiten der Berg-Gewerbegerichte zu bezeichnen. Für Preußen ist durch den Min.-Erlaß v. 30. Juni 1893 (Z. Bd. 35 Heft 1) bestimmt, daß, soweit es sich um die Berg-Gewerbegerichte handelt, unter der Bezeichnung „höhere Verwaltungsbehörde" ausschließlich die Oberbergämter zu verstehen sind. Vergl. auch den Schlußsatz des § 83.

Vierte Abtheilung.

Erläuterungen und Zusätze zum Allgemeinen Berggesetze.

Zugleich Nachträge zum Kommentar.

Erster Titel.

Allgemeine Bestimmungen.

§ 1. Zu Bem. 5 lit. k. (S. 64[1]). 1. Bei der Beurtheilung, ob eine salzhaltige Quelle mit Rücksicht auf ihren Gehalt an Chlornatrium zur Darstellung von Kochsalz geeignet und mithin als „Soolquelle" im Sinne des § 1 B. G. zu behandeln ist, kommt es lediglich darauf an, ob vom Standpunkte des allgemeinen volkswirthschaftlichen Interesses die Gewinnung und Verarbeitung des salzhaltigen Wassers auf Kochsalz in jedem einzelnen Falle als ein vernünftiges Unternehmen anzusehen ist, welches im Sinne des Gesetzgebers die Ausscheidung aus dem Berechtigungsbereiche des Grundeigenthümers und die Verleihung eines besonderen Bergwerkseigenthums gerechtfertigt erscheinen läßt. Die Möglichkeit, einen Mindestgehalt oder einen Normalgehalt an Chlornatrium festzustellen, bei dessen Vorhandensein die Verleihbarkeit als „Soolquelle" unter allen Umständen gleichmäßig anzuerkennen wäre, erscheint ausgeschlossen. Beschl. des Oberb. Halle v. 11. Sept. 1888, Rekursbesch. v. 31. Okt. 1888 u. 21. März 1889, Z. Bd. 30 S. 395. Eine Quelle mit einem Kochsalzgehalte von nur 0,79 oder auch 0,986 % ist nicht als Soolquelle im Sinne des § 1 anzusehen. Rekursbesch. v. 13. Sept. 1890, Z. Bd. 32 S. 261.

2. Ein mit Bitumen imprägnirtes Schiefergestein (Brandschiefer), desgleichen ein Gestein mit einem Gehalt an reinem Kohlenstoff von nur 19,85 %, aber einem Aschengehalt von 75 % ist weder als Steinkohle, noch als Braunkohle oder Graphit im Sinne des § 1 B. G. anzusehen. Bescheide des Oberb. Bonn v. 7. April u. 13. Mai 1891, Z. B. 32 S. 402.

---

1) Die Verweisungen vor dem Texte beziehen sich auf die Paragraphen des Allgemeinen Berggesetzes, auf die Bemerkungen zu diesen Paragraphen im Kommentar und auf die Seitenzahl des letzteren.

Zweiter Titel.
Von der Erwerbung des Bergwerkseigenthums.

§ 3. Zu Bem. 1. S. 70. Bohrungen eines Bergwerkseigenthümers innerhalb des ihm verliehenen Feldes sind im Sinne des B. G. nicht als Schürfarbeiten, sondern als Betriebsarbeiten zu behandeln und unterliegen deßhalb den Vorschriften der §§ 135 ff. sowie des Tit. 3 Abschn. 2 B. G. Rekursbesch. v. 12. Sept. 1887, Z. Bd. 30 S. 121.

§ 4. Zu Bem. 1. S. 71. Auf einem Bahnhofsplanum, auch wenn dasselbe noch nicht vollständig hergestellt ist, sind Schürfarbeiten nach § 4 Abs. 1 unbedingt untersagt. Verf. des Oberb. Bonn v. 22. Juli 1889, Z. Bd. 30 S. 538.

Zu Bem. 5. S. 72, 73. Den Bergpolizeiverordnungen zum Schutze gemeinnütziger Mineralquellen sind hinzugekommen:

a. im O. B. A.-Bez. Bonn B. P. V. für die Mineralquellen des Bades Neuenahr v. 4. Okt. 1892, Z. Bd. 33 S. 430;

b. im O. B. A.-Bez. Clausthal B. P. V. für die Quellen des Bades Rehburg v. 27. April 1887, Z. Bd. 30 S. 273;

c. im O. B. A.-Bez. Breslau B. P. V. für die Wasserversorgung des oberschlesischen Industriebezirks zu Zawada bei Peiskretscham rc. v. 9. Sept. 1893, Z. Bd. 35 Heft 1.

§ 5. Zu Bem. 2. S. 77. Der Erlaubniß des Grundbesitzers bezw. der Ermächtigung der Bergbehörde zur Vornahme von Schürfarbeiten (Bohrungen) auf fremdem Grund und Boden (§§ 5 u. 8) bedarf es auch dann, wenn ein Bergwerkseigenthümer selbst oder durch Andere in seinem Felde nach Mineralien schürfen will, auf welche die Verleihung sich nicht erstreckt. Beschl. des Landg. Beuthen v. 22. Aug. 1891, Z. Bd. 33 S. 127.

§ 12. Zu Bem. 1. S. 85. Für die Annahme der Muthungen durch die Bergrevierbeamten (§ 12 Abs. 2) im O. B. A.-Bez. Breslau ist gegenwärtig die neueste Bekanntmachung v. 6. Dez. 1892 (Z. Bd. 34 S. 50) maßgebend.

§ 14. Zu Bem. 2. S. 90. Nach ständiger und wohlbegründeter Praxis gehört zu der „Bezeichnung des Fundpunktes" (§ 14 Nr. 3) bei Funden, welche mittelst Bohrlochs- oder Schachtbetriebes gemacht sind, auch die Angabe der Teufe, in welcher der Fund gemacht ist. Rekursbesch. v. 12. Sept. 1891, Z. Bd. 32 S. 538.

§ 15. Zu Bem. 6. S. 94. Der Nachweis des Minerals „auf seiner natürlichen Ablagerung" ist nicht als erbracht anzusehen, wenn am Fundpunkte in einer quarzigen Grauwackenschicht nur einzelne Bleiglanzkrystalle von $1/2$ bis $3/4$ cm Größe, sowie einzelne Einsprengungen von Bleiglanz in Gestalt von Funken und Nestchen bis zu Linsengröße vorgezeigt sind. Beschl. des Oberb. Bonn v. 28. Mai 1889, Z. Bd. 30 S. 538; ferner wenn am Fundpunkte nur schwache Spuren von Kupfererzen und ein Eisengehalt des Minerals nachgewiesen ist, welcher zur Darstellung von Eisen nicht ausreicht. Rekursbesch. v. 6. u. 10. Aug. 1892, Z. Bd. 34 S. 268, 137.

Zu Bem. 8 lit. d. S. 98. Durch den Nachweis des Fundes an einem anderen, z. B. höher gelegenen Punkte wird der die Lage des Fundpunktes betreffenden Voraussetzung des § 15 nicht genügt. Rekursbesch. v. 12. Sept. 1891, Z. Bd. 32 S. 538.

Zu Bem. 10 lit. b u. c. S. 99. 1. Ueber die zu einer sicheren Feststellung der Fündigkeit von Steinkohlenmuthungen bei Bohrungen dienende Bohr- und Spülmethode vergl. Min.-Erlaß v. 8. Aug. 1891 nebst Köbrich'schem Gutachten, Z. Bd. 32 S. 465.

2. Der Nachweis der Fündigkeit durch Zeugenaussagen oder Kontrollbohrlöcher ist zwar im Allgemeinen zulässig, soll jedoch nur ausnahmsweise Anwendung finden, während der Augenschein die Regel bildet. Rekursbesch. v. 15. Dez. 1892, Z. Bd. 34 S. 269.

3. Angaben von Zeugen über die Mächtigkeit eines erbohrten Kohlenfundes, welche sich nur auf die geringen Mengen der zu Tage geförderten Kohlenstückchen stützen und somit lediglich Vermuthungen sind, haben keine ausschlaggebende Bedeutung für den Nachweis der Fündigkeit (§ 15). Rekursbesch. v. 9. Juli u. 15. Dez. 1892, Z. B. 34 S. 271, 269.

§ 16. Alte Chroniken von zweifelhafter Zuverlässigkeit reichen ebenso wenig wie alte unbestimmte Beschreibungen oder die Volkssage als Beweismittel aus, um daraus eine Muthung auf das Goldvorkommen eines verlassenen Bergwerks (§ 16) gründen zu können. Beschl. des Oberb. Clausthal v. 28. Dez. 1892, Z. Bd. 34 S. 272.

§ 17. Zu Bem. 11. S. 109. Unter Aufhebung der Bekanntm. v. 20. Sept. 1865 hat das Oberb. Breslau durch Verordn. v. 12. Febr. 1891, Z. Bd. 32 S. 274, bestimmt, daß die Muthungs-Situationsrisse hinfort im Maßstab 1 : 10000 anzufertigen sind, und daß, wenn dabei für einzelne Theile der Feldesbegrenzung eine deutlichere Darstellung erforderlich erscheint, eine solche auf demselben Blatte im Maßstab von 1 : 2000 besonders zu geben ist.

Auch das Oberb. Dortmund hat durch Verordn. v. 3. August 1891, Z. Bd. 32 S. 467, unter Aufhebung aller entgegenstehenden bisherigen Vorschriften für den ganzen Umfang seines Verwaltungsbezirks den Maßstab der Muthungs-Situationsrisse auf 1 : 10000 festgesetzt und bestimmt, daß, wenn einzelne Theile der Feldesbegrenzung bezw. der Lage des Fundpunktes gegen dieselbe sich in diesem Maßstab nicht so deutlich darstellen lassen, „daß jeder Zweifel und Irrthum ausgeschlossen wird", diese Theile auf dem Risse besonders im Maßstab von 1 : 2000 darzustellen sind.

§ 19. Zu Bem. 3. S. 112. Auch in dem Falle ist das in

einer Muthung begehrte Feld nicht als ein „gesetzlich begehrtes" anzusehen und daher gegen Muthungen Dritter nicht geschlossen (§ 19 Abs. 2), wenn im Anschluß an den Fundpunkt Flächenräume von so geringfügiger Ausdehnung gebildet sind, daß die Möglichkeit der Eröffnung eines Bergbaues in denselben unbedingt für ausgeschlossen zu erachten ist. Diese Rechtsfolge trifft das begehrte Feld mit Einschluß des Fundpunktes. Rekursbesch. v. 7. Nov. 1891, Z. Bd. 34 S. 264.

§ 27. Zu Bem. 7 lit. n. S. 130. Die durch das Feld hindurch und, ohne dasselbe zu verlassen, zu messende Maximalentfernung je zweier Punkte der Begrenzung (§ 27 Abs. 2) braucht nicht in der Luftlinie — ungebrochen — gemessen zu werden, vielmehr ist auch die Messung vermittelst gebrochener gerader Linien zulässig. Rekursbesch. v. 1. Juli 1889, Z. Bd. 30 S. 538.

§ 28. Zu Bem. 1. S. 132. Hat sich bereits bei der ersten, nach den §§ 14 bis 16 B. G. vorzunehmenden Prüfung einer Muthung die Ungültigkeit derselben ergeben, so bedarf es der Schlußverhandlung (§ 28) nicht. Rekursbesch. v. 3. Aug. 1893, Z. Bd. 34 S. 533.

§ 41. Zu Bem. 3. S. 148. Wenn auch die Konsolidation der einzige gesetzliche Weg zur rechtlichen Vereinigung benachbarter Bergwerke ist, so ist doch die thatsächliche Vereinigung derselben in Bezug auf Betrieb, Verwaltung, Besteuerung und Statistik auch ohne vorherige Konsolidation zulässig. Min.-Bescheid v. 3. Dez. 1890, Z. Bd. 32 S. 262.

§ 42. Zu Bem. 1 Abs. 3. S. 148. Der „notariell oder gerichtlich beglaubigte Konsolidationsakt" kann nicht durch eine Privaturkunde mit notarieller oder gerichtlicher Beglaubigung der Unterschriften ersetzt werden. Rekursbesch. v. 11. Okt. 1888, Z. Bd. 30 S. 131.

§ 49. Zu Bem. 2 lit. b. S. 155. Ist die aus Gründen des öffentlichen Interesses für unzulässig erachtete Eintheilung in 1000 Kuxe zugleich als Voraussetzung einer Konsolidation von Bergwerken anzusehen, so muß auch die Bestätigung der Konsolidation versagt werden. Rekursbesch. v. 19. Nov. 1891, Z. Bd. 34 S. 274.

Dritter Titel.
Von dem Bergwerkseigenthume.

§ 50. Zu Bem. 1. S. 156. 1. Ueber den Begriff des Bergwerkseigenthums spricht sich in Uebereinstimmung mit Dernburg (vergl. Komm. S. 57) das Urth. des Oberl.-Ger. Köln v. 4. Juni 1892 aus. Rhein. Archiv Bd. 85 Abth. 1 S. 13, Z. Bd. 33 S. 538.

2. Auch nach dem älteren Bergrechte ist die Bergbauberechtigung ihrer Natur nach eine dingliche und, soweit nicht ein entgegengesetzter Willen des Verleihenden klar erhellt, ausschließliche. Urth. des Reichsg. v. 19. Okt. 1892, Z. Bd. 34 S. 382.

Zu Bem. 4. S. 157. Das Bergwerkseigenthum steht nicht bloß

gleichberechtigt neben dem Grundeigenthum, sondern erweist sich bei einer Kollision mit diesem als das stärkere. Urth. des Reichsg. v. 24. Okt. 1888, Z. Bd. 30 S. 101.

Zu Bem. 5. S. 157, 158. 1. Die Haftpflicht des Unternehmers einer nicht dem öffentlichen Verkehr dienenden Eisenbahn (Grubeneisenbahn) ist nicht nach dem § 25 des Eisenbahngeſ. v. 3. Nov. 1838 zu beurtheilen. Urth. des Reichsg. v. 15. Okt. 1891, Z. Bd. 34 S. 112.

2. Verliert eine Wasserhaltungsmaschine durch ihre Aufstellung auf einem Bergwerke nicht die Eigenschaft einer individuellen Sache, so kann im Bereiche des Allg. Landrechts rechtsverbindlich verabredet werden, daß das Eigenthum an dieser Maschine dem Fabrikanten verbleiben und erst nach vollständiger Zahlung des Kaufpreises auf den Bergwerksbesitzer übergehen soll. Urth. d. Reichsg. v. 4. Juli 1888, Z. Bd. 30 S. 84.

§ 51. Zu Bem. 7. S. 161. Obgleich bei der realen Feldestheilung (§ 51) die oberbergamtliche Bestätigung unerläßliche Vorbedingung für die Entstehung des abgesonderten selbstständigen Bergwerkseigenthums ist, so läßt sich doch aus dieser gesetzlichen Anordnung nicht folgern, daß ein Vertrag über die Abtretung eines Feldestheiles ohne diese Bestätigung unverbindlich sei und klagbare Rechte unter den Parteien nicht begründe. Urth. des Reichsg. v. 17. Jan. 1883, Daubenspeck, Bergrechtliche Entsch. des Reichsg. S. 60.

§ 52. Zu S. 169. Grundbuchordnung vom 5. Mai 1872. Die Amtsgerichte haben nach den ihnen ertheilten Anweisungen den Oberbergämtern nicht nur von der ersten Eintragung eines Bergwerks, sondern auch von jedem in das Grundbuch eingetragenen Wechsel in der Person des Eigenthümers, bei Gewerkschaften alten Rechts jedoch nur, wenn an die Stelle der ganzen Gewerkschaft ein anderer Eigenthümer tritt, Nachricht zu geben. Vergl. u. a. Verf. des Präsidenten des Oberl.-Ger. Hamm v. 10. April 1891, Z. Bd. 32 S. 275.

Zu Bem. 5. S. 173, 174. Berggrundbuch im Bereiche des rheinischen Rechts.

1. Ueber die Anlegung des Grundbuchs für die bereits bestehenden Bergwerke sind in den zur Ausführung des Ges. v. 12. April 1888 erlassenen allg. Verfügungen des Justizministers v. 21. Nov. 1888 und 11. Mai 1889 § 31 nähere Anordnungen getroffen. Just.-Min.-Bl. v. 1888 S. 303 u. v. 1889 S. 125, Z. Bd. 30 S. 156 u. 422.

Die Grundsätze für die Vertretung der Mitbetheiligten bei Anlegung des Grundbuchs für solche linksrheinische Bergwerke, welche auf Grund des franz. Bergg. v. 21. April 1810 verliehen sind, giebt die Verf. des Oberb. Bonn v. 17. Okt. 1890 an. Z. Bd. 32 S. 141.

2. Die Anlegung des Grundbuchs für die erst nach dem Inkrafttreten des Gesetzes v. 12. April 1888 verliehenen Bergwerke muß nach

§ 66 Abs. 3 sofort und zwar auch dann erfolgen, wenn im Uebrigen die Anlegung des Grundbuchs im Amtsgerichtsbezirke noch nicht angeordnet ist. Verf. des Präsid. des Oberl.-Ger. Köln v. 15. Nov. 1889, Z. Bd. 31 S. 146.

3. Nach den bei der ersten Anlegung der Grundbücher gemachten Erfahrungen bedurfte das Verfahren in manchen Punkten der Vereinfachung. Dieselbe ist im Wesentlichen herbeigeführt durch das

„Gesetz, betr. die im Geltungsbereich des rheinischen Rechts außerhalb des vormaligen Herzogthums Berg bestehenden Pfandschaften, sowie die Abänderung und Ergänzung des Gesetzes vom 12. April 1888 über das Grundbuchwesen und die Zwangsvollstreckung in das unbewegliche Vermögen im Geltungsbereich des rheinischen Rechts. Vom 14. Juli 1893." G. S. S. 185.

In den grundlegenden Bestimmungen des Hauptgesetzes ist durch diese Novelle nichts geändert, und soweit es sich um das Grundbuchwesen für die Bergwerke handelt, haben die eingetretenen Abänderungen und Ergänzungen überhaupt nur eine untergeordnete Bedeutung. Es kann daher auf die frühere Darstellung der Grundzüge des heutigen rheinischen Grundbuchwesens von Steinbrinck, Z. Bd. 30 S. 23, verwiesen werden. Vergl. auch Mügel, Das rheinische Grundbuchrecht. Gesetz v. 12. April 1888 ꝛc. 2. Aufl. 1892.

Zur Ausführung der Novelle ist die allg. Verfügung des Justizministers v. 26. Juli 1893 ergangen. Just.-Min.-Bl. Nr. 30 S. 239 bis 243.

Art. I der Novelle v. 14. Juli 1893 betrifft lediglich die im Pfandschaftsbesitz befindlichen Grundstücke und berührt das Bergwerkseigenthum nicht.

Im Art. II sind die §§ 42, 44, 45, 54 u. 68 des Ges. v. 12. April 1888 durch anderweitige, vorwiegend eine Erleichterung bezweckende Bestimmungen ersetzt; sie gehören zu den „Vorschriften über die erste Anlegung der Grundbücher" (Abschn. III des Ges.).

Der Art. III enthält die neu eingestellten §§ 5a, 5b, 46a, 59a u. 60a, welche ebenfalls hauptsächlich auf eine Vereinfachung des Verfahrens bei Anlegung des Grundbuchs berechnet sind.

Schließlich sind im Art. IV dem Kostentarif zum Ges. v. 12. April 1888 Uebergangsbestimmungen hinzugefügt.

Die vorbezeichneten Abänderungen und Ergänzungen des Ges. v. 12. April 1888 werden bei dem Bergwerkseigenthum voraussichtlich nur in vereinzelten Fällen zur Anwendung kommen, zumal die erste Anlegung der Berggrundbücher für den größeren Theil der im Bereiche des rheinischen Rechts gelegenen Bergwerke bereits vollendet ist.

Zu Bem. 8 lit. a. S. 175. Ein Vertrag über die Ueberlassung der Ausbeutung eines Bergwerks gegen Entgelt unterliegt als Pachtvertrag einem Stempel von $^1/_3$ % der Pachtsumme bezw. des Werthes der als solche anzusehenden Gegenleistung. Urth. des Oberl.-Ger. Köln v. 23. Nov. 1891 und des Reichsg. v. 26. Febr. 1892, Rhein. Archiv Bd. 84 Abth. 1 S. 39, Abth. 2 S. 103, Z. Bd. 33 S. 392, 529. Vergl. auch Urth. des Reichsg. v. 12. Juni 1890 u. 30. Okt. 1891, Z. Bd. 32 S. 248, Bd. 33 S. 388, sowie des Oberl.-Ger. Köln v. 27. April 1887, Z. Bd. 30 S. 537. Derselbe Grundsatz ist für Verträge angenommen, durch welche die Ausbeutung eines dem Verfügungsrechte des Grundeigenthümers unterliegenden Minerals gegen Entgelt überlassen ist. Der vereinbarte Zins ist als Pachtzins im Sinne des § 31 des Eigenthumserwerbsges. v. 5. Mai 1872 anzusehen. Urth. des Reichsg. v. 22. Sept. 1890 u. 3. Dez. 1892, Z. Bd. 32 S. 528, Bd. 34 S. 393.

§ 53. Zu S. 176. Gesetz, betr. die Zwangsvollstreckung in das unbew. Vermögen v. 13. Juli 1883. Der erste Absatz des das sog. geringste Gebot betreffenden § 54 dieses Gesetzes, lautend:

„Das geringste Gebot ist durch den Richter, nöthigenfalls mit Hülfe eines Rechnungsverständigen, dahin festzusetzen, daß durch dasselbe alle Realansprüche, welche der Forderung des betreibenden Gläubigers vorgehen, sowie die aus dem Kaufgelde zu entnehmenden Kosten des Verfahrens (§ 84) gedeckt werden"

hat am Schlusse folgenden Zusatz erhalten:

„Hierbei sind auch Vorrechte zu berücksichtigen, welche durch Vorrechtseinräumungen begründet und im Grundbuche eingetragen sind."

Gesetz v. 30. Mai 1893 § 1. G. S. S. 97.

§ 54. Zu Bem. 4. S. 187. Ueber die sachliche Begrenzung des Rechts des Bergwerkseigenthümers, die zur Aufsuchung und Gewinnung des Minerals „erforderlichen Vorrichtungen unter und über Tage" auszuführen, vergl. das die Benutzung einer natürlichen Höhle betreffende Urth. des Reichsg. v. 27. Okt. 1891, Entsch. in Civils. Bd. 28 S. 152, Z. Bd. 33 S. 135.

Zu Bem. 8. S. 187. 1. Aus der Ausdehnung des Aufsuchungs- und Gewinnungsrechts des Bergwerkseigenthümers auf die innerhalb seines Feldes befindlichen Halden eines früheren Bergbaues (§ 54 Abs. 2) folgt nicht, daß das in solchen Halden enthaltene Mineral dem auf der natürlichen Ablagerung vorkommenden Mineral auch für alle sonstigen Rechtsbeziehungen gleichzustellen sei. So kann dasselbe z. B. nicht als „anstehendes" Mineral im Sinne des § 2 des Strafges. v. 26. März 1856 (Komm. S. 533) behandelt werden. Urth. d. Reichsg. v. 20. Okt. 1888, Entsch. in Straff. Bd. 18 S. 188, Z. Bd. 30 S. 86.

2. Zum Verkaufe einer nicht in's Freie gefallenen Halde ist der Grundeigenthümer als solcher nicht berechtigt. Urth. des Reichsg. v. 7. Dez. 1888, Daubenspeck S. 71.

Zu Bem. 9. S. 188. Nach dem preuß. Berggesetze steht ebenso wenig wie nach dem franz. v. 21. April 1810 dem Bergwerkseigenthümer als solchem ein Recht zu auf ausschließliche Benutzung einer durch den Bergbau erschrotenen Quelle nach deren Ausfluß zu Tage; dieses Benutzungsrecht ist vielmehr lediglich nach Civilrecht zu beurtheilen. Urth. des Oberl.-Ger. Köln v. 4. Juni 1892, Rhein. Archiv Bd. 85 Abth. 1 S. 13, Z. Bd. 33 S. 538; Urth. des Reichsg. v. 29. Nov. 1892, Z. Bd. 34 S. 482.

§ 55. Zu Bem. 2. S. 189. Das Vorrecht zum Muthen aus § 55 Absatz 1 ist nicht auf solche Bergwerkseigenthümer beschränkt, deren Bergwerkseigenthum erst unter dem Allg. Bergg. verliehen worden ist. Rekursbesch. v. 2. März 1892, Z. Bd. 34 S. 266.

Zu Bem. 12. S. 191. Die bloße Möglichkeit eines Zusammenvorkommens von Mineralien im Sinne des § 55 Abs. 1 kann nicht für eine genügende Grundlage zum Erlaß einer nach dieser Vorschrift zu treffenden Entscheidung erachtet werden. Vorsteh. Rekursbescheid.

§ 58. Zu Bem. 2. S. 197 letzter Abs. Ueber die Errichtung und den Betrieb der Braunkohlen-Briketfabriken sind im Anschluß an die Bergpolizeiverordnung des Oberb. Halle v. 28. Mai 1887 auch für die Oberbergamtsbezirke Clausthal, Breslau und Bonn besondere, im Wesentlichen übereinstimmende Verordnungen erlassen worden, und zwar für Clausthal am 15. Juli 1890, Z. Bd. 31 S. 465, für Breslau am 15. Juni 1891, Z. Bd. 33 S. 12, für Bonn am 23. Jan. 1893, Z. Bd. 34 S. 178.

§ 59. Zu Bem. 2. S. 199. Zu den „Triebwerken" im Sinne des § 59 gehören auch Dampfhämmer in den Schmieden der Bergwerke. Sie unterliegen der gewerbepolizeilichen Genehmigung. Min.-Erlaß v. 28. Nov. 1891, Z. Bd. 34 S. 17.

Zu S. 201 bis 208. Dampfkessel.

1. Die „allgemeinen polizeilichen Bestimmungen über die Anlegung von Dampfkesseln", welche der Bundesrath auf Grund des § 24 der Gewerbeordnung am 29. Mai 1871 erlassen und sodann in einigen Punkten am 18. Juli 1883 u. 27. Juli 1889 abgeändert hatte, sind durch die neuen Bestimmungen des Bundesraths vom 5. August 1890 (R. G. Bl. S. 163, Z. Bd. 31 S. 458) aufgehoben und ersetzt worden. Dieselben behandeln den Bau, die Ausrüstung, Prüfung und Aufstellung der Dampfkessel und fügen besondere Vorschriften über die Lokomobilen und die Dampfschiffskessel bei; den Schluß bilden allgemeine Bestimmungen. In welchen Punkten diese neuen Bestimmungen von den früheren abweichen, ist in der Zeitschrift a. a. O. durch gesperrten Druck ersichtlich gemacht.

In unmittelbarem Zusammenhange mit den Bestimmungen v. 5. Aug. 1890 stehen die „Bestimmungen über die Genehmigung, Prüfung und Revision der Dampfkessel" (Z. Bd. 32 S. 46), welche in der Bundesrathssitzung vom 3. Juli 1890 von den verbündeten Regierungen vereinbart worden sind und hauptsächlich die grundsätzliche Freizügigkeit der Dampfkessel innerhalb des Reichsgebietes näher regeln. Dieselben sollten zufolge weiterer Einigung der verbündeten Regierungen auf dem Wege übereinstimmender Anordnungen in den einzelnen Bundesstaaten in Kraft gesetzt werden. Für Preußen ist dies durch den Erlaß des Ministers für Handel und Gewerbe vom 25. September 1890, (Min.-Bl. f. d. innere Verw. S. 223; Z. Bd. 32 S. 145) geschehen. Der Erlaß erläutert und regelt die Ausführung jener neuen reichsrechtlichen Vorschriften v. 3. Juli u. 5. August 1890. Modifizirt ist derselbe hinsichtlich der Stempelung der Dampfkesselnieten durch den Min.-Erlaß v. 30. Dez. 1891, Z. Bd. 33 S. 148.

2. Zur Ausführung des § 24 G. O., nach welchem zur Anlegung von Dampfkesseln die gewerbepolizeiliche Genehmigung der zuständigen Behörde und vor der Inbetriebsetzung die Abnahmeprüfung erforderlich ist, waren die näheren Vorschriften in der preußischen Anweisung zur Ausführung der G. O. v. 4. Sept. 1869 u. 19. Juli 1884 (Komm. S. 202) getroffen. Ferner war zu dem preußischen Gesetze, betr. den Betrieb der Dampfkessel, v. 3. Mai 1872 das Regulativ v. 24. Juni 1872 ergangen, durch welches das Verfahren bei den periodischen technischen Untersuchungen der Dampfkessel geordnet wurde (Komm. S. 206, 207). Diese Ausführungsbestimmungen sind nunmehr aufgehoben und ersetzt durch die von dem Minister für Handel und Gewerbe im Einverständnisse mit den Ministern des Innern und der öffentlichen Arbeiten erlassene, durch den Erlaß desselben Ministers vom 6. Mai 1893 in einigen Punkten abgeänderte

Anweisung, betreffend die Genehmigung und Untersuchung der Dampfkessel, vom 16. März 1892.

Min.-Bl. f. d. innere Verw. von 1892 S. 119 u. von 1893 S. 119; Z. Bd. 33 S. 303, Bd. 34 S. 421.

Diese neue Anweisung regelt, unter Zusammenziehung der früher getrennt behandelten Vorschriften, sowohl die Genehmigung der Dampfkessel und die vor deren Inbetriebsetzung vorzunehmenden technischen Prüfungen, als auch die wiederkehrenden Untersuchungen, welchen die im Betriebe befindlichen Dampfkessel unterworfen sind. Sie zerfällt in sechs Abschnitte: Allgemeine Bestimmungen (§§ 1 bis 6), Anlegung der Dampfkessel (§§ 7 bis 19), Inbetriebsetzung der Dampfkessel (§§ 20 bis 27), Prüfung nach einer Hauptausbesserung (§ 28), Regelmäßige technische Untersuchungen (§§ 29 bis 39), Gebühren §§ 40 bis 42), unter Beifügung einer Gebührenordnung. Nach § 43 ist dieselbe am 1. April 1892 in Kraft getreten.

3. Die wesentlichsten Abweichungen der neuen Bestimmungen von den seitherigen bestehen in Folgendem: Um das Genehmigungsverfahren

zu beschleunigen, ist von einem besonderen Bescheide abzusehen und die Genehmigungsurkunde alsbald auch dann auszufertigen, wenn die Genehmigung zwar nicht unbedingt nach dem Antrage des Unternehmers, aber unter Bedingungen ertheilt wird, mit welchen letzterer sich ausdrücklich einverstanden erklärt hat (§ 12 Abs. 2). Auf Grund der ordnungsmäßig bescheinigten Abnahmeprüfung darf der Dampfkessel ohne Weiteres in Betrieb gesetzt werden; einer noch besonderen Erlaubniß hierzu bedarf es nicht (§ 26 Abs. 1). Die Fristen für die wiederkehrenden technischen Untersuchungen sind theilweise verkürzt und namentlich diejenigen für die innere Untersuchung feststehender Dampfkessel von sechs auf vier Jahre herabgesetzt (§ 32). Außer den inneren und äußeren Untersuchungen sind regelmäßig wiederkehrende Wasserdruckproben vorgeschrieben, welchen die feststehenden Dampfkessel mindestens alle acht Jahre zu unterwerfen sind (§ 32). Die für die Dampfkessel-Untersuchungen zu entrichtenden Gebühren haben eine durchgreifende Neuregelung erfahren; hierdurch sind die hauptsächlich vom Kleingewerbe benutzten kleinen Dampfkessel entlastet worden. Vergl. den zu der Anw. v. 16. März 1892 gehörenden Circularerlaß von demselben Tage, Min.-Bl. f. d. innere Verw. S. 117.

4. Bezüglich der **Bergbehörden** enthält die Anweis. v. 16. März 1892, bezw. der abändernde Erlaß v. 6. Mai 1893 die nachstehenden besonderen Vorschriften:

Während für die Lokomotiven der Privatanschlußbahnen (§ 43 des Kleinbahnges. v. 28. Juli 1892) nur der Abschnitt II der Anweisung („Anlegung der Dampfkessel") Gültigkeit hat, unterliegen die übrigen Lokomotiven, insbesondere die Lokomotiven der **Bergwerksbahnen** (§ 51 a. a. O.) den Vorschriften der Anweisung im vollen Umfange. Erl. v. 6. Mai 1893 Nr. 1.

Die Ausführung der Prüfungen, Druckproben und Untersuchungen der Dampfkessel erfolgt, soweit sie nicht besonders bestellten Beamten übertragen ist, auf den „der Aufsicht der Bergbehörden unterstellten Betrieben" durch die Bergrevierbeamten und auf den Hüttenwerken des Staates durch die Leiter dieser Werke oder deren Vertreter. Anw. §§ 2, 3, 5, Erl. v. 6. Mai 1893 Nr. 2. Der Aufsicht der Bergbehörden unterstellt sind: die Bergwerke, Aufbereitungsanstalten und Salinen, auf welche das B. G. Anwendung findet, die linksrhein. Steinbrüche (§ 214 B. G.) und diejenigen nicht unter das B. G. fallenden unterirdischen Betriebe, welche auf Grund besonderer Anordnungen von Bergrevierbeamten beaufsichtigt werden.

Ueber die gewerbepolizeiliche Genehmigung zur Anlegung von Dampfkesseln (§§ 7 u. 8) beschließt „hinsichtlich der Dampfkessel in den der Aufsicht der Bergbehörden unterstellten Betrieben" das Oberbergamt. Anw. § 9, Erl. v. 6. Mai 1893 Nr. 3. Der Antrag auf Ertheilung der Genehmigung ist, je nachdem der Antragsteller einem Dampfkessel-Ueberwachungsvereine (§ 3) angehört oder nicht, bei dem zuständigen Vereinsingenieur oder bei dem zuständigen Bergrevierbeamten anzubringen. Anw. § 10, Erl. v. 6. Mai 1893 Nr. 4. Diese Stellen haben die technische Vorprüfung vorzunehmen und zu bescheinigen, wegen etwaiger Ergänzungen der Vorlagen mit dem Antragsteller unmittelbar in Verbindung zu treten und die Vorlagen sodann dem Oberbergamte als Beschlußbehörde vorzulegen. Anw. § 11, Erl. v. 6. Mai 1893 Nr. 5. An den Bergrevierbeamten gelangt auch die zweite Ausfertigung der oberbergamtlichen Genehmigungsurkunde (§ 16).

Die vor der Inbetriebsetzung der Dampfkessel vorzunehmenden Prüfungen (Konstruktionsprüfung, Wasserdruckprobe, Abnahmeprüfung) und die hiermit weiter verbundenen Geschäfte (§§ 20 ff.) liegen bei den den Bergbehörden unterstellten Dampfkesseln ebenfalls dem Bergrevierbeamten ob. Soll ein beweglicher Dampfkessel bei einem der Aufsicht der Bergbehörden unterliegenden Betriebe verwandt werden, so ist die Anzeige hiervon (§ 26) diesem Beamten zu erstatten.

Die regelmäßigen technischen Untersuchungen der Dampfkessel (§§ 29 ff.), auch der beweglichen (§§ 31, 37 Abs. 5), erfolgen auf den vorbezeichneten Werken (§ 2), insoweit nicht der Kesselbesitzer einem Dampfkessel-Ueberwachungsvereine (§ 3) angehört, durch den Bergrevierbeamten, in dessen Amtsbezirke die Kesselanlage sich befindet.

Die im § 32 vorgeschriebene Anzeige von Unterbrechungen des Betriebes eines Werkes und von der Wiedereröffnung desselben ist „für den Bereich der Bergverwaltung“ dem Bergrevierbeamten zu machen. Diese Anzeigepflicht wird bei dem Bergbau in der Regel mit der auf den §§ 66 u. 71 B. G. beruhenden Anzeigepflicht zusammenfallen. Wegen der Prüfungsfristen vergl. Erl. v. 6. Mai 1893 Nr. 7.

Ergiebt sich bei der Untersuchung eines „den Bergbehörden unterstellten“ Dampfkessels ein Zustand, welcher eine unmittelbare Gefahr einschließt, so hat der Bergrevierbeamte die Fortsetzung des Betriebes bis zur Beseitigung der Gefahr und Herstellung eines vorschriftsmäßigen Zustandes zu untersagen und kann, wenn er nicht „am Betriebsorte oder in dessen unmittelbaren Nähe“ seinen Sitz hat, die Ortspolizeibehörde zur Ueberwachung der von ihm angeordneten Außerbetriebsetzung eines Dampfkessels unter Mittheilung des Sachverhalts hinzuziehen (§ 36). Unter derselben Voraussetzung kann der Bergrevierbeamte die Unterstützung der Ortspolizeibehörde in Anspruch nehmen, wenn es sich um Abstellung der bei der Untersuchung eines Dampfkessels vorgefundenen Mängel und Unregelmäßigkeiten handelt (§ 38).

Die Vorschrift des § 39 über die von den Prüfungsbeamten an den Regierungspräsidenten zu erstattenden Jahresberichte findet „auf die den Bergbehörden unterstellten Dampfkessel“ keine Anwendung.

5. Die Festsetzung und Einziehung der Gebühren für die von Beamten des Staates ausgeführten Dampfkessel-Untersuchungen erfolgt bei Untersuchungen auf „Bergwerken, Aufbereitungsanstalten und Salinen" durch die Oberbergämter (§ 40). Den Bergwerken sind auch hier die linksrhein. Steinbrüche (§ 214 B. G.) gleichzustellen. Die Gebühren fließen mit Ausnahme derjenigen für Untersuchungen, welche, ohne in der Anweisung vorgeschrieben zu sein, auf Antrag des Kesselbesitzers erfolgen (Nr. III 3 der Gebührenordn.), zur Staatskasse. Die letzteren Gebühren sowie die nach Nr. IV das. zu erhebenden Reisekosten werden den Prüfungsbeamten überwiesen. Außerdem erhalten letztere (auch die Bergrevierbeamten) für die ihnen durch die Dampfkesseluntersuchungen ꝛc. erwachsene Mühewaltung und den Reisekostenaufwand eine feste Entschädigung, deren Betrag jährlich festgesetzt und bewilligt wird.

6. Eine erschöpfende Zusammenstellung der gesetzlichen und reglementarischen Bestimmungen über die Genehmigung und Prüfung der Dampfkessel enthält das neueste, gründliche Werk von G. Jäger, K. Gewerbe-Inspektor, „Handbuch für die Concessionirung und den Betrieb der Dampfkessel in Preußen." Bonn 1893.

§ 60. Zu Bem. 1. S. 209. Ein zu bergbaulichen Zwecken dienender Fluthgraben ist kein Hülfsbau im Sinne des § 60.

Zu Bem. 3. S. 210. Eine Störung oder Gefährdung „des eigenen Bergbaues des Anderen" im Sinne des § 60 Abs. 2 ist nicht bei jeder Verletzung der Interessen desselben, sondern nur dann anzunehmen, wenn aus der Anlage des Hülfsbaues eine ernstliche Behinderung des belasteten Bergwerksbesitzers in der Ausübung seiner gesammten Berechtsame oder eines wesentlichen Theiles derselben hervorgehen würde. Rekursbesch. v. 1. Sept. 1888, Z. Bd. 30 S. 412.

§ 68. Zu Bem. 1. S. 223. Der Umstand, daß ein bergpolizeilicher Einspruch gegen einen Betriebsplan gemäß § 68 nicht erhoben ist, schließt die Befugniß der Bergbehörde nicht aus, später zum Schutze einer Eisenbahn das Stehenlassen eines Sicherheitspfeilers anzuordnen. Beschl. des Oberb. Halle v. 10. Mai u. Rekursbesch. v. 5. Aug. 1890, Z. Bd. 32 S. 134, 136.

Zu Bem. 4. S. 224. Im Sinne des Min.-Erlasses v. 24. Sept. 1867 empfiehlt sich die Zuziehung von Vertretern der öffentlichen Verkehrsanstalten zu den Verhandlungen, welche vor der Festsetzung von Schutzmaßregeln stattzufinden haben (§§ 67 bis 69, 196, 198 ff.), in der Regel nur dann, wenn es sich entweder um den Schutz wichtiger Theile (Bauwerke ꝛc.) der Verkehrsanstalten oder um voraussichtlich weitgehende Entschädigungsansprüche handelt. Min.-Erlaß v. 14. Okt. 1891, Z. Bd. 33 S. 10.

§ 72. Zu Bem. 1 S. 226. Das Grubenbild besitzt Beweiskraft. Im Prozesse muß der Beweis der Unrichtigkeit desselben unter näherer

Darlegung der einzelnen Fehler von dem Gegner geführt werden. Urth. des Reichsger. v. 17. März 1888, Z. Bd. 30 S. 93. S. auch Bem. zu § 190 (Markscheider).

§ 74. Zu Bem. 2. S. 229. Es ist durch gesetzliche Vorschriften nicht ausgeschlossen und unterliegt auch an sich keinem Bedenken, für bestimmte, gegen einander fest abgegrenzte Theile eines Bergbaubetriebes (Tages- und eigentliche Grubenbetriebe) der Bergbehörde besondere selbstständige Betriebsführer namhaft zu machen. Rekursbesch. v. 12. Mai 1888, Z. Bd. 30 S. 124.

§ 76. Zu Bem. 2. S. 232. Wie weit die Verantwortlichkeit des Betriebsbeamten in Bezug auf die Beaufsichtigung der Bergarbeiter reicht, kann nur nach den Umständen des einzelnen Falles beurtheilt werden. Urth. des Reichsg. v. 17. Dez. 1888, Z. Bd. 30 S. 246.

Vierter Titel.

Von den Rechtsverhältnissen der Mitbetheiligten eines Bergwerks.

Zu S. 272. Zur Literatur des Gewerkschaftsrechts sind nachzutragen aus der Zeitschrift für Bergrecht: die Abhandlungen von Wahle Bd. 30 S. 39; Westhoff Bd. 30 S. 195 u. 291, Bd. 31 S. 196 u. 205, Bd. 32 S. 282, Bd. 33 S. 117, Bd. 34 S. 185; Hense Bd. 31 S. 88; Opet Bd. 34 S. 218, 293; ferner Arndt, Allg. Berggesetz, 2. Aufl. S. 115 bis 144; Klostermann-Fürst, Allg. Berggesetz S. 314 bis 400.

§ 94. Zu Bem. 7. S. 275. Die notarielle oder gerichtliche Form des Statuts kann durch bloße Beglaubigung der Unterschriften nicht ersetzt werden. Nach dem Gesetze, betr. Bestimmungen über das Notariat rc., v. 15. Juli 1890 (G. S. S. 229) § 4 ist jedoch die Zuziehung von Instrumentszeugen oder eines zweiten Notars an Stelle derselben bei Aufnahme solcher notariellen Verhandlungen nur noch erforderlich, wenn Personen, deren Erklärung beurkundet werden soll, blind, taub oder stumm sind. Bei schreibensunkundigen Personen hat der Notar einen Schreibzeugen zuzuziehen, § 6.

Zu Bem. 8. S. 275. Die Vorschrift im Abs. 2 des § 94 (Errichtung eines Statuts durch Dreiviertelmehrheit) kann als Vorschrift des öffentlichen Rechts durch private Vereinbarung nicht abgeändert werden; dasselbe gilt für die Abänderung eines Statuts. Rekursbescheide v. 10. Aug. 1892 u. 10. Febr. 1893, Z. Bd. 34 S. 278.

Zu Bem. 14. S. 279. Auflösung der Gewerkschaft. 1. Rechtswissenschaft und Rechtsprechung haben in neuerer Zeit zwar zur weiteren Durchbildung der Lehre von der Auflösung der Gewerkschaft wesentlich beigetragen, jedoch ist in wichtigen Einzelfragen eine Uebereinstimmung der Ansichten noch nicht erzielt.

Was die Auflösungsgründe betrifft, so erkennt Westhoff, Z.

Bd. 30 S. 195, abweichend von der herrschenden Ansicht, deren überhaupt nur zwei an, die Willensübereinstimmung der Mitglieder und die Aufhebung des Bergwerkseigenthums durch den Staat, läßt aber weder die Veräußerung des Bergwerks, noch die Vereinigung aller Kuxe in einer Hand, noch den Konkurs als Auflösungsgründe gelten.

Andererseits ist Westhoff, Z. Bd. 30 S. 291, der gegenwärtig vorherrschenden Ansicht beigetreten, nach welcher, wenn eine Auflösungsthatsache vorliegt, die Gewerkschaft zwar als Betriebs- und Erwerbsgemeinschaft zu bestehen aufhört, aber als Gewerkschaft in Liquidation rechts- und prozeßfähig fortbesteht, so lange noch sonstiges ungetheiltes Vermögen vorhanden ist. Vergl. Komm. S. 280. Fürst (Klostermann-Fürst S. 329, 330) theilt diese Ansicht und zwar namentlich auch für den — von ihm als Auflösungsgrund anerkannten — Fall der freiwilligen und zwangsweisen Veräußerung des Bergwerks einer Gewerkschaft. Aus dem Rekursbesch. v. 4. Sept. 1888, Z. Bd. 30 S. 126, kann ein entgegenstehender allgemeiner Grundsatz nicht entnommen werden. (Fürst S. 330).

Daß die Veräußerung des Bergwerks während des Prozesses nicht ohne Weiteres der Gewerkschaft die juristische Persönlichkeit und damit die Prozeßfähigkeit benimmt, ist ausgesprochen im Urth. des Reichsg. v. 3. April 1889, Z. Bd. 30 S. 351.

2. Die Frage, in welcher Weise die Ansprüche dritter Gläubiger gegenüber einer aufgelösten Gewerkschaft geltend zu machen sind, ist eingehend von Westhoff, Z. Bd. 31 S. 205, erörtert. Derselbe trennt die Fälle, in welchen die Geltendmachung erfolgt, so lange die Gewerkschaft sich noch in der Liquidation befindet, von den Fällen, in welchen der Anspruch auf Befriedigung erst erhoben wird, nachdem die Liquidation und die Vertheilung des Gewerkschaftsvermögens beendigt ist, sowie von den verschiedenen Fällen, in denen ein Liquidationsstadium der aufgelösten Gewerkschaft überhaupt nicht eintritt.

Das gegen die Gewerkschaft in Liquidation ergehende Urtheil macht, wie Westhoff, Z. Bd. 31 S. 196, weiter ausführt, zwar nicht formell, aber materiell Rechtskraft gegen die Gewerken.

Ueber die Verfolgung der Rechte der Gläubiger in dem besonderen Falle der Umwandlung einer Gewerkschaft in eine Aktiengesellschaft vergl. unten § 133.

Zu Bem. 14 Nr. 4. S. 284. 1. Wie das Reichsg. im Urth. v. 28. Nov. 1888, Entsch. in Civils. Bd. 23 S. 202, Z. Bd. 30 S. 242, entschieden hat, ist die Auflösung der Gewerkschaft neuen Rechts nicht schon in Folge der äußerlich nicht hervortretenden Thatsache, daß sämmtliche Kuxe in einer Hand vereinigt worden sind, sondern erst dann anzunehmen, wenn der jetzige Alleineigenthümer der Kuxe einen bestimmten, auf die Auflösung gerichteten Willen in äußerlich erkennbarer Weise kundgegeben hat. Das Reichsg. stützt diesen Grundsatz auf die §§ 177 ff. Th. II Tit. 6 A. L. R. und sieht diese Bestimmungen gerade hier als besonders praktisch und dem Verkehrsbedürfnisse entsprechend an. Ob letzteres, namentlich in den Beziehungen eines solchen Alleineigenthümers aller Kuxe zu der Bergbehörde unbedingt zutrifft, erscheint doch zweifelhaft. Fürst (Klostermann-Fürst S. 333) theilt die Ansicht des Reichsgerichts. In dem späteren Urth. d. Reichsg. v. 28. März 1890, Daubenspeck S. 167, bedurfte es bei der besonderen Lage des Falles der Entscheidung der Streitfrage nicht.

Westhoff, Z. Bd. 30 S. 195, und mit ihm Frankl, Z. Bd. 31 S. 329, sehen ebenfalls die Vereinigung aller Kuxe in einer Hand nicht als Auflösungsgrund an.

2. Bezüglich der Gewerkschaft alten Rechts verfährt die Verwaltungspraxis nach dem Grundsatze, daß dieselbe durch die Vereinigung sämmtlicher Kuxe in einer Hand ohne Weiteres zu bestehen aufhört und ein Alleineigenthümer an ihre Stelle tritt. Bescheid des Oberb. Halle v. 16. Mai u. Rekursbesch. v. 9. Aug. 1890, Z. Bd. 32 S. 137, 138.

Zu Bem. 14 Nr. 5. S. 286. Die Ansicht, daß die Eröffnung des Konkurses über das Vermögen der Gewerkschaft grundsätzlich als Auflösungsgrund für letztere zu gelten hat, findet eine weitere Unterstützung darin, daß nach dem Reichsgesetze, betr. die Gesellschaften mit beschränkter Haftung, v. 20. April 1892 (R. G. Bl. S. 477) auch bei dieser verwandten Gesellschaftsform die Auflösung „durch die Eröffnung des Konkursverfahren" (§ 60) erfolgt. Vergl. Neukamp, Kommentar zu diesem Gesetze, Berlin 1893, S. 219, 220.

Westhoff, Z. Bd. 30 S. 208 ff., erkennt dagegen den Konkurs als Auflösungsgrund für die Gewerkschaft deßhalb nicht an, weil der Konkurs als allgemeiner Auflösungsgrund für juristische Personen nicht gelte und die Bestimmung, derzufolge die Aktiengesellschaft 2c. durch die Konkurseröffnung aufgelöst werde, als lex specialis eine sinngemäße Anwendung auf die Gewerkschaft nicht zulasse. Fürst (Klostermann-Fürst S. 334) und Frankl, Z. Bd. 31 S. 329, theilen diese Ansicht; sie nehmen an, daß die Wirkung der Auflösung der Gewerkschaft nicht schon mit der Eröffnung, sondern erst mit der Aufhebung des Konkurses und auch im letzteren Falle nur zu verbinden sei, wenn alsdann die gesetzlichen Voraussetzungen für den Fortbestand der Gewerkschaft nicht mehr vorliegen.

§ 96. Zu Bem. 1. S. 287. Eine Aktiengesellschaft, welche in zwei verschiedenen Handelskammerbezirken je eine Schachtanlage betreibt, ist in beiden Bezirken wahlberechtigt und beitragspflichtig. Die Einschätzung beider Schächte durch diejenige Handelskammer, in deren Bezirke die Bergbaugesellschaft ihren Sitz hat, ist unzulässig. Urth. des Oberverw.-Ger. v. 14. März 1892, Entsch. Bd. 23 S. 279, Z. Bd. 34

S. 505. Derselbe Grundsatz gilt für Gewerkschaften, welche zu Handelskammerbeiträgen herangezogen werden. Vergl. auch Z. Bd. 11 S. 153.

Zu Bem. 2. S. 289, 290. Die Grundsätze, daß, wenn ein Bergwerk in den Bezirken verschiedener Gerichte liegt, dadurch ein mehrfacher „allgemeiner" Gerichtsstand der Gewerkschaft begründet wird, und daß durch Statut kein ausschließlicher, sondern nur ein zweiter Gerichtsstand der Gewerkschaft neben dem „allgemeinen" begründet werden kann, sind anerkannt in dem Urth. des Oberl.-Ger. Hamm v. 25. April 1893, Z. Bd. 34 S. 494.

§ 99. Zu Bem. 2. S. 293. 1. Der Grundsatz des § 99, daß für die Verbindlichkeiten der Gewerkschaft nur das Vermögen derselben haftet, findet auch auf die Gewerkschaften alten Rechts Anwendung, jedoch mit der auf allgemeinen Rechtsgrundsätzen beruhenden Beschränkung auf diejenigen Verbindlichkeiten, welche unter der Herrschaft des Allg. Bergg. entstanden sind. Fällt deren Entstehung schon vor diese Zeit, so ist die Haftbarkeit lediglich nach dem früheren Rechte zu beurtheilen und demnach unter Umständen auch der einzelne Gewerke persönlich haftbar.

2. Westhoff, Z. Bd. 32 S. 282, erörtert die Frage, ob das frühere Recht auch dann zur Anwendung kommt, wenn die Schuldverbindlichkeit zwar unter demselben entstanden ist, aber unter dem Allg. Bergg. noch fortwirkt und weiter erfüllt werden muß. Die Frage wird bejaht und daraus gefolgert, daß in diesem Falle der Gläubiger sich wegen der Schulden der Gewerkschaft an den einzelnen Gewerken nach Maßgabe seiner solidarischen oder ratirlichen Haftung, aber unter Umständen auch an die ganze Gewerkschaft halten kann.

3. Eine als solche nur mit ihrem Vermögen (§ 99) haftende Gewerkschaft alten Rechts kann dem Gläubiger nicht den Einwand entgegensetzen, daß nach den unter den Gewerken bestehenden Vereinbarungen ein Theil der Gewerken nicht zubußpflichtig sei. Urth. des Reichsg. v. 21. Mai 1885, Daubenspeck S. 98.

4. Die im Wege der Zwangsvollstreckung beantragte Eintragung der von einer Gewerkschaft alten Rechts geschuldeten Bergwerkssteuern und Sporteln im Berggrundbuche hat auf sämmtliche Kuxe zu erfolgen. Beschl. des Landg. Essen v. 22. Juni 1891, Z. Bd. 33 S. 256.

§ 101. Zu Bem. 1. S. 295. Die Untheilbarkeit der Kuxe schließt nicht aus, daß ein ideelles Miteigenthum mehrerer Personen an demselben Kux erworben wird. Die Gewerkschaft kann in diesem Falle in sinngemäßer Anwendung des § 37 Th. I Tit. 17 A. L. R. die Bestellung eines gemeinschaftlichen Bevollmächtigten verlangen. Hense, Z. Bd. 31 S. 108, Klostermann-Fürst S. 336. S. auch § 18 des Ges., betr. die Gesellschaften mit beschränkter Haftung, v. 20. April 1892.

Zu Bem. 2. S. 295. Die Praxis der Bergbehörden, der statutarischen Festsetzung der Kuxzahl auf 1000 wegen zu geringen Werthes des Bergwerks die Bestätigung zu versagen, ist „wohlbegründet." Die Bergbehörde ist befugt und verpflichtet, die Zulassung dieser Kuxzahl im öffentlichen Interesse von einer Prüfung und Berücksichtigung des Werthes des Bergwerks abhängig zu machen. Rekursbesch. v. 4. Sept. 1888 u. v. 19. Nov. 1891, Z. Bd. 30 S. 126, Bd. 34 S. 274. S. auch unten Bem. zu § 235a.

§ 102. Zu Bem. 2. S. 297. 1. Die Rechtsverhältnisse der Gewerkschaften in Ansehung der Gewinnvertheilung sind von denjenigen der Aktiengesellschaften und Genossenschaften ebenso verschieden, wie es die Rechte und Pflichten der Gewerken rücksichtlich der Theilnahme am Gewinn und Verlust des Unternehmens von denjenigen der Aktionäre und Genossenschafter sind. Der Regel nach ist die Festsetzung der Ausbeute ohne Zeitbeschränkung dem jedesmaligen Beschlusse der Gewerkenversammlung überlassen. Urth. des Reichsg. v. 11. März 1892, Gruchot's Beiträge Bd. 36 S. 694, Z. Bd. 33 S. 531.

2. Die Zubuße hat die rechtliche Natur der Einlage in das gewerkschaftliche Vermögen, nicht die eines Vorschusses, welcher bei dem Vorhandensein von Reinerträgen klagend zurückgefordert werden könnte. Urth. des Reichsg. v. 2. Nov. 1892, Z. Bd. 34 S. 121.

Zu Bem. 4. S. 298. Nach § 102 Abs. 2 sind die Gewerken verpflichtet, die Beiträge, welche „zum Betriebe" erforderlich sind, also die Betriebskosten nach Verhältniß ihrer Kuxe zu zahlen. Ueber den Begriff der „Betriebskosten" und der „laufenden" Betriebskosten vergl. Urth. des Reichsg. v. 5. März 1887, Z. Bd. 29 S. 222.

§ 103. Zu Bem. 2. S. 299. Gegen das Recht des Gewerken, nach seiner Wahl die Ausstellung eines Kuxscheins über jeden einzelnen Kux oder über eine Mehrheit derselben zu verlangen, haben sich Hense, Z. Bd. 31 S. 91, und Klostermann-Fürst S. 341 ausgesprochen. Es wird sich aber nicht verkennen lassen, daß ein gesetzlicher Zwang zur Ausfertigung eines besonderen Kuxscheins über jeden Kux unter Umständen erhebliche Unzuträglichkeiten mit sich bringen kann. Letztere würden alsdann nicht zu beseitigen sein, während die dem Gewerken gelassene Wahlfreiheit jederzeit die Möglichkeit giebt, den über eine Mehrheit von Kuxen ausgestellten Kuxschein im Bedürfnißfalle durch Kuxscheine über jeden einzelnen Kux zu ersetzen.

Zu Bem. 4. S. 300. Die Beibehaltung des auf den §§ 103 u. 121 beruhenden Rechtszustandes, nach welchem die Führung des Gewerkenbuchs und die Ausfertigung der Kuxscheine lediglich Sache der Gewerkschaft ist, wird auch von Hense, Z. Bd. 31 S. 89, und von Fürst (Klostermann-Fürst S. 341, 380) befürwortet.

§ 105. Zu Bem. 2. S. 301. 1. Ein einseitiges Schriftstück, durch welches Kuxe übertragen werden (§ 105), unterliegt dem für Cessionsakte vorgeschriebenen Stempel von 1,5 Mark. Die Erklärung des Cessionars, daß er die Cession annehme, ist weder nach Allg. Landrecht noch nach Code civil ein die Gültigkeit des Cessionsaktes bedingendes Formerforderniß. Urth. des Reichsg. v. 25. März 1890, Rhein. Archiv Bd. 81 Abth. 3 S. 136, Z. Bd. 32 S. 360. Vergl. auch Hense, Z. Bd. 31 S. 106, 107.

2. Hat ein Vertrag, durch welchen Kuxe des neuen Rechts gegen Entgelt übertragen werden, die rechtliche Natur eines Kaufvertrages, so unterliegt derselbe dem Kaufstempel. Urth. des Kammerg. v. 17. Okt. 1879, Johow, Jahrbuch Bd. 9 S. 213, Z. Bd. 32 S. 526. Auch das Reichsg. hat neuerlich (Urth. v. 13. April 1891, Entsch. in Civils. Bd. 28 S. 251, Z. Bd. 33 S. 372) angenommen, daß bei schriftlicher Uebertragung von Kuxen des neuen Rechts gegen eine bestimmte Geldsumme nicht der Cessions- sondern der Kaufstempel von $\frac{1}{3}$ % zu verwenden ist. Zwar sei die Uebertragung von „Forderungsrechten" nach preuß. Recht, wenn sie beurkundet ist, als Ueberlassung des „Eigenthums eines Rechts" im Sinne des § 376 Th. I Tit. 11 A. L. R., also als Cession aufzufassen; allein die Kuxe des neuen Rechts seien nicht Forderungsrechte im Sinne der §§ 7, 8, sondern unkörperliche „Sachen" im engeren Sinne des § 3 Th. I Tit. 2 A. L. R. Demnach sei einerseits die Uebertragung solcher Kuxe nicht Abtretung eines Forderungsrechts, „Cession", gemäß § 377 Th. I Titel 11 A. L. R., und andererseits stehe nichts entgegen, die Abtretung des Eigenthums derselben gegen eine bestimmte Geldsumme nach § 1 Tit. 11 als „Kauf" anzusehen.

Da in den Gründen des oben unter 1 angezogenen Urth. des Reichsg. v. 25. März 1890 in Uebereinstimmung mit der seither vorherrschenden Ansicht für unbedenklich erklärt ist, die landrechtlichen Vorschriften über „Cession" auch auf die Kuxe des neuen Rechts anzuwenden, so harrt die Frage, ob die Cession überhaupt als zulässige Rechtsform für die Uebertragung solcher Kuxe anzuerkennen sei, noch einer endgültigen Beantwortung. Schon jetzt wird indeß kein durchschlagendes Bedenken entgegenstehen, einen förmlichen Kaufvertrag über Kuxe des neuen Rechts auch als solchen gemäß jener neueren Entscheidung zu behandeln. Vergl. auch Klostermann-Fürst S. 350.

3. Thatsächlich und rechtlich anders liegt der durch Urth. des Reichsg. v. 30. Okt. 1891 (Rhein. Archiv Bd. 83 Abth. 2 S. 102, Z. Bd. 33 S. 388) entschiedene Fall. Hiernach ist ein Vertrag über die entgeltliche Uebertragung von Antheilen an einer ein Bergwerk pachtweise ausbeutenden „Civilgesellschaft" nicht dem Mobiliarkaufstempel, sondern dem Cessionsstempel von 1,5 Mark unterworfen.

Zu Bem. 6. S. 303. Ueber die Beglaubigung der Abtretungserklärung vergl. Hense, Z. Bd. 31 S. 106, Klostermann-Fürst S. 351.

Zu Bem. 7. S. 303. Die Ansicht, daß, wenn in Folge einer mehrfachen Abtretung desselben Kuxes eine Kollision vorliegt, der ältere Erwerber als Kuxeigenthümer behandelt und die Umschreibung im Gewerkenbuche für ihn bewirkt werden muß, wird getheilt von Hense, Z. Bd. 31 S. 110, 111, u. Fürst (Klostermann-Fürst S. 350).

Zu Bem. 9. S. 304. In der hier erwähnten Streitfrage tritt Fürst S. 354 der Ansicht bei, welche der Gewerkschaft das Kompensationsrecht nicht einräumt.

§ 106. Zu Bem. 2. S. 305. Auch Hense, Z. Bd. 31 S. 100, 101, spricht der Gewerkschaft auf Grund des § 106 nicht die „Berechtigung" zur Prüfung der Legitimation ihrer Mitglieder ab, legt derselben vielmehr die Befugniß bei, anstatt des als Gewerke im Gewerkenbuche Eingetragenen den wirklichen Kuxeigenthümer zuzulassen, wenn dieser sich als solcher ausweist und ersterer nicht widerspricht. Fürst (Klostermann-Fürst S. 352) theilt die entgegengesetzte Ansicht Klostermann's.

§ 112. Zu Bem. 5. S. 312. 1. Für die Benutzung von „Postzustellungsurkunden" sind gegenwärtig die §§ 26 und 41 der neuen Postordnung v. 11. Juni 1892 maßgebend. Amtsbl. des Reichs-Postamts S. 163.

2. Die Vorschrift, daß Einladungen zu Gewerkenversammlungen, wenn dieselben durch die Post bewirkt werden, gegen Postzustellungsurkunde erfolgen müssen (§ 112 Abs. 2), kann von den Gewerkschaften alten Rechts nicht durch statutarischen Beschluß abgeändert werden, weil § 94 Abs. 2 auf sie keine Anwendung findet. Beschl. des Oberb. Dortmund v. 13. März 1889, Z. Bd. 30 S. 399.

3. Dem jetzigen Reichsrechte und der feststehenden Praxis entsprechend bestimmen das hessische und das badische Bergg. (Art. 103 bezw. § 96), daß Gewerken, welche außerhalb des deutschen Reiches wohnen, zur Empfangnahme der Einladungen einen Bevollmächtigten „im Reichsgebiete" zu bestellen haben. Vergl. Bem. zu § 117.

§ 113. Zu Bem. 2 Abs. 2. S. 313. Durch Gewerkschaftsstatut (§ 94) kann der § 113 dahin abgeändert werden, daß zur Beschlußfähigkeit der Gewerkenversammlung nicht „die Mehrheit aller Kuxe" vertreten zu sein braucht. Rekursbesch. v. 4. April 1888, Beschl. des Landg. Dortmund v. 12. Juli 1888, Z. Bd. 30 S. 91, 92.

§ 114. Zu Bem. 4. S. 317. Vergl. unten Bem. zu § 230.

§ 115. Zu Bem. 3. S. 318. 1. Bei der Anfechtungsklage des § 115 handelt es sich nicht um Benachtheiligung der Interessen der Minderheit der Gewerken, sondern darum, ob der angefochtene Beschluß zum Besten der Gewerkschaft als solcher gereicht. Urth. des Oberl.-Ger. Hamm v. 4. Febr. 1893, Z. Bd. 34 S. 499.

2. Bei der Gewerkschaft alten Rechts ist der im Berggrundbuche eingetragene Kuxeigenthümer kraft seiner Eintragung legitimirt, an der

Gewerkenversammlung theilzunehmen und den Gewerkschaftsbeschluß gemäß § 115 anzufechten. Dies gilt auch für den Fall, daß die Eintragung auf Grund einer sog. fiduciarischen Eigenthumsübertragung stattgefunden hat. Urth. des Reichsg. v. 1. März 1893, Z. Bd. 34 S. 502.

Zu Bem. 6. S. 320. Die zu den wichtigsten gewerkschaftlichen Beschlüssen gehörende Wahl eines Repräsentanten oder Grubenvorstandes ist von der Anfechtungsbefugniß aus § 115 nicht ausgenommen. Urth. wie bei 1 zu Bem. 3.

Zu Bem. 7. S. 320. 1. In der Streitfrage, wer bei Anfechtung eines Gewerkschaftsbeschlusses nach § 115 den Beweis zu führen hat, ist das Oberl.-Ger. Köln der Ansicht beigetreten, nach welcher dem klagenden Gewerken der Beweis obliegt, daß der angegriffene Beschluß nicht zum Besten der Gewerkschaft gereicht. Urth. v. 4. April 1888, Rhein. Archiv Bd. 79 Abth. 1 S. 50, Z. Bd. 30 S. 535. Auch Fürst (Klostermann-Fürst S. 367) theilt diese Ansicht.

2. Für die — nach § 3 C. P. O. dem freien Ermessen des Gerichts vorbehaltene — Festsetzung des Werthes des Streitgegenstandes in Prozessen, in welchen ein Gewerkschaftsbeschluß von der Minderheit auf Grund des § 115 angefochten wird, ist als Grundsatz angenommen, daß als Streitgegenstand die Rechtsbeständigkeit des Gewerkschaftsbeschlusses, auf dessen Beseitigung die Absicht der Klage geht, anzusehen und hiernach, nicht aber lediglich nach dem Interesse der klagenden Minderheit, der Werth des Streitgegenstandes festzusetzen ist. Beschl. des Oberl.-Ger. Hamm v. 27. April 1887, Z. Bd. 29 S, 441; Wolff, Z. Bd. 30 S. 33. Unbestritten ist aber der Grundsatz nicht; vergl. Z. Bd. 29 S. 441.

§ 116. Zu Bem. 1. S. 322, 323. Die im § 116 an die „Anstellung" der Klage geknüpften Rechtswirkungen treten gemäß § 239 C. P. O. mit der nach § 230 das. erfolgenden „Erhebung" der Klage ein.

Zu Bem. 2. S. 323, 324. 1. Die Ansicht von Klostermann, daß nach der richterlichen Aufhebung des angefochtenen Mehrheitsbeschlusses die Verfügung über den Gegenstand dieses Beschlusses auf die verneinende Minderheit übergehe, theilt Fürst (Klostermann-Fürst S. 370) mit Recht nicht.

2. Durch die richterliche Aufhebung verliert der Beschluß seine rechtliche Wirksamkeit nicht nur gegenüber der Minderheit, welche denselben angefochten hat, sondern gegenüber sämmtlichen Gewerken. Andererseits müssen sämmtliche Gewerken die rechtskräftige Abweisung der Anfechtungsklage gegen sich gelten lassen. Vergl. auch Fürst a. a. O. S. 370.

§ 117. Zu Bem. 3. S. 325. Daß gegenwärtig unter „Inland" das „Reichsgebiet" zu verstehen ist, spricht wie das hessische (Art. 108), so auch das badische Bergg. (§ 99) aus. Vergl. Bem. 3 zu § 112.

§ 118. Zu Bem. 5. S. 326. Der von der Gewerkschaft auf

Zahlung einer Forderung in Anspruch genommene Schuldner kann die Legitimation des Grubenvorstandes nicht anfechten durch Ausstellungen gegen das Wahlprotokoll, welche sich nicht auf positive thatsächliche Behauptungen stützen. Urth. des Reichsg. v. 10. Juni 1881, Daubenspeck S. 153.

§ 119. Zu Bem. 3. S. 328. Da die mehreren Mitglieder eines Grubenvorstandes — sofern sie nicht „sammt oder sonders" zur Vertretung der Gewerkschaft von dieser ermächtigt sind — gemeinschaftlich handeln müssen, wenn die Gewerkschaft verpflichtet werden soll, so wird dieselbe, wenn ein Mitglied des Grubenvorstandes ausscheidet, durch Handlungen der übrig bleibenden Mitglieder in der Regel nicht verpflichtet. Urth. des Reichsg. v. 22. Febr. 1882, Daubenspeck S. 152.

Zu Bem. 4. S. 329. Vergl. Bem. zu § 123.

Zu Bem. 6. S. 329. Die Vertretungsbefugniß des Repräsentanten und Grubenvorstandes ist durch das Gesetz in der Weise geordnet, daß der gesetzliche Umfang der Vertretungsbefugniß zur Geltung kommt, wenn die Gewerkschaft nicht abändernde, einschränkende oder erweiternde Festsetzungen getroffen hat. Nicht in die Legitimationsurkunde aufgenommene Beschränkungen der gesetzlichen Vollmacht sind zwar dem gutgläubigen Dritten gegenüber unwirksam, stehen aber demjenigen entgegen, welcher in Kenntniß derselben mit dem Repräsentanten oder Grubenvorstande ein Rechtsgeschäft schließt. Urth. des Reichsg. v. 6. Juli 1892, Entsch. in Civils. Bd. 30 S. 194, Z. Bd. 34 S. 496, Daubenspeck S. 155.

§ 121. Zu Bem. 2. S. 331. 1. Hense, „Die Führung des Gewerkenbuchs", Z. Bd. 31 S. 88, theilt in einem lichtvollen Beitrage zu diesem wichtigen Theile der Geschäfte des Repräsentanten und Grubenvorstandes die — der bestehenden gesetzlichen Einrichtung günstigen — „praktischen Erfahrungen" mit und erörtert sodann die „Regeln für die Gewerkenbuchführung."

2. Die Vorschläge für die Einrichtung des Gewerkenbuchs sind vermehrt durch das von Hense, Z. Bd. 31 S. 97, 98, mitgetheilte einfache und von ihm auf Grund praktischer Erfahrung als ausreichend bezeichnete Formular. Nach demselben hat das Gewerkenbuch für jeden einzelnen, mit einer festen, fortlaufenden Nummer bezeichneten Kux ein besonderes Blatt; der Führung eines besonderen Nebenverzeichnisses der Kurscheine bedarf es nicht. Fürst (Klostermann-Fürst S. 342 ff.) hat, abgesehen von einigen Ergänzungen, die Klostermannschen Formulare beibehalten und zieht dieselben bei großen Gewerkschaften und häufigem Besitzwechsel vor.

§ 122. Zu Bem. 1. S. 332. Im Bereiche des rheinischen Rechts kann ein einzelnes Mitglied des Grubenvorstandes eine Gewerkenversammlung rechtsgültig berufen, sofern keine andere Vereinbarung besteht. Verf. des Oberb. Bonn v. 12. Febr. 1893, Z. Bd. 34 S. 535.

§ 123. Zu Bem. 1. S. 334. Der zwingende Inhalt der §§ 123 u. 124 besteht darin, daß der Repräsentant und Grubenvorstand unter allen Umständen zur Vornahme der dort bezeichneten Geschäfte berechtigt und verpflichtet ist, aber nicht darin, daß er der Gewerkschaft gegenüber der einzige zur Vornahme dieser Geschäfte Verpflichtete ist. Die Gewerkschaft ist befugt, ihren Grubendirektor mit der Empfangnahme aller Zustellungen und mit ihrer Vertretung (§§ 123, 124) zu beauftragen. Es bleibt aber den Behörden, Korporationen und Privatpersonen unbenommen, auch dann ihre Verfügungen und Schreiben an den Repräsentanten oder Grubenvorstand bezw. an das betreffende Mitglied des letzteren zu richten. Auch ist die Gewerkschaft, sofern nicht ihr Statut entgegensteht, befugt, dem Repräsentanten und dem Grubenvorstande innerhalb seines gesetzlichen oder statutarischen Geschäftskreises die Bestellung von Stellvertretern für die Vornahme einzelner Geschäfte zu überlassen. Rekursbescheide v. 17. April 1891, Z. Bd. 32 S. 402, 404.

§ 124. Zu Bem. 1. S. 335. Vergl. vorstehende Bem. zu § 123.

§ 125. Zu Bem. 1. S. 336. Vergl. § 119, zu Bem. 6, oben S. 165.

§ 127. Zu Bem. 1. S. 339. Da die Verpflichtung zur Bestellung eines Repräsentanten oder Grubenvorstandes nach § 117 der Gewerkschaft als solcher obliegt, so kann auch die Aufforderung der Bergbehörde zu dieser Bestellung, wie § 127 Abs. 1 vorschreibt, nur an die „Gewerkschaft" gerichtet werden, wenn die Nichtbefolgung der Aufforderung die im Abs. 2 vorgesehene Maßregel zur Folge haben soll. Hieraus erwächst aber für die Bergbehörde die Berechtigung und andererseits die Verpflichtung, beim Mangel eines Vertreters der Gewerkschaft die formell an die „Gewerkschaft" zu richtende Aufforderung den einzelnen Gewerken zuzustellen, selbstverständlich, soweit dieselben ihr bekannt sind oder mit den vorhandenen Mitteln, z. B. aus der Verleihungsurkunde, aus einem etwa schon geführten Gewerkenbuche oder (bei Gewerkschaften alten Rechts) aus dem Berggrundbuche, festgestellt werden können. Dagegen fehlt es an durchschlagenden Gründen für die Annahme, daß die Aufforderung mit voller Wirkung an jedes beliebige Mitglied der Gewerkschaft gerichtet werden könne. Anders Klostermann-Fürst S. 387, 388.

Zu Bem. 5. S. 340. Für die exekutivische Einziehung der einem interimistischen Repräsentanten von der Bergbehörde zugesicherten Belohnung (§ 127 Abs. 2) ist die Verordnung v. 7. Sept. 1879 (G. S. S. 591, Komm. S. 491) maßgebend.

§ 128. Zu Bem. 1. S. 340. Die einschränkende Auslegung, welche Klostermann dem § 128 gegeben hatte, ist von Fürst (Klostermann-Fürst S. 389) nicht aufrecht erhalten.

Zu Bem. 2. S. 341. Gemeinrechtlich gilt der Grundsatz, daß der Vollmachtsvertrag des Repräsentanten einseitig von einem Kontrahenten aufgehoben werden kann, wenn Umstände eingetreten sind, unter welchen vom Standpunkte der Billigkeit dem Mitkontrahenten die fernere Aushaltung des Vertrages nicht zugemuthet werden darf. Urth. des Reichsg. v. 25. Juni 1889, Entsch. in Civils. Bd. 23 S. 167, Z. Bd. 31 S. 124.

§ 130. Zu Bem. 4. S. 343. 1. Daß der Gewerke durch die zwangsweise Veräußerung seines Antheils nicht von der persönlichen Haftung für die ausgeschriebene Zubuße (§ 102) befreit wird, nimmt auch Fürst, abweichend von Klostermann, a. a. O. S. 353 an.

2. Der § 130 setzt voraus, daß der Verkauf der Kuxe behufs Befriedigung der Gewerkschaft wegen rückständiger Zubuße überhaupt rechtlich zulässig und ausführbar ist. Es können deßhalb der Gewerkschaft behufs ihrer Befriedigung nicht Kuxscheine über Kuxe überreicht werden, deren Veräußerung an Fremde durch Testament rechtsgültig verboten ist. Urth. des Oberl.-Ger. Hamm v. 7. Nov. 1888, Z. Bd. 30 S. 343.

3. Die Zubußforderung einer Gewerkschaft gegen einen Gewerken kann, abgesehen von anderweitiger Vereinbarung, nicht kompensirt werden mit einer Waaren- oder Wechselforderung des Gewerken gegen die Gewerkschaft. Urth. des Oberl.-Ger. Hamm v. 9. Febr. und des Reichsg. v. 29. Juni 1892, Z. Bd. 33 S. 254, 535; Westhoff, „Kompensabilität der Zubuße," Z. Bd. 33 S. 117.

4. Ist die Beschlagnahme von Kuxen alten Rechts (Verordn. v. 24. Jan. 1844, G. S. S. 52; § 16 des Zwangsvollstreckungsges. v. 13. Juli 1883, G. S. S. 131) im Berggrundbuche eingetragen, so hindert diese Beschlagnahme, so lange der Eintrag besteht, die Anheimstellung der Kuxe zum Verkaufe (§§ 130, 234). Urth. des Reichsg. v. 12. Jan. 1892, Z. Bd. 34 S. 115.

§ 131. Zu Bem. 2. S. 345. Den Grundsatz, daß der Gewerkschaft in Bezug auf die rückständigen Beiträge ein Vorzugsrecht auf Befriedigung vor den übrigen Gläubigern des Gewerken nicht zusteht, vertritt auch Fürst (Klostermann-Fürst S. 394).

Zu Bem. 5. S. 347. Darüber, daß die Gesammtzahl der Kuxe unverändert bleibt, wenn unverkäufliche Kuxe der Gewerkschaft als solcher zugeschrieben werden, vergl. Fürst a. a. O. S. 395, 396.

§ 133. Zu Bem. 1. S. 348. Den allgemeinen Gesellschaftsformen, welche den Mitbetheiligten eines Bergwerks neben der berggesetzlichen Gewerkschaft zur Verfügung stehen, um ihre gesellschaftlichen Verhältnisse zu regeln, hat das Reichsgesetz, betr. die Gesellschaften mit beschränkter Haftung, v. 20. April 1892 (R. G. Bl. S. 477) eine neue und sehr wichtige Form hinzugefügt. Durch dieses Gesetz ist eine Lücke im Gesellschaftsrecht, welche von Industrie und Handel namentlich in der neueren Entwickelungszeit vielfach empfunden wurde, in befriedigender Weise ausgefüllt worden. Die „Gesellschaft mit beschränkter Haftung" nimmt eine Mittelstellung ein zwischen der rein individualistischen, auf dem Grundsatze der Solidarhaft beruhenden Gesellschaft und der rein kapitalistischen Aktiengesellschaft. Für die wirthschaftliche Vereinigung von Intelligenz und Kapital ist hier eine neue Form gefunden, welche in anderen Staaten bis jetzt fehlt. Die bergrechtliche Gewerkschaft hat dieser Gesellschaftsform im Grundgedanken wie in Einzelbestimmungen zum Vorbilde gedient. Letztere kann nach Bedürfniß auch für Bergbauunternehmungen verwerthet werden, denn der § 1 des Gesetzes gestattet die Errichtung einer Gesellschaft mit beschränkter Haftung „zu jedem gesetzlich zulässigen Zwecke."

Zu Bem. 4. S. 349. Soll in Folge der Umwandlung einer Gewerkschaft neuen Rechts in eine Aktiengesellschaft ein Bergwerk im Grundbuche auf letztere umgeschrieben werden, so hat dieser Eigenthumsübergang die Auflassung (§ 1 des Ges. v. 5. Mai 1872, G. S. S. 443) zur nothwendigen Voraussetzung, und zwar auch dann, wenn bei der Umwandlung weder hinsichtlich der Personen, noch hinsichtlich ihrer Antheilsverhältnisse eine Veränderung eingetreten ist. Beschl. des Kammerg. v. 16. April 1890, Z. Bd. 32 S. 111. Diesem Beschlusse liegt die Auffassung zu Grunde, daß bei einer solchen Umwandlung ein anderes Rechtssubjekt (die als juristische Person aufzufassende Aktiengesellschaft) an die Stelle der ebenfalls mit juristischer Persönlichkeit ausgestatteten Gewerkschaft neuen Rechts trete. Die entgegengesetzte Ansicht hat indeß das Reichsg. (Urth. v. 9. Juli 1890 u. 9. Jan. 1892, Entsch. in Civils. Bd. 26 S. 334, Z. Bd. 32 S. 251, Bd. 33 S. 238) angenommen. Es bleibe hier das Rechtssubjekt dasselbe; ein Wechsel im Eigenthum finde nicht statt und ebensowenig eine Veränderung in den rechtlichen Beziehungen zu dritten Personen; die neue Gesellschaft bleibe den Gläubigern wie den Schuldnern der bisherigen Gewerkschaft gegenüber verpflichtet wie berechtigt nicht auf Grund einer Succession, sondern als dasselbe Rechtssubjekt in neuem Gewande. Vergl. auch Turnau, Grundbuchordnung Bd. 2 § 6. Anders Westhoff, Z. Bd. 31 S. 225. — Für den wirthschaftlichen Verkehr und die Beseitigung praktischer Schwierigkeiten ist die reichsgerichtliche Auffassung unstreitig von erheblichem Vortheile, obschon die gewichtigen rechtlichen Bedenken des Kammergerichts bestehen bleiben. Inzwischen ist auch das Landg. Halberstadt in seinem neueren Beschlusse v. 30. Jan. 1891, Z. Bd. 32 S. 385, der Auffassung des Reichsgerichts beigetreten.

Was die Stempelverwendung bei der Umwandlung einer Gewerkschaft neuen Rechts in eine Aktiengesellschaft und die hiermit verbundene Uebernahme von Aktien gegen Hingabe der Kuxe betrifft, so hat das Reichsgericht angenommen, daß ein „Anschaffungsgeschäft" im Sinne des Reichsstempelges. v. 29. Mai u. 3. Juni 1885 (R. G. Bl. S. 117 ff.) vorliegt und nach der Tarifnummer 4A ($^1/_{10}$ vom Tausend) stempelpflichtig ist. Urth. v. 22. Jan. 1891, Gruchot's Beiträge Bd. 35 S. 1173, Z. Bd. 33 S. 221. Es wird ausgeführt, daß das obige Urtheil v. 9. Juli 1890, wonach das Rechtssubjekt durch die Umwandlung sich nicht ändert, sondern dasselbe bleibt, nicht entgegenstehe. Dort handele es sich wesentlich um die Rechtsstellung der Aktiengesellschaft nach außen, ihre Beziehungen zu den Gläubigern und Schuldnern der umgewandelten Gewerkschaft, hier dagegen um die Rechte der betheiligten Gesellschafter und deren Beziehungen zur Gesellschaft. Die Umwandlung der Gewerkschaft in eine Aktiengesellschaft könne nur durch einen Vertrag oder eine sonstige Willenserklärung aller Betheiligten bewirkt werden; auf einen solchen Vertrag seien aber dieselben Erwägungen anwendbar, welche in wiederholten reichsgerichtlichen Entscheidungen zur Annahme eines Anschaffungsgeschäftes hinsichtlich der bei Simultangründungen übernommenen Aktien geführt haben.

§ 134. Zu Bem. 1. S. 350. Wie das hessische Bergg. Art. 125, so hat auch das badische § 114 die Worte „im Inlande" durch den gegenwärtig gleichbedeutenden Ausdruck „im Reichsgebiete" ersetzt. Vergl. Bem. 3 zu §§ 112 u. Bem. zu 117.

Zu Bem. 3. S. 350. Der von der herrschenden Ansicht abweichenden Annahme Klostermann's, daß auch außer den Fällen des § 133 die Bestellung eines Repräsentanten mit den Befugnissen der §§ 119 bis 126 sowohl seitens eines Alleinbesitzers als auch seitens einer Korporation, Aktiengesellschaft ꝛc. erfolgen könne, ist Fürst a. a. O. S. 399 nicht beigetreten.

Fünfter Titel.

Von den Rechtsverhältnissen zwischen den Bergbautreibenden und den Grundbesitzern.

Zu S. 352. Die neueren Bestrebungen aus Grundbesitzerkreisen, welche eine Einschränkung der Rechte des Bergbautreibenden gegenüber dem Grundeigenthum und eine Verschärfung der Entschädigungsverbindlichkeit desselben bezwecken, haben wiederholt zu Petitionen an den Landtag und Verhandlungen hierüber Anlaß gegeben, ohne daß jedoch seither die Nothwendigkeit und Zweckmäßigkeit einer solchen Abänderung des bestehenden Rechts allgemein hat anerkannt werden können. Vergl. Z. Bd. 17 S. 369 und 455, Bd. 21 S. 429, Bd. 31 S. 293.

§ 135. Zu Bem. 2. S. 354. Während § 135 auf das „Schürfen" im Sinne des § 3 keine Anwendung findet, unterliegen demselben Bohrungen im verliehenen Felde als Betriebsarbeiten. Vergl. Bem. zu § 3, S. 146.

Zu Bem. 4. S. 354. 1. Die Nothwendigkeit der nutzungsweisen Abtretung eines Grundstücks im Sinne des § 135 ist schon anzunehmen, wenn nach den Grundsätzen einer technisch und wirthschaftlich regelrechten Betriebsführung die Benutzung des Grundstücks erforderlich erscheint. Rekursbesch. v. 23. Febr. 1889, Z. Bd. 30 S. 404. Dasselbe gilt, wenn die Grundabtretung für eine Grubeneisenbahn in Anspruch genommen wird, deren Anlegung in der projektirten Weise technisch und wirthschaftlich richtig ist. Beschl. des Oberb. Halle u. des Bezirksaussch. Merseburg v. 6. Sept./17. Okt. 1890, Z. Bd. 33 S. 139; Rekursbesch. v. 2. Juni 1892, Z. Bd. 34 S. 287.

2. Die Nothwendigkeit der Abtretung eines Grundstücks zur Benutzung als Bergehalde wird dadurch aber nicht ausgeschlossen, daß der Bergwerksbesitzer noch eigenen, von Werksbeamten als Gärten benutzten Grund und Boden besitzt, auch nicht dadurch, daß auf dem vorhandenen eigenen Haldenplatze zwar Einrichtungen für eine größere Sturzhöhe getroffen werden können, die Ausführung derselben aber einen längeren Zeitraum beanspruchen würde. Rekursbesch. v. 26. Febr. u. v. 17. März 1892, Z. Bd. 34 S. 281, 285.

3. Die Nothwendigkeit der Grundabtretung für eine Entwässerungsanlage liegt gemäß § 135 vor, wenn letztere nach polizeilicher Anordnung erfolgen muß, um gemeinschädliche Senkungen und Versumpfungen innerhalb eines Grubenfeldes zu beseitigen und den weiteren Grubenbetrieb zu ermöglichen. Rekursbesch. v. 2. Juni 1892, Z. Bd. 34 S. 287.

Zu Bem. 7 lit. d. S. 356. Zu den Anlagen, deren Gestattung nach § 135 erzwungen werden kann, gehört auch die Einlegung eines Wasserleitungsrohrs, wenn diese Anlage zur Versorgung eines Bergwerks mit besserem Kesselspeisewasser nothwendig ist. Rekursbesch. v. 24. Nov. 1890, Z. Bd. 32 S. 270.

Zu Bem. 7 lit. e. S. 357. Die Grundabtretung kann nach § 135 auch für eine Drahtseilbahn verlangt werden, welche den doppelten Zweck hat, die Produkte eines Salzbergwerks den dieselben abnehmenden Fabriken regelmäßig zuzuführen und das zur Ausfüllung der unterirdischen Hohlräume des Bergwerks erforderliche Versatzmaterial herbeizuschaffen. Rekursbesch. v. 23. Febr. 1889, Z. Bd. 30 S. 404.

Zu Bem. 7 lit. g. S. 357. In Uebereinstimmung mit der das planmäßige Zubruchebauen der Oberfläche betreffenden Verwaltungs- und Gerichtspraxis hat das Reichsgericht grundsätzlich ausgesprochen, daß das Zubruchebauen der Oberfläche als eine nach den Grundsätzen über die Grundabtretung (§§ 135 ff.) zu behandelnde Benutzung des Grundstücks zum Grubenbetriebe nur dann angesehen werden kann, wenn bei dem Bruchbau auf Braunkohlen das Zubruchegehen der Oberfläche, unter welcher der Bergbau betrieben wird, als Mittel zum

Zwecke der Kohlengewinnung absichtlich herbeigeführt wird und für den planmäßigen Betrieb des Bergwerks technisch nothwendig ist. Fehlen diese thatsächlichen Voraussetzungen, so ist die Anwendbarkeit der §§ 135 ff. ausgeschlossen. Urth. v. 27. Okt. 1888, Z. Bd. 31 S. 248. Vergl. auch Rekursbesch. v. 16. Juli 1890, Z. Bd. 31 S. 418.

Zu Bem. 8. S. 358. Die Benutzung eines auf Grund des § 135 zwangsweise abgetretenen Grundstücks ist nur für diejenigen bergbaulichen Zwecke statthaft, welche sich in Beziehung auf das dem Bergwerksbesitzer verliehene Mineral aus dem § 135 ergeben. Rekursbesch. v. 6. Jan. 1889, Z. Bd. 30 S. 270. Diesem Grundsatze steht der andere Grundsatz nicht entgegen, nach welchem das Enteignungsrecht des Bergwerksbesitzers behufs Anlage eines Abfuhrweges für das ihm verliehene Mineral (einer Drahtseilbahn) dadurch nicht in Frage gestellt werden kann, daß diese Anlage nebenbei auch zur Abfuhr mitgewonnener, dem Berggesetze nicht unterliegender Mineralien benutzt werden könnte. Die Abwehr eines durch eine spätere derartige Nebenverwendung der Anlage etwa unberechtigten Eingriffs in das Privateigenthum gehört auf den Rechtsweg. Rekursbesch. v. 23. Dez. 1888, Z. Bd. 30 S. 269.

Zu Bem. 9 lit. d Nr. 1. S. 360. 1. Der wichtige Grundsatz, daß eine das Maß des gemeinüblichen und regelmäßigen Gebrauchs eines Privatflusses nicht überschreitende oder den Adjazenten nicht belästigende Zuleitung von Grubenwassern oder Abwässern einer Steinkohlenwäsche nicht untersagt werden kann, ist in mehreren neueren Fällen vom Reichsgericht wiederum angewandt, auch der Grundsatz wiederholt worden, daß dem wegen ungebührlicher Zuleitung von Grubenwassern in einen Privatfluß Belangten daraus ein Einwand nicht zusteht, daß ähnliche Zuleitungen auch durch Andere geschehen, oder daß die Zuleitung nur unter Mitwirkung anderer Ursachen bei der Verunreinigung nachtheilig wirke. Urth. v. 4. April u. 26. Mai 1888, Entsch. in Civils. Bd. 21 S. 298, 302, Z. Bd. 30 S. 254, 258; Urth. v. 2. Nov. 1892, Z. Bd. 34 S. 130. Vergl. auch Rekursbesch. v. 13. Mai 1891, Z. Bd. 32 S. 405, u. Urth. des Reichsg. v. 7. Dez. 1887, Daubenspeck S. 274.

2. Bei Entscheidung der Frage, ob eine das Maß des Gemeinüblichen und Gewöhnlichen überschreitende, zum Schadensersatze verpflichtende Zuleitung von Grubenwassern vorliegt, sind auch die örtlichen Verhältnisse zu berücksichtigen, so daß z. B. eine derartige Ueberschreitung anzunehmen ist, wenn die Einleitung der schädlichen Stoffe das Wasser für die landwirthschaftlichen oder gewerblichen Zwecke des Unterliegers unbrauchbar macht. Urth. des Oberl.-Ger. Köln v. 17. Dez. 1889, Rhein. Archiv Bd. 81 Abth. 1 S. 30, Z. Bd. 32 S. 119.

3. Der Klage auf Untersagung der das Maß des Gemeinüblichen überschreitenden Zuleitung von Grubenwassern in einen Privatfluß kann

der Bergwerksbesitzer den Einwand entgegensetzen, daß die Klage nur aus Chikane erhoben sei, indem Kläger durch das, worüber er sich beschwere, in keiner Weise beeinträchtigt werde. Der Kläger kann aber auch diesem Einwande dadurch begegnen, daß er selbst den Beweis einer Schädigung erbringt. Urth. des Reichsg. v. 26. Mai 1888, Daubenspeck S. 282.

4. Gegen die Zuführung von Grubenwassern in einen künstlich aufgeworfenen Graben hat der Grundeigenthümer schon an und für sich und nicht nur dann ein Widerspruchsrecht, wenn die Zuleitung das Maß des Gemeinüblichen übersteigt. Urth. des Oberl.-Ger. Hamm v. 23. Jan. 1892, Z. Bd. 33 S. 402. Vergl. auch Urth. des Reichsg. v. 3. April 1889 bei § 148 Bem. 8.

Zu Bem. 9 lit. d Nr. 2. S. 361. 1. Durch einen nachfolgenden Enteignungsbeschluß kann die dem Bergwerksbesitzer durch gerichtliches Urtheil auferlegte Beschränkung, die Grubenwasser nicht in schädlicher Beschaffenheit in einen Wasserlauf abzuleiten, unbeschadet etwaiger Entschädigungsansprüche, aufgehoben werden. Urth. des Reichsg. v. 5. Juli 1890, Z. Bd. 32 S. 121.

2. Ist die Nothwendigkeit der Mitbenutzung eines Wasserlaufes zur Abführung von Grubenwassern anerkannt, weil zur Zeit ein anderer Abfluß nicht hergestellt werden kann, so ist der Uferbesitzer nicht befugt, zu verlangen, daß die Enteignung nur für einen genau bestimmten Zeitraum ausgesprochen werde; er kann vielmehr nur die Wiederaufhebung des Enteignungsbeschlusses in Antrag bringen, wenn später die Nothwendigkeit der Mitbenutzung fortfällt. Beschl. des Oberb. Dortmund u. des Bezirksaussch. Arnsberg v. 4./30. Jan. 1889, Rekursbesch. v. 4. Jan. 1890, Z. Bd. 32 S. 265, 269.

§ 136. Zu Bem. 2. S. 363. Ist die Gefahr eines späteren Haldenbrandes als nahezu ausgeschlossen zu erachten, oder ist eine erhebliche Belästigung der Anwohner einer Bergehalde durch etwaige Brandgase nicht anzunehmen, so liegt in dieser Beziehung kein öffentliches Interesse vor, aus welchem die Abtretung eines zur Vergrößerung einer Bergehalde an sich nothwendigen Grundstücks gemäß § 136 Abs. 1 versagt werden kann. Rekursbesch. v. 26. Febr. u. v. 17. März 1892, Z. Bd. 34 S. 281, 285.

Zu Bem. 3. S. 363. 1. Ein Grundstück, auf welchem sich einige zum Betriebe einer Handziegelei dienende Baulichkeiten befinden, ist nicht als ein „mit Wohn-, Wirthschafts- oder Fabrikgebäuden bebauter“ Grund und Boden im Sinne des § 136 Abs. 2 anzusehen. Rekursbesch. v. 23. Febr. 1889, Z. Bd. 30 S. 404.

2. Die „erst beabsichtigte“ Anlage von Gebäuden der im § 136 Abs. 2 bezeichneten Art befreit nicht von der Abtretungsverbindlichkeit. Rekursbesch. v. 4. Juni 1890, Z. Bd. 31 S. 414.

§ 137. Zu Bem. 3. S. 364. 1. Bei Ermittelung der Entschädigung des Grundbesitzers für die entzogene Nutzung ist der Zustand des Grundstücks, wie er zur Zeit der Enteignung war, zu Grunde zu legen. Frühere, durch den Bergbau herbeigeführte Beschädigungen des Grundstücks sind nicht im Enteignungsverfahren zu berücksichtigen, sondern nach § 148 B. G. geltend zu machen. Urth. des Reichsg. v. 4. April 1883, Daubenspeck S. 182.

2. Ob die Entschädigung für die entzogene Nutzung eines verpachteten Grundstücks dem Pächter oder dem Eigenthümer des Grundstücks zusteht, hängt von dem Inhalte des zwischen beiden bestehenden Vertragsverhältnisses ab. Urth. d. Reichsg. v. 7. Nov. 1885, Daubenspeck S. 185.

Zu Bem. 4. S. 365. Die gesetzliche Verpflichtung zur Rückgabe des für bergbauliche Zwecke abgetretenen Grundstücks „nach beendigter Benutzung" (§ 137 Abs. 1) tritt nicht ein, wenn der Bergwerksbesitzer das Eigenthum des Grundstücks erworben hat (§ 138). Rekursbesch. v. 26. Febr. 1892, Z. Bd. 34 S. 281.

Zu Bem. 6. S. 366. Die Sicherheit, welche der Bergwerksbesitzer nach § 137 Abs. 2 auf Verlangen zu bestellen hat, ist für „angemessen" zu erachten, wenn sie die zur Zeit der Rückgabe des Grundstücks mögliche Werthsverminderung vollständig deckt. Urth. des Reichsg. v. 7. Mai 1890, Z. Bd. 30 S. 127.

Zu Bem. 9. S. 367. Von der gesetzlichen Befugniß, statt des Ersatzes des Minderwerthes die Erwerbung des Eigenthums des zu bergbaulichen Zwecken abgetretenen Grund und Bodens zu verlangen, (§ 137), kann der Grundeigenthümer auch dann Gebrauch machen, wenn die von dem Bergwerksbesitzer beanspruchte Grundabtretung durch Vertrag erfolgt ist und letzterer keine Bestimmung enthält, aus welcher eine vertragsmäßige Ausschließung jener gesetzlichen Befugniß des Grundeigenthümers hergeleitet werden könnte. Zur Begründung der Klage des letzteren auf diesen Eigenthumserwerb gehört der Nachweis, daß die Grundabtretung nothwendig gewesen sei, nicht; es genügt, daß die Abtretung zu denjenigen Zwecken, für welche das Berggesetz die Abtretungspflicht ausspricht, thatsächlich gefordert und erfolgt ist. Urth. des Reichsg. v. 9. Febr. 1889, Z. Bd. 30 S. 356.

§ 138. Zu Bem. 1. S. 368. Eine die Anlegung von Drahtseilbahnen für bergbauliche Zwecke wesentlich erleichternde Einschränkung des dem Grundeigenthümer in den §§ 138 u. 139 eingeräumten Rechts ergiebt sich aus nachstehendem Grundsatze: Tritt durch die Anlage und den Betrieb einer bergbaulichen, nur durch den Luftraum über einem fremden Grundstücke zu führenden bezw. geführten Drahtseilbahn eine unmittelbare Benutzung des Grundstücks überhaupt nicht ein, so daß der Eigenthümer von der Fortsetzung der bisherigen Bewirthschaftung dieses

Grundstücks oder einzelner Theil desselben nicht ausgeschlossen wird, so ist der Grundeigenthümer nicht berechtigt, im Enteignungsverfahren gemäß §§ 138 u. 139 von dem Bergwerksbesitzer die Erwerbung des Eigenthums an dem Grundstücke oder an Splißtheilen desselben zu verlangen. Beschl. des Oberb. Bonn u. des Bezirksaussch. Aachen v. 26. Okt./2. Nov. 1888, Rekursbesch. v. 20. Febr. 1889, Z. Bd. 30 S. 401.

Zu Bem. 2. S. 369. Im Enteignungsverfahren kann der Anspruch des Grundeigenthümers auf Erwerbung des Eigenthums des abzutretenden (§ 138) bezw. des ganzen Grundstücks (§ 139) nicht erst in der Rekursinstanz geltend gemacht werden. Rekursbesch. v. 2. Nov. 1886 u. 26. Okt. 1889, Z. Bd. 29 S. 134, Bd. 31 S. 413. Unbeschadet dieses Grundsatzes ist es aber für zulässig zu erachten, daß die erforderliche behördliche Genehmigung eines im Enteignungstermine von einem Gemeindevertreter gestellten Verlangens auf Erwerbung des Eigenthums des Grundstücks erst in der Rekursinstanz nachgebracht wird. Rekursbesch. v. 24. Febr. 1891, Z. Bd. 33 S. 142.

§ 139. Zu Bem. 1. S. 370. Zur Begründung des Antrages auf Erwerbung des Eigenthums des ganzen Grundstücks (§ 139 Abs. 2) gehört, daß in Folge der zwangsweisen Abtretung einzelner Theile des Grundstücks die übrig bleibenden Theile „nicht mehr zweckmäßig“ benutzt werden können. Rekursbesch. v. 26. Okt. 1889, Z. Bd. 31 S. 413.

Ein von dem enteigneten Grundstücke durch einen Fluß wirthschaftlich getrenntes Grundstück kann nicht als Restgrundstück im Sinne des § 139 behandelt werden. Rekursbesch. v. 15. Aug. 1890, Z. Bd. 32 S. 139.

Zu Bem. 1 u. 4. S. 370, 371. Vergl. vorstehend die Bem. zu § 138.

§ 142. Zu Bem. 3. S. 375. Das bergbauliche Nutzungsrecht an fremdem Grund und Boden (§§ 135 ff.) kann auch durch einen Pachtvertrag begründet werden. Ob ein solches Rechtsverhältniß vorliegt, hängt von dem Inhalte des Vertrages und davon ab, ob der Wille der Kontrahenten auf Abschließung eines Pachtvertrages gerichtet gewesen ist. Urth. des Reichsg. v. 7. Juli 1886 u. 12. Juni 1890, Daubenspeck S. 178, 180, Z. Bd. 32 S. 248.

Zu Bem. 7. S. 376. Zum Inhalte eines Enteignungsantrages gehört u. a. die Namhaftmachung des sich aus dem Grundbuche oder der Grundsteuermutterrolle ergebenden Grundeigenthümers. Das Amtsgericht ist jedoch nicht verpflichtet, dem Bergwerksbesitzer zum Zwecke der Einleitung des Enteignungsverfahrens eine Bescheinigung darüber zu ertheilen, auf welche Eigenthümer gewisse Grundstücke im Grundbuche eingetragen sind. Beschl. des Landg. Essen v. 9. Nov. 1888, Z. Bd. 30 S. 348.

Es ist gesetzlich nicht vorgeschrieben, daß dem Enteignungsverfahren die Offenlegung einer Zeichnung oder eines Planes der ganzen projektirten Anlage vorauszugehen habe. Rekursbesch. v. 4. Juni 1890, Z. Bd. 31 S. 414.

Zu Bem. 8. S. 376. Durch das Gesetz über die allgemeine Landesverwaltung ꝛc. in der Provinz Posen v. 19. Mai 1889 (G. S. S. 108) sind auch in dieser Provinz die Bezirksausschüsse an die Stelle der Bezirksregierungen (Abtheilung des Innern) gesetzt.

§ 143. Zu Bem. 3. S. 378. 1. Der Grundbesitzer hat keinen rechtlichen Anspruch darauf, daß ihm vor Erlaß des Enteignungsbeschlusses noch eine Frist für Beibringung eines schriftlichen Gutachtens seines Sachverständigen bewilligt werde. Rekursbesch. v. 15. Aug. 1890, Z. Bd. 32 S. 139.

2. Die wohlbegründete Praxis, nach welcher im berggesetzlichen Enteignungsverfahren den Sachverständigen die auf der deutschen Gebührenordnung v. 30. Juni 1878 beruhenden Gebühren gewährt werden, ist anerkannt in dem Rekursbesch. v. 18. Mai 1893, Z. Bd. 34 S. 535.

Zu Bem. 4. S. 378. Die Parteien sind nicht berechtigt, die abschriftliche Mittheilung der Verhandlung über die gemäß § 143 abgehaltene örtliche Untersuchung zu verlangen, es sei denn, daß die Verhandlung private Vereinbarungen zwischen den Parteien enthält. Rekursbesch. v. 25. Okt. 1889, Z. Bd. 31 S. 412.

§ 144. Zu Bem. 1. S. 379. In dem Enteignungsverfahren (§§ 135 ff.) hat die Prüfung und Entscheidung der beschlußfassenden Behörden sich unter Umständen auch auf die Nothwendigkeit der beabsichtigten Anlage selbst zu erstrecken. Rekursbesch. v. 28. Nov. 1890, Z. Bd. 32 S. 535.

Zu Bem. 3. S. 380. Ueber das Verfahren in dem nur seltenen Falle, daß das Oberbergamt und der Bezirksausschuß sich über den nach § 142 gemeinschaftlich zu erlassenden Beschluß oder über die Begründung desselben nicht zu einigen vermögen, enthält das Gesetz keine Bestimmung. Dem eigenen pflichtmäßigen Ermessen der beiden Spruchbehörden bleibt daher überlassen, in welcher Weise sie sich in einem solchen Falle über Inhalt und Form des gemeinschaftlich zu erlassenden Beschlusses verständigen. Kommt eine Einigung über den Grundabtretungsantrag selbst nicht zu Stande, so wird derselbe unter Hinweis auf den Mangel einer materiellen Einigung abzuweisen sein. Betrifft die Meinungsverschiedenheit nur die Gründe, so wird der Beschluß sich auf die Feststellung des Tenors zu beschränken haben. Im Uebrigen wird auch für solche Ausnahmefälle der Rekursweg (§ 145) genügen und ergänzenden gesetzlichen Bestimmungen von zweifelhaftem Werthe vorzuziehen sein.

§ 145. Zu Bem. 2. S. 380. Die Rekursfrist von vier Wochen in bergrechtlichen Enteignungssachen (§§ 145, 192), sowie die Vorschrift des § 145, daß die Rekursschriften „an die betreffenden Ressortminister" zu richten sind, haben durch den § 150 Abs. 3 des Zuständigkeitsges. v. 1. Aug. 1883 (G. S. S. 237) keine Aenderung erlitten. Verf. des Oberb. Bonn v. 27. Sept. 1888 u. 13. Febr. 1889, Z. Bd. 31 S. 135, 136.

Zu Bem. 8. S. 382. 1. Ueber die Verpflichtung des Bergwerksbesitzers zur Erwerbung des Eigenthums eines zu bergbaulichen Zwecken in Anspruch genommenen Grundstücks ist der Rechtsweg unbedingt gestattet. Urth. des Reichsg. v. 9. Febr. 1889, Z. Bd. 30 S. 356.

2. Die Behauptung eines von der Abtretungspflicht befreienden „speziellen Rechtstitels" (§ 145 Abs. 2) ist kein Grund zur sofortigen Ablehnung des Enteignungsantrages. Beschl. des Oberb. Dortmund u. des Bezirksaussch. Arnsberg v. 4./30. Jan. 1889, Z. Bd. 32 S. 265.

§ 146. Zu Bem. 4. S. 383. Im Falle der zwangsweisen Erwerbung des Eigenthums eines Grundstücks seitens des Bergwerksbesitzers (§§ 138 u. 139) ist die Auflassung für den Eigenthumsübergang nicht erforderlich; das Grundstück kann aber ohne Zustimmung der Realgläubiger bezw. ohne eine betreffende Bestimmung des Enteignungsbeschlusses nicht pfand- und lastenfrei umgeschrieben werden. Beschl. des Kammerg. v. 14. Febr. 1887, Johow, Jahrb. Bd. 7 S. 139, Z. Bd. 29 S. 527; Urth. des Oberl.-Ger. Breslau v. 26. Sept. 1887, Z. Bd. 29 S. 531; Beschl. des Kammerg. v. 12. März 1888, Z. Bd. 30 S. 340.

§ 147. Zu Bem. 3. S. 384. Die Befugniß der Bergbehörde zur Feststellung und Beitreibung der Kosten des Enteignungsverfahrens (§ 147) erstreckt sich nicht auf Entschädigungsforderungen des Grundbesitzers rein persönlicher Natur. Rekursbesch. v. 1. Febr. 1889, Z. Bd. 30 S. 407.

§ 148. Zu S. 388. Zur neuesten Literatur über das Bergschadensrecht gehören die Abhandlungen von Wahle, Z. Bd. 31 S. 178, Frankl, Z. Bd. 33 S. 74, Hense, Z. Bd. 34 S. 202, G. Schneider, „Zum Bergschadenrecht" Teplitz 1893, und Frankl, „Zur Reform unseres Bergschadenrechtes" in Juristische Vierteljahrsschrift Bd. 25. Wien 1893.

Zu Bem. 1. S. 388, 389. 1. Die bergrechtliche Schadensersatzverbindlichkeit des Bergbaues für Bergschäden unterliegt als obligatio ex lege demjenigen Gesetze, welches da gilt, wo die diese Verpflichtung begründende Handlung vorgenommen, also der beschädigende Bergbau betrieben wird. Urth. des Reichsg. v. 6. Febr. 1889, Z. Bd. 30 S. 371.

2. Zur Begründung der Schadensersatzverbindlichkeit aus § 148 ist nicht erforderlich, daß die Beschädigung mit Wissen des Bergwerksbesitzers stattgefunden hat. Urth. des Oberl.-Ger. Hamm v. 3. Mai 1892, Z. Bd. 33 S. 396.

3. Die rechtliche Natur des Entschädigungsanspruchs aus § 148 ist besonders wichtig für die Behandlung der häufig vorkommenden Fälle, in welchen durch Vergleich nicht nur der Entschädigungsanspruch für bereits entstandene Bergschäden erledigt, sondern auch die Zahlung eines

festen Geldbetrages für alle in Zukunft noch entstehenden Bergschäden mit der Absicht vereinbart wird, den Bergwerksbesitzer von jeder künftigen Nachforderung zu befreien. Dieses Vorgehen kann dadurch vereitelt werden, daß nicht die geeigneten Wege eingeschlagen werden. Vergl. Wolff, Z. Bd. 30 S. 307, welcher die zum Ziele führenden Wege bezeichnet.

4. Der Entschädigungsanspruch aus § 148 ist kein dinglicher, sondern ein persönlicher und geht daher mit dem Eigenthumswechsel nicht auf den neuen Erwerber über; hiervon abweichende Abmachungen sind jedoch nicht ausgeschlossen. Urth. des Reichsg. v. 5. Juni 1885, 2. Nov. 1881 u. 17. April 1889, Daubenspeck S. 204, 206, 207.

5. Auf Grund der Staatsverträge, durch welche gewisse Eisenbahngesellschaften (die Rheinische, Köln-Mindener 2c.) die Verwaltung und den Betrieb ihres ganzen Unternehmens auf ewige Zeiten an den preußischen Staat übertragen haben, ist der Eisenbahnfiskus der alleinige Entschädigungsberechtigte auch in Ansehung solcher Bergschäden, welche aus der Zeit vor der Uebernahme der Verwaltung herrühren. Urth. des Reichsg. v. 7. Juli 1866 u. 29. Nov. 1890, Daubenspeck S. 216, 217, Z. Bd. 32 S. 395.

Zu Bem. 2. S. 390. 1. Auch im Bereiche des Steinkohlenmandats v. 19. Aug. 1743 u. des Ges. v. 22. Febr. 1869 findet auf Beschädigungen zwischen Kohlenabbauberechtigten unter einander der § 148 keine Anwendung, vielmehr sind die allgemeinen civilrechtlichen Vorschriften maßgebend. Urth. v. 28. Jan. 1882, Daubenspeck S. 209.

2. Unbeschadet des Grundsatzes, daß § 148 keinen Ersatzanspruch für Beschädigungen von Bergwerkseigenthum gewährt, bleibt der Schaden, welchen ein Grundeigenthümer durch die im Interesse eines anderen Bergbautreibenden erfolgte Verlegung eines auf seinem Grundstücke befindlichen Fluthgrabens erleidet, auch dann ein nach § 148 zu ersetzender Schaden am Grundeigenthum, wenn der Fluthgraben zu eigenen bergbaulichen Zwecken des betreffenden Grundeigenthümers diente. Urth. des Reichsg. v. 14. Okt. 1891, Z. Bd. 33 S. 226.

Zu Bem. 3. S. 391. Die auf § 148 beruhende strengere Haftung des Bergwerksbesitzers beschränkt sich auf die eigentlichen bergbaulichen Verrichtungen, den Bergbaubetrieb im engeren Sinne. Dagegen ist bei solchen Anstalten und Einrichtungen, welche die Bearbeitung, Aufbewahrung, Weiterbeförderung und Verwerthung der Mineralien betreffen, die Schadensersatzpflicht des Bergwerksbesitzers nur den allgemeinen Gesetzen unterworfen. Dasselbe gilt für eine Anlage, welche von dem Bergwerksbesitzer zur Verhütung der bergpolizeilich angedrohten Betriebseinstellung ausgeführt ist, um ein in Folge seines Bergbaues gesunkenes und versumpftes Terrain zu entwässern. Urth. des Reichsg. v. 8. Febr. 1890, Z. Bd. 31 S. 381.

Zu Bem. 4. S. 391. 1. Zur Begründung der Schadensersatzklage aus § 148 muß ein Schaden thatsächlich entstanden sein; die bloße Möglichkeit eines solchen reicht hierzu niemals aus. Urth. des Reichsg. v. 26. Nov. 1887, Z. Bd. 30 S. 96. Auch nicht in Gestalt der Feststellungsklage (§ 231 C. P. O.) kann auf die bloße Möglichkeit hin ein Antrag auf Verurtheilung zum Schadensersatze gestellt werden. Urth. des Reichsg. v. 1. Nov. 1890, Z. Bd. 32 S. 257.

2. Den Eintritt der einzelnen Nachtheile, welche in weiterer Folge der Beschädigung eines Grundstücks durch den Bergbau nach dem gewöhnlichen Laufe der Dinge zu erwarten sind, braucht der beschädigte Grundbesitzer vor Anstellung einer Klage nicht abzuwarten. Urth. des Reichsg. v. 2. März 1887, Daubenspeck S. 251.

3. Der Umstand, daß ein oberhalb liegender Grundbesitzer den Abfluß einer Quelle hindern kann, befreit den Bergbautreibenden nicht von der berggesetzlichen Verpflichtung (§ 148), den durch die Entziehung des abfließenden Quellwassers benachtheiligten, unterhalb liegenden Grundbesitzer zu entschädigen, so lange dieser thatsächlich in der Lage gewesen sein würde, ohne diese Entziehung das Wasser für sich zu verwenden. Urth. des Reichsg. v. 10. Nov. 1888, Z. Bd. 30 S. 116.

4. Hat der Grubenbetrieb nicht unerhebliche Senkungen eines Eisenbahnkörpers verursacht, so ist der Anspruch auf Schadensersatz nicht davon abhängig, daß der Betrieb der Bahn, die Betriebssicherheit, durch die Bodensenkungen bereits gefährdet sei. Urth. des Reichsg. v. 14. Dez. 1892, Entsch. in Civils. Bd. 30 S. 241, Z. Bd. 34 S. 253.

5. Dem Grundeigenthümer erwächst gemäß § 148 schon dann ein Interesseanspruch, wenn ihm in Folge der durch den Bergbau drohenden Gefahr die Gelegenheit entzogen wird, das zum Bauplatz sonst geeignete Grundstück durch Bebauung für sich zu verwerthen; der § 150 Abs. 2 steht diesem Rechtssatze nicht entgegen. Dieser Interesseanspruch des Grundeigenthümers ist nicht auf den Fall beschränkt, daß das durch den Bergbau gefährdete Grundstück der eigenen Bebauung entzogen wird. — Mit dem Zeitpunkte, an welchem dem durch den Bergbau gefährdeten Grundstücke die Eigenschaft als Bauplatz entzogen ist, steht dem Grundeigenthümer die Befugniß zu, zum Mindesten die abstrakte Werthsverminderung zu fordern, d. h. den Unterschied zwischen dem gemeinen Sachwerthe, wie er vor der Gefährdung bestand, und wie er sich nachher gestaltet hat. Urth. des Reichsg. v. 21. Dez. 1892, Z. Bd. 34 S. 508.

Zu Bem. 5. S. 392. 1. Einen Fall der Konkurrenz der Beschädigung durch Bergbau mit Beschädigungen durch einen Dritten, welche nach allgemeinen civilrechtlichen Grundsätzen zu beurtheilen sind, behandelt das Urth. des Reichsg. v. 11. Okt. 1884, Daubenspeck S. 241.

2. Ueber die richterliche Schätzung (§ 206 C. P. O.) des verhältnißmäßigen Antheils des Bergbaues an Beschädigungen (§ 148),

welche theils auf dem Bergwerksbetriebe, theils auf anderen Ursachen beruhen, vergl. Urth. des Reichsg. v. 7. Mai 1890, Daubenspeck S. 314.

Zu Bem. 6. S. 392, 393. Da die Entschädigungsverbindlichkeit des Bergwerksbesitzers (§ 148) aktiv wie passiv einen persönlichen Charakter hat, so kann der Grundeigenthümer aus eigenem Rechte nur auf Ersatz für denjenigen Bergschaden klagen, welcher während seiner Besitzzeit entstanden ist. Urth. des Reichsg. v. 21. Dez. 1892, Z. Bd. 34 S. 508.

Zu Bem. 7. S. 395. 1. Unter mehreren auf einander folgenden Besitzern eines Bergwerks ist derjenige zum Schadensersatze verpflichtet, in dessen Besitzzeit der Bergschaden thatsächlich eintritt. Urth. des Reichsg. v. 18. Okt. 1890, Z. Bd. 32 S. 125. S. auch Urth. des Reichsg. v. 7. Mai 1884, Daubenspeck S. 220.

2. In der bekannten Streitfrage, ob unter dem nach § 148 zum Schadensersatze verpflichteten „Bergwerksbesitzer" lediglich der Bergwerkseigenthümer oder auch jeder andere Betreiber eines Bergwerks zu verstehen sei, hat das Oberl.-Ger. Hamm (Urth. v. 6. Mai 1892, Z. Bd. 33 S. 399), entgegen dem dortigen früheren Appell.-Ger. (Urth. v. 24. Febr. 1871, Z. Bd. 13 S. 277), sich für die erstere Ansicht entschieden, und auch das Reichsg. (Urth. v. 16. Nov. 1892, Entsch. in Civils. Bd. 30 S. 228, Z. Bd. 34 S. 403) ist dieser Auffassung beigetreten, in Folge deren der Pächter eines Feldestheiles dem beschädigten Grundbesitzer gegenüber nicht für ersatzpflichtig erklärt wurde, obwohl der Bergschaden durch den von ihm geführten Betrieb verursacht war. Den Vorzug wird jedoch auch diesen neuesten Entscheidungen gegenüber die entgegengesetzte Ansicht verdienen, welche unter dem „Bergwerksbesitzer" des § 148 zwar in erster Linie den Eigenthümer des Bergwerks, aber nicht diesen allein, sondern auch jeden Anderen begreift, der das Bergwerk für sich betreibt, und welche demnach letzteren nicht grundsätzlich von der singulären Schadensersatzverbindlichkeit des § 148 ausschließt. Vergl. Brassert, Z. Bd. 13 S. 279, Komm. S. 394 u. die weitere Begründung dieser Ansicht Z. Bd. 34 S. 409.

Zu Bem. 8. S. 396. 1. Der Bergwerksbesitzer ist nicht berechtigt, statt vollständige Entschädigung zu leisten, die eigenthümliche Abtretung des durch seinen Bergbaubetrieb beschädigten Grundstücks gegen Zahlung des Werthes zu verlangen. Urth. des Reichsg. v. 18. März 1882, Z. Bd. 24 S. 96, Daubenspeck S. 291.

2. Die Zuleitung schädlicher Grubenwasser in einen Flößgraben braucht der Grundeigenthümer nicht zu dulden und kann, unbeschadet des Anspruchs auf Schadensersatz, die Einstellung der Zuleitung mit der Negatorienklage verlangen. Urth. des Reichsg. v. 3. April 1889, Daubenspeck S. 275 u. 170.

Zu Bem. 9. S. 396. 1. Der Grundsatz, daß im Falle der

zwangsweisen Grundabtretung zu Zwecken des Bergbaues dem Eigenthümer ein Anspruch auf Ersatz auch des außerordentlichen Werthes des enteigneten Grundstücks zusteht, ist vom Reichsgericht in der Weise angewandt, daß bei einer Theilenteignung diejenige höhere Benutzungsfähigkeit zu Grunde gelegt wird, welche der enteigneten Fläche als Theil eines größeren Ganzen beigewohnt hat, und daß nicht minder auch die etwaige Werthsverminderung berücksichtigt wird, welche das Restgrundstück durch die Abtrennung der enteigneten Fläche erleidet. Urth. v. 16. Nov. 1889, Z. Bd. 31 S. 251.

2. Zur vollständigen Entschädigung des Grundbesitzers für die im bergbaulichen Interesse erfolgte Verlegung eines Fluthgrabens gehört nicht nur der Ersatz der Herstellungskosten des neuen Grabens, sondern auch der Ersatz der Mehrkosten für die Unterhaltung des letzteren. Andererseits ist aber auf diese Entschädigung der Gewinn in Anrechnung zu bringen, welcher dem Grundbesitzer daraus erwächst, daß er die unter dem eingegangenen Fluthgraben anstehenden und ihm als Bergwerkseigenthümer gehörenden Kohlen nunmehr fördern kann. Urth. des Reichsg. v. 14. Okt. 1891, Z. Bd. 33 S. 226. Daubenspeck S. 215 hält den letzteren Grundsatz für nicht unbedenklich.

3. Zu dem Schadensersatze, welchen der Bergwerksbesitzer dem Eisenbahnfiskus für verursachte Bergschäden zu leisten hat, gehört auch der Ersatz der durch die Beschädigung veranlaßten Mehrkosten für allgemeine Verwaltung und für Geräthe. Urth. des Oberl.-Ger. Hamm v. 11. Dez. 1891, Z. Bd. 33 S. 249.

4. Im Falle des § 148 regeln sich Ermittelung und Ausgleichung des Schadens nach Civilrecht. Urth. des Reichsg. v. 23. März 1892, Z. Bd. 33 S. 405.

5. Da bei Abmessung der Entschädigung für Bergschäden auch der Ersatz des außerordentlichen Werthes in Betracht kommt, so kann auch der thatsächlich vorhandene wirthschaftliche Zusammenhang beschädigter Grundstücke mit den übrigen nicht beschädigten Grundstücken des Beschädigten mit berücksichtigt werden. Urth. des Reichsg. v. 23. März 1892, Z. Bd. 33 S. 405.

6. Im Falle der Wasserentziehung durch den Bergbau umfaßt die vollständige Entschädigung auch die Kosten für Herbeischaffung des Wasserbedarfs. Ueber die Berechnung dieser Kosten vergl. Urth. des Reichsg. v. 28. Nov. 1883, Daubenspeck S. 256.

7. Die Entschädigungsverbindlichkeit des Bergwerksbesitzers aus § 148 erstreckt sich auch auf die Erstattung des Ausfalls am Geschäftsgewinn, welchen der Pächter einer Wassermühle dadurch erleidet, daß der Mühlenteich in Folge des Bergbaubetriebes austrocknet. Der Pächter kann diesen Anspruch aus eigenem Rechte geltend machen. Urth. des Oberl.-Ger. Hamm v. 28. Febr. 1890, Z. Bd. 34 S. 506.

8. Zu der dem Beschädigten nach § 148 zustehenden vollständigen Entschädigung gehört auch die Verzinsung von ihm aufgewendeter und ihm zu erstattender Beträge. Urth. des Oberl.-Ger. Hamm v. 16. Dez. 1890, Z. Bd. 34 S. 517.

Zu Bem. 10. S. 397. 1. Die Vorschriften über Wiederherstellung des früheren Zustandes, Kapitalabfindung und Ersatz des Minderwerthes im Titel 6 Th. I A. L. R. geben die allgemeinen Grundsätze des Landrechts über die Art des Schadensersatzes wieder und finden daher auch bezüglich der Bergschäden sinngemäße Anwendung, obwohl es sich bei letzteren in der Regel nicht um „unerlaubte" Handlungen wie im Titel 6 handelt. Hiermit stimmt auch das Urth. des Reichsg. v. 12. Juni 1883 (Entsch. in Civils. Bd. 9 S. 278) in den Entscheidungsgründen überein.

2. Der beschädigte Grundeigenthümer hat im Geltungsbereiche des Allg. Landrechts in erster Linie nur Anspruch auf Wiederherstellung des früheren Zustandes. Urth. des Reichsg. v. 5. Juli 1882, Daubenspeck S. 301. Auch im Geltungsbereiche des rheinischen Rechts gilt dies als Regel. Urth. des Reichsg. v. 12. Juni 1891, das. S. 302.

3. Das Gesetz (§§ 79 ff. Th. I Tit. 6 A. L. R.) spricht nicht aus, daß der Beschädigte solange, bis die Unmöglichkeit der Wiederherstellung des früheren Zustandes festgestellt ist, nur diese und nicht Geldentschädigung verlangen könne. Urth. des Reichsg. v. 29. Okt. 1890, Z. Bd. 32 S. 249.

Zu Bem. 11. S. 397, 398. 1. Durch die Verurtheilung des Bergbautreibenden zur Entschädigung wegen Bergschäden wird an sich die Berechtigung desselben zur Wiederherstellung des früheren Zustandes nicht ausgeschlossen. Ein hierauf bezüglicher Einwand des Bergbautreibenden gehört aber in den folgenden Abschnitt des Rechtsstreites, welcher sich mit der Ermittelung der Entschädigung zu befassen hat. Urth. des Reichsg. v. 10. Nov. 1888, Z. Bd. 30 S. 116.

2. Es können nur solche Reparaturanerbietungen des Bergwerksbesitzers berücksichtigt werden, aus denen erhellt, daß er bereit und im Stande ist, mit diesen Reparaturen sofort zu beginnen und sie ohne Unterbrechung bis zur Vollendung ordnungsmäßig fortzusetzen. Urth. des Reichsg. v. 15. Dez. 1883 u. 21. Mai 1884, Daubenspeck S. 303.

3. Der Grundbesitzer kann die Entschädigung für Bergschäden (Bodensenkungen) alsbald in Kapital beanspruchen, wenn die Wiederherstellung des früheren Zustandes dauernd unmöglich ist. Diese Unmöglichkeit kann durch die Weigerung eines Dritten, hierbei mitzuwirken, begründet werden. Urth. des Reichsg. v. 13. Febr. 1892, Daubenspeck S. 313, 383.

Zu Bem. 15. S. 400. 1. Ueber den Zeitpunkt der Zahlung einer Kapitalentschädigung für ein durch den Bergbau beschädigtes und unbenutzbar gewordenes Gebäude hinaus kann der Bergwerksbesitzer nicht auch noch zu einer Nutzungsentschädigung verurtheilt werden. Urth. des Reichsg. v. 24. April 1889, Z. Bd. 30 S. 375, Daubenspeck S. 296. Vergl. auch Urth. v. 2. April 1887, Daubenspeck S. 298.

2. Die Zuerkennung einer Rente statt eines Kapitals als Entschädigung für Bergschäden ist nur dann zulässig, wenn anzunehmen ist, daß in absehbarer Zeit der vorhandene schädigende Zustand zu Ende gehen wird und nur der Zeitpunkt des Aufhörens noch ungewiß bleibt. Urth. des Reichsg. v. 23. März 1892, Z. Bd. 33 S. 405. Als Regel gilt, daß die Geldentschädigung in Kapital zu leisten ist. Urth. des Reichsg. v. 3. Dez. 1882 u. 7. Mai 1890, Z. Bd. 24 S. 237, Daubenspeck S. 293.

3. Auch bei der Entschädigung für Wasserentziehung ist dem Ermessen des Richters anheimgestellt, ob nach den Umständen des Falles eine Kapitalabfindung oder nur eine Rente zuzuerkennen ist. Urth. des Reichsg. v. 12. Juni 1891, Daubenspeck S. 313.

Zu Bem. 16. S. 400. Von dem Grundsatze, daß der Ersatz für Bergschäden (§ 148) dem Beschädigten sofort gewährt werden muß, macht der Ersatz des Minderwerthes keine Ausnahme. Urth. des Reichsg. v. 21. Febr. 1891, Z. Bd. 32 S. 378.

Zu Bem. 17. S. 401. Es entspricht den maßgebenden Vorschriften des Allg. Landrechts (§§ 89, 90 Th. I Tit. 6), daß, um den im Falle des § 148 zu ersetzenden Minderwerth eines Grundstücks festzustellen, der durch den Bergbau hervorgerufene Minderertrag ermittelt und der Unterschied in dem Werthe vor und nach der Beschädigung in der Weise gefunden wird, daß man den jährlichen Minderertrag, unter Zugrundelegung des Zinsfußes von 4 %, zum 25fachen Betrage kapitalisirt. Urth. des Reichsg. v. 23. März 1892, Z. Bd. 33 S. 405.

Zu Bem. 18. S. 401. Ueber die Ermittelung des Minderwerthes in dem Falle, daß die durch den Bergbau hervorgerufenen Bewegungen des Erdbodens ihr Ende erreicht haben und in Folge dessen das beschädigte Grundstück sich wenigstens zum Theil wieder wie früher zum Bauplatze eignet, vergl. Urth. des Reichsg. v. 3. Jan. 1883, Daubenspeck S. 288.

Zu Bem. 19. S. 402, 403. 1. Zur Schätzung des Minderderwerthes eines in Folge von Beschädigungen reparaturbedürftigen Hauses ist nicht nöthig, daß die Reparatur schon ausgeführt sei; es genügt vielmehr, daß der Sachverständige die Wirkung einer möglichst gut und dauerhaft ausgeführten Reparatur nach seiner technischen Kenntniß und Erfahrung zu veranschlagen im Stande ist. Urth. des Reichsg. v. 21. Febr. 1891, Z. Bd. 32 S. 378.

2. Ueber den Grundsatz, daß der Richter die dem beschädigten Grundbesitzer zustehende Entschädigung in einer „Gesammtsumme" festsetzen kann, vergl. auch Urth. des Reichsg. v. 7. Juli 1880, Daubenspeck S. 315.

3. Obgleich einer durch den Bergbau beschädigten Kirche, weil dem Verkehr gesetzlich entzogen, ein bestimmter Verkaufswerth nicht beigelegt werden kann und somit der nächstliegende Maßstab zur Ermittelung des zu erstattenden Minderwerthes fehlt, so kann doch der reale Werth des Kirchengebäudes herabgemindert werden. Der § 260 C. P. O. bietet in einem solchen Falle dem richterlichen Ermessen das Mittel, zu einer Festsetzung des neben den Kosten der Wiederherstellung zu ersetzenden Minderwerthes zu gelangen. Urth. des Reichsg. vom 22. Okt. 1887, Daubenspeck S. 317.

4. Der Minderwerth, welchen ein Grundstück in seinem gegenwärtigen Zustande als Baustelle hat, muß von dem beschädigenden Bergwerksbesitzer sofort ersetzt werden. Hierbei ist es zulässig, diesen Minderwerth nach den Mehrkosten zu bemessen, welche bei einer späteren rationellen Bebauung des Grundstücks durch die Nothwendigkeit einer Verankerung der auf demselben zu errichtenden Gebäude sich ergeben würden. Urth. des Reichsg. v. 28. Juni 1893, Z. Bd. 34 S. 515.

Zu Bem. 21. S. 404. Hat der Beschädigte während der Ausführung der Reparaturen Ausfall an Miethe erlitten, so kann er die Entschädigung hierfür sofort beanspruchen. Urth. des Reichsg. v. 17. Mai 1884, Daubenspeck S. 311.

Zu Bem. 23 lit. c. S. 405. Bei Geltendmachung des Minderwerthes im Rechtswege darf der Ausspruch der zweiten Abtheilung des Schiedsgerichts über die Reparaturfähigkeit des Gebäudes nicht unberücksichtigt bleiben. Urth. des Reichsg. v. 15. Nov. 1882, Daubenspeck S. 400.

Zu Bem. 23 lit. f. S. 406. Es ist nicht unzulässig, daß die zweite Abtheilung des Schiedsgerichts die Einrede der Verjährung der Entscheidung des ordentlichen Richters vorbehält und unter diesem Vorbehalte die Höhe der Entschädigung festsetzt. Urth. des Reichsg. v. 13. Juni 1885, Daubenspeck S. 401.

Zu Bem. 24. S. 406. 1. Nur die Feststellung der einzelnen thatsächlichen Momente, welche für die Entstehung eines Bergschadens erheblich sind, liegt dem im Prozesse als Sachverständiger fungirenden Techniker ob; die Frage dagegen, inwiefern diese Thatsachen rechtlich als Ursache des Schadens anzusehen sind, ist wesentlich eine der Beantwortung durch den Richter vorbehaltene Rechtsfrage. Urth. des Oberl.-Ger. Hamm v. 11. Jan. 1889, Z. Bd. 30 S. 248.

2. Der Richter darf die Schätzung des Minderwerthes eines durch den Bergbau beschädigten Grundstücks nicht deshalb ablehnen, weil der Sachverständige sich hierüber zu unbestimmt ausgedrückt hat. Der § 260 C. P. O. legt dem Richter die Pflicht auf, nach freier Ueberzeugung über die Höhe des Schadens zu befinden, und zwar auch dann, wenn der von dem Beschädigten vorgeschlagene Sachverständige bestimmte An-

haltspunkte dafür nicht gegeben hat. Urth. des Reichsg. v. 29. April 1885, Daubenspeck S. 323.

3. Der Bergwerkseigenthümer ist zu der in einem Bergschädenprozesse von dem Gegner verlangten Vorlegung der seinen Betrieb betreffenden Berichte und Bücher nicht verpflichtet. Urth. des Reichsg. v. 17. März 1888, Z. Bd. 30 S. 93.

Zu Bem. 25. S. 406. 1. Ueber die Grundsätze von der Rechtskraft in Fällen, in welchen der Bergwerksbesitzer zum Schadensersatze im Vorprozesse verurtheilt, die Festsetzung der Höhe des Schadensersatzes aber einem besonderen Prozesse vorbehalten ist, verbreiten sich die Urth. des Reichsg. v. 24. Jan. 1880, 6. Febr. u. 21. Mai 1884, 13. Okt. 1888, Daubenspeck S. 332 bis 335.

2. Von besonderer Bedeutung für die Entschädigungsprozesse wegen Bergschäden ist der Beschluß der vereinigten Civilsenate des Reichsg. v. 28. Juni 1888, Z. Bd. 30 S. 78:

„Klagen auf Leistung von Schadensersatz unter Vorbehalt der Feststellung des Betrages des zu ersetzenden Schadens in einem besonderen Verfahren sind nur zulässig, wenn die Voraussetzungen des § 231 C. P. O. vorliegen. Anderenfalls muß der Anspruch in der Weise substantiirt werden, daß in demselben Prozesse sowohl über den Grund, als auch über den Betrag desselben verhandelt und entschieden werden kann."

Dieser Rechtsgrundsatz gehört dem materiellen Prozeßrechte an, und die Verletzung desselben begründet daher die Revision, auch wenn der Mangel in den Vorinstanzen von dem Gegner nicht gerügt worden ist. Ob aber die Voraussetzungen einer nach § 231 cit. zulässigen Feststellungsklage vorliegen, kann nur nach den obwaltenden Umständen auf Grund wesentlich thatsächlicher Erwägungen beantwortet werden. Urth. des Reichsg. v. 17. Nov. 1888, Z. Bd. 30 S. 118 u. 349.

3. Die Tragweite des vorstehenden Beschlusses v. 28. Juni 1888 ist dahin näher festgestellt, daß der darin ausgesprochene Grundsatz sich nur auf prinzipale Schadensersatzklagen bezieht, dagegen keine Anwendung findet, wenn die Schadensersatzklage mit einem negatorischen Anspruche verbunden ist, daß in diesem Falle vielmehr die Ermittelung des Schadensbetrages einem besonderen Verfahren vorbehalten bleiben kann. Dasselbe ist zulässig, wenn die nämliche Schadensursache noch fortwirkt, indem alsdann die Klage auf Ersatz des — dem Betrage nach in einem besonderen Verfahren festzusetzenden — bereits entstandenen und des noch entstehenden Schadens gerichtet werden kann; es ist in solchen Fällen im Sinne des obigen Beschlusses nicht geboten und würde häufig auch unzweckmäßig sein, die Ermittelung des Schadensbetrages in zwei getrennte Verfahren zu scheiden. Urth. des Reichsg. v. 3. April 1889, Z. Bd. 30 S. 351.

4. Soweit ein auf eine Feststellungsklage (§ 231 C. P. O.) ergehendes Urtheil sich über Vorhandensein und Umfang des zu ersetzenden Bergschadens ausspricht, kann sein Ergebniß nicht wieder in Frage gestellt werden. Nur soweit dies nicht der Fall ist und die Ursache den Umfang des Schadens beeinflußt, ist auch in dem nachfolgenden Prozesse über den Betrag des Schadens der ursachliche Zusammenhang des Bergbaues mit dem Schaden von dem Kläger zu beweisen. Urth. des Reichsg. v. 14. Jan. 1891, Z. Bd. 32 S. 391.

§ 149. Zu Bem. 1. S. 408. Dem Beschädigten ist durch § 149 nicht das Recht genommen, die zwei oder mehreren Beschädiger auf den jeden Einzelnen wirklich treffenden Antheil an dem gemeinschaftlich verursachten Bergschaden in Anspruch zu nehmen. Urth. des Oberl.-Ger. Hamm v. 16. Dez. 1890, Z. Bd. 34 S. 517.

Zu Bem. 2. S. 408. 1. Entgegen der von dem Oberl.-Ger. Hamm (Urth. v. 11. Jan. 1889, Z. Bd. 30 S. 248) ausgesprochenen Ansicht hat das Reichsgericht den wichtigen Rechtsgrundsatz festgestellt: Würde der durch den Betrieb eines Bergwerks verursachte, individuell bestimmte Schaden, für welchen Ersatz verlangt wird, nicht in gleichem Umfange eingetreten sei, wenn nicht in früherer Zeit ein — für sich allein unschädlicher — Abbau in einem benachbarten Bergwerke stattgefunden hätte, so sind für den entstandenen Schaden die Besitzer beider Bergwerke nach § 149 verantwortlich. Urth. v. 27. April 1889, Z. Bd. 30 S. 355, Daubenspeck S. 337.

2. Zur Anwendbarkeit des § 149 gehört, daß der Bergschaden nicht durch ein einzelnes Bergwerk, sondern durch zwei oder mehrere Bergwerke verursacht ist. Erhebt der allein in Anspruch genommene Bergwerksbesitzer den Einwand, daß der Bergschaden auch auf den Betrieb benachbarter Bergwerke zurückzuführen sei, so hat er dies zu beweisen. Urth. des Reichsg. v. 5. Juli 1884, Daubenspeck S. 342.

§ 150. Zu Bem. 1. S. 409, 410. 1. Ungeachtet der sonstigen Verschiedenheiten zwischen dem § 150 B. G. und dem § 116b Th. II Tit. 16 A. L. R. sind doch die Voraussetzungen beider Bestimmungen in Ansehung der Voraussehbarkeit der Gefahr, welche den zu errichtenden Anlagen durch den Bergbau droht, im Wesentlichen die gleichen. Beide Paragraphen setzen eine Fahrlässigkeit, ein Versehen desjenigen voraus, welcher die erkennbare Gefahr unbeachtet läßt, und mit der Verneinung eines solchen Versehens wird die Anwendung des einen wie des anderen Gesetzes ausgeschlossen. Urth. des Reichsg. v. 28. Jan. 1891, Z. Bd. 32 S. 393.

2. Muß der Grundbesitzer in Folge einer durch den Bergbau drohenden Gefahr von der Errichtung von Gebäuden oder anderen Anlagen Abstand nehmen, so hat er nach allgemeinen Rechtsgrundsätzen Anspruch auf Ersatz der hierdurch verursachten Werthsverminderung des

Grundstücks. Hat der Grundbesitzer aber, obgleich die Voraussetzung des § 150 Abs. 1 vorliegt, ein Gebäude oder eine andere Anlage errichtet, so steht ihm, wenigstens während der Dauer des Bestehens der Anlage, jener Anspruch auf Ersatz der Werthsverminderung nicht zu. Urth. des Landg. Saarbrücken v. 13. März 1888 u. des Oberl.-Ger. Köln v. 16. Nov. 1888, Z. Bd. 30 S. 263, 266.

Zu Bem. 3. S. 410. Daraus, daß der Bergwerksbesitzer unter den Voraussetzungen des § 150 Abs. 1 für Beschädigungen an „Gebäuden oder anderen Anlagen" Ersatz nicht zu leisten hat, ist nicht eine weitere Beschränkung der auf dem § 148 beruhenden Entschädigungspflicht des Bergwerksbesitzers dahin herzuleiten, daß auch der Bauplatzwerth des Grundstücks nicht zu berücksichtigen sei, wenn der Eintritt des Schadens vorauszusehen war. Urth. des Reichsg. v. 13. Febr. 1892, Z. Bd. 33 S. 409, Daubenspeck S. 383. Vergl. auch Urth. des Reichsg. v. 21. Dez. 1892, Z. Bd. 34 S. 508, und v. 1. Juli 1882, Daubenspeck S. 382 nebst Anm. S. 383.

Zu Bem. 6. S. 413. 1. Zur Anwendbarkeit des § 150 Abs. 1 gehört, daß die Gefahr eine wirklich drohende und als solche auch erkennbare ist. Urth. des Reichsg. v. 14. Okt. 1891, Z. Bd. 33 S. 226.

2. Zwar genügt die bloße Möglichkeit der Ausdehnung der zur Zeit der Errichtung eines Gebäudes bereits vorhandenen Grubenbaue nicht, um den Einwand aus dem § 150 Abs. 1 zu begründen. Jedoch handelt derjenige, welcher eine gefahrdrohende Ausdehnung des Bergbaues auch nur als wahrscheinlich voraussah oder bei gewöhnlicher Aufmerksamkeit voraussehen mußte, im Sinne des § 150 Abs. 1 fahrlässig, wenn er unter Nichtachtung der Gefahr Gebäude auf der durch die voraussichtliche Ausdehnung des Bergbaues — wenn auch erst in Zukunft — gefährdeten Stelle errichtet. Bei Beurtheilung der Frage, ob der Grundeigenthümer bei der Errichtung von Gebäuden im Sinne des § 150 Abs. 1 unvorsichtig verfahren hat, kann zu seinen Gunsten nicht in Betracht gezogen werden, daß derselbe auf Schonung der Gebäude von Seiten des Bergbautreibenden gerechnet hat. Urth. des Reichsg. v. 24. Okt. 1888, Z. Bd. 30 S. 101.

3. Bei der Frage, ob Fahrlässigkeit im Sinne des § 150 vorliegt, kommt in Betracht, daß, wenn der Bauherr selbst nicht Techniker ist, nur eine solche künftige Entwickelung des Bergbaues als für ihn voraussehbar angesehen werden kann, welche überhaupt für einen Laien bei gewöhnlicher Aufmerksamkeit als wahrscheinlich eintretend erkennbar ist; daß ferner von dem Bauherrn die bergtechnischen Kenntnisse, welche zur Beurtheilung der maßgebenden Lagerungs-, Abbau- und sonstigen Verhältnisse erforderlich sind, nicht verlangt werden können; daß endlich demselben eine Verbindlichkeit, sich über den weiteren Betrieb des Bergwerks und die künftig etwa entstehende Gefahr bei dem Bergwerksbesitzer

zu erkundigen, nicht unbedingt und in allen Fällen obliegt. Urth. des Oberl.-Ger. Hamm v. 26. Febr. 1889, Z. Bd. 30 S. 361. Unter Umständen kann allerdings das Unterlassen einer solchen Erkundigung bei dem Bergwerksbesitzer als eine Verletzung der nach Lage der Sache gebotenen Aufmerksamkeit erachtet werden. Urth. des Reichsg. v. 21. Sept. 1889, Z. Bd. 31 S. 129.

4. Der § 150 Abs. 1 ist auch in dem Falle anwendbar, daß das Grundstück, bei dessen Bebauung der Grundbesitzer die „gewöhnliche Aufmerksamkeit" nicht angewandt hat, zum Zwecke des planmäßigen Zubruchebauens nach § 135 enteignet worden ist. Urth. des Reichsg. v. 7. Mai 1890, Z. Bd. 32 S. 127.

5. Der § 150 Abs. 1 legt dem Grundbesitzer, welcher im Bereiche eines Grubenfeldes Gebäude errichten will, nicht die Verpflichtung auf, den Bergwerksbesitzer rechtzeitig hiervon in Kenntniß und somit in den Stand zu setzen, die Gebäude auf seinen Grubenbildern nachzutragen. Urth. des Reichsg. v. 7. Nov. 1891, Z. Bd. 33 S. 383.

6. Hat der Bergwerksbesitzer dem Grundeigenthümer die Stelle, an welcher das später durch den Bergbau beschädigte Gebäude errichtet worden ist, als eine solche bezeichnet, wo gebaut werden könne, so ist hierdurch der Einwand aus § 150 Abs. 1 ausgeschlossen. Urth. des Reichsg. v. 17. April 1889, Daubenspeck S. 207, 378.

7. Zwei Fälle, in welchen der auf § 150 Abs. 1 gestützte Einwand des Bergwerksbesitzers verworfen und der von diesem angetretene Beweis als nicht geführt angenommen ist, sind unter Würdigung der thatsächlichen Verhältnisse entschieden in den Urth. des Reichsg. v. 27. Febr. 1889 und 31. Mai 1890, Daubenspeck S. 378, 379.

Zu Bem. 7. S. 413. 1. Ob unter Umständen die Nichtbeachtung einer an den bauenden Grundbesitzer seitens des Bergwerksbesitzers ergangenen „Verwarnung" als Vernachlässigung der schuldigen Aufmerksamkeit im Sinne des § 150 Abs. 1 anzusehen ist, hängt im einzelnen Falle von der thatsächlichen Prüfung ab. Urth. des Reichsg. v. 7. Mai 1890, Z. Bd. 32 S. 127. Ebenso kann die Frage, ob und inwieweit die auf dem § 150 Abs. 1 beruhende Erkundigungspflicht für den Grundbesitzer besteht, nur unter Berücksichtigung aller Umstände des einzelnen Falles beantwortet werden. Urth. des Reichsg. v. 7. Nov. 1891, Z. Bd. 33 S. 383.

2. Hat der durch den Bergbau beschädigte Grundbesitzer berechtigte Warnungen des Bergwerksbesitzers unbeachtet gelassen, so steht ihm der Einwand aus § 150 Abs. 1 entgegen. Urth. des Reichsg. v. 21. Febr. 1883, Daubenspeck S. 368.

Zu Bem. 8. S. 414. Der Grundbesitzer muß den Einwand, daß sein Vorbesitzer es an der „Anwendung gewöhnlicher Aufmerksamkeit" (§ 150) habe fehlen lassen, auch gegen sich gelten lassen. Urth. des

Landg. Saarbrücken v. 13. März 1888 u. des Oberl.-Ger. Köln v. 16. Nov. 1888, Z. Bd. 30 S. 263, 266.

Zu Bem. 10. S. 414. Bei Beschädigungen einer öffentlichen Verkehrsanstalt durch den Grubenbetrieb ist die Anwendung des § 150 und der hierauf beruhende Einwand grundsätzlich ausgeschlossen. Urth. des Oberl.-Ger. Hamm v. 14. April 1891 und des Reichsg. v. 11. Nov. 1891, Z. Bd. 32 S. 373, Bd. 33 S. 232, Entsch. in Civils. Bd. 28 S. 341, Daubenspeck S. 365.

§ 151. Zu Bem. 3. S. 416. Gründet der Bergwerksbesitzer den Einwand der Verjährung (§ 151) darauf, daß schon lange vor Eintritt der den Gegenstand der Klage bildenden Bergschäden solche Schäden (Bodensenkungen) in Folge seines Bergbaubetriebes eingetreten seien, so kann dieser Einwand nur Erfolg haben, wenn die den Gegenstand der Klage bildenden Schäden nicht nur auf die gleiche Ursache wie die früheren Schäden zurückzuführen sind, sondern auch mit letzteren in einem derartigen Zusammenhange stehen, daß sie sich lediglich als eine Fortsetzung und Erneuerung derselben darstellen und als solche schon bei der Entstehung der ersten Schäden erkennbar (voraussehbar) waren. Urth. des Oberl.-Ger. Hamm v. 14. April 1891 u. des Reichsg. v. 11. Nov. 1891, Z. Bd. 32 S. 373, Bd. 33 S. 232, Entsch. in Civils. Bd. 28 S. 341, Daubenspeck S. 365. Vergl. auch Urth. des Reichsg. v, 9. Okt. 1882 u. 7. Juli 1886, Daubenspeck S. 354, 390.

Zu Bem. 4. S. 417. 1. Die bloße Vermuthung des Beschädigten, daß der Bergbaubetrieb die Ursache der eingetretenen Beschädigung sei, genügt nicht, um gegen ihn den Einwand der Verjährung aus § 151 zu begründen. Urth. des Oberl.-Ger. Hamm v. 3. Mai 1892, Z. Bd. 33 S. 396, des Reichsg. v. 10. März 1883, 18. Febr. u. 13. Okt. 1888, Daubenspeck S. 386 bis 389.

2. Erhebt der Beschädiger den Verjährungseinwand aus § 151, so trifft ihn die Beweislast in Ansehung der Wissenschaft des Beschädigten von dem Dasein und dem Urheber des Schadens. Urth. des Reichsg. v. 13. Juni 1885, Daubenspeck S. 392.

3. Wird der Klage des Eisenbahnfiskus auf Schadensersatz wegen Bergschäden der Einwand der Verjährung (§ 151) entgegengesetzt, so muß derselbe die Kenntniß von Rechtsverletzungen gegen sich gelten lassen, welche seine Beamten bei Ausübung ihrer Verwaltungs- und Vertretungsbefugnisse erlangt haben, auch wenn diese Beamten nicht dazu berufen sind, den Eisenbahnfiskus im rechtlichen Verkehr zu vertreten. Urth. des Reichsg. v. 14. Dez. 1892, Entsch. in Civils. Bd. 30 S. 241, Z. Bd. 34 S. 253.

Zu Bem. 5. S. 417. Hat ein wegen Bergschäden in Anspruch genommener Bergwerksbesitzer sich der Entscheidung eines zur Regulirung der Bergschäden eingesetzten Schiedsgerichts nach Vorschrift des betreffenden Regulativs unterworfen, so ist in dieser Unterwerfung ein die Verjährung (§ 151) unterbrechendes Anerkenntniß (§ 562 Th. I Tit. 9 A. L. R.) nicht zu finden. Urth. des Oberl.-Ger. Hamm v. 12. Jan. 1892, Z. Bd. 33 S. 251.

§ 153. Zu Bem. 1. S. 422. Der Umstand, daß § 153 Abs. 1 auf Eisenbahnen, welche nicht dem öffentlichen Verkehr dienen, keine Anwendung findet, läßt nicht den Rückschluß zu, daß dem Bergbautreibenden ein Widerspruchsrecht gegen eine solche Privat-Eisenbahnanlage zustehe. Rekursbesch. v. 13. August 1892, Z. Bd. 34 S. 538.

Sechster Titel.

Von der Aufhebung des Bergwerkseigenthums.

§ 161. Zu Bem. 1. S. 434. Der freiwillige Verzicht auf eine Muthung ist dem besonderen Verfahren des § 161 nicht unterworfen. Rekursbesch. v. 4. Febr. 1893, Z. Bd. 34 S. 533.

Siebenter Titel.

Von den Knappschaftsvereinen.

§ 165. Zu Bem. 2. S. 440. Die Bildung von Knappschaftsvereinen ist gemäß § 165 auf die dem Berggesetze unterworfenen Werke und auf solche gewerbliche Nebenanlagen beschränkt, welche mit einem zum Knappschaftsvereine gehörigen Hauptwerke in ungetheiltem Zusammenhange betrieben werden. Ein Werk, bei welchem keine dieser Voraussetzungen zutrifft, z. B. ein dem Bergg. nicht unterworfenes Kalisalzwerk (Einf.-Verordn. für Hannover v. 8. Mai 1867 Art. II), kann weder einem bestehenden Knappschaftsvereine beitreten, noch einen besonderen Knappschaftsverein für sich bilden. Min.-Bescheide v. 10. Juli 1888 u. 6. Juni 1890, Z. Bd. 30 S. 540, Bd. 31 S. 416.

§ 168. Zu Bem. 1. S. 444. Nach § 168 Abs. 1 sind nur die Besitzer der betriebenen Bergwerke verpflichtet, dem Knappschaftsvereine, in dessen Bezirke die Werke liegen, beizutreten. Die Besitzer noch nicht in Betrieb gesetzter Bergwerke können daher durch das Knappschaftsstatut nicht verpflichtet werden, ein Eintrittsgeld an die Knappschaftskasse zu zahlen. Urth. des Reichsg. v. 26. Okt. 1892, Entsch. in Civils. Bd. 30 S. 208, Z. Bd. 34 S. 397. Diese Auslegung des § 168 verdient den Vorzug vor der entgegengesetzten Ansicht; vergl. Rekursbesch. v. 10. Aug. 1870 u. 4. Mai 1872, Z. Bd. 11 S. 365, Bd. 13 S. 290, auch Komm. S. 444.

§ 169. Zu Bem. 3. S. 446. Wenn nach dem Knappschaftsstatut die Feststellung der Invalidität oder das Aufhören derselben, unter Ausschluß des Rechtsweges, lediglich dem Urtheil des Knappschaftsvorstandes vorbehalten ist, so unterliegt die von dem Vorstande getroffene

Entscheidung lediglich in formaler Beziehung der richterlichen Nachprüfung. Urth. des Reichsg. v. 5. Febr. 1887, Z. Bd. 30 S. 229. Vergl. auch nachstehend Bem. 3 zu § 171.

Zu Bem. 5. S. 446. Die Bestimmungen eines Knappschaftsstatuts sind der Abänderung durch die Arbeitsordnungen der einzelnen betheiligten Werke entzogen. Urth. des Reichsg. v. 7. März 1891, Z. Bd. 32 S. 381.

§ 170. Zu Bem. 4. S. 448, 449. Die Herabsetzung bereits bewilligter Invalidenunterstützungen durch Abänderung des Knappschaftsstatuts ist unzulässig, es sei denn, daß eine gleichmäßige Kürzung der Unterstützungen gegenüber sämmtlichen Berechtigten eintritt. Urth. des Reichsg. v. 4. Febr. 1882, 4. Febr. u. 6. Mai 1885, 6. April 1887, Daubenspeck S. 447 bis 451.

§ 171. Zu Bem. 1. S. 450. 1. Es widerstreitet dem Gesetze nicht, durch das Knappschaftsstatut die Wittwen- und Waisenunterstützung (§ 171 Nr. 5 u. 6) für den Fall zu versagen, daß der verstorbene Ehemann seinen Tod durch eigenes grobes Versehen herbeigeführt hat. Urth. des Reichsg. v. 27. Juni 1888, Daubenspeck S. 410.

2. Ist durch das Knappschaftsstatut die Reaktivirung eines zum Invaliden erklärten Vereinsmitgliedes von dem Urtheil des Knappschaftsvorstandes abhängig gemacht, so tritt, solange es an diesem Beschlusse des Vorstandes fehlt, in den Befugnissen des Invaliden keine Aenderung ein. Urth. des Reichsg. v. 27. Sept. 1887, Daubenspeck S. 412.

3. Es ist nicht unzulässig, durch das Knappschaftsstatut die Entscheidung darüber, ob der Fall der Invalidität vorliegt, und ebenso über das Aufhören der Invalidität eines Vereinsmitgliedes, mit Ausschluß des ordentlichen Richters, dem Knappschaftsvorstande vorzubehalten. Urth. des Reichsg. v. 19. Jan. 1887, Daubenspeck S. 413. Vergl. auch oben bei § 169 das Urth. v. 5. Febr. 1887.

Ist aber über die Invalidisirung ein statutenmäßiger Beschluß nicht zu erlangen, so steht die Entscheidung hierüber dem Prozeßrichter zu. Urth. des Oberl.-Ger. Naumburg v. 29. Mai 1884 u. des Reichsg. v. 25. März 1885, Z. Bd. 26 S. 384, Daubenspeck S. 431.

4. Ist der Beschluß eines Knappschaftsvorstandes über Reaktivirung eines Invaliden nichtig, so kann derselbe durch nachträgliche Genehmigung keine rechtliche Wirksamkeit erlangen. Urth. des Reichsg. v. 19. Jan. 1887, Daubenspeck S. 413.

5. Der Knappschaftsverein, welcher seine Verpflichtung zur Zahlung des Krankengeldes bestritten hat, aber hierzu verurtheilt ist, hat Verzugszinsen seit dem Tage der Klagebehändigung zu zahlen. Urth. des Reichsg. v. 11. Jan. 1882, Daubenspeck S. 425.

6. Durch die Bestimmungen des Knappschaftsstatuts über die Feststellung der Invalidität eines Vereinsmitgliedes wird jede andere

Beweisführung hierüber ausgeschlossen. Urth. des Reichsg. v. 21. Dez. 1889, Daubenspeck S. 427.

7. Ueber die zwischen dem Knappschaftsvorstande und einem Vereinsmitgliede streitig gewordene Frage, ob der Anspruch des letzteren auf Invalidengeld nach dem älteren oder neueren Statut zu beurtheilen sei, ist die Feststellungsklage zulässig. Urth. des Reichsg. v. 4. Juni 1887, Daubenspeck S. 429.

Zu Bem. 3. S. 450.

Rechtliche Stellung der Knappschaftsvereine zu dem Krankenversicherungsgesetze.

1. Dem im Laufe der Jahre hervorgetretenen Bedürfnisse, das Reichsgesetz, betr. die Krankenversicherung der Arbeiter, vom 15. Juni 1883 einer theilweisen Umgestaltung und Ergänzung zu unterwerfen, ist entsprochen worden durch das

Gesetz vom 10. April 1892 (R. G. Bl. S. 450).

In den 32 Artikeln desselben haben zahlreiche Einzelbestimmungen des Hauptgesetzes eine andere Fassung erhalten. Das hieraus hervorgegangene revidirte Gesetz, dessen nunmehriger Wortlaut mit der Ueberschrift „Krankenversicherungsgesetz" durch das Reichs-Gesetzblatt von 1892 S. 417 bis 465 bekannt gemacht worden ist, hat auch das Verhältniß der Knappschaftsvereine zu der Reichs-Krankenversicherung, wenngleich nicht in tief eingreifender Weise, so doch immerhin in verschiedenen nicht unwichtigen Punkten verändert.

2. Die wesentlichsten Abänderungen, welche das Krankenversicherungsgesetz v. 15. Juni 1883 durch die Novelle v. 10. April 1892 erfahren hat, betreffen: Erweiterung des Kreises der dem Versicherungszwange unterliegenden und andererseits der von demselben befreiten Personen; erweiterte Befugniß der Gemeinden, statutarische Abweichungen von einzelnen Bestimmungen des Gesetzes zu treffen und namentlich auch die Leistungen der Kassen zu erhöhen, sowie verschärfte Bestimmungen bezüglich der Behandlung und Beaufsichtigung der Kranken 2c. zu treffen; vermehrte Fürsorge für Wöchnerinnen und Reconvalescenten; Ausdehnung der Anzeigepflicht; Verpflichtung der Versicherten, unter gewissen Voraussetzungen die Eintrittsgelder und ihren Theil der Beiträge selbst einzuzahlen; Festsetzung von Verjährungsfristen für Beiträge und Unterstützungsansprüche; nähere Regelung des Verhältnisses bei Leistungen der einen Kasse für die andere; größere Ausdehnung des Verwaltungsstreitverfahrens; Neuregelung des Verhältnisses der Gemeinde-Krankenversicherung, der Krankenkassen 2c. zu den Behörden, Berufsgenossenschaften 2c.; Ausdehnung der Verantwortlichkeit für Zuwiderhandlungen gegen das Gesetz auf die Betriebsbeamten.

3. Der § 74 des Gesetzes, welcher das Verhältniß der Knappschaftsvereine zu der Krankenversicherung regelt, hat durch die Novelle v. 10. April 1892 ebenfalls eine theilweise Umgestaltung erhalten, welche für die Beurtheilung dieses Verhältnisses maßgebend ist.

In seiner jetzigen Fassung lautet der § 74:

Für die Mitglieder der auf Grund berggesetzlicher Vorschriften errichteten Krankenkassen (Knappschaftskassen) tritt weder die Gemeinde-Krankenversicherung noch die Verpflichtung, einer nach Maßgabe der Vorschriften dieses Gesetzes errichteten Krankenkasse anzugehören, ein.

Die statutenmäßigen Leistungen dieser Kassen in Krankheitsfällen müssen die für die Betriebs-(Fabrik-)Krankenkassen vorgeschriebenen Mindestleistungen erreichen.

Die Vorschriften des § 26 Absatz 1 und Absatz 2 Satz 1, §§ 56a und 57a finden auch auf Knappschaftskassen Anwendung.

Im Uebrigen bleiben die landesgesetzlichen Vorschriften über die Knappschaftskassen unberührt.

Hiernach sind Abs. 1 u. 5 des ursprünglichen § 74 (Komm. S. 451) unverändert geblieben, dagegen die Uebergangsbestimmungen im Abs. 2 u. 3 ausgeschieden und im jetzigen Abs. 3 sind dem Abs. 1 des § 26 der Abs. 2 Satz 1 des § 26 sowie die §§ 56a und 57a hinzugefügt.

4. Die Tragweite des neuen § 74 für die Knappschaftsvereine wird zunächst dadurch bestimmt, daß der Grundsatz, wonach die Leistungen der Knappschaftskassen in Krankheitsfällen nicht hinter den gesetzlichen Mindestleistungen der Betriebs-(Fabrik-)Krankenkassen zurückbleiben dürfen, unverändert aufrecht erhalten ist. Soweit also diese Mindestleistungen durch die Novelle v. 10. April 1892 erhöht und erweitert sind, müssen denselben auch die Knappschaftsvereine nachkommen.

Nach § 64 des Gesetzes sind, wie schon seither, für die Mindestleistungen der Betriebs-(Fabrik-)Krankenkassen diejenigen Bestimmungen maßgebend, welche der § 20 für die Orts-Krankenkassen trifft. Der jetzige erweiterte § 20 lautet:

Die Orts-Krankenkassen sollen mindestens gewähren:

1. im Falle einer Krankheit oder durch Krankheit herbeigeführten Erwerbsunfähigkeit eine Krankenunterstützung, welche nach §§ 6, 7, 8 mit der Maßgabe zu bemessen ist, daß der durchschnittliche Tagelohn derjenigen Klassen der Versicherten, für welche die Kasse errichtet wird, soweit er drei Mark für den Arbeitstag nicht überschreitet, an die Stelle des ortsüblichen Tagelohnes gewöhnlicher Tagearbeiter tritt;

2. eine Unterstützung in Höhe des Krankengeldes an Wöchnerinnen, welche innerhalb des letzten Jahres, vom Tage der Entbindung ab gerechnet, mindestens sechs Monate hindurch einer auf Grund dieses Gesetzes errichteten Kasse oder einer Gemeinde-Krankenversicherung angehört haben, auf die Dauer von mindestens vier Wochen nach ihrer Niederkunft, und soweit ihre Beschäftigung nach den Bestimmungen der Gewerbeordnung für eine längere Zeit untersagt ist, für diese Zeit;

3. für den Todesfall eines Mitgliedes ein Sterbegeld im zwanzigfachen Betrage des durchschnittlichen Tagelohnes (Ziffer 1).

Die Feststellung des durchschnittlichen Tagelohnes kann auch unter Berücksichtigung der zwischen den Kassenmitgliedern hinsichtlich der Lohnhöhe bestehenden Verschiedenheiten klassenweise erfolgen. Der durchschnittliche Tagelohn einer Klasse darf in diesem Falle nicht über den Betrag von vier Mark festgestellt werden.

Verstirbt ein als Mitglied der Kasse Erkrankter nach Beendigung der Krankenunterstützung, so ist das Sterbegeld zu gewähren, wenn die Erwerbsunfähigkeit bis zum Tode fortgedauert hat und der Tod in Folge derselben Krankheit vor Ablauf eines Jahres nach Beendigung der Krankenunterstützung eingetreten ist.

Das Sterbegeld ist zunächst zur Deckung der Kosten des Begräbnisses bestimmt und in dem aufgewendeten Betrage demjenigen auszuzahlen, welcher das Begräbniß besorgt. Ein etwaiger Ueberschuß ist dem hinterbliebenen Ehegatten, in Ermangelung eines solchen den nächsten Erben auszuzahlen. Sind solche Personen nicht vorhanden, so verbleibt der Ueberschuß der Kasse.

5. Durch § 20 in Verbindung mit den in demselben angezogenen und durch Art. 3 der Novelle ebenfalls erweiterten §§ 6, 7 u. 8 sind nachstehende Aenderungen herbeigeführt, deren Beachtung gemäß § 74 Abs. 2 auch den Knappschaftsvereinen obliegt:

a. Die Krankenunterstützung ist nicht nur im Falle einer Krankheit, sondern auch im Falle einer „durch Krankheit herbeigeführten Erwerbsunfähigkeit" zu gewähren (§ 20 Nr. 1).

b. Die Krankenunterstützung endet nach näherer Bestimmung des § 6 Abs. 2 im Falle der Erwerbsunfähigkeit spätestens mit dem Ablauf der dreizehnten Woche „nach Beginn des Krankengeldbezuges."

c. Das Krankengeld muß mindestens die Hälfte des durchschnittlichen Tagelohnes sämmtlicher Vereinsmitglieder, soweit er drei Mark für den Arbeitstag nicht überschreitet, betragen (§ 20 Nr. 1). Hierbei ist eine getrennte Ermittelung für die männlichen, weiblichen und jugendlichen Arbeiter zulässig (§ 8). Es kann aber auch, wenn die Vereinsmitglieder nach der Lohnhöhe in Klassen eingetheilt sind, die Feststellung des durchschnittlichen Tagelohnes unter Berücksichtigung dieser Verschiedenheiten klassenweise erfolgen (§ 20 Abs. 2). Der „ortsübliche Tagelohn gewöhnlicher Tagearbeiter" (§ 6) kommt hier überhaupt nicht in Betracht.

d. Das Sterbegeld ist mindestens auf den zwanzigfachen Betrag „des durchschnittlichen Tagelohnes", nicht mehr wie früher „des ortsüblichen Tagelohnes" festzusetzen (§ 20 Nr. 3).

e. Das Sterbegeld ist auch dann zu gewähren, wenn das erkrankte Vereinsmitglied erst nach Beendigung der Krankenunterstützung gestorben ist und im Uebrigen die beiden Voraussetzungen des § 20 Abs. 3 vorliegen. Die Verwendung des Sterbegeldes muß nach Vorschrift des § 20 Abs. 4 erfolgen.

f. Wöchnerinnen, welche Vereinsmitglieder sind, ist auf die Dauer von mindestens vier Wochen (früher drei Wochen) nach ihrer Niederkunft eine Unterstützung in Höhe des Krankengeldes zu gewähren. Ist deren Beschäftigung nach der Gewerbeordnung (§ 137 Abs. 5, s. oben S. 118) auch während der folgenden zwei Wochen untersagt, so ist die Unterstützung für diese Zeit ebenfalls zu gewähren. In jedem Falle muß aber die Wöchnerin innerhalb des letzten Jahres, vom Tage der Entbindung ab gerechnet, mindestens sechs Monate hindurch der Knappschaftskasse oder einer auf Grund des Krankenversicherungsgesetzes errichteten Kasse oder einer Gemeinde-Krankenversicherung angehört haben (§ 20 Nr. 2).

g. Der Kreis der Personen, welche mit ihrer Zustimmung in einem Krankenhause untergebracht werden können, ist erweitert und die Zahl der Fälle, in welchen die zwangsweise Unterbringung in einem Krankenhause veranlaßt werden kann, wesentlich vermehrt. Die Zahlung des für die Angehörigen bestimmten halben Krankengeldes kann unmittelbar an diese erfolgen. (§ 7 Abs. 1 Nr. 1 u. Abs. 2.)

h. Ueber die Anwendung des § 6 des Ges. auf die in staatlichen Betrieben der Berg-, Hütten- u. Salinenverwaltung beschäftigten Beamten mit einem Jahresdiensteinkommen von nicht mehr als 2000 *M.* ist durch den Min.-Erlaß v. 28. Juli 1893 (Z. Bd. 35 Heft 1) Bestimmung getroffen.

6. Von den Vorschriften, welche nach § 74 Abs. 3 auch auf die Knappschaftsvereine Anwendung finden, ist der Absatz 1 des § 26 inhaltlich unverändert geblieben und nur im Eingange anders gefaßt.

7. Der im § 74 Abs. 3 neu hinzugefügte Absatz 2 Satz 1 des § 26 bestimmt, daß Kassenmitglieder, welche behufs Erfüllung ihrer Militärdienstpflicht ausgeschieden sind, mit dem Zeitpunkte des späteren Wiedereintritts in die Kasse das Recht auf die vollen statutenmäßigen Unterstützungen derselben erwerben und zur Zahlung eines neuen Eintrittsgeldes nicht verpflichtet werden können.

8. Die §§ 56a u. 57a, deren Ausdehnung auf die Knappschaftsvereine ebenfalls auf dem § 74 Abs. 3 beruht, enthalten völlig neue Bestimmungen.

Durch § 56a hat das Oberbergamt (vergl. Bem. 9) die Befugniß erlangt, unter gewissen Voraussetzungen zu verfügen, daß die Leistungen für die Kranken (§ 6 Abs. 1 Nr. 1 u. § 7 Abs. 2) durch weitere als die von einem Knappschaftsvereine bestimmten Aerzte, Apotheken und Krankenhäuser gewährt werden. Diese Bestimmung hat den Zweck, nöthigenfalls die (nach § 26a Nr. 2b zulässige) statutarische Anordnung zu mildern, wonach ärztliche Behandlung, Lieferung der Arznei, Kur und Verpflegung nur durch bestimmte Aerzte, Apotheken und Krankenhäuser gewährt werden und die Bezahlung der durch Inanspruchnahme anderer Aerzte ꝛc. entstandenen Kosten abgelehnt wird.

Der § 57 a gewährt den Knappschaftsvereinen die Möglichkeit, Mitgliedern, welche außerhalb des Bezirkes wohnen oder sich vorübergehend aufhalten, im Falle der Erkrankung die Krankenunterstützung durch Vermittelung der betreffenden Orts-Krankenkasse und in Ermangelung einer solchen durch Vermittelung der Gemeinde-Krankenversicherung bezw., wenn die Erkrankung im Auslande erfolgt, des Betriebsunternehmers zu gewähren. Die Gemeinde-Krankenversicherung bezw. die Orts-Krankenkassen sind zu der Hülfeleistung gegen einander und gemäß §§ 65, 73 u. 74 auch gegen die Betriebs-(Fabrik-), Innungs-Krankenkassen und Knappschaftskassen gesetzlich verpflichtet. Dagegen haben diese Kassen dadurch, daß der § 57 a auf sie für anwendbar erklärt ist, ihrerseits nicht verpflichtet werden sollen, solchen Requisitionen ebenfalls Folge zu leisten; stenogr. Ber. S. 4806.

9. Durch den Min.-Erlaß v. 17. August 1892, Z. Bd. 33 S. 424, ist allgemein bestimmt, daß bei der Ausführung des K.-V.-Gesetzes rücksichtlich der Knappschaftsvereine ausschließlich die Oberbergämter die den höheren Verwaltungsbehörden zugewiesenen Geschäfte und Befugnisse wahrzunehmen haben. Der Absicht des Gesetzes widerstreitet diese Zuständigkeit trotz der engeren Fassung des § 84 nicht.

10. Das Verwaltungsstreitverfahren findet für die Geltendmachung eines auf einen Ortsarmenverband übergegangenen Unterstützungsanspruches an einen Knappschaftsverein nicht statt. Urth. des Oberverw.-Ger. v. 4. April 1892, Z. Bd. 34 S. 416.

11. Die reiche Literatur über das K.-V.-Gesetz hat seit der Novelle v. 10. April 1892 neuen Zuwachs erhalten, u. a. durch v. Woedtke (vierte, gänzlich umgearbeitete Auflage des vorzüglichen Kommentars, Berlin 1892/93); Hahn, Das K.-V.-Gesetz ꝛc., Berlin 1892; Fuld, Die Novelle zum K.-V.-Gesetze, Z. Bd. 33 S. 355.

Zu Bem. 5 S. 457.

Rechtliche Stellung der Knappschaftsvereine zu dem Unfallversicherungsgesetze.

Zu S. 457. Der Unfall, welchen ein Arbeiter auf dem über den Betriebsplatz führenden Wege zu oder von der Arbeit erleidet, ist unter Umständen als Unfall „bei dem Betriebe" im Sinne des § 1 U. V. G. zu behandeln. Urth. des Reichsg. v. 4. Juli 1890, Z. Bd. 32 S. 109.

Zu S. 461 Abs. 2. Zu § 95 U. V. G. ist entschieden, daß die auf demselben beruhende Beschränkung der civilrechtlichen Haftpflicht denjenigen Hinterbliebenen des Versicherten gegenüber keine Anwendung findet, welchen dieses Gesetz einen Entschädigungsanspruch überhaupt nicht gewährt, wie z. B. den hinterbliebenen Aszendenten, wenn der Versicherte nicht deren einziger Ernährer war. Urth. des Oberl.-Ger. Köln v. 21. Juni 1888, des Reichsg. v. 29. Okt. u. 15. Nov. 1889; Rhein.

Archiv Bd. 71 Abth. 1 S. 87, Bd. 81 Abth. 3 S. 5, Entsch. in Civils. Bd. 24 S. 117, Z. Bd. 32 S. 104.

Zu S. 462. 1. Der „Knappschafts-Berufsgenossenschaft" wie den Unfall-Berufsgenossenschaften überhaupt steht für die Beiträge ihrer Mitglieder das Vorzugsrecht im Konkurse aus § 54 Nr. 3 der Reichs-Konkursordnung zu, und zwar für die Beiträge, welche im letzten Jahre vor Eröffnung des Konkursverfahrens fällig oder, was gleichbedeutend ist, rückständig geworden sind. Urth. des Reichsg. v. 3. Jan. 1889, Z. Bd. 30 S. 230. Vergl. Komm. S. 468 Bem. 6.

2. Ausgenommen von der Zugehörigkeit zu der „Steinbruchs-Berufsgenossenschaft" sind „die nicht knappschaftspflichtigen Eisenerzbergwerke" und „die Salinen, sofern sie nicht landesgesetzlich bestehenden Knappschaftsverbänden angehören." Erstere gehören zu den betreffenden Eisen- und Stahl-Berufsgenossenschaften, letztere zu der (das Reichsgebiet umfassenden) Berufsgenossenschaft der chemischen Industrie. Beschl. des Bundesraths v. 21. Mai 1885 und Bekanntmachungen des Reichs-Versicherungsamts v. 21. u. 22. Mai 1885; amtl. Nachrichten des letzteren, Jahrg. I S. 141, 143, Z. Bd. 26 S. 420.

Zu S. 463. Den Rechtsgrundsatz, daß unter den Voraussetzungen des § 8 Abs. 1 U. V. G. die Unfallbeschädigten auf die einmalige Forderung des höchsten Betrages beschränkt sind, also z. B. das knappschaftliche Invalidengeld um den Betrag der geringeren Unfallrente gekürzt wird, hat das Reichsgericht dahin näher präzisirt, daß der Unfallbeschädigte nicht in allen Fällen nur die eine der Leistungen der Hülfskasse (Knappschaftskasse) und der Unfall-Berufsgenossenschaft fordern darf und sich auf die Leistung der Hülfskasse unbedingt diejenige der Berufsgenossenschaft anrechnen lassen muß. Die Hülfskasse (Knappschaftskasse) ist vielmehr für verpflichtet erklärt, das statutenmäßige Invalidengeld ohne Abzug der Unfallrente zu zahlen, wenn die Ansprüche an die Berufsgenossenschaft einer- und an die Knappschaftskasse andererseits auf einem verschiedenen Grunde (Leistenbruch, Lungenleiden) beruhen. Urth. v. 19. April 1890, Z. Bd. 31 S. 390.

Rechtliche Stellung der Knappschaftsvereine zu dem Invaliditäts- und Altersversicherungsgesetze.

1. Nachdem am 1. Dezember 1884 das Krankenversicherungsgesetz und am 1. Oktober 1885 das Unfallversicherungsgesetz in Kraft getreten war, begann am 1. Januar 1891 das

Gesetz, betreffend die Invaliditäts- und Altersversicherung, vom 22. Juni 1889

R. G. Bl. S. 97, seine wirthschaftlich und sozialpolitisch tief eingreifende, in ganzer Tragweite noch nicht zu übersehende Wirksamkeit. Mit demselben gelangte die völlige Neugestaltung des Arbeiterversicherungsrechts im deutschen Reiche zu einem einstweiligen Abschlusse und Ruhepunkte; die reichsgesetzliche Versicherung von Wittwen und Waisen bildet die ebenfalls in's Auge gefaßte Aufgabe einer späteren Zeit.

Wie von den beiden erstgenannten Gesetzen, so wurden die Knappschaftsvereine auch von diesem letzten und bedeutungsvollsten Gesetze beeinflußt, wenn auch nicht in so unmittelbarer Weise wie dort. Es lag nicht in der Absicht der Reichsgesetzgebung, in die altbewährte und vorbildliche Wirksamkeit der Knappschaftsvereine störend einzugreifen und denselben den Charakter von Unterstützungs- und Wohlthätigkeitsanstalten zu nehmen, welche nicht lediglich auf starren versicherungstechnischen Grundsätzen beruhen, sondern auch der ausgleichenden und mildernden Billigkeit Rechnung tragen. Andererseits lag aber die Nothwendigkeit vor, das Verhältniß der landesgesetzlichen Kasseneinrichtungen, welche die Fürsorge für den Fall der Invalidität und des Alters zum Gegenstande haben, also namentlich auch der Knappschaftskassen klarzustellen und im Gesetze selbst grundsätzlich zu regeln. Hierbei stellte es sich von vornherein als unausführbar heraus, den Knappschaftsvereinen ohne Weiteres die reichsgesetzliche Invaliditäts- und Altersversicherung allgemein anzuvertrauen, obwohl desfallsige Wünsche laut geworden waren. Einem solchen Vorgehen stand der unbestreitbare Umstand entgegen, daß ein Theil der bestehenden Knappschaftsvereine nicht die unbedingt erforderliche Sicherheit für eine dauernde, von den Wechselfällen des Werksbetriebes unabhängige Leistungsfähigkeit ihrer Vereinskassen darbietet.

Wenn demnach die Mitglieder der Knappschaftsvereine als solche nicht von der reichsgesetzlichen Versicherungspflicht befreit bleiben konnten, so hat doch das Gesetz den Knappschaftsvereinen und ähnlichen Kasseneinrichtungen zwei Wege geebnet, auf welchen sie als „besondere Kasseneinrichtungen" zu einem vollständigen oder als sog. „Zuschußkassen" zu einem theilweisen Anschluß an die Reichsversicherung gelangen können. Den ersteren Weg zeichnen die §§ 5 und 7, den anderen der § 36 des Ges. vor; ersterer führt zur Gleichstellung mit den auf Grund des Gesetzes errichteten Versicherungsanstalten; den anderen können diejenigen Knappschaftsvereine betreten, welche nicht in der Lage oder nicht Willens sind, eine solche Gleichstellung zu erlangen.

2. Nach § 5 des Ges. genügen die „in Betrieben des Reichs, eines Bundesstaates oder eines Kommunalverbandes" beschäftigten Personen der gesetzlichen Versicherungspflicht durch Betheiligung an einer besonderen Kasseneinrichtung, durch welche ihnen eine den reichsgesetzlich vorgesehenen Leistungen gleichwerthige Fürsorge gesichert ist, sofern die betreffende Kasseneinrichtung den hier vorgeschriebenen Anforderungen entspricht und der Bundesrath anerkannt hat, daß letzteres der Fall ist. Diese Anforderungen sind folgende:

1. Die Beiträge der Versicherten dürfen, soweit sie für die Invaliditäts- und Altersversicherung in Höhe des reichsgesetzlichen Anspruchs entrichtet werden, die Hälfte des für den letzteren nach § 20 zu erhebenden Beitrags nicht übersteigen. Sofern aber bei dem Knappschaftsvereine die Beiträge nach einem von der Berechnungsweise des § 20 abweichenden Verfahren aufgebracht und in Folge dessen höhere Beiträge erhoben werden, dürfen die Beiträge der Versicherten diejenigen der Arbeitgeber nicht übersteigen; § 5 Nr. 1.
2. Bei Berechnung der Wartezeit und der Rente ist den Mitgliedern der Knappschaftsvereine, soweit es sich um das Maß des reichsgesetzlichen Anspruchs handelt, unbeschadet der Bestimmung des § 32, die bei Versicherungsanstalten (§ 41) zurückgelegte Beitragszeit in Anrechnung zu bringen; § 5 Nr. 2.
3. Ueber den Anspruch der Knappschaftsmitglieder auf Gewährung von Invaliden- und Altersrente muß ein schiedsgerichtliches Verfahren unter Mitwirkung von Vertretern der Versicherten zugelassen sein; § 5 Nr. 3.

In Preußen ist auf Grund des § 5 der für die Staatsbergwerke des Saargebietes bestehende „Saarbrücker Knappschaftsverein", nach Erfüllung der vorbezeichneten Bedingungen, von dem Bundesrath als „besondere Kasseneinrichtung", welche der reichsgesetzlichen Versicherungspflicht ihrer Mitglieder entspricht, zugelassen worden. Statut v. 26. Dez. 1890.

3. Gemäß § 7 des Ges. kann durch Beschluß des Bundesraths auf Antrag weiter bestimmt werden, daß der § 5 (und der § 6) auch auf Mitglieder „anderer Kasseneinrichtungen, welche die Fürsorge für den Fall der Invalidität oder des Alters zum Gegenstande haben", Anwendung finden soll. Auf dieser Grundlage ist in Preußen der „Allgemeine Knappschaftsverein zu Bochum" reorganisirt und als „besondere Kasseneinrichtung „vom Bundesrath anerkannt worden. Statut v. 25. Dez. 1891. Ferner gehören zu diesen zugelassenen „besonderen Kasseneinrichtungen" die „Norddeutsche Knappschafts-Pensionskasse zu Halle a. S.", welche 18 zum Theil außerpreußische Knappschaftsvereine umfaßt; Statut v. 6. Jan. 1891, sowie die „Allgemeine Knappschafts-Pensionskasse für das Königreich Sachsen" in Freiberg, welche an die Stelle von 27 besonderen Knappschafts-Pensionskassen getreten ist und außerdem eine größere Anzahl von Stein- und Braunkohlenwerken umfaßt, die bis dahin eine bestätigte Knappschafts-Pensionskasse nicht besaßen. Statut v. 29. Dez. 1890. Weiter erstreckt sich die Anwendung der §§ 5 u. 7 des Gesetzes auf den deutschen Bergbau zur Zeit nicht.

4. Den anderen oben bezeichneten Weg, welchen die Knappschaftsvereine einschlagen können, wenn sie einen theilweisen Anschluß an die reichsgesetzliche Invaliditäts- und Altersversicherung als sog. „Zuschußkassen" für angezeigt erachten, giebt der § 36 des Gesetzes an. Hiernach

sind Knappschaftskassen und ähnliche Kasseneinrichtungen, „welche ihren nach den Bestimmungen dieses Gesetzes versicherten Mitgliedern für den Fall des Alters oder der Erwerbsunfähigkeit Renten oder Kapitalien gewähren", berechtigt, „diese Unterstützungen für solche Personen, welche auf Grund dieses Gesetzes einen Anspruch auf Invaliden- oder Altersrenten haben, um den Werth der letzteren oder zu einem geringeren Betrage zu ermäßigen, sofern gleichzeitig die Beiträge der Betriebsunternehmer und Kassenmitglieder oder im Falle der Zustimmung der Betriebsunternehmer wenigstens diejenigen der Kassenmitglieder in entsprechendem Verhältniß herabgemindert werden." Der Ermäßigung der Beiträge bedarf es jedoch nicht, sofern die durch die Herabminderung der Unterstützungen ersparten Beträge zu anderen Wohlfahrtseinrichtungen verwendet werden oder soweit die Beiträge in der bisherigen Höhe erforderlich sind, um die der Kasse verbleibenden Leistungen zu decken.

Die Mehrzahl der Knappschaftsvereine hat jedoch von den im § 36 eingeräumten Befugnissen aus praktischen Gründen seither noch keinen Gebrauch gemacht, vielmehr vorgezogen, zu der Frage, ob bezw. in welchem Umfange von den Befugnissen des § 36 Gebrauch gemacht werden soll, erst dann Stellung zu nehmen, wenn durch Anrechnung der reichsgesetzlichen Renten zugleich eine Ermäßigung der Knappschaftsbeiträge erzielt werden kann.

5. Ein näheres Eingehen auf den Inhalt des Invaliditäts- und Altersversicherungsgesetzes selbst liegt außerhalb der hier gestellten Aufgabe und verbietet sich auch schon durch den großen Umfang und die Schwierigkeit des Stoffes, der nur mit Hülfe selbstständiger Bearbeitungen bewältigt werden kann. Hier muß deßhalb ein Hinweis auf die überaus reiche Literatur des Gesetzes genügen. Eine Uebersicht über dieselbe von Brassert enthält C. Heymann's „Juristisches Litteraturblatt" Jahrg. 3 S. 165 ff. u. Jahrg. 5 S. 25 ff. Nachzutragen sind: Freund, „Die Revisionsentscheidungen, Bescheide, Beschlüsse 2c. des Reichs-Versicherungsamts in Invaliditäts- und Altersversicherungssachen," Berlin 1893, und Piloty, „Die Arbeiterversicherungsgesetze des deutschen Reichs, erläutert 2c. 2 Bände. München 1893. Besonders zu beachten ist das amtliche Material, welches die seit 1891 erscheinenden „Amtlichen Nachrichten des Reichsversicherungsamts, Invaliditäts- und Altersversicherung" darbieten. Speziell die Stellung der Knappschaftsvereine zu dem Reichsgesetze v. 22. Juni 1889 hat Fuld, Z. Bd. 32 S. 52 ff. behandelt.

§ 181. Zu Bem. 3. S. 472. Den Beamten der Knappschaftsvereine stehen die durch die Kabinetsordre v. 14. Mai 1832 (G. S. S. 145) den mittelbaren Staatsbeamten in Bezug auf die Heranziehung zu den Gemeindelasten gewährten Begünstigungen nicht zu. Urth. des Oberverw.-Ger. v. 4. Nov. 1890, Z. Bd. 32 S. 398.

§ 183. Zu Bem. 1. S. 472. Als Aufsichtsbehörde über die Knappschaftsvereine besitzt das Oberbergamt an sich nicht die Befugniß, dieselben in rein privatrechtlichen Angelegenheiten zu vertreten, z. B. die weitere Beschwerde in Grundbuchsachen eines Knappschaftsvereins einzulegen. Beschl. des Kammerg. v. 29. Okt. 1888, Z. Bd. 30 S. 144.

Achter Titel.

Von den Bergbehörden.

Das im Anschluß an das Reichsgesetz v. 15. März 1886 (R. G. Bl. S. 53) erlassene preußische Gesetz, betr. die Fürsorge für Beamte in Folge von Betriebsunfällen, v. 18. Juni 1887 (G. S. S. 282) hat die Wohlthaten des Unfallversicherungsgesetzes auf sämmtliche unmittelbare Staatsbeamten ausgedehnt, „welche in reichsgesetzlich der Unfallversicherung unterliegenden Betrieben" beschäftigt sind. Werden solche Beamte „in Folge eines im Dienste erlittenen Betriebsunfalls" dauernd dienstunfähig oder in ihrer Erwerbsthätigkeit beeinträchtigt, so erhalten sie nach näherer Vorschrift des Gesetzes eine Pension. Hat der Betriebsunfall den Tod des Beamten zur Folge, so haben die Hinterbliebenen desselben Sterbegeld und eine Rente zu beanspruchen. Besonders werthvoll ist diese Fürsorge für diejenigen Beamten, welche bei Ausübung ihres Berufes den mannigfachen, mit dem Bergbau verbundenen Gefahren ausgesetzt sind. Das Gesetz legt dem Begriffe „Beschäftigung" im Betriebe eine erweiterte Bedeutung bei, indem es nicht bloß auf die eigentlichen Betriebsbeamten der Staatswerke, sondern auch auf die übrigen Bergbeamten Anwendung findet, soweit dieselben, wie namentlich die Revierbeamten, mit der Ausübung der Bergpolizei und überhaupt des staatlichen Aufsichtsrechts über den der Unfallversicherung unterliegenden Staats- und Privatbergbau betraut sind. Vergl. Z. Bd. 29 S. 11.

Zu Bem. 1. S. 474. Sind einer mit der Verwaltung eines Staatswerks betrauten Bergbehörde zugleich obrigkeitliche (bergpolizeiliche) Verrichtungen innerhalb eines bestimmten Geschäftskreises dauernd beigelegt, so ist dieselbe als öffentliche Behörde zu betrachten. Urth. des Oberverw.-Ger. v. 28. Sept. 1888, Z. Bd. 30 S. 106.

Die niederen technischen Beamten auf Staatsbergwerken, insbesondere die Grubensteiger, gehören — soweit sie neuerlich nicht in das Staatsdienerverhältniß übergeführt sind, — nicht zu den kommunalsteuerlich bevorrechteten „Staatsdienern" im Sinne des Ges. v. 11. Juli 1822 (G. S. S. 184). Urth. des Oberverw.-Ger. v. 3. Jan. 1891, Entsch. Bd. 20 S. 126, Z. Bd. 32 S. 521.

§ 187. Zu Bem. 4. S. 476. Zufolge Allerh. Erlasses v. 17. Febr. 1890 ist „die Verwaltung der Angelegenheiten des Staats-Berg-, Hütten- und Salinenwesens, einschließlich der polizeilichen Aufsicht über den Bergbau," von dem Ministerium der öffentlichen Arbeiten abgetrennt und auf das Ministerium für Handel und Gewerbe übergegangen, und gleichzeitig sind durch das Gesetz v. 26. März 1890 Art. I „die gesetzlichen Bestimmungen über die Zuständigkeit des Ministers der öffentlichen Arbeiten für den Bereich der Verwaltung des Berg-, Hütten- und Salinenwesens" dahin abgeändert worden, daß der Minister für Handel und Gewerbe an die Stelle des Ministers der öffentlichen Arbeiten getreten ist. G. S. S. 35 u. 37, Z. Bd. 31 S. 177, 170. Diese Ressortveränderung hat sich am 1. April 1890 (Art. II des Ges.) vollzogen. Die Abtheilung für das Berg-, Hütten- und Salinenwesen bildet seitdem die erste Abtheilung des Ministeriums für Handel 2c., hat aber im Uebrigen keine Aenderung in ihrer Zuständigkeit erlitten.

§ 188. Zu Bem. 1. S. 478. Durch die Kreisordnung für die Provinz Hessen-Nassau v. 7. Juni 1885 (G. S. S. 193) sind von dem früheren Kurfürstenthum Hessen und zwar aus dem bisherigen Kreise Hanau die zum Amtsgerichtsbezirk Bockenheim gehörigen Ortschaften Stadt Bockenheim, Eckenheim, Eschersheim, Ginnheim, Praunheim mit Ausschluß des Gemeindewaldes, sowie die zum Amtsgerichtsbezirk Bergen gehörigen Gemeinden Preungesheim, Berkersheim und Seckbach dem Landkreise Frankfurt a. M. und der Praunheimer Gemeindewald dem Obertaunuskreise zugelegt worden und gehören seitdem zum Regierungsbezirke Wiesbaden.

Eine Aenderung in der Begrenzung der Oberbergamtsbezirke Bonn und Clausthal hat dies nicht zur Folge gehabt, wohl aber muß es nunmehr in der Beschreibung dieser Bezirke heißen:

bei Bonn (Dd) der Regierungsbezirk Wiesbaden mit Ausschluß der demselben durch die Kreisordnung v. 7. Juni 1885 zugelegten ehemals kurhessischen Gebietstheile;

bei Clausthal (E b) das Gebiet des ehemaligen Kurfürstenthums Hessen nebst den vormals bayerischen Landestheilen, mit Ausschluß der früheren Enklave Kaulsdorf.

Zu Bem. 3. S. 479. Von den 66 Bergrevieren entfallen gegenwärtig auf den Oberbergamtsbezirk Breslau 11, Halle 11, Dortmund 17, Bonn 22, Clausthal 5.

Die Sonderstellung, welche die Bergwerke, Aufbereitungsanstalten und Salinen des Staates seither in Bezug auf die Eintheilung und die Verwaltung der Bergreviere einnahmen, ist seit dem 1. Januar 1893 beseitigt; auch diese Werke sind nunmehr den betreffenden Bergrevieren einverleibt und dem allgemeinem Geschäftsbereiche der Revierbeamten unterstellt. Vergl. oben S. 82.

§ 189. Zu Bem. 1. S. 480. Zu den den Bergrevierbeamten besonders übertragenen Amtsgeschäften gehört auch die Aichung und Stempelung der im Bergwerksbetriebe zur Anwendung kommenden Maße und Maßwerkzeuge für Mineralprodukte. Die näheren Bestimmungen hierüber trifft der Min.-Erlaß v. 1. März 1891, Z. Bd. 33 S. 6.

Zu Bem. 5. S. 482. Die Mitwirkung der Bergrevierbeamten bei Beaufsichtigung des unterirdischen Steinbruchsbetriebes, welche durch die Polizeiverordnung der Regierung zu Münster v. 6. Aug. 1881 geregelt war, ist in der an deren Stelle getretenen Polizeiverordn. v. 6. Juli 1882 noch wesentlich erweitert. Z. Bd. 30 S. 417, 420.

Die wichtigeren Polizeiverordnungen über Anlegung und Betrieb von Steinbrüchen und Gräbereien sind in der Zeitschr. f. Bergrecht abgedruckt. Vergl. Bd. 33 S. 21 Anm. u. S. 150.

§ 190. Zu S. 484. Markscheider. Die konzessionirten Markscheider sind „mit öffentlichem Glauben versehene Personen" im Sinne des § 380 C. P. O. Die von ihnen innerhalb ihres Geschäftskreises angefertigten Urkunden, zu welchen Karten und Grubenbilder zu rechnen sind, begründen daher vollen Beweis für die Richtigkeit ihres Inhalts. Der Beweis der Unrichtigkeit muß unter näherer Darlegung der einzelnen Fehler geführt werden. Urth. des Reichsger. v. 17. März 1888, Z. Bd. 30 S. 93.

Zu Bem. 5. S. 486. Die innere Geschäftsführung der Oberbergämter ist gegenwärtig wesentlich geregelt durch die „Geschäftsordnung für die Königlichen Oberbergämter" v. 15. Sept. 1888; die derselben entgegenstehenden, im Verwaltungswege ergangenen Vorschriften sind aufgehoben.

Neunter Titel.

Von der Bergpolizei.

§ 196. Zu Bem. 2. S. 498, 499. Grubeneisenbahnen. 1. Lediglich durch die Einführung eines Personenverkehrs von geringer Bedeutung auf einer Grubeneisenbahn verliert diese nicht die Eigenschaft einer Grubeneisenbahn und braucht daher nicht den für die öffentlichen Eisenbahnen maßgebenden Bestimmungen unterworfen zu werden. Min.-Erlaß v. 11. Jan. 1889, Z. Bd. 30 S. 408.

2. Bei der zunächst der Bergbehörde zustehenden polizeilichen Prüfung und Feststellung der Bauprojekte für Grubenanschlußbahnen und sonstige Grubeneisenbahnen können sowohl orts- als auch landespolizeiliche Interessen zur Sprache kommen. Zur Wahrung der ersteren ist die Ortspolizeibehörde, zur Wahrung der letzteren die zuständige Behörde der allgemeinen Landesverwaltung berufen. Da indeß nicht ausgeschlossen ist, daß gleichzeitig orts- und landespolizeiliche Interessen berührt werden, so hat das Oberbergamt in allen Fällen, mag die beabsichtigte Bahnanlage nur einen einzigen Ortspolizeibezirk oder deren mehrere durchschneiden, bezüglich der bei ihm eingehenden Projekte auch mit dem Regierungspräsidenten in Verbindung zu treten, welcher alsdann in jedem einzelnen Falle zu erwägen hat, welcher Behörde der

allgemeinen Polizeiverwaltung die Mitwirkung zusteht und wie sie zu regeln ist. Min.-Erlasse v. 16. u. 27. Mai 1892, Z. Bd. 33 S. 308, 426.

3. Nach dem Gesetze über die allgem. Landesverwaltung v. 30. Juli 1883 (G. S. S. 195) richtet sich die Zuständigkeit der allgemeinen Polizeibehörden zur Mitwirkung bei Erlaß von Polizeiverordnungen für Grubeneisenbahnen lediglich nach dem Umfange desjenigen Bezirkes, für welchen die Verordnung Geltung erlangen soll. Das Recht zum Erlaß von Polizeiverordnungen für einen größeren Bezirk (Provinz, Regierungsbezirk, Kreis) schließt nicht die Befugniß in sich, auch für einen engeren Bezirk, hinsichtlich dessen das Polizeiverordnungsrecht einer anderen Behörde (Amtmann 2c.) zusteht, solche Verordnungen zu erlassen. Min.-Erlaß v. 18. April 1888, Z. Bd. 30 S. 156. In Fällen der letztbezeichneten Art empfiehlt sich die Form, daß, nachdem das Oberbergamt sich vorher über die dem Verordnungsrechte der Ortspolizei angehörenden Vorschriften mit der Ortsbehörde verständigt hat, die Polizeiverordnung unter ausdrücklicher Bezugnahme auf dieses Einverständniß von dem Oberbergamte erlassen und allein vollzogen wird.

4. Die Entwürfe von Bergpolizeiverordnungen, welche für die an öffentliche Eisenbahnen anschließenden und durch deren Verwaltungen betriebenen Grubeneisenbahnen von den Oberbergämtern erlassen werden, sind der zuständigen Eisenbahnbehörde (Eisenbahndirektion bezw. Eisenbahnkommissariat zu Berlin) zur gutachtlichen Aeußerung rechtzeitig mitzutheilen. Min.-Erlaß v. 11. Febr. 1891, Z. Bd. 32 S. 273. (Der spätere Erlaß des Ministers des Innern v. 18. April 1891, Z. Bd. 33 S. 8, findet auf die der Beaufsichtigung der Bergbehörden unterliegenden Privatanschlußgeleise keine Anwendung.)

5. Besonderer Erwähnung bedarf das Gesetz über Kleinbahnen und Privatanschlußbahnen vom 28. Juli 1892. (G. S. S. 225, Z. Bd. 33 S. 434.) Dasselbe ist für den Bergbau und dessen weitere Entwickelung von großer wirthschaftlicher Bedeutung, übt aber auf die Rechtsverhältnisse derjenigen Eisenbahnen, welche als Grubeneisenbahnen Zubehör eines Bergwerks sind, einen erheblichen Einfluß nicht aus. Das Gesetz handelt in getrennten Abschnitten von den „Kleinbahnen" (§§ 1 bis 42) und von den „Privatanschlußbahnen" (§§ 43 bis 51). Zu den ersteren gehören die Grubeneisenbahnen nicht, weil ihnen das Merkmal der Benutzung für den „öffentlichen" Verkehr fehlt. Aber auch den Bestimmungen über die Privatanschlußbahnen sind sie nur in einem Punkte unterworfen. Der § 51 des Gesetzes schreibt nämlich vor:

Die Bestimmungen der §§ 43 bis 49 finden auf diejenigen Bahnen, welche Zubehör eines Bergwerks im Sinne des Allgemeinen Berggesetzes vom 24. Juni 1865 (Ges.-Samml. S. 705) bilden, keine Anwendung.

Durch die Bestimmung im § 50 wird das auf dem Allgemeinen Berggesetze vom 24. Juni 1865 beruhende Aufsichtsrecht der Bergbehörden gegenüber diesen Bahnen nicht berührt.

Ausweise der Motive (Aktenstücke des Herrenh. 1892 Nr. 34 S. 70) hat durch diese Bestimmung zur Vermeidung von Zweifeln ausgesprochen werden sollen, daß es einer anderweitigen Regelung für die Grubeneisenbahnen (Bergwerksbahnen) nicht bedürfe, weil für dieselben bereits besondere Bestimmungen im Zusammenhange mit dem Berggesetze bestehen.

Der besonderen „polizeilichen Genehmigung“, welche nach den im Abs. 1 des § 51 angezogenen §§ 43 bis 49 zur baulichen Herstellung und zum Betriebe einer (für den Betrieb mit Maschinen bestimmten) Privatanschlußbahn erforderlich ist, bedarf es demnach bei den Grubenbahnen, insbesondere den Grubenanschlußbahnen fernerhin ebenso wenig wie seither. Vergl. Komm. S. 498 u. stenogr. Ber. des Hauses der Abg. 1892 Bd. 3 S. 2042.

Der im Abs. 2 des § 51 angeführte § 50 bestimmt:

Die eisenbahntechnische Aufsicht und Ueberwachung der Privatanschlußbahnen erfolgt durch diejenige Behörde, welcher diese Aufgaben bezüglich der dem öffentlichen Verkehre dienenden Bahn, an welche sie anschließen, obliegen.

Dieser Bestimmung sind fortan auch die Grubenanschlußbahnen unterworfen, unbeschadet jedoch gemäß § 51 Abs. 2 des Fortbestandes des auf dem Berggesetze beruhenden Aufsichtsrechts der Bergbehörden. Neben die bergpolizeiliche Beaufsichtigung durch die Bergbehörde (den Bergrevierbeamten) ist demnach die eisenbahntechnische Aufsicht und Ueberwachung durch die Eisenbahnbehörde getreten. Hierin liegt aber eine Aenderung der seitherigen, auf den Min.-Erlassen v. 22. Dez. 1882 u. 4. Juni 1886 (Komm. S. 498) beruhenden Einrichtung, wonach die bahnpolizeiliche Beaufsichtigung des Betriebes im ganzen Umfange der Bergbehörde allein oblag. Zu beachten ist übrigens, daß hier nur solche Grubenanschlußbahnen in Frage stehen, welche mit Maschinenkraft betrieben werden und mit öffentlichen Bahnen (Normalbahnen oder Kleinbahnen) in solchem Geleiseanschluß stehen, daß die Betriebsmittel der Hauptbahnen auf sie übergehen können (§ 43). Fehlen diese Voraussetzungen, so findet das Gesetz überhaupt keine Anwendung, vielmehr behält es alsdann bei dem seitherigen Verfahren sein Bewenden. Vergl. stenogr. Ber. a. a. O. S. 2042, auch Jerusalem, „Das Gesetz über Kleinbahnen 2c.“ Berlin 1892, S. 83 Anm. 4 u. Z. Bd. 33 S. 433.

Zu Bem. 5. S. 501. Die Entscheidung über den Schutz eines auf Vertrag beruhenden Privatrechts gegen einen vertragswidrigen Eingriff des Bergbautreibenden durch Verletzung eines Sicherheitspfeilers liegt außerhalb der Zuständigkeit der Bergbehörden und steht allein den Gerichten zu. Urth. des Reichsg. v. 1. Juli 1893, Z. Bd. 34 S. 519.

Zu Bem. 8. S. 502. Von der bergpolizeilichen Beanstandung eines Braunkohlenbetriebes, welcher das Zubruchebauen der Oberfläche bezweckt und somit die persönliche Sicherheit oder den öffentlichen Verkehr gefährdet, kann erst dann abgesehen werden, wenn der von dem Grundeigenthümer erhobene Einspruch beseitigt ist. Rekursbesch. v. 16. Juni 1888, Z. Bd. 30 S. 125. Vergl. auch Komm. § 67 Bem. 8, § 135 Bem. 7g u. § 196 Bem. 8, S. 222, 357, 502.

Zu Bem. 12. S. 504. Die Wiederaufwältigung eines Stollens, durch welche einer Stadtgemeinde das für ihre Wasserversorgungsanstalt erforderliche Quellwasser entzogen würde, ist als „gemeinschädliche Einwirkung des Bergbaues" im Sinne des § 196 zu behandeln. Rekursbesch. v. 9. Juni 1889, Z. Bd. 31 S. 133.

§ 197. Zu Bem. 5. S. 509. Ueber die Beschränkung des Rechtsweges in Beziehung auf bergpolizeiliche Verfügungen vergl. Urth. des Reichsg. v. 17. Jan. 1891, Z. Bd. 32 S. 384.

Zu Bem. 9. S. 510. Wie die älteren, so sind auch die in den letzten Jahren von den Oberbergämtern erlassenen Bergpolizeiverordnungen vollständig in der Zeitschrift für Bergrecht erschienen. Eine systematische Sammlung der im Oberbergamtsbezirke Dortmund bestehenden Bergpolizeiverordnungen enthält der „Berg- und Hütten-Kalender" für 1892 S. 12 bis 49 nebst Nachtrag im Kalender für 1893 S. 48 A u. B.

§ 204. Zu Bem. 3. S. 516. Um für die Feststellung des Begriffes „schwere Verletzung" im Sinne des § 204 ein sicheres Anhalten in der Praxis zu haben, war eine Arbeitsunfähigkeit von wenigstens vier Wochen als untere Grenze angenommen. Diese Grenze hat sich jedoch als zu niedrig gegriffen herausgestellt, indem sie viele Fälle in sich schloß, welche thatsächlich nicht als „schwere Verletzungen" bezeichnet werden konnten und die Zeit und Thätigkeit der Bergrevierbeamten unverhältnißmäßig stark in Anspruch nahmen. Das Verfahren ist demnach im Allgemeinen dahin geregelt worden, daß auf Grund des § 204 jeder Unglücksfall beim Bergbau dem Bergrevierbeamten anzuzeigen und von diesem bergpolizeilich zu untersuchen ist, welcher den Tod oder eine solche Körperverletzung einer oder mehrerer Personen zur Folge gehabt hat, die voraussichtlich den Tod oder eine Arbeitsunfähigkeit von mehr als dreizehn Wochen zur Folge haben wird. Vergl. u. a. die allg. Verf. des Oberb. Dortmund v. 7. März 1892, Z. Bd. 33 S. 309. Selbstverständlich unterliegen außerdem auch leichtere Körperverletzungen der bergpolizeilichen Untersuchung, wenn dabei strafbarer Vorsatz oder strafbare Fahrlässigkeit (§§ 223 bis 233 St. G. B.) oder eine Uebertretung bergpolizeilicher Vorschriften in Frage kommen. Ebenso unterliegen Schlagwetterexplosionen der bergpolizeilichen Untersuchung auch dann, wenn dieselben keine Körperverletzungen verursacht haben. — Für die Statistik der Unglücksfälle beim Bergbau sind die hierfür besonders erlassenen Vorschriften maßgebend.

§ 205. Zu Bem. 2. S. 519. Die im Oberbergamtsbezirk Dortmund für die bergpolizeiliche Untersuchung von Unglücksfällen maßgebenden Bestimmungen sind zusammengefaßt in der bei § 204 angezogenen allg. Verfügung v. 7. März 1892.

Zu Bem. 3. S. 519. Zu den Personen, welche nach § 54 des U. V. Gesetzes Anspruch haben, zu den Untersuchungsverhandlungen zugezogen zu werden, gehört der Betriebsführer nicht. Verf. des Oberb. Bonn v. 11. Mai 1891, Z. Bd. 32 S. 407.

Sprengstoffgesetz vom 9. Juni 1884.

Zu Bem. 1. S. 528. Der „Verkehr mit Sprengstoffen" ist auch für den Bergbau neu geregelt durch die im Min.-Bl. f. d. innere Verw. S. 225 veröffentlichte Polizeiverordnung der Minister des Innern und für Handel und Gewerbe vom 19. Oktober 1893. Dieselbe tritt am 1. April 1894 in Kraft. Gleichzeitig werden alle seit 1879 über den Verkehr mit Sprengstoffen erlassenen Polizeiverordnungen unwirksam.

Zu Bem. 9. S. 530. Arbeiter, welche in einem Bergwerke rc. mit den Sprengstoffen, zu deren Besitz der Arbeitgeber polizeilich ermächtigt ist, im Auftrage ihres Vorgesetzten arbeiten oder hantiren, können nicht wegen unerlaubten „Besitzes" von Sprengstoffen (§ 1 Abs. 1 des Ges.) bestraft werden. Urth, des Reichsg. v. 7. Nov. 1890, Z. Bd. 32 S. 254.

Die Aushändigung von Sprengstoffen an Andere ist nur dann als „Betrieb" (Ueberlassen) im Sinne des § 1 Abs. 1 des Ges. anzusehen, wenn der Andere dadurch zum Inhaber der Sprengstoffe gemacht wird. Vergl. vorstehendes Urtheil.

Gesetz über unbefugte Gewinnung rc. von Mineralien v. 26. März 1856.

Zu Bem. 1. S. 534. Der strafrechtliche Schutz des § 2 dieses Gesetzes kommt auch demjenigen auf Grund des älteren Rechts erworbenen Bergwerkseigenthume zu, dessen Mineral (Marmor) nach heutigem Rechte nicht mehr verleihbar sein würde. Rekursbesch. v. 19. Sept. 1888, Z. Bd. 30 S. 127. Vergl. auch Rekursbesch. v. 16. März 1890, Z. Bd. 31 S. 417.

Zu Bem. 4. S. 535. Die Mineralien solcher Halden eines früheren Bergbaues, welche sich innerhalb des Feldes eines verliehenen Bergwerks befinden, fallen nicht unter den Begriff „anstehende" Mineralien und die Anwendbarkeit des § 2 des Gesetzes. Urth. des Reichsg. v. 20. Okt. 1888, Entsch. in Straff. Bd. 18 S. 188, Z. Bd. 30 S. 86. — Das unbefugte Betreten der „Berge- und Aschenhalden" der Bergwerke ist polizeilich verboten; vergl. Z. Bd. 31 S. 145.

Zu Bem. 6. S. 535. 1. Einen Fall civilrechtlicher Haftung für widerrechtlich durch Ueberschreitung der Feldesgrenze bewirkte Erzgewinnung behandelt das Urth. des Reichsg. v. 28. Dez. 1888, Z. Bd. 30 S. 367.

2. Hat eine Gewerkschaft unter Ueberschreitung der Feldesgrenze in fremdem Felde Mineralien gewonnen und sich angeeignet, so haftet sie mit ihrem Vermögen (§ 99 B. G.) dem beschädigten Bergwerksbesitzer auch dann noch, wenn bereits eine Naturaltheilung des gewonnenen Minerals unter den Gewerken stattgefunden hat. Urth. des Reichsg. v. 4. Juni 1890, Daubenspeck S. 100.

Zehnter Titel.
Provinzialrechtliche Bestimmungen.

§ 211. Zu Bem. 5. S. 539. 1. Das auf Kap. I §§ 1 u. 2 der schlesischen Bergordn. v. 5. Juni 1769 beruhende Recht zur Eisenerzförderung ist ein dingliches, gegen jeden Dritten verfolgbares Recht, bedarf aber, um diese Wirksamkeit gegen Dritte zu erlangen, der Eintragung im Grundbuche. Urth. des Reichsg. v. 20. Jan. u. 27. März 1886, Daubenspeck S. 469, 466.

Die Eigenschaft einer unbeweglichen Sache und selbstständigen Gerechtigkeit hat dieses Eisenerzförderungsrecht nicht und kann daher kein besonderes Grundbuchblatt erhalten. Urth des Reichsg. v. 20. Jan. 1886, Daubenspeck S. 468, 469.

2. Ueber den rechtlichen Einfluß einer Gemeinheitstheilung auf ein darin nicht erwähntes Eisenerzförderungsrecht (Kap. I §§ 1 u. 2 der schles. Bergordn.) verbreitet sich das Urth. des Reichsg. v. 2. Jan. 1892, Daubenspeck S. 471.

3. Ist in einem Vertrage, nach welchem dem einen Theile ein Eisenerzförderungsrecht auf Grundstücken des anderen Theiles zusteht, keine Frist für den Beginn und die ordnungsmäßige Fortsetzung der die Erzförderung bezweckenden Arbeiten bestimmt, so kann der Richter eine solche Frist durch Urtheil festsetzen. Urth. des Reichsg. v. 10. Dez. 1892, Z. Bd. 34 S. 486.

Gesetz, betr. den Kohlenbergbau in den vormals sächsischen Landestheilen, v. 22. Februar 1869.

Zu § 3. S. 547. Da die von dem Grundeigenthum abgetrennte Kohlenabbau-Gerechtigkeit nach § 3 des Ges. v. 22. Febr. 1869 die Eigenschaft einer unbeweglichen Sache hat und als selbstständige Berechtigung in das Grundbuch eingetragen werden kann, so ist es rechtlich zulässig, zu Gunsten derselben eine Grundgerechtigkeit zu errichten. Urth. des Reichsg. v. 29. Nov. 1884, Daubenspeck S. 463.

Zu § 9 lit. a. S. 550. Jeder Grundeigenthümer, welcher die Berechtigung zum Kohlenabbau noch nicht übertragen hat, also kraft Gesetzes noch besitzt, ist als Kohlenabbau-Berechtigter verpflichtet, unter den Voraussetzungen des § 60 B. G. einem anderen Kohlenabbau-Berechtigten die Anlage eines Hülfsbaues zu gestatten. Beschl. des Oberb. Halle v. 6. Juni 1888, Rekursbesch. v. 1. Sept. 1888, Z. Bd. 30 S. 409.

Zu § 9 lit. c. S. 552. Der Umstand, daß die Braunkohlen, welche in einem zu enteignenden Grundstücke vorkommen, nach dem Ges. v. 22. Febr. 1869 dem Grundeigenthümer gehören, schließt die Statthaftigkeit der Enteignung des Grundstücks nicht aus, sondern kommt nur in Beziehung auf die dadurch bedingte Werthserhöhung in Betracht. Rekursbesch. v. 4. Juni 1890, Z. Bd. 31 S. 414.

§ 214. Zu Bem. 1. S. 554. 1. Die linksrhein. Steinbrüche (§ 214) sind hinsichtlich der Zuständigkeit der Bergbehörden bei Anlage von Triebwerken, insbesondere von Wassertriebwerken, den Bergwerken gleichgestellt. Verf. des Oberb. Bonn v. 15. April 1889, Z. Bd. 31 S. 134.

2. Die Anlage und der Betrieb derjenigen linksrhein. Steinbrüche und Gräbereien, auf welche die Zuständigkeit der Bergbehörden (§ 214) sich nicht erstreckt, sind durch Verordnungen der einzelnen Regierungen polizeilich geregelt. Vergl. den Wortlaut in der Zeitschr. f. Bergrecht Bd. 22 S. 39 (Coblenz), Bd. 23 S. 293 u. Bd. 28 S. 20 (Köln), Bd. 24 S. 290 (Aachen), Bd. 29 S. 185 (Trier), Bd. 33 S. 20 (Düsseldorf).

Elfter Titel.

Uebergangsbestimmungen.

§§ 215 bis 218. Zu Bem. 7 lit. b. Ebenso, wie die Umwandlungsfelder von den dinglichen Lasten, welche auf den ursprünglich verliehenen Längenfeldern ruhen, mit ergriffen werden, findet dies bei den seiner Zeit auf Grund der Uebergangsbestimmung des § 215 verliehenen Erweiterungsfeldern statt. Urth. des Obertr. v. 30. Juni 1873, Entsch. Bd. 70 S. 298, Z. Bd. 14 S. 398. Das Reichsgericht hat diesen Grundsatz auch auf die Grundkuxberechtigung ausgedehnt und angenommen, daß die Bestimmung im § 224 Abs. 1 B. G. nicht entgegensteht. Urth. v. 17. Juni 1893, Z. Bd. 34 S. 526. Unbedenklich ist die Ausdehnung auf den Grundkux wohl nicht.

Zu Bem. 8. S. 563. Nachstehende Rechtsgrundsätze (Urth. des Reichsg. v. 15. Okt. 1892, Z. Bd. 34 S. 126) haben für die nach älterem Recht auf Gänge verliehenen „Längenfelder" erhebliche Bedeutung:

Bei Gangstreitigkeiten in einem Längenfelde unterliegt der Identitätsbeweis gegenwärtig den allgemeinen Grundsätzen des § 259 C. P. O., und der Richter hat auch hierüber unter Berücksichtigung des Inhalts der Verhandlungen und der Beweisergebnisse nach freier Ueberzeugung zu entscheiden.

Für ein verworfenes und innerhalb der Vierung wieder aufgefundenes Gangstück folgt die Vierung den Saalbändern dieses Gangstücks. Bei einer neuen Verwerfung bleibt dagegen die Vierung von dem Hauptverhalten des Ganges nach seinem Streichen und Einfallen abhängig.

§ 223. Zu Bem. 5. S. 568. Da der Erbstöllner, welcher sein Stollenrecht aufgiebt, nur von einer ihm bergrechtlich zustehenden Befugniß Gebrauch macht, so ist er für die hieraus den betheiligten Bergwerken und überhaupt Dritten erwachsenden Nachtheile, abgesehen von einem etwaigen persönlichen Schuldverhältnisse, nicht verantwortlich. Urth. des Reichsg. v. 11. Dez. 1889, Z. Bd. 31 S. 253.

§ 224. Zu S. 574. Freikuxe. In Bezug auf die Rechnungslegung, welche der Freikuxberechtigte von dem Bergwerkseigenthümer zu verlangen berechtigt ist, hat das Reichsgericht folgende Grundsätze festgestellt:

1. Art und Maß der Rechnungslegung sind nach den konkreten Verhältnissen des einzelnen Falles festzusetzen. 2. Durch Vorlegung der von einer Bergwerks-Aktiengesellschaft ihrer Generalversammlung gelegten Rechnungen und aufgemachten Bilanzen wird der Verpflichtung zur Rechnungslegung an den Freikuxberechtigten nicht genügt. 3. Ebenso wenig wird die Rechnungslegung unbedingt ersetzt durch Vorlegung der Geschäftsbücher und durch die Vierteljahrs-Uebersichten, welche dem Oberbergamte behufs Festsetzung der Ausbeuteantheile der Freikuxe für Kirche und Schule einzureichen sind. 4. Dadurch, daß noch keine Ausbeute erzielt worden ist, wird der Anspruch des Freikuxberechtigten auf Rechnungslegung und die Art derselben nicht beeinflußt. Urtheile v. 18. Febr. u. 8. April 1893, Z. Bd. 34 S. 520.

Zu S. 577. Grundkux. 1. Das auf dem § 118 Th. II Tit. 16 A. L. R. beruhende Verbot, wonach „der Erbkux von dem Grund und Boden, auf welchem das Bergwerk betrieben wird, nicht getrennt, noch besonders veräußert werden kann," steht noch in Kraft; hierin ist weder durch § 244, noch durch § 224 Abs. 4 B. G. etwas geändert. Urth. des Reichsg. v. 18. Juni 1892, Z. Bd. 34 S. 117. Vergl. auch Urth. des Reichsg. v. 19. Jan. 1889 u. 18. Juni 1892, Daubenspeck S. 479, 486.

2. Der Grundkux steht lediglich dem Eigenthümer des Fundgrubenterrains zu. Wird letzteres von mehreren Grundeigenthümern besessen, so nehmen dieselben „verhältnißmäßig", d. h. nach dem Antheile, welchen ein Jeder von ihnen an dem Fundgrubenterrain besitzt, an dem Grundkux theil. Derselbe ist mit dem Fundgrubenterrain untrennbar verbunden. Urth. des Oberl.-Ger. Naumburg v. 11. Juli 1888, Z. Bd. 30 S. 529.

3. Die Grundkuxberechtigung ist ein dingliches Recht am Bergwerke, welches in dem Anspruche des Grundeigenthümers auf Gewährung eines bestimmten Theiles des erzielten Reingewinns, der Ausbeute, besteht. Die Erzielung von Ausbeute bildet daher die wesentliche Voraussetzung dieses Anspruches. — Auch bei der Zwangsversteigerung des mit der Freikuxberechtigung belasteten Bergwerks geht diese dingliche Last unverändert auf den Ersteher über, wenn das Zuschlagsurtheil nicht anderweitige Bestimmungen hierüber enthält. Urth. des Reichsg. v. 2. Nov. 1892, Z. Bd. 34 S. 121.

4. Ueber die Erstreckung der Grundkuxberechtigung auf ein Erweiterungsfeld (§ 215 B. G.) s. oben §§ 215 bis 218, S. 208.

Zu Bem. c. S. 577. Tradde. 1. Ueber diese eigenartige partikularrechtliche Berechtigung vergl. Hense, „Die Tradde", Z. Bd. 30 S. 55.

2. Mit Rücksicht auf den singulären Charakter und den außerordentlichen Umfang der Traddeberechtigung muß dieselbe strikt ausgelegt werden. Es ist deßhalb unbedingtes Erforderniß für die Entstehung und Fortdauer der Berechtigung, daß eine Kohlenförderung aus dem Schachte, auf welchen das Traddrecht gegründet wird, thatsächlich stattfindet. Urth. des Oberl.-Ger. Hamm v. 7. Juni 1890 u. des Reichsg. v. 24. Okt. 1891, Z. Bd. 31 S. 399, Bd. 33 S. 132.

3. Der Eintragung im Grundbuche bedarf die Tradde nicht, um gegen Dritte Wirksamkeit zu erlangen. Vorsteh. Urtheil v. 7. Juni 1890.

4. Die Verpflichtung zur Entrichtung der Tradde geht auf jeden Bergwerksbesitzer über, welcher, sei er Ankäufer oder Pächter des verpflichteten Bergwerks, aus dem Felde desselben thatsächlich Kohlen durch den betreffenden Schacht fördert. Urth. des Oberl.-Ger. Hamm v. 21. Nov. 1891, Z. Bd. 33 S. 244.

5. Dem Traddeberechtigten steht die Befugniß zu, von dem Bergwerksbesitzer Rechnungslegung über die Förderung und, falls die Traddekohlen mit verkauft werden, auch über den Erlös zu verlangen. Vorstehendes Urtheil.

§ 228. Zu Bem. 4. S. 583. Der Kux des alten Rechts deckt sich begrifflich nicht mit dem entsprechenden ideellen Antheile am Bergwerke selbst, umfaßt vielmehr außer demselben noch einen gleich großen Antheil an dem übrigen gewerkschaftlichen Vermögen. Vergl. Westhoff, Z. Bd. 32 S. 304, Bd. 34 S. 187.

§ 230. Zu Bem. 3. S. 584. Hat eine Gewerkschaft alten Rechts ihr als solches unbelastetes Bergwerk durch Mehrheitsbeschluß (§ 114) hypotheken- und lastenfrei verkauft, sind aber auf einzelnen (unbeweglichen) Kuxen des Bergwerks Hypotheken im Berggrundbuche eingetragen, so kann auf Grund dieses Vertrages die Löschung der auf den einzelnen Kuxen haftenden Hypotheken und die hypotheken- und lastenfreie Umschreibung des Bergwerks auf den neuen Erwerber nicht erfolgen. Beschl. des Kammerger. v. 1892, Z. Bd. 34 S. 198. Anderer Ansicht ist Westhoff, „Die rechtliche Natur der Kuxe alten Rechts", Z. Bd. 34 S. 185, 200.

§ 234. Zu Abs. 2. S. 585. Wegen Unzulässigkeit der Anheimstellung der Kuxe alten Rechts zum Verkaufe nach erfolgter Beschlagnahme vergl. Bem. 4 zu § 130, oben S. 167.

§ 235a. Zu Bem. 3. S. 587. Es liegt kein Grund vor, von der feststehenden Praxis, wonach die Zulassung der Kuxzahl 1000 wegen geringfügiger Ausdehnung oder geringfügigen Werthes des Bergwerks versagt werden kann, in dem Falle abzugehen, wenn die Kuxzahl einer nach § 235a umzuwandelnden Gewerkschaft alten Rechts festzusetzen ist. Beschl. des Oberb. Dortmund v. 6. Dez. 1889, Rekursbesch. v. 24. Febr. 1890 u. 11. Aug. 1892, Z. Bd. 31 S. 410, 270, Bd. 34 S. 276.

§ 239. Zu Bem. 2. S. 591. Die Führung des Gewerkenbuchs durch die Gerichte (§ 239) liegt diesen nicht mehr ob, wenn nur noch andere Realrechte — im Gegensatze zu den an die Stelle früherer Hypotheken getretenen Pfandrechten — auf Antheilen einzelner Gewerken ruhen. Beschl. des Kammerg. v. 23. Jan. 1893, Z. Bd. 34 S. 259.

Zwölfter Titel.
Schlußbestimmungen.

§ 244. Zu Bem. 1. S. 593, 594. Wegen Anwendbarkeit des früheren Rechts auf den Grundkux vergl. Bem. 1 zu § 224, oben S. 209.

§ 245. Zu S. 597. Die in dem revidirten Statut der „Westfälischen Berggewerkschaftskasse" vom 1. März 1887 vorgesehene Erhebung „außerordentlicher" Beiträge ist durch späteren Beschluß beseitigt worden, weil diese Bestimmung nach gerichtlicher Entscheidung dem § 2 des Gesetzes über die Bergbauhülfskassen v. 5. Juni 1863 zuwiderlief. Urth. des Landg. Duisburg v. 20. Sept. u. des Oberl.-Ger. Hamm v. 13. Dez. 1890, Z. Bd. 32 S. 363, 366.

Zu S. 598. Bergwerksabgaben. Das Allg. Berggesetz (§ 245 Abs. 2) ließ bekanntlich die Besteuerung des Bergbaues unberührt, weil dieselbe erst kurz zuvor, seit dem 1. Januar 1865, für das ganze Staatsgebiet gleichmäßig geregelt war. Die unstreitigen Mängel und Härten der Bergwerkssteuer blieben indeß Veranlassung, daß die Anstrengungen nach einer Verbesserung des Besteuerungssystems und nach Entlastung des Bergbaues ununterbrochen fortgesetzt wurden. Es ist in hohem Grade erfreulich, daß nunmehr Dank dem Vorgehen der K. Staatsregierung ein über Erwarten günstiges Ziel erreicht worden ist. Als Ausfluß der gesammten Steuerreform ist die völlige Aufhebung (Außerhebungsetzung) der an den Staat zu entrichtenden Bergwerksabgaben gesetzlich ausgesprochen und mit der Befreiung des preußischen Bergbaues von dieser hohen und vielfach drückenden Belastung ein wirthschaftlich wie steuerpolitisch ungemein wichtiger Schritt geschehen. Die allgemeine Bedeutung dieser Maßregel kann selbst dadurch nicht herabgemindert werden, daß der Bergbau gleichzeitig einer erweiterten Heranziehung zu den Kommunalabgaben unterworfen worden ist, obschon nicht verkannt werden kann, daß hierin eine finanzielle Gefahr für den Bergbau verborgen liegt.

Es ist hier nicht der Platz und würde auch, da die Ausführungsvorschriften noch ausstehen, verfrüht sein, auf das Verhältniß des Bergbaues zu der neuesten, umfassenden Steuergesetzgebung näher einzugehen; zur ersten Einführung mag Nachstehendes dienen.

Aus der letzten Tagung des Landtags sind die drei Steuergesetze vom 14. Juli 1893 (G. S. S. 119 bis 184) hervorgegangen, nämlich das Gesetz wegen Aufhebung direkter Steuern, das Ergänzungssteuergesetz und das Kommunalabgabengesetz. Dieselben sollen gleichzeitig am 1. April 1895 in Kraft treten.

Das erstgenannte Gesetz setzt im § 1 „behufs Erleichterung und anderweitiger Regelung der öffentlichen Lasten der Gemeinden (Gutsbezirke)" die Grund-, Gebäude- und Gewerbesteuer gegenüber der Staatskasse außer Hebung, behält aber im § 3 die Veranlagung und Verwaltung dieser Steuern „für die Zwecke der kommunalen Besteuerung" dem Staate vor. Durch § 2 werden ferner außer Hebung gesetzt: 1. „die von den Bergwerken in den älteren rechtsrheinischen Landestheilen zu entrichtende Aufsichtssteuer und Bergwerksabgabe," 2. „die in den übrigen Landestheilen zu entrichtende Bergwerksabgabe." Nach der Regierungsvorlage (§ 2) sollten die staatlichen Bergwerksabgaben völlig „aufgehoben" werden. Statt dessen ist aber im Gesetze der Ausdruck „außer Hebung gesetzt" gewählt, und zwar lediglich mit Rücksicht auf die in Preußen noch bestehenden Privatbergregal-Berechtigungen und das hiermit verbundene Recht zur Erhebung von Bergwerksabgaben. Der Betrag dieser Abgaben darf den Betrag der „gesetzlich bestimmten" staatlichen Bergwerksabgaben niemals übersteigen, und somit würde die „Aufhebung" der letzteren auch die Aufhebung der ersteren zur Folge gehabt haben. Da dies aber nicht in der Absicht und dem Zwecke des Gesetzes liegt, so ist nur die „Außerhebungssetzung" der staatlichen Bergwerksabgaben ausgesprochen worden, indem nach dieser Fassung das bisherige gesetzliche Verhältniß der Privatregalabgaben zu den seither erhobenen staatlichen Bergwerksabgaben und das Recht der Privatregalbesitzer überhaupt unberührt bleibt. Zwar bestehen hiernach die Bergwerksabgaben rechtlich fort; allein nach den Verhandlungen über das Gesetz erscheint es völlig ausgeschlossen, daß der Staat auf die jetzt eingestellte Erhebung dieser Abgaben in späterer Zeit noch einmal zurückkommen könnte.

Die Umwandlung der Bergwerksabgaben in Kommunalsteuern hat nicht in Frage kommen können, weil die jetzige Besteuerung des Bergbaues nach dem Bruttowerthe der Bergwerksprodukte nicht die Natur einer Gewerbesteuer hat und für die kommunale Besteuerung überhaupt nicht verwendbar ist.

Das Kommunalabgabengesetz (§ 1) legt den Gemeinden die Berechtigung bei, zur Deckung ihrer Ausgaben und Bedürfnisse nach Maßgabe des Gesetzes „Gebühren und Beiträge, indirekte und direkte Steuern zu erheben, sowie Naturaldienste zu fordern." Für den Bergbau kommen hauptsächlich die direkten Gemeindesteuern in Betracht, welche nach § 23 vom Grundbesitz und Gewerbebetrieb (Realsteuern), sowie vom Einkommen der Steuerpflichtigen (Einkommensteuer) erhoben werden können, und zwar handelt es sich bei dem Bergbau einerseits um die Gewerbesteuer und andererseits um die Gemeindeeinkommensteuer. Zu den mancherlei Vorschlägen, welche im Laufe der Jahre wegen Verbesserung der staatlichen Besteuerung des Bergbaues gemacht wurden, gehörte auch der, die Bruttosteuer durch eine Gewerbesteuer zu ersetzen. Dieser Weg ist nunmehr zu Gunsten der Gemeinden beschritten; das Gesetz stellt den Bergbau unter den „Gewerbebetrieb" und besteuert ihn als solchen, und insofern ist die Gemeindegewerbesteuer an die Stelle der staatlichen Bergwerksabgaben getreten. Gegenüber dieser wichtigen Neuerung hat die Heranziehung des Einkommens aus dem Bergbau zu der Gemeindeeinkommensteuer nur die Bedeutung einer anderweitigen Regelung der schon jetzt bestehenden kommunalen Besteuerung dieses Einkommens.

Die Realsteuern vom „Gewerbebetrieb" sind in den §§ 28 bis 32 des Kommunalabgabengesetzes behandelt. Hiernach (§ 28) unterliegen den Gewerbesteuern in den Gemeinden, in denen der Betrieb stattfindet, ...

3. der Bergbau;
4. die gewerbsmäßige Gewinnung von Bernstein, Ausbeutung von Torfstichen, von Sand-, Kies-, Lehm-, Thon- und dergleichen Gruben, von Stein-, Schiefer-, Kalk-, Kreide- und dergleichen Brüchen.

Betriebe dieser Art, bei denen weder der jährliche Ertrag 1500 Mark, noch das Anlage- und Betriebskapital 3000 Mark erreicht, bleiben von der Gewerbesteuer befreit.

Den Gemeinden ist die Einführung „besonderer" Gewerbesteuern gestattet, welche nach dem Ertrage des letzten Jahres oder einer Reihe von Jahren, nach dem Werthe des Anlagekapitals oder des Anlage- und Betriebskapitals, nach sonstigen Merkmalen für den Umfang des Betriebes oder nach einer Verbindung mehrerer dieser Maßstäbe bemessen werden können, § 29. Sind besondere Gewerbesteuern nicht eingeführt, so erfolgt die Besteuerung in Prozenten der vom Staate veranlagten Gewerbesteuer. Die Veranlagung hat sich auf sämmtliche der Gemeindebesteuerung unterliegenden Gewerbebetriebe, „einschließlich des Bergbaues" zu erstrecken, § 30. Eine verschiedene Abstufung der Gewerbesteuersätze und Prozente (Vorausssteuer) ist unter gewissen Voraussetzungen, insbesondere dann zulässig, wenn die einzelnen Gewerbearten in verschiedenem Maße von den Veranstaltungen der Gemeinde Vortheil ziehen oder der Gemeinde besondere Kosten verursachen, § 31. Erstreckt sich ein Gewerbebetrieb über mehrere Gemeindebezirke, so hat die Veranlagung der Gewerbesteuern nach Vorschrift des § 32 zu erfolgen.

Der Gemeindeeinkommensteuer (§§ 33 bis 52 des Ges.) sind, soweit der Bergbau hierbei besonders in Betracht kommt, hinsichtlich des ihnen hieraus in der Gemeinde zufließenden Einkommens unterworfen: 1. diejenigen Personen, welche in der Gemeinde, ohne in derselben einen Wohnsitz zu haben, gewerbliche Anlagen, „einschließlich der Bergwerke," haben oder „außerhalb einer Gewerkschaft" Bergbau betreiben; 2. Aktiengesellschaften, Kommanditgesellschaften auf Aktien, Berggewerkschaften ꝛc., welche in der Gemeinde gewerbliche Anlagen, „einschließlich der Bergwerke", haben oder Gewerbe, „einschließlich des Bergbaues" betreiben; 3. der Staatsfiskus bezüglich seiner Bergbauunternehmungen, § 33. Die Steuerpflicht wird für den Bergbau nur in denjenigen Gemeinden begründet, in welchen sich der Sitz, eine Zweigniederlassung, eine Betriebs-, Werk- oder Verkaufsstätte oder eine selbstständige Agentur des Unternehmens befindet, § 35. Gemeindesteuern vom Einkommen dürfen in der Regel nur in Form von Zuschlägen zu der Staatseinkommensteuer erhoben werden, § 36. „Besondere" Gemeindeeinkommensteuern sind aus besonderen Gründen gestattet, bedürfen aber der Genehmigung der Aufsichtsbehörde, § 37. An Stelle der Gemeindeeinkommen- und der Gewerbesteuer kann für fabrikmäßige Betriebe und für Bergwerke ein fester jährlicher Steuerbetrag vereinbart werden, § 43.

Die bestehenden Vorschriften über die Kreis- und Provinzialsteuern sind, abgesehen von einigen ergänzenden Bestimmungen (§§ 91 bis 93), unberührt geblieben.

Vergl. im Uebrigen Engels, „Die Außerhebungsetzung der staatlichen Bergwerkssteuern in Preußen" und „Die Besteuerung des Bergbaues nach dem Kommunalabgabengesetze vom 14. Juli 1893, Z. Bd. 34 S. 460, Bd. 35 Heft 1.

Zu Bem. 6. S. 606. Die grundsätzlich wichtigen neueren Entscheidungen, welche das Oberverwaltungsgericht über die Heranziehung des Einkommens aus dem Bergbau zu der Staats- und Gemeindeeinkommensteuer sowie der Bergwerksbesitzer zu den Kreisabgaben auf Grund der zur Zeit noch bestehenden Gesetzgebung erlassen hat, finden sich in der Sammlung dieser Entscheidungen von Jebens ꝛc. und in der Zeitschr. f. Bergrecht Bd. 30 S. 115, 377, 386, Bd. 31 S. 258, Bd. 32 S. 516, Bd. 33 S. 257, 261. Vergl. außerdem in Betreff der Mitwirkung der Bergbehörden bei der Besteuerung des Einkommens aus dem Bergbau die Min.-Erlasse v. 29. Sept. u. 29. Nov. 1891, Z. Bd. 33 S. 145, 146, und hinsichtlich der Vorausleistungen der Bergbautreibenden für den Wegebau die gesetzlichen Vorschriften Z. Bd. 33 S. 10.

§ 250. Zu Bem. 5. S. 613. Eine auf Anerkennung des Privatbergregals in einem bestimmten Bezirke gerichtete Klage gehört gemäß § 25 C. P. O. zur ausschließlichen Zuständigkeit des Gerichts, in dessen Bezirke die Sache belegen ist. Urth. des Reichsg. v. 27. Mai 1893 Z. Bd. 34 S. 489.

Sachregister.

(Die Zahlen beziehen sich auf die Seiten.)

Universitäts-Buchdruckerei von Carl Georgi in Bonn.

Universitäts-Buchdruckerei von Carl Georgi in Bonn.

FSC
www.fsc.org
MIX
Papier | Fördert
gute Waldnutzung
FSC® C083411

Kolibri 360 GmbH
Ferdinand-Jühlke-Straße 7
99095 Erfurt, Deutschland
produktsicherheit@kolibri360.de